Schriften zum Prozess- und Verfahrensrecht

Band 1

Susanne Rupp

Die Beweisführung mit privaten elektronischen Dokumenten

Eine Untersuchung der §§ 144, 371, 371a ZPO sowie der Vorschriften der eIDAS-Verordnung über Vertrauensdienste

Nomos

Die Deutsche Nationalbibliothek verzeichnet diese Publikation in der Deutschen Nationalbibliografie; detaillierte bibliografische Daten sind im Internet über http://dnb.d-nb.de abrufbar.

Zugl.: Augsburg, Univ., Diss., 2018

ISBN 978-3-8487-5341-3 (Print)
ISBN 978-3-8452-9542-8 (ePDF)

D384

1. Auflage 2018

Inhaltsverzeichnis

§ 1 Einführung

In der Beweisführung gelten Urkunden als besonders sichere Beweismittel. Hintergrund ist, dass nachträgliche Veränderungen durch die Anordnung des Textes auf dem Papier und die äußere Beschaffenheit der Urkunde regelmäßig leicht zu erkennen sind. Daneben bietet die Unterschrift auf der Urkunde eine relativ sichere Gewähr für die Urheberschaft. In der elektronischen Welt versagen diese Sicherheitsmerkmale jedoch. Weder die eingetippte Unterschrift noch der Text vermögen eine Aussage über die wahre Urheberschaft und die Unverfälschtheit zu treffen. Eine Schriftvergleichung ist nicht möglich und Veränderungen können spurenlos vorgenommen werden.

Bei Betrachtung der beweisrechtlichen Einordnung technischer Aufzeichnungen im Allgemeinen wurde bereits zu Beginn des 20. Jahrhunderts ausgehend von Aufnahmen mittels eines Phonographs über die Frage diskutiert, ob Schallaufnahmen als Beweismittel überhaupt zulässig sind und sodann, ob diese dem Augenschein oder den Urkunden zuzuordnen sind.[1] Als Hauptargument gegen eine Behandlung als Urkunden wurde die fehlende Schriftlichkeit und damit geringere Fälschungssicherheit angeführt. Auf der anderen Seite will man aber möglichst keinen Beweisverlust erleiden, nur weil eine Erklärung nicht auf Papier verkörpert ist, sondern als technische Speicherung vorliegt. Diese Grundproblematik wirkt bis heute beim Vergleich elektronischer Speicherungen mit Urkunden fort. Rund ein Jahrhundert nach dem ersten Aufkommen technischer Speicherungen hat sich der nationale Gesetzgeber ausgehend von der Zielsetzung, die Formvorschriften des Privatrechts an den modernen elektronischen Rechtsgeschäftsverkehr anzupassen, auch mit den Beweisvorschriften befasst und Regelungen zur Beweisführung mit elektronischen Dokumenten getroffen.[2] Daneben wurden mit dem Signaturgesetz von 1997[3] erstmals

---

1 Eine Übersicht zu den vielfältigen Ansichten gibt *Roggemann*, S. 5–19.

2 Vgl. das Gesetz zur Anpassung der Formvorschriften des Privatrechts und anderer Vorschriften an den modernen Rechtsgeschäftsverkehr vom 13.7.2001 (FormVAnpG), BGBl. 2001 I, S. 1542; das Gesetz zur Reform des Zivilprozesses vom 27.7.2001 (ZPO-RG), BGBl. 2001 I, S. 1887; das Gesetz zur Modernisierung des Schuldrechts vom 26.11.2001 (SchuMoG), BGBl. 2001 I, S. 3138 sowie das Gesetz über die Verwendung elektronischer Kommunikationsformen in der Justiz (Justizkommunikationsgesetz – JKomG) vom 22.3.2005, BGBl. 2005 I, S. 837.

3 Gesetz zur digitalen Signatur (Signaturgesetz – SigG), beschlossen mit dem Gesetz zur Regelung der Rahmenbedingungen für Informations- und Kommunikations-

Rahmenbedingungen für elektronische Signaturen geschaffen, welche die Unterschrift ersetzen und damit einen zuverlässigen Schluss auf den Urheber zulassen sowie die Daten vor unbemerkter Veränderung schützen sollen.[4] Auch auf europäischer Ebene blieb der Gesetzgeber nicht untätig. Mit der Signaturrichtlinie von 1999 wurden ebenfalls Rahmenbedingungen für elektronische Signaturen geschaffen;[5] umgesetzt wurde diese durch das Signaturgesetz von 2001.[6]

Technisch kann das – qualifizierte – Signaturverfahren mit seiner auf der Kryptographie beruhenden asymmetrischen Verschlüsselungstechnik als ausreichend sicher angesehen werden, um die Authentizität und Integrität zu belegen. Das Hauptproblem des Signaturverfahrens wird jedoch in der fehlenden Verbreitung und Akzeptanz gesehen. *Hoeren* bezeichnet die elektronische Signatur sogar als „Totgeburt", weil die erforderliche Hardware nicht bei einer „kritischen Masse der Bevölkerung" vorhanden wäre.[7] Dennoch wird am System der elektronischen Signatur festgehalten, wie eine jüngst erfolgte gesetzliche Neuerung auf diesem Gebiet zeigt: Mit der eIDAS-Verordnung vom 23.7.2014 verfolgt der europäische Gesetzgeber die Harmonisierung auf dem Gebiet elektronischer Signaturen weiter.[8] Gleichwohl wird neben der Sicherung der elektronischen Kommunikation durch Signaturverfahren parallel auf andere Sicherungsmittel gesetzt – den Einsatz sicherer elektronischer Übertragungswege. Auf nationaler Ebene sind für den privaten und geschäftlichen Verkehr die De-Mail und der E-Postbrief, für die Kommunikation mit den Gerichten und Behörden das Elektronische Gerichts- und Verwaltungspostfach (EGVP)

---

dienste (Informations- und Kommunikationsdienstegesetz – IuKDG) vom 22.7.1997, BGBl. 1997 I, S. 1870.

4 Regierungsbegründung zum Entwurf eines Gesetzes zur Regelung der Rahmenbedingungen für Informations- und Kommunikationsdienste (Informations- und Kommunikationsdienstegesetz – IuKDG), BT-Drucks. 13/7385, S. 26.

5 Richtlinie 1999/93/EG des Europäischen Parlaments und des Rates vom 13. Dezember 1999 über gemeinschaftliche Rahmenbedingungen für elektronische Signaturen, ABl. EU Nr. L 13, S. 12.

6 Gesetz über Rahmenbedingungen für elektronische Signaturen und zur Änderung weiterer Vorschriften vom 16.5.2001, BGBl. 2001 I, S. 876.

7 *Hoeren*, CR 2002, 293, 296 bezüglich der elektronischen Signatur; ähnlich *Mankowski*, NJW 2002, 2822, 2826 f.

8 Verordnung (EU) Nr. 910/2014 des Europäischen Parlaments und des Rates vom 23. Juli 2014 über elektronische Identifizierung und Vertrauensdienste für elektronische Transaktionen im Binnenmarkt und zur Aufhebung der Richtlinie 1999/93/EG, ABl. EU Nr. L 257, S. 73.

sowie für die Kommunikation mit und unter Anwälten das besondere elektronische Anwaltspostfach (beA) zu nennen. Auf europäischer Ebene soll mit qualifizierten Diensten für die Zustellung elektronischer Einschreiben der Boden für eine mitgliedsstaatenübergreifende sichere elektronische Kommunikation bereitet werden.

I. Untersuchungsgegenstand

Mit der vorliegenden Untersuchung soll der Frage nachgegangen werden, wie der Beweis mit privaten elektronischen Dokumenten geführt werden kann. Ungesicherte elektronische Dokumente sind als Beweismittel als relativ wertlos einzustufen, wenn der Beweisgegner die Echtheit bestreitet. Nach allgemeiner Beweislastverteilung hat der gewöhnlich beweisbelastete Empfänger zu beweisen, dass das elektronische Dokument mit diesem Inhalt vom behaupteten Aussteller stammt. Regelmäßig wird er den Beweis nicht führen können, da elektronische Dokumente keine Geschichte haben.[9] Möchte der Aussteller nachträglich nicht mehr an seine in dem elektronischen Dokument enthaltene Erklärung gebunden sein, braucht er nur die Echtheit anzuzweifeln und schon steht ihm ein „Widerrufsrecht kraft Beweislastverteilung"[10] zu, denn der Beweisgegner wird aller Voraussicht nach am Nachweis der Echtheit scheitern. Die Beseitigung dieses „Dilemmas" durch den Einsatz verschiedener Sicherungsmittel ist Gegenstand dieser Untersuchung. Neben den nationalen Vorschriften zur Beweisführung mit elektronischen Dokumenten sollen auch die europarechtlichen Vorgaben der eIDAS-Verordnung berücksichtigt werden. Die zivilprozessualen Vorschriften wurden nicht nur hinsichtlich Beweiskraftregelungen (§ 371a ZPO) reformiert, sondern auch bezüglich der Mitwirkungs- und Offenlegungspflichten des Beweisgegners und Dritter. Auch diese sind Gegenstand der Untersuchung, weil auch sie zur Frage des Beweiswerts elektronischer Dokumente beitragen.

Untersuchte Sicherungsmittel sind bei den Verschlüsselungstechniken die elektronische Signatur, das elektronische Siegel und der elektronische Zeitstempel. Bei den sicheren Übermittlungswegen werden die De-Mail und der Dienst für die Zustellung elektronischer Einschreiben näher be-

---

9 *Roßnagel*, in: Roßnagel, Recht der Telemediendienste, SigG, Einl Rn. 8.
10 *Mankowski*, CR 2003, 44.

leuchtet. Die beiden Übermittlungswege EGVP und beA werden nicht behandelt, da sie nicht den privaten elektronischen Rechts- und Geschäftsverkehr betreffen, sondern geschlossenen Benutzergruppen beziehungsweise der Kommunikation mit Gerichten und Verwaltungsbehörden vorbehalten sind. Der E-Postbrief wird ebenfalls nicht weiter behandelt, da er keine gesetzliche Berücksichtigung gefunden hat. Ferner sind öffentliche elektronische Dokumente nicht Gegenstand der vorliegenden Untersuchung, da nur die Beweisführung mit privaten elektronischen Dokumenten beleuchtet werden soll. Zum einen dient dies der Begrenzung des Stoffs, zum anderen erweist sich die Beweisführung mit öffentlichen elektronischen Dokumenten als praktisch problemlos. Einerseits können die Ausführungen zur Beweiskraft privater elektronischer Dokumente nach den §§ 371, 371a Abs. 1, Abs. 2 ZPO bei der Beweiskraft öffentlicher elektronischer Dokumente nach § 371a Abs. 3 ZPO weitgehend übernommen werden, andererseits wird in § 371b ZPO die Beweiskraft gescannter öffentlicher Urkunden ausdrücklich geregelt.

II. Gang der Arbeit

Der erste Teil der Arbeit dient den Grundlagen. Neben den Grundlagen der Beweisaufnahme werden die Beweismittel des Augenscheins und der Urkunde näher beleuchtet, bevor auf die Historie der Einordnung elektronischer Dokumente in das Beweisrecht der Zivilprozessordnung eingegangen wird.

Darauf aufbauend widmet sich der zweite Teil der Beweisführung mit einfachen elektronischen Dokumenten. Es ist zunächst eine Begriffsbestimmung des elektronischen Dokuments erforderlich, ehe auf die zentrale Regelung des § 371 Abs. 1 S. 2 ZPO zur beweisrechtlichen Behandlung elektronischer Dokumente eingegangen werden kann. Es sind daneben die Mitwirkungs- und Offenlegungspflichten des Beweisgegners und Dritter zu untersuchen. Die §§ 144, 371 ZPO wurden im Zuge der Berücksichtigung der elektronischen Kommunikation im Rechts- und Geschäftsverkehr ebenfalls reformiert. Abschließend wird der Beweiswert einfacher elektronischer Dokumente untersucht.

Im Dritten Teil wird die Beweiskraft besonders gesicherter elektronischer Dokumente herausgearbeitet. Zunächst werden die in der Zivilprozessordnung berücksichtigten Sicherungsmittel der qualifizierten Signatur (§ 371a Abs. 1 ZPO) und der De-Mail (§ 371a Abs. 2 ZPO) vorgestellt, bevor auf die auf rein europäischem Recht beruhenden qualifizierten Siegel, Zeitstempel und Dienste für die Zustellung elektronischer Einschreiben eingegangen wird. Eine weitere Frage ist, wie elektronische Dokumente langfristig beweissicher aufbewahrt werden können. Schließlich ist die Beweiskraft transformierter elektronischer Dokumente zu untersuchen.

Die Arbeit endet mit einem Schlussteil, der die Ergebnisse der Untersuchung thesenartig zusammenfasst und ein Fazit gibt.

§ 2 Die Beweisaufnahme

I. Grundlagen und Grundbegriffe des Beweises im Zivilprozessrecht

Im Prozess hat der Richter den konkreten Lebenssachverhalt unter die Rechtsnormen zu subsumieren. Dazu müssen die Beweisgegenstände, unter anderem die zu beweisenden Tatsachen, zu seiner Überzeugung feststehen. Stehen Beweisgegenstände nicht zur Überzeugung des Gerichts fest, wird eine Beweislastentscheidung getroffen. Das Verfahren, durch welches die Überzeugung des Richters vom Beweisgegenstand begründet wird, ist die Beweisführung.[11] Sie gliedert sich regelmäßig in vier Schritte: Zunächst hat die Partei den Beweis durch einen Beweisantrag anzutreten.[12] Darauf kann das Gericht mit einer Beweisanordnung oder Ablehnung reagieren.[13] Auf die Beweisanordnung folgt die Beweisaufnahme, welche schließlich mit dem vierten Schritt, der Beweiswürdigung, endet.[14]

1. Beweisgegenstand, Beweisbedürftigkeit und Beweislast

Gegenstand des Beweises sind in erster Linie Tatsachen, mitunter aber auch Erfahrungssätze und Rechtssätze.[15] Tatsachen sind alle konkreten, nach Raum und Zeit bestimmten, gegenwärtigen oder vergangenen Geschehnisse und Zustände der Außenwelt und des menschlichen Seelenlebens, die das objektive Recht zur Voraussetzung einer Rechtswirkung gemacht hat.[16] Zum Beweis der Tatsachen kann sich die beweispflichtige Partei der fünf Beweismittel des Strengbeweises bedienen, sofern nicht

---

11 Vgl. zum Ganzen *Prütting*, in: MünchKommZPO, § 284 Rn. 7.

12 *Musielak/Voit*, Rn. 757; *Prütting*, in: MünchKommZPO, § 284 Rn. 81 f.

13 *Prütting*, in: MünchKommZPO, § 284 Rn. 81, 90 ff.; vgl. insbesondere zu den Ablehnungsgründen *Schilken*, Rn. 473 f.

14 *Prütting*, in: MünchKommZPO, § 284 Rn. 81, 104 ff.

15 *Rosenberg/Schwab/Gottwald*, § 111 Rn. 1; vgl. auch *Musielak/Voit*, Rn. 748.

16 BGH NJW 1998, 1223, 1224; *Rosenberg/Schwab/Gottwald*, § 111 Rn. 3; *Laumen*, in: Prütting/Gehrlein, § 284 Rn. 7; vgl. auch *Jäckel*, Rn. 158–160.

ausnahmsweise der Freibeweis zulässig ist. Rechtssätze muss der Richter nach dem Grundsatz „iura novit curia" selbst kennen, auslegen und anwenden.[17] Nur wenn ihm ausnahmsweise die Kenntnis von Rechtsnormen nicht zugemutet werden kann, können sie Beweisgegenstand sein; diese Fälle sind in § 293 ZPO geregelt.[18] § 293 ZPO erlaubt dem Richter dabei, fehlende Rechtskenntnisse in einem Beweisverfahren zu ermitteln.[19] Erfahrungssätze sind sowohl die Regeln der allgemeinen Lebenserfahrung als auch einer besonderen Sach- und Fachkunde.[20] Sie sind gleich den in § 293 ZPO geregelten Fällen nicht von den Parteien zu behaupten, nicht geständnisfähig und unterliegen nicht den Regeln der objektiven Beweislast; zuletzt ist ein Beweisverfahren nicht zwingend.[21]

Der Begriff des Beweisgegenstandes ist nicht zu verwechseln mit dem des Beweisobjekts. Beweisobjekte sind etwa die in Augenschein genommenen Gegenstände oder vorgelegten Urkunden beim Urkundenbeweis. Sie dienen dem Beweis des Beweisgegenstands (Tatsache, Erfahrungssatz, Rechtssatz).

Beweisbedürftig sind alle schlüssig vorgetragenen, aber nach § 138 ZPO bestrittenen Tatsachen. Die Tatsachen dürfen somit weder zugestanden, nach § 307 ZPO anerkannt oder nach § 291 ZPO offenkundig sein, noch nach § 292 ZPO vermutet werden.[22]

Der Begriff der Beweislast ist zweischneidig. Einmal wird damit die Frage bezeichnet, welche Partei ein bestimmtes Tatbestandsmerkmal zu beweisen habe („subjektive Beweislast") und zum anderen die Frage, zu wessen Lasten es geht, wenn ein Beweis nicht geführt werden konnte („objektive Beweislast").[23] Mit der subjektiven Beweislast deckt sich die Behauptungslast.[24] Zunächst hat die beweisbelastete Partei konkrete Tatsachen, welche die abstrakten Tatbestandsmerkmale ausfüllen, zu behaupten.[25] Im Falle der Beweisbedürftigkeit hat sie die Behauptungen dann zu

---

17 *Prütting*, in: MünchKommZPO, § 293 Rn. 2.

18 *Laumen*, in: Prütting/Gehrlein, § 284 Rn. 10; *Rosenberg/Schwab/Gottwald*, § 111 Rn. 14.

19 *Prütting*, in: MünchKommZPO, § 284 Rn. 43; *Musielak/Voit*, Rn. 748.

20 *Rosenberg/Schwab/Gottwald*, § 111 Rn. 1.

21 *Prütting*, in: MünchKommZPO, § 284 Rn. 44.

22 *Rosenberg/Schwab/Gottwald*, § 112 Rn. 2; *Hartmann*, in: Baumbach/Lauterbach, Einf § 284 Rn. 4; *Balzer*, Rn. 3.

23 *Prütting*, in: MünchKommZPO, § 286 Rn. 97.

24 *Schellhammer*, Rn. 374.

25 *Prütting*, in: MünchKommZPO, § 286 Rn. 134.

beweisen. Die objektive Beweislast weist einer Partei das Risiko zu, in Fällen der Unerweislichkeit der behaupteten Tatsachen („non liquet“[26]) zu ihren Lasten zu entscheiden.[27] Die Grundregel der Beweislastverteilung nach der *Normentheorie Rosenbergs* lautet in Kurzform, dass jede Partei die Beweislast für die ihr günstigen Normen trägt.[28] Etwas ausführlicher ausgedrückt bedeutet dies, dass der Kläger die Beweislast für die anspruchsbegründenden Tatbestandsmerkmale und der Beklagte die Beweislast für die rechtsvernichtenden, rechtshindernden und rechtshemmenden Normen trägt.[29] Daneben gibt es gesetzliche Beweislastregeln, welche sich im materiellen Recht finden.[30] Aber auch richterrechtlich ausgebildete Beweiserleichterungen bis hin zur Beweislastumkehr sind möglich.[31] Der Anscheinsbeweis ist an dieser Stelle erneut zu erwähnen. Er erleichtert die subjektive Behauptungs- und Beweislast. Wer den ersten Anschein für sich hat, muss nur einen typischen Vorgang und die passende Lebenserfahrung behaupten und beweisen.[32]

2. Beweiswürdigung, Beweismaß und Beweiswert

Ob eine beweisbedürftige tatsächliche Behauptung wahr sei, entscheidet das Gericht „nach freier Überzeugung“ (§ 286 Abs. 1 S. 1 ZPO). Ziel ist dabei nicht allein die objektive, absolute Wahrheit, weil diese nie erreichbar wäre, sondern die subjektive Überzeugung des Gerichts.[33] § 286 Abs. 1 S. 1 ZPO verlangt demnach zweierlei: objektiv eine hohe Wahrscheinlichkeit und subjektiv die Überzeugung des Gerichts.[34] Überzeugt ist das Gericht, wenn es keine vernünftigen Zweifel mehr an der Wahrheit der Behauptung hat.[35] Theoretische Zweifel sind dabei belanglos, da sie

---

26 Vgl. ausführlich zum non liquet *Prütting*, in: Baumgärtel/Laumen/Prütting, Kap. 11 Rn. 1–15.
27 *Saenger*, in: Hk-ZPO, § 286 Rn. 53.
28 *Rosenberg*, S. 12, 98 f.
29 Vgl. statt vieler nur *Rosenberg/Schwab/Gottwald*, § 115 Rn. 9; *Prütting*, in: Baumgärtel/Laumen/Prütting, Kap. 11 Rn. 20.
30 BGHZ 85, 252 = BGH NJW 1983, 820, 821; BGH NJW 1983, 2032, 2033.
31 Vgl. ausführlich *Saenger*, in: Hk-ZPO, § 286 Rn. 65 ff.
32 *Schellhammer*, Rn. 404.
33 *Prütting*, in: MünchKommZPO, § 284 Rn. 8.
34 *Musielak/Voit*, Rn. 826; *Schellhammer*, Rn. 552.
35 *Schellhammer*, Rn. 552; *Musielak/Voit*, Rn. 828.

gedanklich nie auszuschließen sind,[36] oder wie der BGH es formuliert: „Der Richter [...] muß sich [...] mit einem für das praktische Leben brauchbaren Grad von Gewißheit begnügen [...]“.[37] Freiheit der Würdigung bedeutet dabei, dass der Richter grundsätzlich nicht an gesetzliche Beweisregeln gebunden ist (Ausnahme: § 286 Abs. 2 ZPO), keinem Zwang unterliegt, bestimmte Beweismittel von Amts einzubeziehen oder welche er in welcher Relation zu berücksichtigen hat; die Freiheit geht sogar soweit, dass es ihm freisteht, überhaupt Beweis zu erheben.[38] Wie bereits angedeutet, ist das Gericht aber in bestimmten Fällen in seiner freien Würdigung begrenzt. Der Richter hat die Denk-, Natur- und Erfahrungssätze sowie die bindenden Beweisregeln nach § 286 Abs. 2 ZPO zu beachten.[39] Die heute noch existierenden gesetzlichen Beweisregeln betreffen ausnahmslos die Beweiskraft von Urkunden; in der Zivilprozessordnung sind das beispielsweise die §§ 139 Abs. 4 S. 2 und 3; 165; 314; 415–418 ZPO.[40] Diese Beweisregeln verdrängen die richterliche Überzeugung.[41] Gesetzliche Vermutungen verschieben die Beweislast zu Ungunsten der gegnerischen Partei,[42] weshalb sie keine Beweisregeln, sondern Beweislastregeln sind.[43] Auch der Anscheinsbeweis und tatsächliche Vermutungen[44] sind keine gesetzlichen Beweisregeln, sondern allgemeine Lebenserfahrung, welche der Richter zu beachten hat.[45]

Das Beweismaß bezeichnet den abstrakten Grad der Überzeugung des Richters von der Wahrheit einer behaupteten Tatsache, während mit Beweiswert oder Beweiskraft der Grad der Überzeugungskraft eines konkreten Beweismittels für den Richter gemeint ist.[46] Durch gesetzliche Beweisregeln (z. B. §§ 415–418 ZPO) kann eine bestimmte Beweiskraft vorgegeben sein.

---

36 *Schellhammer*, Rn. 552.
37 BGHZ 53, 256 = NJW 1970, 947, 948.
38 *Prütting*, in: MünchKommZPO, § 286 Rn. 13.
39 *Prütting*, in: MünchKommZPO, § 286 Rn. 14.
40 *Schellhammer*, Rn. 553.
41 *Schellhammer*, Rn. 553; *Musielak/Voit*, Rn. 822.
42 *Schilken*, Rn. 482.
43 *Schellhammer*, Rn. 553.
44 Vgl. zum Begriff der tatsächlichen Vermutung etwa *Prütting*, in: MünchKommZPO, § 292 Rn. 7, 27.
45 *Schellhammer*, Rn. 553.
46 *Saenger*, in: Hk-ZPO, § 284 Rn. 15.

3. Arten des Beweises

Es gibt verschiedene Arten des Beweises, die sich nach Ziel des Beweises (Vollbeweis oder Glaubhaftmachung) Zweck des Beweises (Hauptbeweis, Gegenbeweis oder Beweis des Gegenteils), der Art der Beweisführung (unmittelbarer und mittelbarer Beweis) und des Beweisverfahrens (Strengbeweis oder Freibeweis) unterscheiden lassen.[47]

Als Hauptbeweis bezeichnet man den Beweis der beweisbelasteten Partei für das Vorliegen der konkreten Tatsachen.[48] Der Gegenbeweis obliegt der gegnerischen, nicht beweisbelasteten Partei und dient dazu, den Hauptbeweis zu erschüttern, indem Zweifel an der vorläufigen Überzeugung des Gerichts von der Wahrheit der beweisbedürftigen Tatsache geweckt werden.[49] Der Beweis des Gegenteils ist eine Form des Hauptbeweises und dient der Widerlegung von gesetzlichen Vermutungen (§ 292 ZPO), gesetzlichen Beweisregeln (§ 286 Abs. 2 ZPO) und öffentlichen Urkunden (§§ 415 ff. ZPO).[50] Als Form des Hauptbeweises erfordert er die volle Überzeugung des Gerichts vom Nichtvorliegen der betreffenden Tatbestandsmerkmale.[51] Er dient der Beweislastverteilung und wird häufig auch als Beweislastumkehr bezeichnet.[52]

Das Regelbeweismaß ist nach § 286 Abs. 1 S. 1 ZPO der Vollbeweis.[53] Er erfordert die volle Überzeugung des Gerichts von der behaupteten Tatsache. In manchen Fällen begnügt sich das Gesetz mit der Glaubhaftmachung, einem geringeren Grad an richterlicher Überzeugung (§ 294 ZPO). Ausreichend ist hierfür eine überwiegende Wahrscheinlichkeit für das Vorliegen der behaupteten Tatsache.[54]

Der unmittelbare Beweis ermöglicht es dem Gericht, direkt auf das Vorliegen oder Nichtvorliegen eines Tatbestandsmerkmals zu schließen, während beim mittelbaren Beweis von tatbestandsfremden, ihrerseits zu beweisenden Tatsachen auf das Vorliegen oder Nichtvorliegen eines Tatbestandsmerkmals geschlossen werden kann.[55] Die tatbestandsfremden Tat-

---

47 *Prütting*, in: MünchKommZPO, § 284 Rn. 19 f., 23 f., 26.
48 *Laumen*, in: Baumgärtel/Laumen/Prütting, Kap. 2 Rn. 3.
49 *Laumen*, in: Baumgärtel/Laumen/Prütting, Kap. 2 Rn. 4.
50 *Saenger*, in: Hk-ZPO, § 284 Rn. 28.
51 *Laumen*, in: Baumgärtel/Laumen/Prütting, Kap. 2 Rn. 8.
52 *Ahrens*, Kap. 3 Rn. 5.
53 *Laumen*, in: Baumgärtel/Laumen/Prütting, Kap. 2 Rn. 12.
54 BVerfGE 38, 35, 39; *Laumen*, in: Baumgärtel/Laumen/Prütting, Kap. 2 Rn. 14.
55 *Saenger*, in: Hk-ZPO, § 284 Rn. 25 f.

sachen werden auch als Hilfstatsachen, Indizien oder Beweisanzeichen bezeichnet.[56]

Die Beweiserhebung im Zivilprozess erfolgt grundsätzlich nach dem Verfahren des *Strengbeweises*, wenn nicht ausnahmsweise der *Freibeweis* zulässig ist,[57] § 284 S. 1 und S. 2 ZPO. Die Beweismittel des Strengbeweises sind nach § 284 S. 1 ZPO abschließend. Sie sind der Beweis durch Augenschein (§§ 371–372a ZPO), der Zeugenbeweis (§§ 373–401 ZPO), der Beweis durch Sachverständige (§§ 402–414 ZPO), der Beweis durch Urkunden (§§ 415–444 ZPO) und der Beweis durch Parteivernehmung (§§ 445–455 ZPO). Näher beleuchtet werden sollen nachstehend die Beweismittel des Augenscheins und der Urkunden, die auch als „Sachbeweis[e]"[58] bezeichnet werden. Diese beiden Beweismittel sind für die vorliegende Untersuchung relevant, weil elektronische Dokumente als „Sachen" unter diese beiden Kategorien fallen können.

II. Beweis durch Augenschein

Der Beweis durch Augenschein ist in den §§ 371 ff. ZPO geregelt. Sofern er von Amts wegen angeordnet wird, ist daneben § 144 ZPO zu beachten. Wie die Urkunde vermittelt er dem Gericht eine (verlässliche) eigene Wahrnehmung und nicht nur subjektive Eindrücke einer dritten Person.

1. Definition des Augenscheins

Es gibt keine Legaldefinition des Augenscheins. Nach allgemeiner Meinung ist Augenschein jede Sinneswahrnehmung über beweisbedürftige Tatsachen durch den Richter persönlich.[59]

Die Wahrnehmung kann durch die fünf Sinne des Sehens, Hörens, Riechens, Schmeckens und Fühlens erfolgen, nicht nur durch den namenge-

---

56 *Laumen*, in: Baumgärtel/Laumen/Prütting, Kap. 2 Rn. 21.

57 Vgl. zu den Begriffen des Streng- und Freibeweises *Rosenberg/Schwab/Gottwald*, § 110 Rn. 7 f.

58 *Ahrens*, Kap. 20 Rn. 2.

59 Statt vieler: *Huber*, in: Musielak/Voit, § 371 Rn. 1; *Greger*, in: Zöller, § 371 Rn. 1; *Ahrens*, Kap. 22 Rn. 1.

benden Gesichtssinn.[60] Statt des Ausdrucks „Augenschein" wird daher auch für den Begriff „Wahrnehmungsbeweis" plädiert.[61]

Persönliche[62] Wahrnehmung bedeutet, dass der Augenschein durch das erkennende Gericht[63] und unter Ausschaltung dritter Wahrnehmungspersonen[64] zu erfolgen hat. Die Einnahme eines Augenscheins durch Dritte, Augenscheinsmittler oder Augenscheinsgehilfen ist nur in Ausnahmefällen zulässig, aber vom Gesetz grundsätzlich nicht vorgesehen.[65] Zweck des Augenscheins ist gerade, dass sich der Richter sein Urteil über die streitigen Tatsachen selbst fällt.[66]

Der erkennende Richter kann den Gegenstand wiederum unmittelbar oder mittelbar wahrnehmen. Unmittelbar ist die Wahrnehmung bei einer Besichtigung des Originals, mittelbar bei einer Wahrnehmung von Surrogaten – beispielsweise Fotografien – oder wenn die Beweisobjekte erst durch Einsatz technischer Hilfsmittel sichtbar oder vernehmbar werden.[67]

2. Augenschein als Grundtatbestand?

Der Augenschein im Sinne einer Sinneswahrnehmung wohnt jedem anderen Beweismittel inne. Eine Urkunde wird hinsichtlich ihrer äußeren Beschaffenheit in Augenschein genommen, ein Zeuge hinsichtlich seiner Glaubwürdigkeit. Es stellt sich deshalb die Frage, ob immer dann auf den Augenschein im Sinne der §§ 371 ff. ZPO zurückgegriffen werden kann, wenn keine spezielle Regelung der anderen Beweismittel einschlägig ist

---

60 *Huber*, in: Musielak/Voit, § 371 Rn. 1.

61 *Ahrens*, in: FS Geimer, S. 1, 4.

62 *Hartmann*, in: Baumbach/Lauterbach, Übers § 371 Rn. 4; *Rosenberg/Schwab/Gottwald*, § 118 Rn. 1; *Reichold*, in: Thomas/Putzo, Vorbem § 371 Rn. 1, verwenden stattdessen den Begriff der *unmittelbaren* Wahrnehmung, um die eigene, persönliche Wahrnehmung des Richters darzustellen. Dies ist aber nicht zu verwechseln mit der Möglichkeit der unmittelbaren oder mittelbaren Wahrnehmung durch den Richter, welche sogleich erörtert wird. Um Missverständnissen vorzubeugen, wird hier daher der Begriff der *persönlichen* Wahrnehmung verwendet.

63 Dies ergibt sich im Umkehrschluss aus § 372 Abs. 2 ZPO, der die Übertragung auf ein anderes Gericht gestattet.

64 *Ahrens*, Kap. 22, Rn. 1.

65 *Rosenberg/Schwab/Gottwald*, § 118 Rn. 24.

66 *Berger*, in: Stein/Jonas, vor § 371 Rn. 1.

67 *Ahrens*, Kap. 22 Rn. 15; *ders.*, in: FS Geimer, S. 1, 6; *Zimmermann*, in: MünchKommZPO, § 371 Rn. 2.

oder ob die Regelungen der jeweiligen Beweismittel abschließend sind. Kann beispielsweise der Augenschein nach den §§ 371 ff. ZPO neben Urkundenbeweis parallel anwendbar sein, wenn es bei einer Urkunde einerseits um deren Unversehrtheit geht, andererseits um deren Inhalt?

Das wird in der Literatur nicht einheitlich beantwortet. Nach einer Ansicht sind die anderen Beweismittel gegenüber den allgemeinen Regelungen des Augenscheins Sonderregeln, die diesem vorgehen und das jeweilige Beweismittel zur Gänze erfassen.[68] Die sinnliche Wahrnehmung allein ermögliche keine Abgrenzung von den anderen Beweismitteln, denn auch beim Urkundenbeweis sind die Schriftzeichen einer Urkunde sinnlich wahrzunehmen.[69] Deshalb handele es sich aber nicht um einen Augenschein im Sinn der §§ 371 ff. ZPO.[70] Die Abgrenzung ergebe sich vielmehr aus den speziellen Merkmalen der anderen Beweismittel.[71] Auf der anderen Seite wird vertreten, beide Beweismittel seien nebeneinander anwendbar. Das richtige Beweismittel ergebe sich aus dem Beweisgegenstand. Gehe es um äußere Merkmale einer Urkunde oder eines Zeugen, so sei der Augenschein das richtige Beweismittel, gehe es hingegen um den gedanklichen Inhalt, sei der Urkunden- oder Zeugenbeweis das richtige Beweismittel.[72]

Überzeugend erscheint die erstgenannte Ansicht, denn die Einordnung in das jeweilige Beweismittel entscheidet, welche Spezialvorschriften nachfolgend anzuwenden sind.[73] Es tritt daher auch nicht der Augenschein neben den Urkundenbeweis, wenn es zum einen um den Inhalt der Urkunde geht und zum anderen um deren Eigenschaften, ebenso läuft auch nicht parallel zum Zeugenbeweis ein Augenscheinsbeweis bezüglich des äußeren Verhaltens des Zeugen, sondern dies beurteilt sich gänzlich nach den Vorschriften über das spezielle Beweismittel.[74] Das Urkundenbeweisrecht enthält beispielsweise Normen, die das Verfahren zur Vorlage von Urkunden, die sich im Besitz des Prozessgegners oder eines Dritten befinden, regeln (§§ 422–432 ZPO). Entsprechende Regelungen fehlen im Beweismit-

---

68 *Berger*, in: Stein/Jonas, vor § 371 Rn. 5; *Ahrens*, Kap. 22 Rn. 3.
69 *Berger*, in: Stein/Jonas, vor § 371 Rn. 5.
70 *Ahrens*, Kap. 22 Rn. 3.
71 *Berger*, in: Stein/Jonas, vor § 371 Rn. 5.
72 *Huber*, in: Musielak/Voit, § 371 Rn. 5; *Greger*, in: Zöller, § 371 Rn. 2; *Trautwein*, in: Prütting/Gehrlein, § 371 Rn. 3.
73 *Ahrens*, in: Wieczorek/Schütze, Vor § 415 Rn. 7.
74 *Berger*, in: Stein/Jonas, vor § 371 Rn. 5.

telrecht des Augenscheins. Allerdings ordnet der mit der ZPO-Reform von 2001 neu eingefügte § 371 Abs. 2 S. 2 ZPO die entsprechende Anwendung der §§ 422–432 ZPO an, sodass seit diesem Zeitpunkt die Schärfe des Abgrenzungsbedarfs entfallen ist.[75] Letztendlich führen daher bei Betrachtung dieser beiden Beweismittel beide Ansichten zum selben Ergebnis.

3. Beweisobjekt

Augenscheinsobjekt kann alles sinnlich Wahrnehmbare sein.[76] Damit können Personen, Sachen und Vorgänge unter diese Kategorie fallen.[77] Bei Personen und Sachen ist jedoch hinsichtlich des Beweisgegenstands zu differenzieren. Personen und Sachen unterfallen bezüglich ihrer äußeren Beschaffenheit dem Augenschein. Geht es hingegen um einen Gedankeninhalt, der sich aus einer Urkunde ergibt oder aus der Wahrnehmung eines Zeugen, so fällt dies grundsätzlich nicht unter den Augenschein,[78] sondern unter den Urkunden- oder Zeugenbeweis.[79] Ausnahmen sind elektronisch gespeicherte Aufzeichnungen, die sowohl hinsichtlich ihrer äußeren Merkmale als auch ihres Gedankeninhalts dem Augenschein unterfallen (§ 371 Abs. 1 ZPO).[80]

Daneben können Vorgänge der Gegenwart oder der Vergangenheit Objekte des Augenscheins sein.[81] Künftige Vorgänge scheiden logisch aus, da sie noch nicht geschehen sind.

---

75 *Ahrens*, in: Wieczorek/Schütze, Vor § 415 Rn. 7.

76 *Huber*, in: Musielak/Voit, § 371 Rn. 6; *Ahrens*, in: Wieczorek/Schütze, § 371 Rn. 5.

77 *Huber*, in: Musielak/Voit, § 371 Rn. 3; *Hartmann*, in: Baumbach/Lauterbach, Übers § 371 Rn. 4.

78 *Hartmann*, in: Baumbach/Lauterbach, Übers § 371 Rn. 4.

79 *Greger*, in: Zöller, § 371 Rn. 2; *Rosenberg/Schwab/Gottwald*, § 118 Rn. 3.

80 Siehe ausführlich § 5 I.

81 *Berger*, in: Stein/Jonas, vor § 371 Rn. 1.

III. Beweis durch Urkunden

Der Urkundenbeweis wird häufig als sicheres und zuverlässiges Beweismittel bezeichnet.[82] Auch das Gesetz spiegelt ein erhöhtes Vertrauen in das Beweismittel Urkunde gegenüber anderen Beweismitteln wider. Die freie richterliche Beweiswürdigung nach § 286 ZPO wird ausnahmsweise durch die §§ 415–418 ZPO zugunsten einer *formellen Beweiskraft* eingeschränkt.[83] Weshalb das Gesetz den Urkunden eine bestimmte Beweiskraft zugesteht, soll anhand der Definitionsmerkmale der Urkunde untersucht werden.

1. Definitionsmerkmale der Urkunde

Eine Legaldefinition der Urkunde gibt es nicht. Der Urkundenbegriff variiert je nach Rechtsgebiet in einzelnen Punkten.[84] Im Sinn der ZPO wird die Urkunde in Literatur und Rechtsprechung einhellig als schriftlich verkörperte Gedankenerklärung definiert.[85]

a) Schriftlichkeit

Für die Schriftlichkeit wird nach allgemeiner Meinung die Verwendung üblicher oder vereinbarter Wort- oder Schriftzeichen gefordert.[86] *Schreiber*

---

82 *Ahrens*, Kap. 25 Rn. 14; *Hartmann*, in: Baumbach/Lauterbach, Übers § 415 Rn. 1; *Schreiber*, in: MünchKommZPO, § 415 Rn. 5.

83 BGHZ 65, 300 = NJW 1976, 294.

84 Im Strafrecht definiert die überwiegende, aber nicht unumstrittene Ansicht eine Urkunde als eine dauerhaft verkörperte Gedankenerklärung, die zum Beweis bestimmt und geeignet ist, und ihren (wirklichen oder scheinbaren) Aussteller erkennen lässt; BGHSt 3, 82, 84 f. = NJW 1952, 1104 = NJW 1953, 636 (Ls.); 4, 284, 285 = NJW 1953, 1519; 13, 235, 239 = NJW 1959, 2173; *Fischer*, StGB, § 267 Rn. 2; *Heger*, in: Lackner/Kühl, StGB, § 267 Rn. 2; *Heine/Schuster*, in: Schönke/Schröder, StGB, § 267 Rn. 2; krit. *Erb*, in: MünchKommStGB, § 267 Rn. 30 ff.

85 Vgl. nur BGHZ 65, 300 = NJW 1976, 294; *Reichold*, in: Thomas/Putzo, Vorbem § 415 Rn. 1; *Schreiber*, in: MünchKommZPO, § 415 Rn. 5; *Huber*, in: Musielak/Voit, § 415 Rn. 4; *Rosenberg/Schwab/Gottwald*, § 119 Rn. 1.

86 *Berger*, in: Stein/Jonas, vor § 415 Rn. 1; *Rosenberg/Schwab/Gottwald*, § 119 Rn. 1; *Huber*, in: Musielak/Voit, § 415 Rn. 4; *Hartmann*, in: Baumbach/Lauterbach, Übers § 415 Rn. 5.

findet diese Definition zu weit gefasst, er fordert *Lautzeichen*, die aus sich heraus ohne weiteres verständlich sind.[87] Die besondere Sicherheit der Urkunde als Beweismittel folge nämlich gerade aus der Verwendung von Lautzeichen, insbesondere von Buchstaben. Wortzeichen etwa fänden sich auch auf einer Grammophonplatte, die deswegen aber keine Urkunde darstellt. Ob die Vertreter der allgemeinen Meinung den Begriff weit gefasst sehen wollen, wie es *Schreiber* unterstellt, ergibt sich jedoch nicht. Vielmehr implizieren auch die Begriffe „Wortzeichen" oder „Schriftzeichen" die Verwendung von Buchstaben.

Die schriftlichen Wort- oder Lautzeichen müssen allgemein oder dem Gericht verständlich sein oder zumindest durch Sachverständige oder Übersetzer verständlich gemacht werden können.[88] Geheimschriften, Zahlenschriften und chiffrierte Mitteilungen sind daher keine Urkunden.[89]

Die ZPO selbst gibt nur wenige Anhaltspunkte für das Erfordernis der Schriftlichkeit.[90] Zwar setzt die Schriftvergleichung nach § 441 ZPO zum Beweis der Echtheit oder Unechtheit einer Urkunde ihrerseits selbst das Bestehen der Schriftlichkeit voraus, dies bedeutet aber nicht, dass die Schriftlichkeit zwingend Voraussetzung ist. Das Erfordernis der Verwendung von Schrift-, Wort- oder Lautzeichen ergibt sich vielmehr aus der Beweiskraft, die den Urkunden in den §§ 415 bis 418 ZPO beigemessen wird: Bei Lautzeichen bietet deren Anordnung auf dem Trägermaterial Gewähr dafür, dass Buchstaben weder entfernt noch hinzugefügt wurden. Wegen der „vergleichsweise hohen Zuverlässigkeit des Lautzeichens"[91] – im Sinne einer hohen Fälschungssicherheit – spricht man den Urkunden die erhöhte Beweiskraft zu. Urkunden müssen also wegen der ihnen zugesprochenen Beweiskraft schriftlich sein.

Bei Zeichnungen hingegen, die ebenfalls aus Zeichen bestehen, sind nachträgliche Zusätze, die nicht als solche erkennbar sind, einfacher anzubringen. Vorausgesetzt, Zeichnungen enthalten eine Gedankenerklärung, scheiden sie jedenfalls am Merkmal der Schriftlichkeit, mangels Verwendung von Lautzeichen, als Urkundenbeweisobjekte aus.

---

87 *Schreiber*, in: MünchKommZPO, § 415 Rn. 5.

88 *Schreiber*, in: MünchKommZPO, § 415 Rn. 5; an anderer Stelle fasst er diese Voraussetzung zudem unter den Punkt der Verkörperung; vgl. *Schreiber*, S. 27 f.

89 *Schreiber*, in: MünchKommZPO, § 415 Rn. 5.

90 Vgl. dazu und zum folgenden Text *Schreiber*, S. 33.

91 *Schreiber*, S. 33.

Bestimmte Beweiszeichen scheitern ebenfalls am Merkmal der Schriftlichkeit. Beweiszeichen können zwar aus Buchstaben bestehen – wie das Autokennzeichen–, können also grundsätzlich das Merkmal der Schriftlichkeit erfüllen, häufig bestehen sie aber nur aus sonstigen Zeichen wie Strichen, Kerben oder Löchern.[92] Ihnen fehlt regelmäßig bereits eine Gedankenerklärung. Sofern diesen sonstigen Zeichen aber eine Gedankenerklärung zukommt, wie etwa dem Strich auf einem Bierfilz, so ist die Gedankenerklärung zwar auch verkörpert, aber eben nicht durch Schriftzeichen.

b) Verkörperung

Die schriftliche Gedankenerklärung muss verkörpert, also auf einem Träger fixiert sein. Das Trägermaterial muss kein Papier sein, es genügen jegliche Materialien wie Holz, Stein, Stoff, Schiefer.[93] Wichtig ist nur, dass das Trägermaterial als solches geeignet ist, die Lesbarkeit zu ermöglichen.[94] Grundsätzlich liegt also eine Verkörperung bei jeglichen Speicherungsformen menschlicher Gedanken vor, sofern die Speicherung von gewisser Dauer ist: Papier, Computerfestplatte, Diskette, CD, Tonband, Videoband;[95] aber auch bei einer Speicherung in einer Cloud.

Eingeschränkt wird das aber dadurch, dass die Lesbarkeit dabei unmittelbar möglich sein muss. Es genügt nicht, wenn eine Umsetzung in Schriftzeichen erst mittels technischer Hilfsmittel erfolgt.[96] Deshalb können nach allgemeiner Meinung elektronisch gespeicherte Daten keine Urkunden sein.[97] Die Verkörperung bzw. unmittelbare Lesbarkeit wird auch

92 *Schreiber*, S. 40.
93 *Rosenberg/Schwab/Gottwald*, § 119 Rn. 3.
94 *Preuß*, in Prütting/Gehrlein, § 415 ZPO Rn. 2.
95 *A. Becker*, S. 31.
96 *Berger*, in: Stein/Jonas, vor § 415 Rn. 1.
97 Dieses Problem behandelt aktuell noch *Berger*, in: Stein/Jonas, vor § 415 Rn. 1; vor Normierung des § 371 Abs. 1 S. 2 ZPO waren dieser Ansicht auch *Baltzer*, in: GS Bruns, 73, 79–82; *Bizer/Hammer*, DuD 1993, 619, 622; *Britz*, S. 135; *Redeker*, NJW 1984, 2390, 2394. Siehe ausführlich § 3 II, § 5 I.

häufig als Verkehrsfähigkeit[98] bezeichnet, weil der Inhalt jederzeit verfügbar, das heißt verkehrsfähig, sein soll.[99]

Die Voraussetzung der Verkörperung ergibt sich aus den Bestimmungen über den Antritt des Urkundenbeweises (§§ 420 ff. ZPO), welche durchgängig von einem zur Vorlegung geeigneten Beweismittel ausgehen.[100] Zur Vorlegung ist nur ein verkörpertes Zeichen geeignet, ein flüchtiges Zeichen – zum Beispiel ein Kopfnicken – genügt hierfür nicht.[101]

Der Begriff der Lesbarkeit wird auch häufig im Rahmen der Schriftlichkeit verwendet und von der Verkehrsfähigkeit unterschieden.[102] Nach einer Ansicht werden Tonaufnahmen am fehlenden Merkmal der Lesbarkeit vom Urkundenbegriff ausgeschieden, ohne näher zu definieren, was darunter zu verstehen ist, und EDV-Datenträger an der Verkehrsfähigkeit, weil es an der jederzeitigen Verfügbarkeit ohne Einsatz technischer Hilfsmittel fehle.[103] Jedoch können auch Tonaufnahmen, egal welcher Art diese sind, ebenfalls nie ohne technische Hilfsmittel gelesen werden. Lesbarkeit kann somit nur als Synonym zur Schriftlichkeit verstanden werden,[104] weil es Tonaufnahmen in jedem Fall an der *schriftlichen* Verkörperung fehlt. Man könnte aber die Lesbarkeit auch als Synonym zur Verkörperung zu verstehen,[105] denn nur schriftlich *verkörperte* Gedankenerklärungen sind lesbar. Richtig erscheint es, die Lesbarkeit als Oberbegriff beider Merkmale zu verstehen, denn nur *schriftliche*, also durch Verwendung verständlicher Wortzeichen und *verkörperte* Gedankenerklärungen sind auch lesbar.

Die Verkörperung schriftlicher Gedankenerklärungen ist somit gegeben, wenn die Schriftzeichen unmittelbar wahrnehmbar sind und nicht erst durch technische Hilfsmittel wahrnehmbar gemacht werden müssen.

---

98 *Preuß*, in: Prütting/Gehrlein, § 415 Rn. 2; *Schreiber*, in: MünchKommZPO, § 415 Rn. 7; *Geimer*, in: Zöller, Vor § 415 Rn. 2.

99 *Schreiber*, in: MünchKommZPO, § 415 Rn. 7.

100 *Schreiber*, S. 19.

101 *Schreiber*, S. 19 f.

102 Siehe *Huber*, in: Musielak/Voit, § 415 Rn. 5; *Preuß*, in: Prütting/Gehrlein, § 415 Rn. 2; *Schreiber*, in: MünchKommZPO, § 415 Rn. 6 f.

103 *Huber*, in: Musielak/Voit, § 415 Rn. 5.

104 Ebenso wohl *Preuß*, in: Prütting/Gehrlein, § 415 Rn. 2, allerdings ohne nähere Definition der Lesbarkeit.

105 So etwa *Berger*, in: Stein/Jonas, vor § 415 Rn. 1.

c) Gedankenerklärung

Das Erfordernis einer Gedankenerklärung ergibt sich aus dem Zweck des Urkundenbeweises. Mit dem Urkundenbeweis wird im Mindesten[106] bewiesen, dass die in der Urkunde enthaltene Erklärung *abgegeben* wurde, §§ 415–418 ZPO. Enthält ein Schriftstück keine Gedankenerklärung, sondern nur eine willkürliche Aneinanderreihung von Buchstaben, kann mit den §§ 415 ff. ZPO nichts bewiesen werden. Deswegen werden Beweiszeichen am Merkmal der Gedankenerklärung aus dem Urkundenbegriff ausgeschlossen – bei ihnen tritt der Aussagezweck hinter dem Kennzeichnungszweck zurück.[107]

Britz lehnt es ab, eine menschliche Gedankenerklärung zum Definitionsmerkmal einer Urkunde zu machen.[108] Das Merkmal werde erst im Rahmen der Beweiseignung bzw. der Frage, ob gesetzliche Beweisregeln zur Anwendung gelangen, relevant. Bei der Frage, ob die verfahrensrechtlichen, urkundenprozessrechtlichen oder restitutionsklagerechtlichen Vorschriften der §§ 420 ff., 592 ff. und 580 Nr. 7b ZPO anwendbar seien, spiele dieses Merkmal hingegen keine Rolle. Die Ausgrenzung von Schriftstücken ohne menschliche Gedankenerklärung aus dem Urkundenbegriff durch den Rückgriff auf das Augenscheinsbeweisrecht sowie dem Ausschluss der Möglichkeit des Urkundenprozesses sei eine sachlich nicht gerechtfertigte Ungleichbehandlung gegenüber schriftlichen Gedankenäußerungen ohne Unterzeichnung. Mangels Anwendbarkeit des § 416 ZPO unterlägen nicht unterzeichnete Urkunden ebenfalls der freien Beweiswürdigung, auf sie fänden aber dennoch der Urkundenprozess sowie die verfahrensrechtlichen Vorschriften der §§ 420 ff. ZPO Anwendung.

Gegen diese Ansicht ist einzuwenden, dass Schriftstücke ohne menschliche Gedankenerklärung aber ihrerseits keinen Beweiswert haben. Ohne Aussagewert können sie keine beweispflichtige Tatsache stützen. Andererseits kann die Frage, ob eine Urkunde tatsächlich eine Gedankenerklärung enthält oder nicht, erst durch das Lesen dieses Schriftstücks in Erfahrung gebracht werden. Dazu muss es dem Gericht aber erst einmal vorliegen.

106 Der weitere Umfang der Beweiskraft variiert je nach Art der Urkunde, vgl. dazu die §§ 415–418 ZPO.

107 *Geimer*, in: Zöller, Vor § 415 Rn. 2; *Schreiber*, in: MünchKommZPO, § 415 Rn. 6.

108 *Britz*, S. 128–132.

Hierfür sind die §§ 420 ff., 592 ff. und 580 Nr. 7b ZPO wiederum grundsätzlich erforderlich. Stellt sich am Ende doch heraus, dass es sich um eine schriftliche Verkörperung einer Gedankenerklärung handelt und hätte man das Schriftstück als Augenscheinsobjekt behandelt, wären die besonderen Voraussetzungen des Urkundebeweisrechts nicht zur Anwendung gelangt. Das hätte einer Partei zum Nachteil gereichen können. Nach dieser Argumentation kommt es also auf eine Gedankenerklärung nicht an. Damit muss man alle anderen Merkmale aber ebenfalls in Frage stellen, denn ob die Urkunde verkörperte Schriftzeichen enthält, kann gleichfalls erst beim In-den-Händen-halten beurteilt werden. die Frage, ob die in der Praxis nicht als Urkunden behandelte Beweiszeichen tatsächlich Beweiszeichen sind, kann erst im Beweisstadium festgestellt werden. Wie aber erfährt das Gericht nun, worum es sich handelt? Das Gericht muss sich auf den Vortrag der beweisbelasteten Partei verlassen. Dazu folgendes Beispiel: Trägt diese vor, der Beweis werde durch das Schriftstück „x“ angetreten, das die Tatsache „z“ beweisen soll, finden die verfahrensrechtlichen Vorschriften der §§ 420 ff. ZPO und gegebenenfalls die §§ 592 ff. sowie § 580 Nr. 7b ZPO Anwendung. Trägt die Partei vor, der Beweis werde durch den Bierfilz „y“ angetreten, welcher fünf Striche enthält, kann das Gericht gleich nach dem Augenscheinsbeweisrecht verfahren. Nach dem Vortrag der beweisbelasteten Partei handelt es sich um einen Bierfilz, der rechtlich als Beweiszeichen zu bewerten ist und damit keine Urkunde darstellt.

Zusammenfassend kann gesagt werden, dass es auch zivilprozessrechtlich keinen einheitlichen Urkundenbegriff gibt. Der verfahrensrechtliche Urkundenbegriff (§§ 420 ff., 592 ff., 580 Nr. 7b ZPO) ist vom beweisrechtlichen (§§ 415 ff. ZPO) zu unterscheiden. Für die Anwendung der §§ 415 ff. ZPO ist zunächst eine Urkunde im Sinne einer schriftlich verkörperten Gedankenerklärung Voraussetzung; anschließend sind die weiteren Merkmale der §§ 415 ff. ZPO zu prüfen.

2. Fälschungssicherheit

Die (relativ hohe) Fälschungssicherheit von Urkunden ist zwar der Grund für die erhöhte Beweiskraft von Urkunden,[109] aber nicht Voraussetzung. Ausgegangen wird dabei vom „Grundfall“ einer Urkunde, der handschrift-

---

109 *Schreiber*, in: MünchKommZPO, § 415 Rn. 7.

lich niedergeschriebenen Erklärung. In diesem Fall sind ausgetauschte, hinzugefügte oder entfernte Buchstaben sofort sichtbar. Die Fälschungssicherheit ist kein Definitionsmerkmal von Urkunden im Sinne der ZPO, denn auch Urkunden können gefälscht werden und sind dennoch Urkunden; lediglich ihr Beweiswert sinkt.

3. Beweiskraft und Beweiseignung

Die freie richterliche Beweiswürdigung nach § 286 ZPO wird ausnahmsweise durch die §§ 415–418 ZPO zugunsten einer formellen Beweiskraft eingeschränkt. Der BGH bezeichnet das als „Formalisierung" des Urkundenbeweisrechts.[110] Der besondere Beweiswert einer Urkunde beruht also nicht allein darauf, dass eine Gedankenerklärung verkörpert wird, sondern auch darauf, dass das Urkundenbeweisrecht formalisiert ist.[111] Den speziellen Beweiswert gibt es aber wiederum nur, weil eine schriftlich verkörperte Gedankenerklärung vorliegt. Die Beweiskraft, die erst durch die §§ 415–418 ZPO entfaltet wird, gehört daher nicht zu den Definitionsmerkmalen einer Urkunde,[112] sondern knüpft daran an. Die Beweiskraft entfaltet sich erst, wenn zusätzlich zum Vorliegen einer Urkunde die weiteren Voraussetzungen der §§ 415–418 ZPO gegeben sind. Die Urkunde beweist somit nicht, weil sie eine Urkunde ist, sondern weil sie beispielsweise eine öffentliche Urkunde mit einem bestimmten Inhalt oder eine unterschriebene Privaturkunde ist.[113]

Bei der Beweiskraft ist die formelle, äußere Beweiskraft von der materiellen, inneren Beweiskraft zu unterscheiden.[114] Die §§ 415 und 416 ZPO beweisen nur die formelle Richtigkeit, also in beiden Fällen, dass die Erklärung abgegeben wurde.[115] Nach § 415 ZPO ist zudem formell der gesamte beurkundete Vorgang bewiesen.[116] Die inhaltliche Richtigkeit wie beispielsweise das Zustandekommen eines Vertrages wird hingegen nicht bewiesen, insoweit ist der Richter in seiner Würdigung frei.[117]

---

110 BGHZ 65, 300 = NJW 1976, 294.
111 BGHZ 65, 300 = NJW 1976, 294.
112 *Schreiber*, S. 20.
113 *Schreiber*, S. 20.
114 *Ahrens*, in: Wieczorek/Schütze, Vor § 415 Rn. 8.
115 *Schreiber*, in: MünchKommZPO, § 415 Rn. 26 f., § 416 Rn. 9.
116 *Schreiber*, in: MünchKommZPO, § 415 Rn. 27.
117 *Schreiber*, in: MünchKommZPO, § 415 Rn. 26.

Die Echtheit eines Schriftstücks, die Erkennbarkeit und die Unterschrift des Ausstellers, sowie die Beweisbestimmung gehören ebenfalls nicht zu den Merkmalen einer Urkunde, sondern sind allenfalls Voraussetzung für die Beweiskraft einer Urkunde im Sinne der ZPO.[118] Diese Merkmale können unter dem Oberbegriff der Beweiseignung zusammengefasst werden.[119]

Die Beweisbestimmung einer Urkunde, d.h. ob es sich um eine „geborene“ oder „gekorene“ Urkunde[120] bzw. eine Zufalls- oder Absichtsurkunde[121] handelt, kann nicht Voraussetzung für das Vorliegen einer Urkunde sein, weil eine Urkunde im Zivilprozess nicht nur dem Beweis dienen kann, sondern auch zu anderen Zwecken eingesetzt werden kann.[122] Dies unterscheidet die Urkunde im zivilprozessualen Sinn von der Urkunde im strafrechtlichen und strafprozessualen Sinn. Im Strafprozess kann eine Urkunde nur als Beweismittel Bedeutung erlangen, da dem Strafprozess die Trennung zwischen Behauptungs- und Beweisstadium fremd ist.[123] Im Urkundenstrafrecht wird die Urkunde definiert als eine verkörperte Gedankenerklärung, die zum Beweis im Rechtsverkehr geeignet und bestimmt ist und ihren Aussteller erkennen lässt.[124] Das Erfordernis der Beweisbestimmung ergibt sich aus dem Schutzzweck der §§ 267 ff. StGB: Schutzobjekt ist die Urkunde als Beweismittel.[125]

Eine Urkunde ist dann echt, wenn sie von demjenigen herrührt, den der Beweisführer oder im Falle der Anordnung des Beweises von Amts wegen die durch den Inhalt der Urkunde begünstigte Partei als den Aussteller behauptet.[126] Die Erkennbarkeit des Ausstellers und damit Echtheit der Urkunde ist aber anders als wiederum im materiellen Strafrecht nicht Charakteristikum der Urkunde. Im Strafrecht muss der aus der Urkunde er-

---

118 Vgl. statt vieler: *Schreiber*, in: MünchKommZPO, § 415 Rn. 10; *Rosenberg/Schwab/Gottwald*, § 119 Rn. 2, Rn. 11; *Ahrens*, in: Wieczorek/Schütze, Vor § 415 Rn. 2, Rn. 8; *Huber*, in: Musielak/Voit, § 415 Rn. 4, § 416 Rn. 1.

119 *Schreiber*, S. 26.

120 *Kienapfel*, GA 1970, 193 f.; vgl. auch *Schreiber*, S. 24.

121 Vgl. zu den Begriffen *Schreiber*, S. 24; *Berger*, in: Stein/Jonas, vor § 415 Rn. 8.

122 *Schreiber*, S. 24 f.; vgl. zur Beweisbestimmung auch *Schilken*, Rn. 539.

123 *Schreiber*, S. 25.

124 BGHSt 3, 82, 84 = NJW 1952, 1104; *Puppe/Schumann*, in: Nk-StGB, § 267 Rn. 18; *Heine/Schuster*, in: Schönke/Schröder, § 267 Rn. 2.

125 Vgl. *Heine/Schuster*, in: Schönke/Schröder, § 267 Rn. 1.

126 *Rosenberg/Schwab/Gottwald*, § 119 Rn. 11.

sichtliche Aussteller mit dem wahren Aussteller identisch sein,[127] im Zivilprozessrecht genügt die Übereinstimmung mit dem behaupteten Aussteller. Die §§ 437 ff. ZPO knüpfen ihre Folgerungen an die Erkennbarkeit des Ausstellers, das Vorliegen einer Urkunde hingegen ist Voraussetzung.[128]

Die Unterschrift des Ausstellers ist nur für den Anwendungsbereich des § 416 ZPO Voraussetzung, nicht aber für die Existenz einer Urkunde oder einer Privaturkunde im Sinne des § 416 ZPO.[129]

4. Urkundeneigenschaft von Vervielfältigungen

Mit einer Vervielfältigung ist vorliegend nur die Vervielfältigung einer Originalurkunde gemeint. Nicht unter diesen Begriff fällt etwa ein Computerausdruck, ein gescanntes Dokument oder die Reproduktion eines Originals, das selbst nicht Urkunde ist. Nur wenn die Vervielfältigung selbst die Merkmale einer Urkunde erfüllen kann, stellt sich auch die Frage, ob sie tatsächlich eine Urkunde im Sinne der ZPO darstellt.[130]

Zur Frage der Urkundenqualität einer solchen Vervielfältigung gibt es zwei Ansichten. Einerseits wird vertreten, Vervielfältigungen seien keine Urkunden im Sinne der ZPO, außer die Reproduktion solle kraft Gesetzes oder kraft Willens des Ausstellers das Original vertreten,[131] was nach einem Beglaubigungsvermerk der Fall sein sollte,[132] oder wenn ein Fall der Vernichtung oder sonstigen Uneinbringlichkeit des Originals vorliege.[133] Für diese Ansicht wird das Argument angeführt, die Reproduktion sei nicht selbst die originäre Verkörperung[134] der Gedankenerklärung, sondern nur ein Indiz für das Existieren der Urschrift.[135]

---

127 *Heine/Schuster*, in: Schönke/Schröder, § 267 Rn. 48; *Puppe/Schumann*, in: Nk-StGB, § 267 Rn. 79.

128 *Schreiber*, S. 24.

129 *Huber*, in: Musielak/Voit, § 415 Rn. 4, § 416 Rn. 1.

130 So auch *Schreiber*, in: MünchKommZPO, § 415 Rn. 8.

131 *Rosenberg/Schwab/Gottwald*, § 119 Rn. 1; *Schreiber*, in: MünchKommZPO, § 415 Rn. 8; *Schreiber*, S. 32.

132 *Geimer*, in: Zöller, Vor § 415 Rn. 2; *Rosenberg/Schwab/Gottwald*, § 119 Rn. 1.

133 *Huber*, in: Musielak/Voit, § 415 Rn. 5.

134 Im Sinne einer originären *Verdinglichung*; *Zoller*, NJW 1993, 429, 431.

135 *Schreiber*, S. 29.

Nach anderer Ansicht ist eine Vervielfältigung eine Urkunde im Sinne der ZPO.[136] Diese Ansicht unterscheidet aber davon die Frage nach der Beweiskraft oder Beweistauglichkeit der Reproduktion, welche erst gegeben ist, wenn sie das Original kraft Gesetzes oder im Rahmen des gesetzlich Zulässigen nach dem Willen des Ausstellers ersetzen soll.[137]

Die höchstrichterliche Rechtsprechung ist so zu interpretieren, dass auch sie zwar von der Urkundeneigenschaft der Duplikate ausgeht, die Führung des Urkundenbeweises jedoch an der Beweistauglichkeit scheitern lässt, wenn nicht einer der Ausnahmefälle gegeben ist.[138] Sie folgt also der zweitgenannten Ansicht.

Im Ergebnis überzeugt die zweite Ansicht. Nicht ausreichend ist zwar das gegen die erstgenannte Ansicht angeführte Argument, auf die Art der Herstellung und das Material der Urkunde komme es nicht an,[139] denn nicht dies wird gegen die Urkundenqualität angeführt, sondern die Duplikatseigenschaft.[140] Aber das Argument der erstgenannten Ansicht, eine Urkunde liege nur dann vor, wenn sie eine originäre Gedankenerklärung verkörpere, was bei Duplikaten als bloßen Nachbildungen nicht der Fall sei, ist nicht überzeugend. Konsequenterweise dürfte eine Zweitschrift nie Urkunde sein, selbst wenn sie das Original ersetzen soll, denn die Urkundeneigenschaft wird dort bereits von Anfang an mangels originärer Gedankenverkörperung verneint.[141] Eine Aufstufung nur in den Fällen, in denen sie das Original ersetzen soll, ist daher dogmatisch unsauber. Zudem ist die Existenz wirkender und berichtender Urkunden allgemein anerkannt.[142] Eine berichtende oder bezeugende Urkunde enthält nämlich selbst auch nicht die Verkörperung der originären Gedankenerklärung, sondern berichtet nur, dass eine solche abgegeben wurde (z. B. Protokolle,

136 *Preuß*, in: Prütting/Gehrlein, § 415 Rn. 5; *Hartmann*, in: Baumbach/Lauterbach, Übers § 415 Rn. 6 (der sich unzutreffend auf BGHZ 65, 300 = NJW 1976, 294 beruft); *Berger*, in: Stein/Jonas, vor § 415 Rn. 11.

137 *Preuß*, in: Prütting/Gehrlein, § 415 Rn. 5; *Berger*, in: Stein/Jonas, vor § 415 Rn. 11 f.

138 BGH NJW 1980, 1047, 1048; BGH NJW 1990, 1170, 1171; BGH NJW 1992, 829, 830.

139 So z. B. *Berger*, in: Stein/Jonas, vor § 415 Rn. 10.

140 *Zoller*, NJW 1993, 429, 430.

141 *Zoller*, NJW 1993, 429, 431.

142 Siehe *Ahrens*, in: Wieczorek/Schütze, Vor § 415 Rn. 5; *Rosenberg/Schwab/Gottwald*, § 119 Rn. 8–10; *Berger*, in: Stein/Jonas, vor § 415 Rn. 9; *Schreiber*, S. 20-22; *ders.* in: MüKo, § 415 Rn. 10.

Rechnungen),[143] sie enthält also eine Wissenserklärung.[144] Die Urkunde muss das Recht nicht enthalten, sondern sie muss dieses nur beweisen.[145] Eine Kopie ist daher eine berichtende Urkunde, die den Inhalt der abgelichteten Originalurkunde bezeugt, sich aber nicht anmaßt, urschriftlich zu sein.[146] Die wirkende bzw. konstitutive Urkunde hingegen enthält selbst den unmittelbar zu beweisenden Vorgang (z. B. Testament)[147] und damit die Willenserklärung selbst.[148] Zwar kommt es auch nach zweitgenannter Ansicht auf den Willen des Ausstellers bzw. Verwenders, die Reproduktion solle das Original ersetzen, an, jedoch wird dies erst auf der zweiten Stufe, der Beweiskraft, relevant. Es geht dabei um die Frage der Echtheit der Urkunde. Eine Vervielfältigung ist somit eine Urkunde des Verwenders mit dem Inhalt, dass die im Original vorliegende Gedankenerklärung sich in der Ablichtung originalgetreu widerspiegele.[149] Bei erstgenannter Ansicht ist der Wille des Ausstellers bereits bei der Frage, *ob* eine Urkunde vorliegt, Voraussetzung. Der Wille des Ausstellers jedoch betrifft die Echtheit einer Urkunde und kann daher nicht Definitionsmerkmal sein.[150] Es bei Vervielfältigungen dennoch zur Voraussetzung zu machen, ist daher ebenfalls dogmatisch unsauber. Zudem will der Verwender einer Kopie sich in der Regel nicht anmaßen, eine urschriftliche Erklärung abzugeben, sondern gerade nur deren Reproduktion als Bericht über das Bestehen der Originalerklärung.[151] Diese Kopie ist eine originäre Gedankenerklärung des Vorlegenden und nicht des Originalausstellers, mit dem Inhalt, dass die im Original verkörperte Gedankenerklärung sich in dieser Reproduktion getreu wiederspiegelt.[152] Daher lassen sich Kopien, selbst wenn man am Urkundenmerkmal der originären Gedankenerklärung festhalten will, hieran nicht ausscheiden.[153] Dass nicht erst der Beglaubigungsvermerk

---

143 *Rosenberg/Schwab/Gottwald*, § 119 Rn. 10.
144 *Rüßmann*, in: Informationsbeschaffung für den Zivilprozess, S. 145.
145 *Zoller*, NJW 1993, 429, 431.
146 *Zoller*, NJW 1993, 429, 432.
147 *Rosenberg/Schwab/Gottwald*, § 119 Rn. 9.
148 *Rüßmann*, in: Informationsbeschaffung für den Zivilprozess, S. 145.
149 *Zoller*, NJW 1993, 429, 432.
150 Siehe § 2 III. 3.; ebenso *Zoller*, NJW 1993, 429, 431 f., der hierzu auch einen sprachlichen Vergleich anführt: ein Synonym für „echt" sei „original", was wiederum ein Synonym für „originär" sei.
151 *Zoller*, NJW 1993, 429, 432.
152 *Zoller*, NJW 1993, 429, 432.
153 *Zoller*, NJW 1993, 429, 432.

eine Vervielfältigung zur Urkunde machen kann,[154] ergibt sich ebenfalls aus der bereits dargestellten Trennung der Frage nach dem Vorliegen einer Urkunde und deren Beweiskraft.[155] Für diese Ansicht spricht weiter § 593 Abs. 2 S. 1 ZPO. Es genügt für den Urkundenprozess die Vorlegung einer Abschrift der Urkunde. Damit ist also im Urkundenprozess auch die Abschrift eine Urkunde, was im Umkehrschluss für die Urkundeneigenschaft einer Kopie spricht.[156]

Zusammenfassend kann also gesagt werden, dass eine Vervielfältigung einer Originalurkunde ebenfalls eine Urkunde darstellt. Die Tauglichkeit zur Führung des Urkundenbeweises ist hiervon zu unterscheiden. Betrachtet man die beiden Ansichten jedoch vom Ergebnis aus, so ist der Unterschied marginal. In beiden Fällen kommt es bei einer Verneinung der Beweistauglichkeit, ob diese nun zur Verneinung des Vorliegens einer Urkunde führt oder nicht, zur Anwendung der Vorschriften des Augenscheinsbeweises und damit zur Beweiswürdigung nach § 286 Abs. 1 ZPO.

5. Öffentliche Urkunden und Privaturkunden

Eine Legaldefinition der öffentlichen Urkunde findet sich, soweit es um den Begriff der Öffentlichkeit geht, in § 415 Abs. 1 ZPO. Danach sind öffentliche Urkunden solche Urkunden, die von einer öffentlichen Behörde innerhalb der Grenzen ihrer Amtsbefugnisse oder von einer mit öffentlichen Glauben versehenen Person innerhalb des ihr zugewiesenen Geschäftskreises in der vorgeschriebenen Form aufgenommen sind. Wichtig ist also die Beachtung der zwingenden Formvorschriften etwa der ZPO und des BeurkG, die Beachtung der sachlichen Zuständigkeit sowie die Beachtung des Umstands, dass in der Urkunde eine Erklärung eines Dritten enthalten sein muss.[157]

Eine öffentliche Urkunde erbringt sodann den vollen Beweis des durch die Behörde oder die Urkundsperson beurkundeten Vorganges, § 415 Abs. 1 ZPO. Die Formulierung des „vollen Beweises" ist jedoch restriktiv auszulegen: Bewiesen ist, dass die Erklärung mit diesem Inhalt ab-

---

154 So *Geimer* in: Zöller, Vor § 415 Rn. 2, der die Urkundenqualität von Fotokopien mit Hinweis auf § 435 ZPO verneint.

155 Siehe § 2 III. 3.

156 *Zoller*, NJW 1993, 429, 432.

157 *Schreiber*, in: MünchKommZPO, § 415 Rn. 16, 21, 24.

gegeben worden und vollständig wiedergegeben ist, ferner dass die Begleitumstände wie Zeit, Ort und das Abgeben der Erklärung vor der Behörde oder Urkundsperson richtig sind.[158] Ob sich die Beweiskraft auch auf die Identität der erklärenden Person erstreckt, ist streitig. Nach einer Ansicht ist es abhängig vom Inhalt: Gehört die Identitätsfeststellung zum vorgeschriebenen Inhalt wie etwa bei der notariellen Urkunde, § 10 BeurkG, so wird diese von § 415 ZPO erfasst.[159] Nach anderer Ansicht fällt die Identitätsfeststellung nie unter den Anwendungsbereich des § 415 ZPO, denn materiellrechtliche Aspekte wie die Feststellung der Identität seien Gegenstand der eigenen Wahrnehmung der Urkundsperson und könnten daher nicht unter den Anwendungsbereich des § 415 ZPO fallen.[160] Dieser Ansicht kann man entgegenhalten, dass auch die Feststellung des Datums und der Uhrzeit eigener Wahrnehmung unterfallen kann.

Privaturkunden sind Urkunden, die keine öffentlichen Urkunden nach § 415 ZPO sind.[161] Ihre Beweiswirkung ist geringer als die der öffentlichen Urkunden. Sofern sie vom Aussteller unterschrieben oder mittels notariell beglaubigtem Handzeichens unterzeichnet sind (im Folgenden für Unterschrift und Handzeichen: Unterzeichnung), erbringen sie den vollen Beweis dafür, dass die in ihnen enthaltenen Erklärungen abgegeben sind (§ 416 ZPO). Nicht bewiesen sind also im Gegensatz zur öffentlichen Urkunde die Begleitumstände wie Zeit und Ort, Vollständigkeit und Identität des Erklärenden.

a) Echtheit und Unterzeichnung

Voraussetzung für die Beweisregel der §§ 415, 416 ZPO ist jeweils die Echtheit der Urkunde. Eine Urkunde ist dann echt, wenn sie von demjenigen herrührt, den der Beweisführer als den Aussteller bezeichnet.[162] Die Echtheit einer inländischen öffentlichen Urkunde wird unter den Voraussetzungen des § 437 Abs. 1 ZPO vermutet, im Zweifelsfall ist nach § 437 Abs. 2 ZPO zu verfahren. Die Echtheit einer Privaturkunde unter-

---

158 *Schreiber*, in: MünchKommZPO, § 415 Rn. 27.

159 *Berger*, in: Stein/Jonas, § 415 Rn. 24; weitere Nachweise zu einzelnen Beispielen, aber selbst verneinend: *Schreiber*, in: MünchKommZPO, § 415 Rn. 27.

160 *Schreiber*, in: MünchKommZPO, § 415 Rn. 27.

161 *Berger*, in: Stein/Jonas, § 416 Rn. 1.

162 *Rosenberg/Schwab/Gottwald*, § 119 Rn. 11.

liegt hingegen der Disposition der Parteien (§ 439 ZPO).[163] Das heißt, nur wenn die Echtheit streitig ist, ist darüber Beweis zu erheben (§ 440 Abs. 1 ZPO). Durch diese gesetzliche Regelung wird dem Unterschied zwischen öffentlichen und privaten Urkunden durch verschiedenartige Beweisanforderungen Rechnung getragen,[164] der vor allem darin liegt, dass öffentliche Urkunden aufgrund ihrer Anforderungen ein höheres Vertrauen genießen.

In der Vorlage einer Privaturkunde als Beweisobjekt liegt zugleich die Behauptung der Echtheit.[165] Über die Echtheit hat sich der Beweisgegner nach § 138 ZPO zu erklären, § 439 Abs. 1 ZPO. Wird keine Erklärung abgegeben, so gilt die Urkunde als echt, § 439 Abs. 3 ZPO. Wird die Echtheit bestritten, so greift § 440 ZPO. Es ist hierbei zwischen unterschriebenen und nicht unterschriebenen Urkunden zu unterscheiden. Beide Arten können eine Privaturkunde darstellen, wie sich aus der Formulierung des § 416 ZPO ergibt,[166] aber nur den unterschriebenen Privaturkunden kommt die Beweiswirkung des § 416 ZPO zu. Nach § 440 Abs. 2 ZPO wird die Echtheit der über der Namensunterschrift stehenden Schrift vermutet, wenn die Echtheit der Unterschrift feststeht. Diese Vermutung führt zu einer Beweislastumkehr, denn der Beweisgegner hat nun nach § 292 ZPO den Beweis des Gegenteils zu erbringen. Die Echtheit der Unterschrift kann entweder nach § 439 Abs. 2, Abs. 3 ZPO anerkannt oder nach § 440 ZPO bewiesen sein. Bei unterschriebenen Urkunden genügt also die Echtheit der Unterschrift, um eine Echtheitsvermutung für die schriftliche verkörperte Gedankenvermutung auszulösen. Bei nicht unterschriebenen Urkunden hingegen muss die Echtheit des Textes selbst bewiesen werden (§ 440 Abs. 1 ZPO). Den Beweis hierfür kann der Beweisführer durch Schriftvergleichung nach § 441 ZPO oder allen anderen zugelassenen Beweismitteln erbringen.[167] In der Würdigung dieser Beweise ist der Richter sodann frei nach § 286 Abs. 1 ZPO.[168]

---

163 *Huber*, in: Musielak/Voit, § 437 Rn. 2.

164 *Huber*, in: Musielak/Voit, § 437 Rn. 2.

165 *Berger*, in: Stein/Jonas, § 439 Rn. 1.

166 § 416 ZPO lautet: „Privaturkunden begründen, *sofern* sie von den Ausstellern unterschrieben [...] sind, vollen Beweis dafür, [...]"; Hervorhebung nur hier.

167 Das ergibt sich aus der Formulierung des § 441 Abs. 1 ZPO: „Der Beweis der Echtheit [...] kann auch durch Schriftvergleichung geführt werden".

168 *Huber*, in: Musielak/Voit, § 440 Rn. 3.

b) Voraussetzungen der Unterzeichnung

§ 416 ZPO lässt zwei Arten einer Unterzeichnung zu, die Unterschrift sowie das notariell beglaubigte Handzeichen. Der Begriff der Unterzeichnung wird nachfolgend als Oberbegriff verwendet. Ein Handzeichen ist etwa gegeben, wenn die Unterzeichnung nur aus Kreuzen oder Strichen besteht, die Unterschrift unleserlich ist oder aus fremdländischen Zeichen besteht.[169] Solche Handzeichen müssen notariell beglaubigt werden (§ 416 ZPO).[170] An die Unterzeichnung werden verschiedene Anforderungen gestellt.

aa) Form der Unterzeichnung

Nach allgemeiner Meinung muss die Unterzeichnung weder handschriftlich (Stempel, Faksimile) noch eigenhändig (Vertreter, Stütze, Gehilfe) erfolgen.[171] Dies ergibt sich aus einem Vergleich des § 416 ZPO mit § 126 Abs. 1 BGB. Bei § 126 Abs. 1 BGB wird die Eigenhändigkeit dem Wortlaut nach gefordert, § 416 ZPO verzichtet auf dieses Merkmal.[172] Es ist also zulässig, dass ein Dritter bei der Unterzeichnung Hilfe leistet[173], ein Gehilfe den Text nach Diktat aufsetzt und mit dem Namen des Diktierenden unterschreibt oder ein Vertreter[174] die Urkunde unterschreibt.[175] Wer in diesem Fall als Aussteller gilt, ist umstritten. Nach einer Ansicht ist Aussteller immer der Vertreter, ohne Differenzierung, mit welchem Namen unterschrieben wird.[176] Nach anderer Ansicht soll jedoch der Vertre-

---

169 *Krafka*, in: BeckOK ZPO, § 416 Rn. 6.

170 Siehe dazu auch BGH NJW-RR 2007, 351.

171 *Schreiber*, in: MünchKommZPO, § 416 Rn. 5 f.; *Huber*, in: Musielak/Voit, § 416 Rn. 2; *Reichold*, in: Thomas/Putzo, § 416 Rn. 2; *Geimer*, in: Zöller, § 416 Rn. 2, 8; *Preuß*, in: Prütting/Gehrlein, § 416 Rn. 10 f.; *Berger*, in: Stein/Jonas, § 416 Rn. 5 f.; *Ahrens*, in: Wieczorek/Schütze, § 416 Rn. 8 f.; a. A. *Hartmann*, in: Baumbach/Lauterbach, § 416 Rn. 5.

172 *Ahrens*, in: Wieczorek/Schütze, § 416 Rn. 9; *Preuß*, in: Prütting/Gehrlein, § 416 Rn. 10.

173 Das setzt voraus, dass der Unterzeichner aber noch die Herrschaft und Leitung innehat.

174 Ob dieser Vertreter mit seinem Namen oder dem des Vertretenen unterschreibt, soll ebenfalls gleichgültig sein.

175 *Schreiber*, in: MünchKommZPO, § 416 Rn. 5.

176 *Geimer*, in: Zöller, § 416 Rn. 8; *Schreiber*, in: MünchKommZPO, § 416 Rn. 2.

tene dann Aussteller sein, wenn der Vertreter mit entsprechender Vertretungsmacht gehandelt hat und mit Namen des Vertretenen unterschrieben hat.[177]

Die Handschriftlichkeit leitet sich aus der bereits verneinten Eigenhändigkeit ab, daher ist auch keine handschriftliche Unterschrift Voraussetzung.[178] Es genügen auch mechanisch hergestellte Unterschriften wie Ausdrucke, Telegramme oder Stempel.[179]

bb) Individualisierbarkeit

Es bedarf anders als nach dem Wortlaut des § 126 Abs. 1 BGB keiner Unterzeichnung des Ausstellers mit seinem vollen oder richtigen Namen.[180] Vielmehr ist die Unterzeichnung mit dem Künstlernamen, nur mit dem Vor- oder Nachnamen, oder beispielsweise mit „dein Vater“ ausreichend.[181] Erforderlich ist nur, dass die Person des Ausstellers zweifelsfrei unter Zuhilfenahme des Urkundeninhalts ermittelbar ist, sodass sich die Authentizität aus der Urkunde ergibt.[182] Bloße Buchstabenfolgen, die sich bewusst und erkennbar als bloße Namensabkürzungen darstellen („Paraphen“), genügen jedoch in der Regel nicht,[183] außer sie ermöglichen zusammen mit dem Inhalt eine Individualisierbarkeit,[184] oder sind notariell beglaubigt.[185]

---

177 *Ahrens*, in: Wieczorek/Schütze, § 416 Rn. 9; *Berger*, in: Stein/Jonas, § 416 Rn. 5.

178 *Schreiber*, in: MünchKommZPO, § 416 Rn. 6; *Ahrens*, in: Wieczorek/Schütze, § 416 Rn. 8.

179 *Schreiber*, in: MünchKommZPO, § 416 Rn. 6; *Huber*, in: Musielak/Voit, § 416 Rn. 2.

180 *Ahrens*, in: Wieczorek/Schütze, § 416 Rn. 6; ähnlich *Schreiber*, in: MünchKommZPO, § 416 Rn. 7.

181 *Huber*, in: Musielak/Voit, § 416 Rn. 2.

182 *Ahrens*, in: Wieczorek/Schütze, § 416 Rn. 6; *Schreiber*, in: MünchKommZPO, § 416 Rn. 7.

183 BGH NJW 1994, 55; NJW-RR 2007, 351; *Berger*, in: Stein/Jonas, § 416 Rn. 4; *Geimer*, in: Zöller, § 416 Rn. 6; *Huber*, in: Musielak/Voit, § 416 Rn. 2.

184 *Schreiber*, in: MünchKommZPO, § 416 Rn. 7, in Bezug auf „Initialen“.

185 BGH NJW-RR 2007, 351.

cc) Abschlussfunktion

Die Unterschrift muss den Text räumlich abschließen, eine „Oberschrift" oder „Nebenschrift" genügt nicht.[186] Eine Blankounterzeichnung ist jedoch möglich.[187] Bei nachträglichen Zusätzen entscheidet der Standort über die Teilnahme an der formellen Beweiskraft.[188] Unterhalb der Unterzeichnung stehende Nachträge nehmen grundsätzlich nicht teil, bei oberhalb eingefügten ist im Einzelfall nach freier Würdigung des Gerichts zu entscheiden (§ 419 ZPO).[189]

§ 3 Historie der beweisrechtlichen Einordnung elektronischer Dokumente

Die Vorschrift des § 371 ZPO bestand vor der Neuregelung im Jahr 2001 nur aus seinem heutigen Absatz 1 Satz 1. Der Streit um die Einordnung elektronischer Dokumente und technischer Aufzeichnungen in das Beweismittelrecht hat sich mit der Einführung des § 371 Abs. 1 S. 2 ZPO im Jahr 2001 weitgehend erledigt. Im Folgenden sollen die Entstehungsgeschichte des Streits um die Einordnung sowie die dargebrachten Argumente dennoch in der gebotenen Kürze dargestellt werden, da deren Kenntnis für die daran anknüpfende Untersuchung relevant ist.

Natürlich hat dieser Streit nur Relevanz, sofern es um elektronische Dokumente geht, die eine Gedankenerklärung enthalten. Für sonstige elektronische Dokumente stellt sich dieses Problem nicht, da sie offenkundig nicht urkundenähnlich sind. Soweit im Folgenden daher von elektronischen Dokumenten die Rede ist, sind damit solche mit einer Erklärung als Inhalt gemeint.

---

186 BGH NJW 1992, 829.

187 BGHZ 22, 128 = NJW 1957, 137; *Huber*, in: Musielak/Voit, § 416 Rn. 2; *Schreiber*, in: MünchKommZPO, § 416 Rn. 4.

188 *Schreiber*, in: MünchKommZPO, § 416 Rn. 4.

189 Im konkreten Fall wurde eine Teilnahme an der formellen Beweiskraft verneint von BGH NJW 1966, 1657; bejaht von BGH NJW 1974, 1083; vgl. dazu *Schreiber*, in: MünchKommZPO, § 416 Rn. 4.

I. Technische Aufzeichnungen im Allgemeinen

Entfacht hat sich der Streit um die beweisrechtliche Einordnung elektronischer Dokumente bereits zur Jahrhundertwende des 19. Jahrhunderts anhand der Möglichkeit, Tonaufzeichnungen mittels eines Phonographen anzufertigen. Diese Aufzeichnungen sind zwar keine elektronischen Dokumente, aber dennoch technische Aufzeichnungen. Da das Verfahren der Tonaufzeichnung durch einen Phonographen aber noch sehr aufwändig war, hielt sich das Interesse an der beweisrechtlichen Behandlung solcher Aufzeichnungen noch in Grenzen.[190] Mehr Bedeutung gewann die Frage erst mit dem Fortschreiten der technischen Möglichkeiten. Näher auseinandergesetzt hat sich mit dieser Frage in den 1960er Jahren *Roggemann* anhand magnetischer Tonbandaufnahmen.[191] Im Jahre 1977 hat dann die Kommission für das Zivilprozessrecht den Versuch gestartet, das Beweisrecht der Zivilprozessordnung an die technische Entwicklung anzupassen und dabei eine Einordnung technischer Aufzeichnungen – insbesondere von Lochkarten, Bildbändern, audiovisuellen Systemen und Mikrofilmen – in das bestehende Urkundenbeweisrecht präferiert.[192] Die Vorschläge der Kommission wurden vom Gesetzgeber jedoch nicht aufgegriffen.[193] Die Diskussion wurde später durch das Aufkommen weiterer technischer Speicherungsformen wie Disketten, CDs, DVDs und Festplatten fortgeführt. Allen diesen Speichermedien ist gemein, dass sie nicht direkt mit den Sinnen gelesen oder eigenhändig erzeugt werden können. Es bedarf vielmehr eines technischen Hilfsmittels, um die Daten zu speichern und wieder verständlich zu machen. Nichttechnische Speicherungen, wie Aufzeichnungen auf Papier, Stoff, Holz etc. hingegen sind ohne technische Vermittlung direkt wieder lesbar. Damit lassen sich technische Aufzeichnungen definieren als Aufzeichnungen, die nur durch Einsatz eines technischen Hilfsmittels wieder lesbar gemacht werden können. Darunter fallen auch elektronisch gespeicherte Dokumente[194] als Untergruppe.

---

190 Eine Darstellung der verschiedenen Ansichten findet sich bei *Roggemann*, S. 5 ff.

191 *Roggemann*, Das Tonband im Verfahrensrecht.

192 Bericht der Kommission für das Zivilprozeßrecht, S. 149; vgl. dazu auch *Ahrens*, Kap. 22 Rn. 35–37; *ders.* in: Wieczorek/Schütze, § 371 Rn. 18 f.

193 Siehe auch *Ahrens*, Kap. 22 Rn. 37; *ders.* in: Wieczorek/Schütze, § 371 Rn. 19.

194 Siehe zum Begriff des elektronischen Dokuments ausführlich § 4 und zum Meinungsstand der beweisrechtlichen Behandlung vor Normierung des § 371 Abs. 1 S. 2 ZPO § 3 II. 1.

1. Standpunkte in der Literatur

Nach allgemeiner Meinung werden alle „sonstigen" technischen Aufzeichnungen, also solche, die keine elektronischen Dokumente sind, nach Augenscheins- und nicht Urkundenbeweisrecht behandelt.[195] Begründet wird dies teilweise sehr allgemein für den Beweis des Gedankeninhalts technischer Aufzeichnungen mit der fehlenden schriftlichen Verkörperung,[196] oder der fehlenden Verkehrsfähigkeit und fehlenden äußeren Beweiskraft.[197] Eine andere Ansicht differenziert nach dem Beweisobjekt: Bei Fotografien und Filmen fehle es an der Lesbarkeit, bei EDV-Datenträgern, Computerbändern, Disketten, CD-ROMs, Mikrofilmen und Videobändern an der Verkehrsfähigkeit und bei elektronischen Dokumenten an der Schriftlichkeit.[198]

Im Schrifttum wurde früher teilweise noch die Urkundeneigenschaft mit den Argumenten befürwortet, es handele sich um eine „moderne Form der schriftlichen Niederlegung des gesprochenen Wortes"[199] oder das Tonband enthalte „Zeichen, durch welche das gesprochene Wort schriftlich in Rillen fixiert" werde.[200] Eine andere Ansicht knüpft an den strafrechtlichen Begriff der Urkunde an, welcher auch nichtschriftliche Erklärungen erfasst und zieht daraus für den Zivilprozess den Schluss, dass auch eine Verkörperung auf elektromagnetischem oder elektronischen statt mechanischem Wege keinen Unterschied mache, wenn man schon auf eben jenes Schriftlichkeitserfordernis verzichten könne.[201] Am Ende stehe in jedem Fall die Möglichkeit, die Verkörperung wieder sichtbar und lesbar zu ma-

---

195 Der BGH klärt die Frage der Verwertung eines Tonbands als Beweismittel i. R. d. § 371 ZPO, BGH NJW 1982, 277; für das Strafrecht: BGHSt 14, 339 = NJW 1960, 1582; *Berger*, in: Stein/Jonas, vor § 371 Rn. 6; *Ahrens*, in: Wieczorek/Schütze, § 371 Rn. 8; *Zimmermann*, in: MünchKommZPO, § 371 Rn. 4; *Preuß*, in: Prütting/Gehrlein, § 415 Rn. 3; *Huber*, in: Musielak/Voit, § 415 Rn. 5; *Rosenberg/Schwab/Gottwald*, § 118 Rn. 1; § 119 Rn. 4; *Hartmann*, in: Baumbach/Lauterbach, Übers § 371 Rn. 12; *Geimer*, in: Zöller, Vor § 415 Rn. 2.

196 *Berger*, in: Stein/Jonas, vor § 371 Rn. 6.

197 *Geimer*, in: Zöller, Vor § 415 Rn. 2.

198 *Huber*, in: Musielak/Voit, § 415 Rn. 5.

199 *Siegert*, NJW 1957, 689, 691.

200 *Kohlhaas*, NJW 1957, 81, 83; zwar für das Strafrecht, dennoch wird dies auch als Argument für den Zivilprozess herangezogen: *Siegert*, NJW 1957, 689, 691; *Berger*, in: Stein/Jonas, vor § 371 Rn. 6.

201 *Jöstlein*, DRiZ 1973, 409, 412.

chen. Solche Aufnahmen stünden in ihrem Beweiswert den Urkunden nicht nach.

Mit dem Begriff und der Frage der beweisrechtlichen Einordnung technischer Aufzeichnungen näher auseinandergesetzt hat sich auch *Ahrens*.[202] Mangels Verkehrsfähigkeit, Schriftlichkeit und Fälschungssicherheit unterstellt er sie dem Augenschein.[203] Augenscheinsobjekt sei dann aber nicht der Datenträger, sondern die technische Aufzeichnung selbst.[204] Die Wahrnehmung des Augenscheinsobjekts erfolge hierbei nicht unmittelbar, sondern mittelbar durch Surrogate, wie es ebenso bei Fotografien, Lageplänen etc. der Fall sei.[205] Eine Qualifizierung als Urkunde hätte zudem weitere Folgeprobleme mit sich gebracht, wie der Frage, ob der Datenspeicher als Urschrift der Erklärung gelte und die schriftbildliche Wiedergabe deren Abschrift darstelle.[206] Nach Ansicht *Ahrens* werden technische Aufzeichnungen, die keine elektronischen Dokumente sind, von den Reformen in 2001 mit der Schaffung des § 371 Abs. 1 S. 2 ZPO aber nicht erfasst, sie seien weiterhin den bereits bestehenden und direkt anwendbaren Regeln des Augenscheinsbeweises zu unterstellen; § 371 Abs. 1 S. 2 ZPO sei analog anzuwenden.[207]

2. Zusammenfassung

Zusammenfassend kann gesagt werden, dass nach allgemeiner Meinung technische Aufzeichnungen auch hinsichtlich ihrer zu beweisenden Gedankenerklärungen dem Beweis durch Augenschein unterfallen, weil es ihnen gegebenenfalls an der Schriftlichkeit, in jedem Fall aber an der Verkörperung bzw. Verkehrsfähigkeit, also der jederzeitigen Verfügbarkeit ohne Einschaltung technischer Hilfsmittel fehlt. Augenscheinsobjekt ist hinsichtlich des Inhalts aber nicht der Datenträger, sondern die technische Aufzeichnung selbst. Die Wahrnehmung des Augenscheinsobjekts erfolgt mittelbar durch die technischen Aufzeichnungen als Surrogate. Die Vorschriften der ZPO zum Augenschein sind wie bisher anwendbar, die spezi-

---

202 Ausführlich *Ahrens*, Kap. 22 Rn. 34–48; *ders.* in: FS Geimer, S. 1 ff.
203 *Ahrens*, in: FS Geimer, S. 1, 11 f.
204 *Ahrens*, in: FS Geimer, S. 1, S. 6.
205 *Ahrens*, in: FS Geimer, S. 1 ff., S. 6 f.
206 *Ahrens*, Kap. 22 Rn. 39.
207 *Ahrens*, Kap. 22 Rn. 46.

ellen Vorschriften für die Beweiskraft elektronischer Dokumente passen jedoch mangels entsprechender Sicherungsmöglichkeiten nicht.

II. Elektronische Dokumente

Dieser an technischen Aufzeichnungen entfachte Streit hat sich mit dem Aufkommen *elektronischer* Speichermedien fortgeführt. Im Folgenden sollen daher die Meinungen zur beweisrechtlichen Behandlung elektronischer Dokumente im Speziellen dargestellt werden.

Zunächst wird der Meinungsstand zur beweisrechtlichen Behandlung elektronischer Dokumente vor der Einführung des § 371 Abs. 1 S. 2 ZPO im Jahr 2001 dargestellt. Mit dieser Regelung wurde der Streit um die beweisrechtliche Einordnung elektronischer Dokumente weitgehend beendet, mit Ausnahme der Ansicht *Beckers*, welcher auch nach Einführung des § 371 Abs. 1 S. 2 ZPO an der Urkundeneigenschaft elektronischer Dokumente festhält.

1. Beweisrechtliche Einordnung elektronischer Dokumente vor den Reformen im Jahr 2001

a) An den Urkundenbegriff anknüpfende Argumente

Die Urkundeneigenschaft elektronischer Dokumente wird mit den Argumenten befürwortet, dass die Definition der Urkunde sowie die Wortlaute einzelner urkundenbeweisrechtlicher Vorschriften es nicht vermögen, elektronische Dokumente als Urkunden auszuschließen. Mangels Legaldefinition der Urkunde könnten die fraglichen Merkmale der Schriftlichkeit und unmittelbaren Lesbarkeit elektronische Dokumente vom Urkundenbegriff nicht ausschließen, gerade da im Übrigen „funktionale Äquivalente zwischen Papierdokumenten und elektronischen Dokumenten […] augenfällig“ seien.[208] Auch ein Vergleich mit dem Strafrecht wird gezogen.[209] Eine Verkörperung auf elektromagnetischem oder elektronischen statt mechanischem Wege werde strafrechtlich gleich behandelt, daher könne es auch in der zivilprozessrechtlichen Beurteilung elektronischer Dokumente

---

208 *Kilian*, DuD 1993, 606, 609.
209 *Jöstlein*, DRiZ 1973, 409, 412.

keinen Unterschied machen. Am Ende stehe in jedem Fall die Möglichkeit, die Verkörperung wieder sicht- und lesbar zu machen. Ob die Lesbarkeit direkt gegeben ist oder erst durch den Einsatz technischer Hilfsmittel, sei daher unerheblich.

Auf der Gegenseite wird an der bestehenden Definition der Urkunde festgehalten und die Urkundeneigenschaft elektronischer Dokumente wegen der fehlenden Schriftlichkeit und/oder Verkörperung verneint.[210] An diesen Merkmalen sei festzuhalten, denn insbesondere durch das Merkmal der Schriftlichkeit sei eine beständige und vergleichsweise eindeutige Interpretation gewährleistet und die inhaltliche Übereinstimmung mit dem allgemeinen Sprachgebrauch werde in etwa gewahrt.[211] Gerade diese Merkmale seien mit ein Grund für die Privilegierung des Urkundenbeweises.[212] Diese Merkmale seien aus der Funktion der Urkunde im Zivilprozess her zu verstehen: Um eine schnelle und zuverlässige Beweiserhebung zu gewährleisten, sollte der Gedankeninhalt unmittelbar und objektiv wahrnehmbar sowie jederzeit verfügbar sein.[213] Elektronischen Dokumenten fehlten nun diese beiden Merkmale. Eine Verkörperung von gewisser Dauerhaftigkeit sei zu verneinen, weil die Darstellung auf dem Bildschirm erstens selbst flüchtig sei und zweitens nur eine Reproduktion des gespeicherten Dokuments darstelle.[214] Der Speicherung selbst fehle es an der Verkörperung in Schriftzeichen, ohne Hilfsmittel könne das Dokument nicht gelesen werden.[215] Die Schriftlichkeit müsse verneint werden, weil das elektronische Dokument in seiner informationstechnischen Form nicht aus Schriftzeichen, sondern einem binären Code zweier Ziffern (0 und 1) bestehe, welche nicht Schriftzeichen, sondern bloße *Anzeichen* seien.[216] Auch eine Qualifizierung als Urkunde über eine Gleichsetzung mit mechanischen Vervielfältigungen oder Abschriften scheitere, da bereits der Da-

210 *Baltzer*, in: GS Bruns, 73, 79–82; *Bizer/Hammer*, DuD 1993, 619, 622; *Britz*, S. 135; *Geis*, NJW 1997, 3000 f.; *Redeker*, NJW 1984, 2390, 2394; *Vehslage*, K&R 2002, 531, 532.

211 *Baltzer*, in: GS Bruns, 73, 79–82.

212 *Redeker*, NJW 1984, 2390, 2394.

213 *Baltzer*, in: GS Bruns, S. 73, 80; *Bizer/Hammer*, DuD 1993, 619, 622.

214 *Bizer/Hammer*, DuD 1993, 619, 622.

215 *Bizer/Hammer*, DuD 1993, 619, 622.

216 *Bizer/Hammer*, DuD 1993, 619, 622; so auch *Baltzer*, in: GS Bruns, S. 73, 80: „die bei Dateneingabe elektromagnetisch bewirkten Zustandsveränderungen sind keine mit Schriftzeichen erfolgten Festlegungen einer Gedankenerklärung“; ähnlich *Heun*, CR 1994, 2, 3.

tenträger keine Urkunde sei und somit auch der ausgeworfene Text keine Wiedergabe einer Urkunde sein könne.[217] Das Definitionsmerkmal der Gedankenerklärung sei kein taugliches Abgrenzungsmerkmal der beiden Beweismittelarten. Denn wäre dies der Fall, könnten die Inhalte eines Computerspeichers, ebenso wie Tonbänder, nicht vom Augenscheinsbeweis erfasst werden.[218]

b) Argumente zum Vergleich der Verfälschungsrisiken

Die Urkundeneigenschaft elektronischer Dokumente wird mit der Begründung befürwortet, elektronische, zu Beweiszwecken hergestellte Dokumente stünden in ihrem Beweiswert den Urkunden in nichts nach, denn auch diese könnten ge- oder verfälscht werden.[219] Die Echtheit einer Urkunde als Voraussetzung der Beweiskraft ließe sich auch bei elektronischen Dokumenten mit einer mindestens gleichen Wahrscheinlichkeit für Unverfälschtheit und Fehlerfreiheit nachweisen wie bei Papierurkunden.[220] Voraussetzung sei, dass sie eine standardisierte Nachrichtenstruktur aufwiesen, deren konkreter Gedankeninhalt durch Rahmenbedingungen wie Authentifizierungs- oder Verschlüsselungsverfahren besonders autorisiert seien.[221]

Die Gegenansicht bringt vor, es gebe aus Sicht des Fälschungsrisikos keinen Anlass, den Inhalt eines Computerspeichers einer Urkunde gleichzustellen. Solange keine geeigneten Verschlüsselungsverfahren zur Beweissicherung vorhanden seien, sei das Verfälschungsrisiko bei Computerspeichern erheblich höher als bei Urkunden; die dabei notwendigen Umpolungen auf den Bändern oder Platten hinterließen keine Spuren, welche auf die Verfälschung hinweisen würden.[222]

---

217 *Baltzer*, in: GS Bruns, S. 73, 81 f.

218 *Redeker*, NJW 1984, 2390, 2394; er verneint auch die Subsumtion unter den Urkundenbegriff; seiner Ansicht nach wären elektronische Dokumente somit überhaupt nicht als Beweismittel in den Prozess eingeführt werden.

219 *Jöstlein*, DRiZ 1973, 409, 412.

220 *Kilian*, DuD 1993, 606, 609.

221 *Kilian*, DuD 1993, 606, 609; ähnlich *Abel*, MMR 1998, 644, 646 f., 648, der „digitale" Urkunden mit Papierurkunden gleichsetzen möchte, wenn sie von einer staatlich anerkannten Stelle digital signiert oder auf einem nicht überschreibbaren Datenträger gespeichert sind.

222 *Redeker*, NJW 1984, 2390, 2394; ähnlich *Geis*, NJW 1997, 3000, 3001.

c) Ansichten zur analogen Anwendung einzelner Vorschriften des Urkundenbeweisrechts

Andere Stimmen betrachten nicht nur die Definition der Urkunde, sondern gehen weiter: Sie untersuchen, ob sich aufgrund der speziellen Beweisregelungen des Urkundenbeweisrechts eine direkte oder entsprechende Anwendung dieser Vorschriften überhaupt lohnen würde.

Es wird das Problem aufgeworfen, dass das Augenscheinsbeweisrecht keine Beweisregeln enthält, weswegen ein Beweisverlust elektronischer Dokumente gegenüber Papierdokumenten befürchtet wird.[223] Die Argumente sind dabei weitgehend allgemein gehalten. Es wird ausgeführt, bei elektronischen Dokumenten sei eine Vermutung der Echtheit „angesichts der beliebigen Manipulierbarkeit nicht begründet", vielmehr sei § 286 ZPO anzuwenden.[224] Allerdings seien elektronische Dokumente im Beweiswert mit öffentlichen Urkunden oder Privaturkunden gleichzustellen, wenn zwei Voraussetzungen erfüllt sind: Es werde ein gleich guter Schutz gegen Verfälschungen des Inhalts wie bei einem unterschriebenen Blatt Papier geboten und derjenige, der die Daten eingegeben hat, sei zweifelsfrei zu erkennen.[225] Der Beweiswert dieser EDV-Urkunden dürfe nicht davon abhängen, ob der Richter nur seinen eigenen Augen vertraut oder sich von den Ausführungen eines Sachverständigen von der Authentizität der vorgelegten EDV-Urkunde überzeugen lässt.[226] Welche Sicherungsmittel geeignet sind, wird offengelassen. Nach anderer Ansicht bleibe es zu definieren, unter welchen Voraussetzungen elektronischen Dokumenten förmliche Beweiskraft zuerkannt werden könne; der Unterschied zwischen Urkunden- und Augenscheinsbeweis liege gerade in der förmlichen Beweiskraft der §§ 415 ff ZPO gegenüber der Beweiswürdigung nach § 286 ZPO beim Augenschein.[227] Des Weiteren seien elektronische Schriftstücke und deren Papierausdrucke im Interesse der Rechtssicherheit dem Urkundenbeweisrecht zu unterziehen.[228] Das zivilprozessuale Risiko,

---

223 *Lampe*, NJW 1970, 1097; *von Sponeck*, CR 1991, 269; *Geis*, CR 1993, 653; *Bergmann/Streitz*, CR 1994, 77; *Ebbing*, CR 1996, 271.

224 *Ebbing*, CR 1996, 271, 277.

225 *Von Sponeck*, CR 1991, 269, 270.

226 *Von Sponeck*, CR 1991, 269.

227 *Bergmann/Streitz*, CR 1994, 77, 79.

228 *Geis*, CR 1993, 653, 654–658; er möchte daher die ZPO um folgende Vorschrift ergänzen: „Gleich einer Privaturkunde werden auf Datenträger gespeicherte Dokumente und deren Ausdruck behandelt, sofern sie den Aussteller erkennen las-

dass das elektronische Dokument als Augenscheinsobjekt nur der freien Beweiswürdigung unterliegt, soll damit umgangen werden.

Detaillierter mit dieser Problematik setzen sich *Rüßmann*, *Britz* und *Englisch* auseinander, indem sie den Zweck und den Regelungsinhalt der §§ 415 ff. ZPO untersuchen und überprüfen, ob eine – entsprechende – Anwendbarkeit lohnenswert und gerechtfertigt ist.

Rüßmann ist der Ansicht, die gesetzlichen Beweisregeln der §§ 415 ff. ZPO passten nicht und deren Anwendung sei nicht erstrebenswert. Es bedürfe de lege ferenda keinen Änderungs- oder Erweiterungsbedarf der „Beweismitteltrias" des deutschen Zivilprozessrechts Urkunde, Augenschein und Aussageperson für „elektronisch vorgehaltene Informationen".[229] Den Forderungen, elektronischen Dokumenten Urkundenqualität zu verleihen, lägen unzureichende Analysen des Urkundenbeweisrechts zugrunde.[230] Nach seiner Analyse des Urkundenbeweisrechts für Privaturkunden ergibt sich, dass die Einordnung elektronischer Dokumente in das Urkundenbeweisrecht keinen nennenswerten Vorteil bringe, weil in der Regel auch hier für die relevanten Umstände wie die Echtheit und inhaltliche Wahrheit die freie Beweiswürdigung gelte: Bei Privaturkunden unterliege der Echtheitsbeweis nach den §§ 439, 440 ZPO der freien Beweiswürdigung, ebenso wie die Frage der Abgabe und des Inhalts einer echten, nicht unterzeichneten Privaturkunde; die Frage der Abgabe einer Wissenserklärung unterliege ebenfalls der freien Beweiswürdigung.[231] Die Beweisregeln der §§ 416, 440 Abs. 2 ZPO gelangten nur in den folgenden Fällen zur Anwendung: Die den Grundsatz der freien Beweiswürdigung ausschließende Beweisregel des § 416 ZPO nur bei der *Abgabe* von *Willens*erklärungen, vorausgesetzt, die Urkunde ist echt und unterzeichnet; die widerlegliche Vermutung für die Echtheit einer Urkunde des § 440 ZPO Abs. 2 ZPO nur bei einer unstreitig oder nachweislich echten Unterschrift. Die widerlegliche Vermutung des § 440 Abs. 2 ZPO könne bei elektronisch signierten Dokumenten mit nachweislich echter elektronischer Signatur zwar entsprechende Anwendung finden; ein verständiger Richter würde aber auch ohne diese gesetzliche Vermutung nicht zu einem

---

sen und durch nach dem Stand der Technik geeignete Verfahren vor Verfälschungen gesichert sind.".

229 *Rüßmann*, in: Informationsbeschaffung für den Zivilprozess, S. 143; *ders.* JurPC 1995, 2312.

230 *Rüßmann*, in: Informationsbeschaffung für den Zivilprozess, S. 144.

231 *Rüßmann*, in: Informationsbeschaffung für den Zivilprozess, S. 149.

anderen Ergebnis kommen können, als (im Bestreitensfalle) vom Beweisgegner den Nachweis des Missbrauchs der Unterschrift zu verlangen.[232] Zur Beweisregel des § 416 ZPO führt er aus: Bei *Wissens*erklärungen[233] unterliege die Abgabe der Erklärung sowieso der freien Beweiswürdigung; die Beweisregel des § 416 ZPO greife nämlich nur, wenn die Echtheit[234] der Urkunde feststehe, über welche nach den §§ 439, 440 ZPO zu befinden sei.[235] Wenn die Echtheit festgestellt sei, rühre die Urkunde auch von demjenigen her, von dem sie nach Behauptung des Beweisführers stammen solle. § 416 ZPO sei hier als Beweisregel überflüssig, da er nur die Rechtsfolge, die bereits Tatbestandsvoraussetzung ist, anordne.[236] Bei *Willens*erklärungen gelange man zum selben Ergebnis, verstünde man die Beweisregel des § 416 ZPO so, dass nur die Tatsache der behaupteten Urheberschaft bewiesen sein soll.[237] Hier ergebe sich durch § 416 ZPO nicht mehr, als dass die Erklärung echt im Sinne des § 440 ZPO sei. Es seien allerdings zwei weitere Bedeutungen der Beweisregel denkbar, die ihr erst Sinn verleihen würden: § 416 ZPO könne unwiderleglich beweisen, dass die *materiellrechtliche* Abgabe der Willenserklärung im Sinne des § 130 BGB geschehen ist und sodann, dass diese Abgabe auch *willentlich* erfolgt ist.[238] Ersteres sei zu bejahen, um der Beweisregel des § 416 ZPO Sinn zu verleihen. Letzteres jedoch solle von § 416 ZPO nicht erfasst sein, denn der Beweis des nicht willentlichen Inverkehrbringens müsse prozessual zulässig sein, um die Diskussion um Anfechtungsmöglichkeit und Vertrauensschadensersatz sinnvoll führen zu können. Übertragen auf elektronische Dokumente ergebe sich Folgendes: Wende man § 416 ZPO entsprechend auf unterschriebene elektronische Willenserklärungen an, läge

---

232 *Rüßmann*, in: Informationsbeschaffung für den Zivilprozess, S. 150.

233 *Rüßmnann* versteht unter Wissenserklärungen alle Erklärungen, die keine Willenserklärungen sind; solche Urkunden sind sogenannte Zeugnisurkunden. Urkunden mit Willenserklärungen sind Tatbestandsurkunden; *Rüßmann*, in: Informationsbeschaffung für den Zivilprozess, S. 145.

234 Eine Urkunde ist echt, wenn sie von demjenigen hergestellt ist, vom dem sie nach Behauptung des Beweisführers stammt (Authentizität) und unverfälscht ist (Integrität). *Rüßmann* wirft aber in diesem Zusammenhang nur die Urheberschaft als Problem auf. Näher zum Begriff der Echtheit von Urkunden § 7 II. 1. b) bb).

235 *Rüßmann*, in: Informationsbeschaffung für den Zivilprozess, S. 145.

236 *Rüßmann*, in: Informationsbeschaffung für den Zivilprozess, S. 145 f.

237 Mit anderen Worten würde „Abgabe der Erklärung“ mit „Urheberschaft der Erklärung“ gleichgesetzt.

238 *Rüßmann*, in: Informationsbeschaffung für den Zivilprozess, S. 146 f.

der einzige Vorteil gegenüber der Beweisführung über das Augenscheinsbeweisrecht dennoch nur in dem für praktische Zwecke vernachlässigbaren Umstand, dass die Tatsache der materiellrechtlichen Abgabe bei feststehender Echtheit bewiesen wäre; alle anderen relevanten Fragen unterliegen bei beiden Beweismitteln der freien Beweiswürdigung.[239] Gerade der Beweis der Echtheit sei aber in der Praxis bei elektronischen Dokumenten das größte Problem. Gelinge der Beweis der Echtheit, fiele der materiellrechtliche Abgabetatbestand aber auch hier als Nebenprodukt ab, ohne dass es dafür einer eigenständigen Beweisregel bedürfe. Damit bleibe allein die Frage zu klären, wie das Gericht das Problem der Echtheit und inhaltlichen Wahrheit elektronischer Dokumente im Rahmen der freien Beweiswürdigung lösen könne.[240]

Britz analysiert umfangreich die von *Rüßmann* aufgeworfenen Frage nach dem Anwendungsbereich des *§ 416 ZPO* und gelangt zum selben Ergebnis wie dieser – um Bedeutung zu erlangen, müsse § 416 ZPO den materiellrechtlichen Abgabetatbestand einer Willenserklärung im Sinne des § 130 BGB beweisen.[241] Anders als *Rüßmann* möchte er jedoch den Umstand der willentlichen Entäußerung in den Rechtsverkehr von der Beweisregel nicht erfasst sehen, um nicht die daran anknüpfenden materiellrechtlichen Probleme – z. B. das Problem der abhandengekommenen Willenserklärung –abzuschneiden.[242] Eine als abgegeben geltende Erklärung solle weiterhin anfechtbar sein und nicht an § 416 ZPO scheitern.[243] Der somit auf wenige praktische Fälle beschränkte, schmale Anwendungsbereich des § 416 ZPO könne nicht die besondere Hervorhebung und Wertschätzung des Urkundenbeweises rechtfertigen.[244] Die Einstufung als verlässlichstes Beweismittel könne allenfalls aus der widerleglichen Echtheitsvermutung des § 440 Abs. 2 ZPO und aus den tatsächlichen Vermutungen, welche die Rechtsprechung an Privaturkunden knüpft, resultieren. Der in § 286 Abs. 1 ZPO niedergelegte Grundsatz der freien Beweiswürdigung gelte aber auch für den Beweis mittels Privaturkunden gerade dort, wo er seine besondere Wertschätzung rechtfertige. Übertragen auf elektronische Dokumente sieht *Britz* eine Anwendung des § 416 ZPO weder als

239 *Rüßmann*, in: Informationsbeschaffung für den Zivilprozess, S. 150.
240 *Rüßmann*, in: Informationsbeschaffung für den Zivilprozess, S. 151.
241 *Britz*, S. 151 ff., 225.
242 *Britz*, S. 155.
243 *Britz*, S. 157 f.
244 *Britz*, S. 227 f.

vorteilhaft, noch als gerechtfertigt an. Erstens sei gerade die von den Befürwortern[245] einer analogen Anwendung bezweckte *Feststellung der Echtheit* nicht von § 416 ZPO erfasst.[246] Die Echtheit müsse für die analoge Anwendung des § 416 ZPO bereits feststehen. Einer Beweisregel, welche die Echtheit erschließen könnte und müsste, bedürfe es dann nicht mehr. Zweitens bedürfe es in den eng begrenzten Fällen eines möglichen Anwendungsbereichs des § 416 ZPO bei elektronischen Dokumenten – der eröffnet ist, wenn die Echtheit unstreitig oder nachgewiesen sei, das elektronische Dokument eine Willenserklärung enthalte und nur die materiellrechtliche Abgabe streitig sei – aber keiner prozessualen Beweisanordnung für die materiellrechtliche Abgabe der Willenserklärung, sondern einer Entscheidung im materiellen Recht.[247] Wenn man bereits im Rahmen der – zuerst erfolgenden – materiellrechtlichen Prüfung die Existenz des elektronischen Dokuments nicht für den Tatbestand der Abgabe genügen

245 *Britz*, S. 231 m. w. N. in seinen Fn. 561-563 zu den genannten Befürwortern. Zutreffend ist dies für *Lampe*: „Trägt die technische Aufzeichnung eine mechanisch angefertigte Herkunftsbezeichnung, so begründet sie vollen Beweis dafür, daß die in ihr enthaltene Aussage von dem technischen Gerät geschaffen worden ist"; *Lampe*, NJW 1970, 1097, 1100. Nicht zutreffend ist es für den zitierten *von Sponeck*, der keine analoge Anwendung des § 416 ZPO auf die Echtheit befürwortet, sondern diese ebenfalls voraussetzt: „Voraussetzung für eine Gleichstellung […] wäre aber, dass sie nicht nur denjenigen zweifelsfrei erkennen lassen, der die Daten selbst eingegeben hat oder hat eingeben lassen, sondern auch einen mindestens gleich guten Schutz gegen Verfälschung des Inhalts bieten wie ein unterschriebenes Blatt Papier"; „Es reicht nicht aus, dass eine technische Aufzeichnung eine automatisch angefertigte Herkunftsbezeichnung enthält, die besagt, daß sie von einem bestimmten Gerät aufgezeichnet wurde"; *von Sponeck*, CR 1991, 269, 270, 272. Ebenso wenig ist diese Auffassung der analogen Anwendung des § 416 ZPO *Jöstlein* zu entnehmen, er macht nicht deutlich, ob die Echtheit für die Anwendung bereits feststehen muss oder durch analoge Anwendung des § 416 ZPO festgestellt wird; ihm geht es vielmehr um die grundsätzliche Anwendbarkeit des Urkundenbeweisrechts, weil technische Aufzeichnungen, zu denen auch elektronisch gespeicherte Daten gehören, den Urkunden vergleichbar sind: „Wenn auch hier die Verkörperung nicht auf mechanischem Wege erfolgt, so kann dies […] keine Unterschied machen. […] Werden solche Aufnahmen im Rechtsleben dazu hergestellt, um rechtlich erhebliche Tatsachen zu beweisen, so stehen sie in ihrem Beweiswert den Urkunden nicht nach. Daß sie durch Schnitte oder Überspielungen gefälscht oder in ihrem Inhalt verfälscht werden können, trifft auch für die herkömmlichen Urkunden zu"; *Jöstlein*, DRiZ 1973, 409, 412.

246 *Britz*, S. 237.

247 *Britz*, S. 230 ff., 237.

lassen wollte, dürfe man die Abgabe auch nicht prozessual – im zweiten Schritt – durch Vorlage dieser elektronischen Speicherung mit einer Analogie des § 416 ZPO begründen.[248] Folge dieser Analogie wäre nämlich, dass die Abgabe der beurkundeten Willenserklärung immer dann unwiderleglich angeordnet würde, sobald die Existenz der Urkunde aufgrund der elektronischen Speicherung oder sonstiger beliebiger Beweismittel feststehe. Dies wäre aber nicht nur ein Umweg, sondern sogar widersprüchlich, weil materiellrechtlich die Existenz gerade nicht ausreiche, prozessual hingegen schon. Wer die Vermutung einer Abgabe wünsche, habe im materiellen Recht anzusetzen. Eine analoge Anwendung des § 416 ZPO auf elektronische Dokumente erachtet *Britz* daher nicht für gerechtfertigt. Für vertretbar hält er lediglich einen Anscheinsbeweis für die Echtheit.[249] Eine gesetzliche Vermutung sei aber abzulehnen, weil unabhängig von materiellrechtlichen Risikoverteilungen und ohne Rücksicht auf Einzelfallbesonderheiten prozessual die Beweislast geregelt würde. Das sei in der modernen Elektroniktechnik aber nicht gerechtfertigt. Um eine einzelfallgerechte Behandlung weiterhin zu gewährleisten, sei daher allenfalls ein Anscheinsbeweis angebracht –ausreichend wäre aber auch die Ausbildung einer tatsächlichen Vermutung oder eines Beweislastsystems aufgrund sachverständiger Beratungen.[250]

Auch *Ahrens* möchte elektronischen Speicherungen die Gleichstellung mit Urkunden verwehren, weil der Grundsatz der freien Beweiswürdigung eine flexiblere Anpassung an die Besonderheiten der elektronischen Dokumente, insbesondere deren Beweiswert und schnell fortschreitende technische Entwicklung, erlaube.[251] Beweisunsicherheiten würden durch Ausbildung *richterlicher* Beweisregeln vermindert.

Englisch befürchtet bei einer Beweiskraftregelung ähnlich des § 416 ZPO für elektronische Dokumente ebenfalls Nachteile: Eine solche Norm würde unbestimmte, ausfüllungsbedürftige Rechtsbegriffe beinhalten,[252] die aber dieselbe starre Rechtsfolge hätten.[253] Dieser „Unbeweg-

---

248 *Britz*, S. 233 f.

249 *Britz*, S. 254 f.

250 *Britz*, S. 256 f.

251 *Ahrens*, Kap. 22 Rn. 42 f., *ders.*, in: FS Geimer, S. 1, 12; *ders.* in: Wieczorek/Schütze, § 371 Rn. 22, 24 f.

252 Erforderlich wäre für die Bestimmung der Echtheit beispielsweise eine Formulierung wie „nach dem Stand der Technik geeignete Verfahren“ oder ähnliches.

253 *Englisch*, S. 44.

lichkeit auf der Rechtsfolgenseite" stünde damit eine „enorme Dehnbarkeit auf der Tatbestandsseite" gegenüber. Dadurch entstehe nur eine Scheinsicherheit, da die Unsicherheiten lediglich von der Rechtsfolgenseite auf die Tatbestandsseite verlagert würden. Eine Ausfüllung dieser unbestimmten Rechtsbegriffe durch die Rechtsprechung würde zwar auch auf diese Weise im Rahmen der freien Beweiswürdigung erfolgen, könnte sich aber ohne eine starre Beweiskraftregel besser an den Spezifika elektronischer Dokumente ausrichten.[254]

d) Ansichten zum Vergleich der Mitwirkungspflichten beim Urkunden- und Augenscheinsbeweis

Bei einer Gegenüberstellung der Mitwirkungspflichten der beiden Beweismittel Urkunde und Augenschein kommt *Englisch* zum Ergebnis, dass der Augenschein das flexiblere Instrument sei.[255] Befinde sich die Urkunde im Besitz des Gegners, sei dieser nur bei Vorliegen eines materiellrechtlichen Auskunftsanspruchs zur Mitwirkung verpflichtet.[256] Nur wenn er die Mitwirkung verweigere, könne das Gericht die Behauptung frei würdigen (§§ 427, 444 ZPO). Im Augenscheinsbeweisrecht hingegen könne das Gericht immer frei würdigen; verweigere der Gegner die Mitwirkung, könne das gegen ihn sprechen.[257] Eine Einschränkung gebe es nur dann, wenn der Gegner einen wichtigen Grund habe, die Mitwirkung zu verweigern. Sei der Beweisgegenstand hingegen im Besitz eines die Mitwirkung verweigernden Dritten, so sei die Beweissituation bei beiden Beweismitteln eine ähnliche. [258] Auf der anderen Seite bemängelt *Englisch,* dass materiellrechtliche Auskunftsansprüche fehlen.[259] Insbesondere wäre ein Auskunftsanspruch auf Erteilung von Systeminformationen, die der Beurteilung des Beweiswerts elektronischer Dokumente dienen, wünschenswert. Sie schlägt folgende Regelung vor: *„(I) Bedient sich eine Partei zu Beweiszwecken digitaler Daten, gleich in welcher Form, soll das Gericht auf*

254 *Englisch,* S. 44 f.
255 *Englisch,* S. 27, noch die alte Rechtslage betreffend. Inzwischen wurden die Mitwirkungspflichten reformiert; siehe ausführlich § 6.
256 *Englisch,* S. 23.
257 *Englisch,* S. 26 f.
258 *Englisch,* S. 24, 25 f.
259 *Englisch,* S. 76 f.

Antrag des Gegners dieser Partei bzw. dem Betreiber der EDV aufgeben, Auskunft über die Systemumgebung zu erteilen sowie die entsprechenden Unterlagen vorzulegen. Die begehrten Informationen sind ihrer Art nach in dem Antrag hinreichend konkret zu bezeichnen; sie müssen grundsätzlich geeignet sein, Aufschluß über den Beweiswert der digitalen Daten zu geben. (II) Systemumgebung im Sinne des Abs. 1 sind […]. (III) Auskunft und Vorlage können nur ausnahmsweise verweigert werden, wenn […]".[260]

2. Ansicht gegen die gesetzgeberische Wertung

Becker ist auch nach der gesetzgeberischen Entscheidung, elektronische Dokumente in das Augenscheinsbeweisrecht einzuordnen (§ 371 Abs. 1 S. 2 ZPO),[261] der Ansicht, elektronische Dokumente mit einer Erklärung als Inhalt seien als Urkunden zu behandeln.

a) Grammatikalisch-systematische und historische Betrachtung

Seine Ansicht begründet er mit einer grammatikalisch-systematischen und historischen Auslegung. Mangels Legaldefinition der Urkunde könnten elektronische Dokumente vom Urkundenbegriff nicht von vornherein ausgeschlossen werden.[262] Elektronische Dokumente könnten schriftlich und lesbar sein; anders als Beweiszeichen seien sie aus sich heraus verständlich.[263] Einem im Format „Microsoft Word" abgespeicherten elektronischen Dokument könne auch wertungsmäßig nicht die jederzeitige Verfügbarkeit bzw. Verkehrsfähigkeit abgesprochen werden, da dieses auf etwa 90% aller PCs dargestellt und damit dessen Inhalt offengelegt werden kann.[264] Daneben lasse sich aus den Regelungsinhalten und Wortlauten der urkundlichen Regelungen der §§ 441, 419 und 420 ZPO nicht ableiten, elektronische Dokumente aus dem Urkundenbeweis auszuschließen.[265]

---

260 *Englisch*, S. 77 f.
261 Siehe § 5 I.
262 *A. Becker*, S. 56 f.
263 *A. Becker*, S. 88.
264 *A. Becker*, S. 89.
265 *A. Becker*, S. 56–58.

Zwar sei bei elektronischen Dokumenten keine Schriftvergleichung nach § 441 ZPO möglich, dies versage jedoch auch bei allen nicht handschriftlich erstellten Schriftstücken, die nach ganz herrschender Meinung dennoch Urkunden darstellten. Der Wortlaut des § 420 ZPO, der die Vorlegung von Urkunden regele, stehe ebenfalls nicht entgegen. Zwar könne ein elektronisches Dokument nicht wie eine klassische Urkunde auf den Tisch gelegt werden, jedoch sprächen auch die §§ 371 Abs. 1 S. 2 ZPO, 258, 261 HGB von der „Vorlegung" der Dateien, wodurch auch eine Subsumtion unter § 420 ZPO möglich sein könnte. § 419 ZPO zähle zwar Beispiele äußerer Mängel auf, die erkennbar von einer Urkunde in Papierform ausgehen, er stehe der Einordnung elektronischer Dokumente aber dennoch nicht entgegen; eine Veränderung eines elektronisch signierten elektronischen Dokuments sei ebenfalls durch Veränderung des Hashwertes[266] erkennbar, daher sei es den in § 419 ZPO aufgeführten Beispielen vergleichbar.

Ein eindeutiger gesetzgeberischer Wille – den er anhand verschiedener, sich mit Urkunden und elektronischen Dokumenten befassenden Normen herauszufiltern versucht – für oder gegen die Einordnung elektronischer Dokumente lässt sich nach Ansicht *Beckers* ebenfalls nicht erkennen. Die Vorschriften der §§ 257 ff. HGB zu den Handelsbüchern sowie § 696 Abs. 2 S. 2 ZPO zum Mahnverfahren ließen keine eindeutigen Rückschlüsse auf den Willen des Gesetzgebers zu.[267] In beiden Fällen sei normiert, dass Vorschriften aus dem Urkundenbeweisrecht zumindest entsprechende Anwendung finden sollen. Daher sprächen sie eher für, denn gegen eine Einordnung elektronischer Dokumente in das Urkundenbeweisrecht. Die §§ 174 Abs. 4 S. 2 ZPO und 37 Abs. 3 S. 1 VwVfG stellten schriftliche und elektronische Dokumente einander gleich.[268] Die Gleichstellung werde aber durch die Regelung des § 371 Abs. 1 S. 2 ZPO konterkariert.[269] § 371 Abs. 1 S. 2 ZPO beruhe dabei lediglich auf der Prämisse, dass Urkunden unmittelbar lesbar sein müssten, was bei Dateien nicht der Fall sei.[270] Diese Prämisse habe der Gesetzgeber aber lediglich der herrschenden Meinung folgend übernommen, ohne sie auf ihre Richtigkeit zu überprüfen. Damit könne dem Umstand, dass der Gesetzgeber die Regelung

---

266 Siehe zum Begriff des Hashwertes § 8 I. 3. b) cc).
267 *A. Becker*, S. 62–64, 81.
268 *A. Becker*, S. 74–79, 81.
269 *A. Becker*, S. 81.
270 *A. Becker*, S. 72.

des § 371 Abs. 1 S. 2 ZPO getroffen hat, kein maßgebliches Argument entnommen werden – gerade, wenn sich herausstelle, dass die Prämisse unzutreffend ist.

b) Kriterium der objektiven Fälschungssicherheit

Als einziges Kriterium, das der Urkundeneigenschaft elektronischer Dokumente noch entgegenstehen könnte, weil sie nicht wie Urkunden „schwarz auf weiß" lesbar sind, verbleibt nach Ansicht *Beckers* die objektive Fälschungssicherheit.[271] Für qualifiziert signierte elektronische Dokumente könne dieses Merkmal die Ausgrenzung bereits nicht bestätigen, da bei solchen elektronischen Dokumenten nachträgliche Veränderungen, ebenso wie bei Papierurkunden, sichtbar wären. Letztlich sei die objektive Fälschungssicherheit aber überhaupt kein Ausgrenzungsmerkmal.[272] Wäre das Merkmal Tatbestandsvoraussetzung, könnten Blanketturkunden keine Urkunde darstellen, was sie aber nach ganz herrschender Meinung seien. Anhand der Blanketturkunde zeigt er die Systematik hinter der Vermutungswirkung des § 440 Abs. 2 ZPO auf: Bei Bestreiten der Echtheit des Urkundentextes, werde die Frage der Echtheit der gesamten Urkunde beweisbedürftig; bei feststehender echter Namensunterschrift greife die Vermutung des § 440 Abs. 2 ZPO, die sich darauf erstrecke, dass die nachträgliche Ausfüllung des Blanketts durch den Empfänger vereinbarungsgemäß erfolgte.[273] Im Fall der Blanketturkunde werde also an die *subjektive* Fälschungssicherheit angeknüpft, das heißt an das Vertrauen des Unterzeichners an den Ausfüller des Urkundentextes.[274] Diese Systematik der Vermutungswirkung des § 440 Abs. 2 ZPO kann nach Ansicht *Beckers* auch auf elektronische Dokumente angewandt werden: Elektronische Dokumente, die zum Beispiel per E-Mail versandt würden, seien wertungsmäßig mit Blanketturkunden vergleichbar.[275] Beim Versand der E-Mail vertraue der Versender wie auch bei Erteilung der Blankounterschrift darauf, dass der Empfänger den E-Mail-Inhalt nicht verändert bzw. die Urkunde abredegemäß ausfüllt. Durch die Abspeicherung beim Empfänger

---

271 *A. Becker*, S. 92 f.
272 *A. Becker*, S. 114 f.
273 *A. Becker*, S. 94 f.
274 *A. Becker*, S. 102.
275 *A. Becker*, S. 115 f.

werde das elektronische Dokument sodann zur Urkunde.[276] Dies geschehe wie auch bei der Blanketturkunde unabhängig vom Grad der objektiven Fälschungssicherheit. Die Risikozuweisung an den E-Mail-Unterzeichner sei auch nicht unbillig: Die Beweislast für die Echtheit der Unterschrift liege auch hier beim Empfänger.

3. Zusammenfassung

Vor Normierung des heutigen § 371 Abs. 1 S. 2 ZPO durch die Reformen im Jahr 2001 war streitig, ob elektronische Dokumente in das Augenscheins- oder das Urkundenbeweisrecht einzuordnen waren. Im Wesentlichen wurde darum gestritten, ob elektronische Dokumente die Urkundenmerkmale der Schriftlichkeit und Verkörperung erfüllen könnten. Daneben wollte man einerseits auf die Beweiskraftregelungen der §§ 415 ff. ZPO nicht verzichten. Auf der anderen Seite wurde der geringe Verfälschungsschutz elektronischer Dokumente gegen eine Einordnung in das Urkundenbeweisrecht angeführt – Änderungen an elektronischen Dokumenten hinterlassen anders als an Papierurkunden keine Spuren. Nach Schaffung des § 371 Abs. 1 S. 2 ZPO wurde vereinzelt Kritik an der Norm geübt: Weder der Wortlaut, noch die Systematik oder Historie vermögen den Ausschluss elektronischer Dokumente aus dem Urkundenbeweisrecht zu stützen. Auch das einzig verbleibende Kriterium der objektiven Fälschungssicherheit soll kein taugliches Ausgrenzungsmerkmal sein. Vielmehr sei die an die subjektive Fälschungssicherheit anknüpfende Vermutungswirkung des § 440 Abs. 2 ZPO auf elektronische Dokumente übertragbar.

276 Wohl, weil durch die Speicherung dem Merkmal der Verkörperung „auf gewisse Dauer“ Genüge getan wird.

Teil 2 Die Beweisführung mit elektronischen Dokumenten nach den §§ 371, 144 ZPO

§ 371 ZPO als Grundnorm des Beweises durch Augenschein vereint verschiedene Regelungskomplexe in ihren Absätzen. § 371 Abs. 1 ZPO enthält Regelungen zum Beweisantritt, während die Absätze 2 und 3 Mitwirkungs- und Duldungspflichten regeln. Im Zusammenhang mit den Mitwirkungspflichten ist daneben § 144 ZPO zu betrachten.

§ 4 Der Begriff des elektronischen Dokuments

I. Probleme der Begriffsbestimmung

Der Begriff des elektronischen Dokuments taucht in verschiedenen Normen auf. Für das Zivilrecht sind exemplarisch die §§ 126 Abs. 3, 126a BGB, §§ 130a, 130b, 169, 298, 371 – 371b, 416a ZPO, 136 GBO zu nennen. Daneben befassen sich die eIDAS-VO[277] sowie das Vertrauensdienstegesetz mit Signaturen für elektronische Dokumente. Der Begriff des elektronischen Dokuments wird jedoch in keiner dieser Rechtsvorschriften ausreichend definiert. Zwar enthält Art. 3 Nr. 35 eIDAS-VO eine Definition, jedoch ist diese nicht zwingend als allgemeingültig anzusehen, da sie jedenfalls nur innerhalb des Anwendungsbereichs der Verordnung Wirkung entfalten muss.[278] Betrachtet man die Kommentarliteratur zu den §§ 130a, 371, 371a ZPO, so ergeben sich unterschiedliche Auslegungsergebnisse sowohl je nach anzuwendender Norm, als auch innerhalb der jeweiligen Norm. Im Rahmen des § 130a ZPO wird teilweise gefordert, das elektronische Dokument müsse ein elektronisches „Schriftstück" sein.[279]

---

277 Verordnung (EU) Nr. 910/2014 des Europäischen Parlaments und des Rates vom 23. Juli 2014 über elektronische Identifizierung und Vertrauensdienste für elektronische Transaktionen im Binnenmarkt und zur Aufhebung der Richtlinie 1999/93/EG.

278 Siehe zum Anwendungsbereich der eIDAS-VO § 8 I. 2. a).

279 *Gerken*, in: Wieczorek/Schütze, § 130a Rn. 3; so ist wohl auch *Greger*, in: Zöller, § 130a Rn. 3 zu verstehen.

Ein Schriftstück muss nach allgemeinen Sprachgebrauch ein Textdokument mit Erklärungsinhalt sein. Andererseits wird der Anwendungsbereich auch für Grafik-, Audio- und Videodateien eröffnet.[280] Ähnlich verhält es sich bei § 371 Abs. 1 S. 2 ZPO: Das elektronische Dokument wird einerseits definiert als ein „Dokument, das nur elektronisch lesbar ist",[281] die Begriffe „Dokument" und „Lesbarkeit" implizieren dabei ein Verständnis als elektronisches Schriftstück oder elektronische Urkunde. Auf der anderen Seite findet sich auch im Rahmen des § 371 Abs. 1 S. 2 ZPO ein weites Begriffsverständnis, denn das elektronische Dokument umfasse nicht nur Erklärungen in digitaler Form, sondern unabhängig von seinem Inhalt neben Schriftstücken auch Video-, Bild- und Audiodateien.[282] In der Kommentierung zu § 371a ZPO lässt sich erkennen, dass hier nur elektronische „Schriftstücke" erfasst werden sollen.[283] Dies wird mit dem Wortlaut des § 371a Abs. 1 S. 2 ZPO begründet, der eine „Erklärung" fordert bzw. aus der Nähe elektronischer Dokumente mit einer Erklärung als Inhalt zu Urkunden.[284]

Die Rechtsprechung definiert im Rahmen der Frage der Anwendbarkeit des § 130a ZPO ein elektronisches Dokument als ein Dokument, das aus der in einer „elektronischen Datei enthaltenen Datenfolge" besteht.[285]

Nach *A. Becker* ist ein elektronisches Dokument allgemein „jede potentiell dauerhafte Fixierung von Daten auf einem Datenträger unter Einsatz elektronischer Datenverarbeitung".[286] Dies legt auf den ersten Blick eine weite Auslegung nahe, denn „Daten" können alle möglichen Inhalte haben. Allerdings schränkt auch er den Begriff auf *Erklärungen* ein. Es gehe darum, „alle Erklärungen in der „Grauzone" zwischen (fern)mündlichen Erklärungen einerseits und papiergebundenen Erklärungen andererseits" zu erfassen, denn sowohl mündliche als auch papiergebundene Erklärun-

---

280 *Prütting*, in Prütting/Gehrlein, § 130a Rn. 2; *Hartmann*, in: Baumbach/Lauterbach, § 130a Rn. 3.

281 *Huber*, in Musielak/Voit, § 371 Rn. 11; ähnlich *Trautwein*, in: Prütting/Gehrlein, § 371 Rn. 11.

282 *Berger*, in Stein/Jonas, vor § 371 Rn. 7; ähnlich *Ahrens*, in: Wieczorek/Schütze, § 371 Rn. 27; *Greger*, in: Zöller, § 371 Rn. 1; *Zimmermann*, in: MünchKommZPO, § 371 Rn. 8.

283 *Berger*, in Stein/Jonas, § 371a Rn. 1; *Huber*, in: Musielak/Voit, § 371a Rn. 2; *Trautwein*, in: Prütting/Gehrlein, § 371a Rn. 2; *Greger*, in: Zöller, § 371a Rn. 2.

284 *Berger*, in Stein/Jonas, § 371a Rn. 1.

285 BGH NJW 2008, 2649, 2650; BGH NJW-RR 2009, 357.

286 *A. Becker*, S. 9.

gen seien bereits in der ursprünglichen Fassung der ZPO[287] berücksichtigt.[288]

Teilweise wird eine weite Auslegung des Begriffs des elektronischen Dokuments vertreten und auch Grafik-, Audio- und Videodateien sowie Software darunter gefasst.[289] Ein enger Begriff, der auf „Schriftstücke" begrenzt sei, würde nur Lücken für die genannten Dateien aufwerfen und die durch § 371 Abs. 1 S. 2 ZPO beendete Diskussion um die beweisrechtliche Einordnung dieser Datenbestände wieder aufleben lassen.[290] Eine unterschiedliche Behandlung abhängig vom Inhalt der Dateien sei von der Sache her nicht geboten. Das schließe aber nicht aus, bei der Frage des Beweiswerts zwischen elektronischen Dokumenten im Sinne von Schriftstücken und elektronischen Dokumenten mit anderen Inhalten zu differenzieren.

Schließlich wird vertreten, dass elektronische Dokumente nicht einmal eine Gedankenerklärung enthalten müssen: Die eIDAS-VO lasse die Signierung von „Daten" zu und Daten könnten auch rein automatisiert durch Messinstrumente erzeugt sein.[291] Beispielsweise durch ein Siegel komme ihnen die Beweiswirkung einer Urkunde zu – gemäß Art. 35 II eIDAS-VO gelte die Vermutung der Richtigkeit. Damit könnte eine neue Form des Urkundenbeweises geschaffen worden sein, die es in der ZPO so bisher nicht gegeben habe: auch nicht perpetuierte menschliche Erklärungen, sondern Daten hätten die Wirkung einer Urkunde.[292]

Insgesamt ergeben sich aus Betrachtung der Regelungskomplexe und der vertretenen Ansichten drei zu klärende Fragen: Erstens, ob der Begriff des elektronischen Dokuments je nach anzuwendender Norm unterschiedlich ausgelegt werden kann; zweitens, ob das elektronische Dokument auch im Sinne des § 371a ZPO überhaupt zwingend eine Erklärung enthalten muss und drittens, wenn ein Erklärung Voraussetzung ist, ob diese schriftlich niedergelegt sein muss.

---

287 D.h. vor Normierung des § 371 Abs. 1 S. 2 ZPO.

288 *A. Becker*, S. 8.

289 *Berger*, NJW 2005, 1016, 1017; *ders.* in: Stein/Jonas, vor § 371 Rn. 7; *Ahrens*, in: Wieczorek/Schütze, § 371 Rn. 27; *Greger*, in: Zöller, § 371 Rn. 1; Schreiber, in: MünchKommZPO, § 371 Rn. 8; *Roßnagel*, in: Roßnagel, Recht der Telemediendienste, ZPO § 371a Rn. 15; *Grigorjew*, S. 10.

290 *Berger*, NJW 2005, 1016, 1017; *ders.* in: Stein/Jonas, vor § 371 Rn. 7.

291 *Jandt*, NJW 2015, 1205, 1209.

292 *Jandt*, NJW 2015, 1205, 1209.

II. Eigene Begriffsbestimmung

Der Begriff des elektronischen Dokuments setzt sich aus zwei Komponenten zusammen. Die beiden Begriffselemente sollen nachfolgend einzeln beleuchtet werden.

1. Begriffselement „elektronisch"

Im vorliegenden Sinn ist eine „elektronische" Datei jede mithilfe der Elektrotechnik aufgezeichnete und gegebenenfalls auch gespeicherte Datei. Allen Speichermedien ist gemein, dass ihr Inhalt nicht direkt mit den Sinnen gelesen werden kann. Es bedarf vielmehr eines technischen Hilfsmittels, um die Daten zu speichern und wieder verständlich zu machen. Bei technischen Speicherungen ist zwischen elektronischen Speicherungen einerseits und sonstigen technischen Aufzeichnungen andererseits zu differenzieren. Der Unterschied zwischen elektronischen Datenspeicherungen und sonstigen technischen Aufzeichnungen liegt unter anderem darin, dass die elektronischen Dokumente auch elektronisch übermittelt werden können und nicht die Weitergabe des Speichermediums erfordern.

An das Begriffselement der Elektronik ist auch die Voraussetzung der elektronischen Speicherung zu knüpfen. Das bedeutet, dass ein elektronisches Dokument auch potentiell dauerhaft fixiert sein muss.[293] Nur flüchtige, ungespeicherte Daten können nicht nach § 371 Abs. 1 S. 2 ZPO übermittelt oder vorgelegt und damit nicht in Augenschein genommen werden.

2. Begriffselement „Dokument"

Das zweite Begriffselement „Dokument" kann einerseits so verstanden werden, dass es nur eine Datei mit schriftlicher Erklärung sein kann, also ein elektronisches Schriftstück,[294] oder aber dass es eine Datei mit jedem möglichen Inhalt sein kann, das heißt, dass auch Video-, Bild- und Tonaufnahmen mit und ohne Erklärungsinhalt elektronische Dokumente im

---

293 *A. Becker*, S. 9.

294 So *Bergfelder*, S. 78 zu § 371a Abs. 1 S. 2 ZPO; *Balzer*, Rn. 101 zu § 371 Abs. 1 S. 2 ZPO.

Sinne der ZPO sind.[295] Man kann somit drei Arten elektronischer Dokumente unterscheiden: Elektronische „Schriftstücke", also elektronische Dokumente mit einer schriftlichen Erklärung; elektronische „Erklärungen", das heißt Speicherungen von Gedankenerklärungen in Ton- oder Videoaufnahmen; sowie elektronische Dokumente „ohne Gedankenerklärung", beispielsweise eine reine Bildaufnahme, eine Videoaufnahme ohne Ton, oder Messdaten. Festzustellen ist, dass alle diese elektronischen Aufzeichnungen Augenscheinsobjekte sein müssen, denn Urkunden können sie mangels schriftlicher Verkörperung und gegebenenfalls mangels enthaltener Gedankenerklärung nicht sein. Aber sind jegliche elektronischen Dateien auch elektronische Dokumente im Sinne der ZPO? Im Kern geht es um die Frage, ob das Begriffselement „Dokument" eine schriftliche Gedankenerklärung impliziert. Gerade die häufig zu den Urkunden gezogene Parallele könnte dafürsprechen. Eine Untersuchung der Frage, weshalb die Urkundendefinition am Schriftlichkeitserfordernis und an der Gedankenerklärung festhält, ist hilfreich, um zu klären, ob diese Zwecke auch auf den Begriff des elektronischen Dokuments übertragbar sind. Hierbei kann zwischen dem Anwendungsbereich des § 371 Abs. 1 S. 2 ZPO und des § 371a ZPO zu unterscheiden sein.

a) Schriftlichkeit

Zunächst ist festzustellen, dass die Definition des elektronischen Dokuments der eIDAS-VO in Art. 3 Nr. 35 als „jede[n] in elektronischer Form, insbesondere als Text-, Ton-, Bild- oder audiovisuelle Aufzeichnung gespeicherte[n] Inhalt" keine Schriftlichkeit voraussetzt.

Gestützt wird dieses Ergebnis durch eine Untersuchung des Schriftlichkeitserfordernisses bei Urkunden. Das Erfordernis der Schriftlichkeit von Urkunden hat vornehmlich den Zweck, Verfälschungen zu erschweren.[296] Durch die Anordnung der Buchstaben und Sätze sind Streichungen, Einfügungen oder Veränderungen auf dem vorhandenen Blatt Papier oder sonstigem Untergrund in der Regel schnell zu erkennen bzw. gar nicht erst möglich. Aus diesem Grund wird den Urkunden erst die erhöhte Beweis-

---

295 *Berger*, in: Stein/Jonas, § 371 Rn. 7; *ders.* NJW 2005, 1016, 1017; *Ahrens*, in: Wieczorek/Schütze, § 371 Rn. 27; ähnlich *Schreiber*, in: MünchKommZPO, § 371 Rn. 8.

296 Siehe § 2 III. 1. a).

kraft beigemessen (§§ 415–418 ZPO). Übertragen auf elektronische Dokumente bedeutet dies, dass jedenfalls dort, wo elektronischen Dokumenten ebenfalls eine besondere Beweiskraft zugesprochen wird, dieser Schutz vor Verfälschungen ebenfalls gegeben sein muss. Dies ist jedenfalls bei der Anwendung des § 371a Abs. 1 ZPO der Fall. Damit könnte man schließen, dass elektronische Dokumente im Sinne des § 371a Abs. 1 ZPO jedenfalls „Schriftstücke" darstellen müssen.[297] Dies ist aber nicht ganz folgerichtig. Bei elektronischen Dokumenten schützt nicht die Schriftlichkeit, das heißt die Verwendung von Lautzeichen vor Verfälschungen, sondern die qualifizierte elektronische Signatur. Elektronischen Dokumenten ohne Signatur sieht man eine spätere Veränderung nicht an, da die Veränderung nicht dokumentiert ist. Mit einer qualifizierten Signatur versehenen elektronischen Dokumenten sieht man eine nachfolgende Veränderung hingegen an, weil sich die Bitfolge ebenfalls verändert.[298] Eine qualifizierte Signatur kann aber ebenfalls an Video-, Ton- oder Bilddateien angebracht werden. Damit ergibt sich bezüglich des Schriftlichkeitserfordernisses für elektronische Dokumente folgendes Ergebnis: Die Schriftlichkeit ist nicht zwingend erforderlich, da ihr Sinn und Zweck, der Schutz vor nachträglichen Veränderungen, durch die elektronische Signatur ebenfalls erreicht werden kann. Dies gilt jedenfalls für elektronische Dokumente im Sinne des § 371a ZPO.

Aber gleiches muss auch für elektronische Dokumente im Sinne des § 371 Abs. 1 S. 2 ZPO gelten,[299] denn eine engere Auslegung bei der „Grundnorm" ist nicht gerechtfertigt. Auch ordnet § 371 ZPO keine besondere Beweiskraft an, vielmehr bleibt es beim Grundsatz der freien Beweiswürdigung. Enthält damit das elektronische Dokument, egal ob in Schriftform, als Bild- oder Videodatei keine qualifizierte Signatur, welche vor Veränderungen schützen soll, so ist dies frei zu würdigen, ändert aber nichts am grundsätzlich zulässigen Inhalt jedweder Form. Ob man eine Erklärung daher schriftlich niederlegt oder diktiert, kann keinen Unterschied machen.

Auch im Sinne des § 130a ZPO kann ein elektronisches Dokument sowohl ein elektronisches Schriftstück als auch eine Bild-, Video- oder Tondatei sein. Dies ergibt sich bereits aus den Wortlauten der §§ 130a Abs. 1 ZPO, 126 Abs. 3, 126a BGB: Unter § 130a Abs. 1 ZPO fallen so-

297 So *Bergfelder*, S. 78.
298 Siehe § 8 I. 3. b) cc).
299 A. A. *Balzer*, Rn. 101.

wohl Schriftsätze als auch deren Anlagen. Zwar werden unter den Begriff einer „Anlage" überwiegend Urkunden gefasst,[300] aber Anlagen können auch Zeichnungen, Pläne, Bilder etc. sein. Bereits hier ist damit die Schriftlichkeit nicht Voraussetzung. Auch die durch die elektronische Form ersetzbare „Schriftform" bedeutet nicht, dass nur *Schriftstücke* in elektronischer Form vorliegen dürfen. Schriftform bedeutet nur, dass die eigenhändige Namensunterschrift bzw. das notariell beglaubigte Handzeichen durch die Hinzufügung des Namens des Ausstellers und Anbringung einer qualifizierten elektronischen Signatur ersetzt werden kann (§§ 126 Abs. 1, Abs. 3, 126a BGB).

Eine weitere spezielle Funktion kann man der Schriftlichkeit alleine nicht zusprechen. Beispielsweise eine Warn-, Abschluss- oder Zurechnungsfunktion wird erst der Unterschrift zuerkannt[301] und diese kann durch die elektronische Signatur ersetzt werden.

b) Voraussetzung der Gedankenerklärung

Jedenfalls für die beweisrechtlichen Urkundenvorschriften der §§ 415–418 ZPO wird für die Definition der Urkunde eine Gedankenerklärung vorausgesetzt.[302] Für Augenscheinsobjekte ist dies hingegen keine Voraussetzung. Deswegen werden Schriftstücke, welche nur aus einer Aneinanderreihung von Buchstaben ohne Gedankenerklärung bestehen, als Augenscheinsobjekte behandelt. Fraglich ist, ob dasselbe für elektronische Do-

---

300 *Greger*, in: Zöller, § 130 Rn. 2, § 130a Rn. 3 verweist beim Begriff der Anlagen zu Schriftsätzen auf § 131 ZPO, welcher die Beifügung von *Urkunden* regelt; auch *Schellhammer*, Rn. 33 nennt exemplarisch für Anlagen *Urkunden* wie Verträge, Korrespondenz, Rechnungen, Lieferscheine, Quittungen und letztwillige Verfügungen.

301 In der Regierungsbegründung zum Entwurf eines Gesetzes zur Anpassung der Formvorschriften des Privatrechts und anderer Vorschriften an den modernen Rechtsgeschäftsverkehr, BT-Drucks. 14/4987, S. 16 hat der Gesetzgeber ausführlich Stellung zu den Funktionen der Schriftform (§ 126 BGB) genommen und ausgeführt, die Schriftform diene der Abschluss-, Perpetuierungs-, Identitäts-, Echtheits-, Verifikations-, Beweis- und Warnfunktion. Schriftform meint nach § 126 Abs. 1 BGB die Unterzeichnung mittels Unterschrift oder notariell beglaubigten Handzeichens. Im Umkehrschluss bedeutet dies, dass der schriftlichen Niederlegung einer Erklärung ohne Unterzeichnung keine dieser genannten Funktionen zukommen kann.

302 Siehe § 2 III. 1. c).

kumente gilt. Zwar hatte der Gesetzgeber bei Schaffung der Normen zu elektronischen Dokumenten vornehmlich elektronische Schriftstücke im Sinn.[303] Dies bedeutet aber nicht zwingend, dass nur elektronisch verkörperte Gedankenerklärungen auch elektronische Dokumente sein können. Vielmehr ist das Gegenteil der Fall: Zum einen ist die Gedankenerklärung bei Urkunden deshalb Definitionsmerkmal, weil Urkunden gerade aus dem Grund der Fixierung von Gedankenerklärungen errichtet werden. Dieses Merkmal ist damit einer Urkunde immanent. Augenscheinsobjekte hingegen können alle Gegenstände sein, die sinnlich wahrnehmbar sind. § 371 Abs. 1 S. 2 ZPO sollte zwar nach der gesetzgeberischen Intention vornehmlich regeln, dass elektronische „Urkunden" unter das Augenscheinsbeweisrecht fallen, weil gerade hierüber ein Streit entbrannt war.[304] Die Vorschrift beansprucht aber aufgrund ihres offenen Wortlauts, welcher neben dem genannten Ziel der beweisrechtlichen Einordnung auch den Beweisantritt im Falle des Beweisobjekts „elektronisches Dokument" regelt, Geltung für elektronische Dokumente jeglicher Art. Im Rahmen des § 371 Abs. 1 S. 2 ZPO ist keine Einschränkung auf verkörperte Gedankenerklärungen erforderlich, weil keine Aussage über einen besonderen Beweiswert getroffen wird. Dieses Ergebnis wird auch durch den Wortlaut und die Regelungsinhalte des § 371a Abs. 1 ZPO gestützt. § 371a Abs. 1 S. 2 ZPO gilt ausdrücklich nur für elektronische Dokumente, welche eine Erklärung enthalten; Satz 1 ordnet unter anderem die Geltung des § 416 ZPO für qualifiziert signierte private elektronische Dokumente an, was das Vorliegen einer elektronisch gespeicherten Gedankenerklärung

---

303 Zum einen wurden die §§ 371 S. 2 a. F., 292a ZPO (heute in den §§ 371 Abs. 1 S. 2, 371a Abs. 1 S. 2 ZPO zu finden) zusammen mit den §§ 126a, 126b BGB und § 130a ZPO durch das Formvorschriftenanpassungsgesetz neu in die Zivilprozessordnung eingefügt, die sich auf Urkunden und Schriftstücke mit Erklärungsinhalt beziehen; siehe dazu auch *Berger*, NJW 2005, 1016, 1017. Auch in der Gesetzesbegründung wird ausgeführt, dass der „vereinzelt erhobenen Forderung, das elektronische Dokument den Vorschriften über den Beweis durch *Urkunden* zu unterstellen", nicht gefolgt wird; Regierungsbegründung zum Entwurf eines Gesetzes zur Anpassung der Formvorschriften des Privatrechts und anderer Vorschriften an den modernen Rechtsgeschäftsverkehr, BT-Drucks. 14/4987, S. 25, ähnlich S. 23 rechte Spalte; Hervorhebung nur hier.

304 Das Gesetz zur Anpassung der Formvorschriften des Privatrechts und anderer Vorschriften an den modernen Rechtsgeschäftsverkehr vom 13.7.2001 (FormVAnpG), BGBl. 2001 I, S. 1542 verfolgt vor allem den Zweck, die Ersetzung der Papierform bzw. Schriftform durch die elektronische Form zu regeln. Ausgangspunkt sind damit schriftliche bzw. elektronische *Erklärungen*.

impliziert, denn § 416 ZPO entfaltet nur bei Urkunden mit Gedankenerklärung einen Anwendungsbereich. Diese ausdrückliche Einschränkung in § 371a Abs. 1 ZPO auf elektronische Dokumente mit Erklärungsinhalt bedeutet im Umkehrschluss, dass elektronische Dokumente im Allgemeinen nicht zwingend eine Gedankenerklärung enthalten müssen, sondern erst dann, wenn es um die Anwendung des § 371a Abs. 1 ZPO geht. Zudem ist die Auffassung *Bergers* überzeugend, dass ein enger Begriff nur Lücken für elektronische Dokumente, die keine Schriftstücke sind, aufwerfen und die Diskussion um die beweisrechtliche Einordnung sonstiger elektronischer Dateien, die durch § 371 Abs. 1 S. 2 ZPO zumindest für elektronische Schriftstücke beendet wurde, wiederaufleben lassen bzw. weiterverlagern würde.[305] Eine Eingrenzung auf elektronische Dokumente mit einer Erklärung als Inhalt erfolgt erst dort, wo die jeweiligen weiteren Normen (z. B. § 371a ZPO) dies voraussetzen.

Für den Anwendungsbereich des § 371 Abs. 2 S. 2 ZPO, welcher auf die §§ 422, 423 ZPO verweist und damit eine Vorlageverpflichtung des Beweisgegners nur in diesen Fällen erlaubt, ergibt sich allerdings eine Einschränkung auf elektronische Dokumente mit einer Erklärung als Inhalt aus dem Sinn und Zweck der Verweisung.[306] Eine Vorlageverpflichtung des Beweisgegners für jegliche Augenscheinsgegenstände und alle Arten elektronischer Dokumente von dem Vorliegen der Voraussetzungen der §§ 422, 423 ZPO abhängig zu machen, ist jedoch nicht gerechtfertigt, unter anderem, weil ansonsten § 371 Abs. 3 ZPO keinen Anwendungsbereich entfalten würde. § 371 Abs. 3 ZPO gilt wiederum ohne Einschränkung für alle Augenscheinsobjekte und damit auch für elektronische Dokumente jeglicher Art.[307]

Im Wortlaut des § 371a Abs. 1 ZPO findet der weite Begriff ebenfalls eine Einschränkung. Für den Anwendungsbereich des § 371a Abs. 1 ZPO wird eine Gedankenerklärung vorausgesetzt, während auf die Schriftlichkeit verzichtet werden kann. Damit eröffnet sich mit der Regelung des § 371a Abs. 1 ZPO eine neue Möglichkeit: Auch Video- oder Tondateien können über § 371a Abs. 1 S. 1 ZPO der besonderen Beweiskraftregelung des § 416 ZPO unterfallen. Wie bereits aufgeworfen,[308] ist im Rahmen des § 371a Abs. 1 ZPO aber zu fragen, ob nicht eine Differenzierung nach den

---

305 *Berger*, NJW 2005, 1016, 1017; *ders.* in: Stein/Jonas, vor § 371 Rn. 7.

306 Siehe ausführlich § 6 I. 1. b) bb) (2) (b).

307 Siehe ausführlich § 6 I. 4.

308 *Jandt*, NJW 2015, 1205, 1209; siehe § 4 I.

Sätzen 1 und 2 angezeigt wäre. § 371a Abs. 1 S. 1 ZPO verweist auf § 416 ZPO.[309] § 416 ZPO beinhaltet eine Beweiskraftregelung für die Tatsache der Abgabe der Erklärung. Eine Abgabe wird erst bei einer Gedankenerklärung relevant, weshalb im Rahmen des § 371a Abs. 1 S. 1 ZPO das elektronische Dokument eine Gedankenerklärung enthalten muss. § 371a Abs. 1 S. 2 ZPO ordnet einen Anscheinsbeweis für die Echtheit eines qualifiziert signierten elektronischen Dokuments an. Die Echtheit umfasst dabei Authentizität und Integrität. Für diese beiden Tatsachen ist jedoch eine Erklärung als Inhalt des elektronischen Dokuments nicht zwingend erforderlich. Auch bei Messdaten, welche keine menschliche Gedankenerklärung darstellen, können Authentizität[310] und Integrität fraglich sein und eine Signatur kann auch an einem elektronischen Dokument ohne Gedankenerklärung angebracht werden. Einer solchen Auslegung steht jedoch der klare Wortlaut des § 371a Abs. 1 S. 2 ZPO entgegen, dennoch wäre an eine Öffnung des Anwendungsbereichs zu denken.[311]

3. Zusammenfassung

Für den Begriff des elektronischen Dokuments im Sinne des § 371 Abs. 1 S. 2 ZPO ist ein weites Begriffsverständnis, welches jegliche Art von Dateien erfasst, maßgebend. Ein elektronisches Dokument im Sinne des § 371 Abs. 1 S. 2 ZPO kann als jede potentiell dauerhaft gespeicherte Datei, die nur elektronisch lesbar ist, definiert werden.[312] Eine Einschränkung auf elektronische Dokumente mit einer Gedankenerklärung erfolgt in den §§ 371 Abs. 2 S. 2, 371a Abs. 1 ZPO. Im Rahmen des § 371a Abs. 1 S. 2 ZPO wäre jedoch an eine Öffnung der Einschränkung zu denken.

Um Missverständnissen vorzubeugen, könnte in § 371 Abs. 1 S. 2 ZPO der Begriff einer „(elektronischen) *Datei*" verwendet werden.[313] Die §§ 371 Abs. 2 S. 2, 371a Abs. 1 ZPO sollten den Begriff einer „elektroni-

---

309 Siehe § 8 III. 1.

310 Nicht im Sinne der Frage, ob das Dokument von der Maschine stammt, sondern ob der Urheber auch der Absender des elektronischen Dokuments ist.

311 Siehe auch *Jandt*, NJW 2015, 1205, 1209.

312 Vgl. dazu auch *A. Becker*, S. 9; der allerdings weiter eine Erklärung voraussetzt.

313 Dem Begriff der „Datei" ist das Merkmal „elektronisch" immanent, deswegen kann auf dieses Merkmal auch verzichtet werden.

schen Erklärung“ verwenden bzw. im Falle des § 371 Abs. 2 S. 2 ZPO neu aufnehmen.

III. Erscheinungsformen elektronischer Dokumente

Elektronische Dokumente können sowohl als originäre als auch als derivative Dateien auftreten. Ein originäres elektronisches Dokument ist ein solches, das elektronisch hergestellt wurde. Das Scan-Produkt einer Papierurkunde hingegen ist derivativ, weil es von der Papierform in die elektronische Form übertragen wurde („P-to-E-Transformation“). Transformierte elektronische Dokumente sind grundsätzlich frei zu würdigen; die Regelung des § 371a Abs. 1 ZPO entfaltet nur in bestimmten Konstellationen einen Anwendungsbereich.[314]

§ 5 Der Regelungsinhalt des § 371 Abs. 1 S. 2 ZPO

I. Qualifizierung elektronischer Dokumente als Augenscheinsobjekte

Mit der Regelung des § 371 Abs. 1 S. 2 ZPO hat sich der Gesetzgeber entschieden, elektronische Dokumente dem Beweis durch Augenschein zu unterstellen.[315] Ob diese Entscheidung systemkonform war, soll nachfolgend überprüft werden.

1. Überprüfung der Systemkonformität der Einordnung elektronischer Dokumente in das Augenscheinsbeweisrecht

a) Urkundendefinition und Systematik

Nach allgemeiner Definition ist Urkunde jede schriftlich verkörperte Gedankenerklärung. Über die Erforderlichkeit des Merkmals der Schriftlichkeit kann man sich noch streiten, gerade wenn man einwenden möchte, auch strafrechtlich könne auf das Merkmal der Schriftlichkeit verzichtet

---

314 Siehe zum Beweiswert transformierter elektronischer Dokumente § 12 IV.
315 Vgl. auch *Klein*, JurPC Web-Dok. 198/2007, Abs. 31.

werden[316] – im Strafrecht genügt in der Tat auch die „visuelle Wahrnehmbarkeit des Urkundeninhalts".[317] Dieses Argument trifft aber nicht ganz das Problem. Ähnlich verhält es sich mit der Begründung, es fehle an der Schriftlichkeit, weil die Darstellung nur auf einem binären Code aus den Ziffern 1 und 0 beruhe.[318] Das eigentliche Problem ist vielmehr, dass es auf die unmittelbare und jederzeitige Verfügbarkeit ankommt. Daran fehlt es bei elektronischen Dokumenten, weil sie nicht ohne Hilfsmittel gelesen werden können. Als konstruiert erscheinen die Argumente, es fehle an der Verkörperung, weil die Darstellung auf dem Bildschirm selbst zu flüchtig und nur eine Reproduktion des dahinterstehenden elektronischen Dokuments sei.[319] Natürlich ist die Darstellung insofern flüchtig, als sie mit Schließen des Dokuments nicht mehr sichtbar ist, aber die Speicherung ist dennoch weiterhin vorhanden. Es ist auch nicht nur eine Reproduktion, sondern einfach die Sichtbarmachung. Über das Merkmal der Verkörperung kommt man dennoch nach bestehender Definition nicht hinweg, weil es an der jederzeitigen Verfügbarkeit fehlt. Es ist auch richtig, unter Verkörperung die jederzeitige Verfügbarkeit ohne Zwischenschaltung von Hilfsmitteln zu verstehen, denn dies trifft die allgemeine Verkehrsanschauung und den allgemeinen Sprachgebrauch des Begriffs der Urkunde.

Es ist daher überzeugend, dass elektronische Dokumente nicht unter die bestehende Definition der Urkunde im Sinne der Zivilprozessordnung subsumiert werden können und damit nur der Augenschein als Beweismittel übrigbleibt. Entgegen der Ansicht *Beckers*[320] entspricht dies auch dem ausdrücklichen gesetzgeberischen Willen. Deutlicher als mit der Neuregelung der §§ 371, 371a, 371b ZPO kann der Gesetzgeber seinen Willen nicht zum Ausdruck bringen. Dennoch bedeutet dies nicht zwingend, dass an dieser Definition der Urkunde im Sinne der Zivilprozessordnung festgehalten werden muss und damit an der Richtigkeit der Zuordnung elektronischer Dokumente in das Augenscheinsbeweisrecht. Die Definition der Urkunde wurde von Rechtsprechung und Literatur entwickelt, eine Le-

---

316 *Jöstlein*, DRiZ 1973, 409, 412; siehe § 3 II. 1. a).

317 Vgl. nur *Erb*, in: MünchKommStGB, § 267 Rn. 23; *Cramer/Heine*, in: Schönke/Schröder, StGB, § 267 Rn. 6.

318 *Bizer/Hammer*, DuD 1993, 619, 622; ebenso *Baltzer*, in: GS Bruns, S. 73, 80: „die bei Dateneingabe elektromagnetisch bewirkten Zustandsveränderungen sind keine mit Schriftzeichen erfolgten Festlegungen einer Gedankenerklärung"; siehe § 3 II. 1. a).

319 *Bizer/Hammer*, DuD 1993, 619, 622; siehe § 3 II. 1. a).

320 Siehe § 3 II. 2.

galdefinition oder einen sonst zum Ausdruck gebrachten ausdrücklichen gesetzgeberischen Willen gibt es zum Urkundenbegriff nicht. An dieser Definition muss nur dann festgehalten werden, wenn sie einem gerechtfertigten Zweck dient. Nur um ihrer selbst braucht nicht an ihr festgehalten werden.[321] Daher wäre es möglich und angebracht, entweder die Definition zu erweitern oder eine Ausnahmeregelung für elektronische Dokumente zu schaffen, *wenn* die Einordnung jener in das Urkundenbeweisrecht vorteilhaft und erforderlich wäre. Die Definition der Urkunde, der Wortlaut und die Systematik der §§ 415 ff. ZPO sowie der gesetzgeberische Wille, der in § 371 Abs. 1 S. 2 ZPO zum Ausdruck gebracht wird, dürften also nicht entgegenstehen, wenn eine Gleichstellung elektronischer Dokumente mit Urkunden im Sinne der Zivilprozessordnung nach dem Telos gerechtfertigt wäre. Man müsste dann dem technischen Fortschritt Rechnung tragen. Für die Beweiswirkung einfacher elektronischer Dokumente ist dies jedenfalls nicht der Fall, sie unterliegen ebenso wie nicht unterzeichnete Urkunden – § 416 ZPO ist nicht anwendbar – dem Grundsatz der freien Beweiswürdigung.

b) Argument der Fälschungssicherheit

Die – vermeintlich – fehlende Fälschungssicherheit kann kein Merkmal für oder gegen die Einordnung elektronischer Dokumente in das Urkunden- oder Augenscheinsbeweisrecht sein. Auch das Urkundenbeweisrecht setzt für die Qualifizierung eines Schriftstücks als Urkunde ganz allgemein keine Fälschungssicherheit voraus, auch unsignierte Schriftstücke können Urkunden sein. Erst bei der Beweiskraftregel des § 416 ZPO wird das Merkmal indirekt relevant, da § 416 ZPO eine echte und unterzeichnete und damit eine objektiv relativ fälschungssichere Urkunde voraussetzt. Für nicht unterzeichnete und damit nicht fälschungssichere Urkunden – sie können einfach neu aufgesetzt werden – gilt auch im Urkundenbeweisrecht der Grundsatz der freien Beweiswürdigung. Umgekehrt betrachtet: wäre die objektive Fälschungssicherheit Definitionsmerkmal, müsste jedes Mal erst auf Tatbestandsseite geprüft werden, ob in diesem konkreten Fall der vorgelegten schriftlichen Gedankenverkörperung die objektive Fälschungssicherheit gegeben ist, erst dann dürfte die Urkundeneigenschaft

321 Ebenso *A. Becker*, S. 72.

bejaht werden. Diese Frage ist aber nicht Voraussetzung einer Urkunde, sondern vielmehr das Resultat und der Grund für die Privilegierung der Urkunde in den §§ 415 ff. ZPO. Dieses Ergebnis hat auch *Becker* anhand des Beispiels einer Blankourkunde ausführlich hergeleitet.[322] Die Würdigung des elektronischen Dokuments erfolgt frei, das Gericht kann also selbst entscheiden, ob es den Inhalt für wahr erachtet oder nicht. Durch die Unterscheidung des Gesetzes in „einfache" und qualifiziert signierte elektronische Dokumente (§§ 371 Abs. 1 S. 2, 371a Abs. 1 ZPO) wird zum Ausdruck gebracht, dass es auf eine Fälschungssicherheit ganz allgemein nicht ankommt. Einfache, das heißt nicht oder nicht qualifiziert signierte elektronische Dokumente und damit ohne Integritätsschutz sind in § 371 Abs. 1 S. 2 ZPO ausdrücklich als Objekte des Augenscheins zugelassen.[323] Bei unsignierten elektronischen Dokumenten oder Urkunden im Sinne der Zivilprozessordnung ist also das Argument der Fälschungssicherheit bzw. –unsicherheit nicht zielführend und untauglich als Abgrenzungsmerkmal. Dieses Merkmal wird erst bei der Frage nach einer besonderen Beweiskraft, die den Grundsatz der freien Beweiswürdigung ausschließt, relevant. Eine solche Regelung enthält § 371a Abs. 1 ZPO. Die Beweiskraft eines qualifiziert signierten elektronischen Dokuments ist in § 371a Abs. 1 S. 1 ZPO geregelt, welcher auf die „Vorschriften über die Beweiskraft privater Urkunden" verweist und damit auf § 416 ZPO.[324] Qualifiziert signierte elektronische Dokumente haben damit dieselbe Beweiskraft wie unterzeichnete Urkunden. Es ergibt sich damit im Ergebnis keine unterschiedliche Behandlung dieser beiden Beweismittel. Der einzige Unterschied liegt darin, dass ein elektronisches Dokument, das mit einer qualifizierten elektronischen Signatur versehen ist, keine Urkunde im Sinne der ZPO ist. Der Forderung nach einem geeigneten Sicherungsverfahren, dem (durch eine gesetzgeberische Wertung) dieselbe Aussagekraft beigemessen wird wie einer Unterschrift oder einem notariell beglaubigten Handzeichen unter einer Urkunde, wurde mit der Normierung des § 371a Abs. 1 ZPO gefolgt.

---

322 Siehe § 3 II. 2. b).

323 Vgl. auch *Ahrens*, in: FS Geimer, S. 1, 6.

324 Siehe § 8 III. 1.

c) Forderung nach einem Gleichlauf der Mitwirkungspflichten

Das von *Englisch* aufgeworfene Problem, der Urkundenbeweis habe den Vorteil spezieller materiellrechtlicher Mitwirkungspflichten,[325] wurde durch die Neuregelung des § 371 ZPO beseitigt. § 371 ZPO wurde nicht nur mit dem heutigen § 371 Abs. 1 S. 2 ZPO erweitert, sondern auch mit den neuen Absätzen 2 und 3. In § 371 Abs. 2 S. 2 ZPO wird dabei die Geltung der §§ 422–432 ZPO angeordnet, was eine Gleichstellung der Mitwirkungspflichten bewirkt.[326]

2. Fazit

Die Einordnung elektronischer Dokumente in das Augenscheinsbeweisrecht überzeugt. Insbesondere wurde mit der Neuregelung des § 371 Abs. 2, Abs. 3 ZPO auch dem Umstand Rechnung getragen, dass elektronische Dokumente hinsichtlich der Mitwirkungspflichten Urkunden im Wesentlichen gleichgestellt werden.

Zu beachten bleibt noch, dass fast nur darum diskutiert wurde und wird, ob das elektronische Dokument unter die Definition der Urkunde zu fassen ist, kaum jedoch, ob es auch unter die Definition des Augenscheins subsumiert werden kann. Problematisch ist hierbei nur noch die Frage, ob die „Unmittelbarkeit" der Wahrnehmung trotz zwingenden vorherigen Einsatzes technischer Hilfsmittel zur Lesbarmachung gewährleistet ist. Wenn man die Unmittelbarkeit der Wahrnehmung überhaupt in Frage stellen möchte, ist es jedenfalls überzeugend, die „instrumentelle Wahrnehmungsmittlung" mit der personellen[327] gleichzustellen.[328] Das sichtbar gemachte elektronische Dokument ist jedoch kein Surrogat, weil das sichtbar gemachte elektronische Dokument immer ein Original darstellt.[329] Die Sichtbarmachung ist nur als notwendiger technischer Zwischenschritt zu sehen.

---

325 Siehe § 3 II. 1. d).

326 Siehe ausführlich § 6 I. 1. b).

327 Durch einen Augenscheinsmittler; siehe § 2 II 1.

328 *Baltzer*, in GS Bruns, S. 73, 84 f.

329 Siehe § 12 IV. 2.

II. Zulassung als Beweismittel – Erfüllung des Art. 46 eIDAS-VO

Nach Art. 46 eIDAS-VO darf elektronischen Dokumenten im Allgemeinen die Rechtswirkung und die Zulässigkeit als Beweismittel im Gerichtsverfahren nicht allein deshalb abgesprochen werden, weil sie in elektronischer Form vorliegen. Gleiches regeln die Art. 25 Abs. 1, 35 Abs. 1, 43 Abs. 1 eIDAS-VO noch einmal speziell für mit Vertrauensdiensten erbrachte elektronische Dokumente. Damit soll sichergestellt werden, dass die Zulässigkeit elektronischer Dokumente als Beweismittel nicht von vornherein ausgeschlossen wird. Alles weitere, wie besondere die Rechtswirkungen, bleibt grundsätzlich den Mitgliedsstaaten überlassen (Erwägungsgrund 22 eIDAS-VO). In Deutschland ist diese Regelung von wenig Bedeutung, da in der ZPO im Zweifel alles zumindest der freien richterlichen Beweiswürdigung unterliegt. Das deutsche Beweisrecht kennt keinen Ausschluss der Zulässigkeit von Beweismitteln im Voraus.[330] In anderen Mitgliedsstaaten kann diese Vorschrift jedoch von Bedeutung sein. Beispielsweise in Großbritannien ist die Zulässigkeit von Beweismitteln differenzierter geregelt.[331] Es ist nicht abwegig, die Zulässigkeit zu bezweifeln, denn einfache, ungesicherte elektronische Dokumente sind sehr leicht und ohne sichtbare Spuren veränderbar. Das ist aber keine Frage der Zulässigkeit als Beweismittel, sondern der Beweisqualität, welche in Deutschland im Rahmen des § 286 Abs. 1 ZPO Beachtung findet.

§ 371 Abs. 1 S. 2 ZPO stellt zum einen klar, dass elektronische Dokumente zulässige Beweismittel sind, zum anderen ordnet er sie dem Augenscheinsbeweisrecht zu. Beweisobjekt des Augenscheins kann alles sinnlich wahrnehmbare sein und damit auch ein elektronisches Dokument.[332]

III. Regelung über den Beweisantritt

Neben dem Zweck, den Streit um die Einordnung elektronischer Dokumente in das Beweismittelrecht zu beenden und sie dem Beweis durch Augenschein zuzuordnen,[333] stellt sich die Frage, welchen weiteren Regelungsinhalt und –zweck die Vorschrift des § 371 Abs. 1 S. 2 ZPO daneben

---

330 Vgl. auch *Sosna*, CR 2014, 825, 827; *Englisch*, S. 52, 55.
331 *Sosna*, CR 2014, 825, 827.
332 Siehe § 2 II. 3.
333 Siehe § 5 I.

hat. Angesichts des abweichenden Wortlauts zu Satz 1, welcher keine Vorlage oder Übermittlung fordert, ist insbesondere zu klären, ob für den Beweisantritt mittels elektronischer Dokumente tatsächlich mehr gefordert ist, als für sonstige Augenscheinsgegenstände.

Die Beweisführung ist aufgrund der Verhandlungsmaxime grundsätzlich Sache der Parteien. Außer beim Zeugenbeweis kann aber auch das Gericht von Amts wegen den Beweis erheben (§§ 142, 144 ZPO). Im Rahmen der parteibetriebenen Beweisaufnahme bestimmen die §§ 371 Abs. 1, Abs. 2, 420, 421, 428, 432 ZPO für den Augenscheins- und Urkundenbeweis, wie der Beweisführer den Beweis anzutreten habe. Die §§ 371 Abs. 1, 420 ZPO regeln dabei die Fälle des Besitzes des Beweisführers selbst; die §§ 371 Abs. 2, 421, 428, 432 ZPO die Fälle des Besitzes eines anderen. Der Beweisantritt erfolgt grundsätzlich in der mündlichen Verhandlung, kann aber auch bereits in einem vorbereitenden Schriftsatz wirksam sein.[334] Notwendiger Inhalt des Beweisantrags ist die Angabe des Beweisthemas sowie des konkreten Beweismittels.[335]

Im Augenscheinsbeweisrecht wird der Beweis grundsätzlich durch Bezeichnung des Gegenstands des Augenscheins sowie der zu beweisenden Tatsachen angetreten, § 371 Abs. 1 S. 1 ZPO. Im Urkundenbeweisrecht genügt dies allein nicht, der Beweisführer hat vielmehr sogleich die Urkunde im Original vorzulegen, § 420 ZPO. Auch wenn § 420 ZPO die Angabe der zu beweisenden Tatsache dem Wortlaut nach nicht vorsieht, so ergibt sich dies dennoch aus den allgemeinen Beweisgrundsätzen. An die Stelle der Bezeichnung des konkreten Beweismittels tritt die Vorlegung des Urkundenoriginals. Es ist damit bereits zum Beweisantritt die Vorlegung der Urkunde im Original erforderlich,[336] dies stellt nicht erst die „Erbringung“ des Beweises dar.[337]

Ist Beweismittel ein elektronisches Dokument, so bestimmt § 371 Abs. 1 S. 2 ZPO, dass der Beweisantritt durch Vorlage oder Übermittlung

---

334 *Rosenberg/Schwab/Gottwald*, § 110 Rn. 31 f.; *Prütting*, in: MünchKommZPO, § 284 Rn. 83.

335 *Prütting*, in: MünchKommZPO, § 284 Rn. 84, 86.

336 Ebenso BGH NJW 1980, 1047, 1048; BGH NJW 1992, 829, 830.

337 *Hartmann*, in: Baumbach/Lauterbach, § 420 Rn. 1 f. Er kritisiert dabei die „abweichende lasche Praxis“, welche häufig zum Beweisantritt die Bezeichnung der Urkunde genügen lasse; mangels korrektem Beweisantritt dürfe daraufhin aber keine Beweiserhebung erfolgen.

der Datei erfolgt.[338] Unter der ersten Alternative versteht der Gesetzgeber die Vorlegung eines Datenträgers, auf dem das elektronische Dokument gespeichert ist; mit der zweiten Variante will er die Übermittlung von Dokumenten auf elektronischem Wege „unter den Voraussetzungen des § 130a [ZPO]" ermöglichen.[339] Die genaue Bedeutung dieser Aussage bedarf der näheren Auslegung: § 130a ZPO regelt die Einreichung von Schriftsätzen auf elektronischem Wege. Zentrale Voraussetzung ist nach § 130a Abs. 1 ZPO, dass das Format des elektronischen Dokuments für die Verarbeitung durch das Gericht geeignet ist.[340] Die Gesetzesbegründung ist damit so zu interpretieren, dass sie die Vorlage oder Übermittlung *in einem geeigneten Format* voraussetzt.[341]

Anders als bei den sonstigen Augenscheinsgegenständen (§ 371 Abs. 1 S. 1 ZPO) reicht damit die bloße Benennung des Gegenstands und der zu beweisenden Tatsachen nicht aus. An die Stelle der Bezeichnung des Augenscheinsobjekts tritt die Vorlegung bzw. Übermittlung des elektronischen Dokuments; die Pflicht der Angabe der zu beweisenden Tatsache bleibt daneben bestehen,[342] ähnlich dem Beweisantritt im Urkundenbeweisrecht (§ 420 ZPO). Anderer Ansicht ist *Bergmann*: Er sieht in § 371 Abs. 1 S. 2 ZPO keine Regelung über den Beweisantritt, sondern über die Beweiserhebung.[343] Seiner Auffassung nach dürfe man die Vorlegung oder Übermittlung des elektronischen Dokuments erst nach einem entsprechenden Beweisbeschluss des Gerichts im Rahmen der Beweiserhebung verlangen können. Dieser Ansicht ist nicht zu folgen. Die Differenzierung in § 371 Abs. 1 ZPO ist der gesetzgeberischen Wertung geschuldet, dass elektronische Dokumente zwar dem Augenscheinsbeweisrecht unterstellt werden, wegen deren Nähe zu Urkunden aber die Vorschriften des Urkundenbeweisrechts über den Beweisantritt und die Editionspflicht entspre-

338 Auch *Klein*, JurPC Web-Dok. 198/2007, Abs. 32 sieht in der Vorschrift eine Beweisantrittsregelung.

339 Regierungsbegründung zum Entwurf eines Gesetzes zur Anpassung der Formvorschriften des Privatrechts und anderer Vorschriften an den modernen Rechtsgeschäftsverkehr, BT-Drucks. 14/4987, S. 25.

340 Nach § 130a Abs. 2 ZPO bestimmen die Bundesregierung und die Landesregierungen für ihren Bereich durch Rechtsverordnung die geeignete Form.

341 *Borges*, S. 464.

342 So auch *Berger*, NJW 2005, 1016, 1017 und in seiner Fn. 8; *ders.* in: Stein/Jonas, § 371 Rn. 24.

343 *Bergmann*, in: GS Meurer, 643, 647.

chend gelten sollten.[344] § 371 Abs. 1 S. 2 ZPO ist damit der Regelung des § 420 ZPO nachgebildet, allerdings angepasst an die Besonderheiten des elektronisch gespeicherten Dokuments, das entweder durch Vorlegung des Datenträgers oder durch Übermittlung der Datei (auf elektronischem Wege) „vorgelegt“ werden kann.

Im „sonstigen“ Augenscheinsbeweisrecht wird die Vorlegung des Gegenstands nur deshalb nicht zum Antritt des Beweises gefordert, weil Augenscheinsobjekt auch eine unbewegliche Sache sein kann, beispielsweise ein Gebäude, das in Bezug auf Baumängel in Augenschein genommen werden muss. Hier hat das Gericht entweder zum Ort der belegenen Sache zu fahren oder die Einnahme des Augenscheins durch Surrogate (Fotografien) vorzunehmen. Wie die Beweiserhebung erfolgt, liegt im Ermessen des Gerichts. Bei leicht transportablen Gegenständen ist es aber eine Selbstverständlichkeit, dass diese in der Beweisaufnahme vom Beweisführer vorzulegen sind.[345] Damit kommt er seinem Interesse nach, den gewünschten Beweis für die behauptete Tatsache zu erbringen. Urkunden und elektronisch gespeicherte Dokumente sind per se leicht transportabel bzw. elektronisch übermittelbar, weshalb hier für den Beweisantritt sogleich die Vorlegung bzw. Übermittlung gefordert wird. Für sonstige Augenscheinsgegenstände fehlt eine solche Regelung, um eine umfassende Norm für alle Gegenstände zu haben, im Rahmen derer man alle Möglichkeiten der Beweiserhebung berücksichtigen kann. Eine Normierung der Pflicht zur Vorlage leicht transportabler Augenscheinsgegenstände könnte der Gesetzgeber einerseits aus diesem Grund für nicht erforderlich gehalten haben und andererseits aus dem Grund, weil es eine Selbstverständlichkeit darstellt.[346] *Ahrens* spricht sich daher bezüglich solcher Augenscheinsgegenstände für eine analoge Anwendung des § 371 Abs. 1 S. 2 ZPO aus.[347]

---

344 Regierungsbegründung zum Entwurf eines Gesetzes zur Anpassung der Formvorschriften des Privatrechts und anderer Vorschriften an den modernen Rechtsgeschäftsverkehr, BT-Drucks. 14/4987, S. 23.

345 *Ahrens*, in: Wieczorek/Schütze, § 371 Rn. 49; der dies für solche Augenscheinsgegenstände bereits für den Beweis*antritt* voraussetzt.

346 Deshalb schweigen sich wohl auch die gängigen Kommentare darüber aus.

347 *Ahrens*, in: Wieczorek/Schütze, § 371 Rn. 49.

1. Technische Voraussetzungen zur Einsicht des elektronischen Dokuments

Regelmäßig dürfte das Gericht über die erforderliche Hard- und Software zum Empfang (im Falle der Übermittlung nach § 371 Abs. 1 S. 2 Alt. 2 ZPO) und zur Einsicht der elektronischen Dokumente verfügen. Ist dies bei sehr spezieller Software einmal nicht der Fall, stellt sich die Frage, wer diese zu beschaffen hat und wer gegebenenfalls die Kosten dafür zu tragen hat. Weder § 371 Abs. 1 S. 2 ZPO, noch den §§ 420 ff. ZPO[348] ist eine Bestimmung hierzu zu entnehmen. *Borges* ist daher der Ansicht, dass die Pflicht zur Vorlage oder Übermittlung nicht die Bereitstellung der Software zur Möglichkeit der Wahrnehmung einschließt, sondern das Gericht notfalls von Amts wegen die technischen Voraussetzungen zu schaffen hat.[349] Die Kosten hierfür seien Prozesskosten, welche nach den allgemeinen Grundsätzen verteilt würden.

2. Objekt des Augenscheins

a) Beweisgegenstand und Beweisobjekt

Das in Augenschein zu nehmende Objekt bestimmt sich nach dem Beweisgegenstand. Beim elektronischen Dokument können verschiedene zu beweisende Tatsachen Gegenstand des Beweises sein. Vornehmlich wird Beweisgegenstand der Inhalt des elektronischen Dokuments sein, dazu müssen regelmäßig die Beweisgegenstände Unversehrtheit und Urheberschaft geklärt sein. Die Regelung des § 371 Abs. 1 S. 2 ZPO hat dabei aber nur das elektronische Dokument als solches im Sinn. Nicht erfasst wird der Datenträger des elektronischen Dokuments.[350] Kommt es auf äußere Merkmale des Datenträgers an, so gilt die Regelung des § 371 Abs. 1

---

348 Hier stellt sich die Frage aber auch bereits nicht, denn Urkunden bedürfen keiner besonderen Mittel zur Sichtbarmachung.

349 *Borges*, S. 466.

350 Das war in früheren Kommentierungen noch nicht ganz eindeutig; vgl. *Borges*, S. 460 f. mit Verweis auf *Hartmann*, in: Baumbach/Lauterbach, 60. Aufl. 2002, Übers § 371 Rn. 3, 11, der das aber nun entsprechend der hier dargestellten Meinung vertritt; *Hartmann*, in: Baumbach/Lauterbach, 75. Aufl. 2017, § 371 Rn. 6.

S. 1 ZPO. Freilich ist auch eine Kombination möglich. Der Beweisantritt erfolgt dabei durch Vorlage des Datenträgers oder Übermittlung der Datei.

Der Datenträger kann in Einzelfällen dennoch relevant sein, etwa wenn die Abgabe oder der Zugang eines elektronischen Dokuments (ebenfalls) streitig sind.[351] Hier ist der jeweilige Datenträger (Mailbox, Computer-Festplatte, Mailserver) von Bedeutung. Ob somit das elektronische Dokument selbst oder der Datenträger Beweisobjekt sind, bestimmt sich nach dem Parteivortrag und kann nicht allgemein beantwortet werden, sondern einzelfallgerecht.

b) Vorlage des „Originals"

Anders als bei Urkunden gibt es bei elektronischen Dokumenten nicht ein Original, sondern das Original kann mehrfach gegeben sein, da ein elektronisches Dokument beliebig oft speicherbar ist. Deswegen verlangt das Gesetz auch nicht die Vorlegung des auf einem bestimmten Datenträger gespeicherten elektronischen Dokuments,[352] sondern ganz allgemein die Vorlage oder die Übermittlung. Durch Übermittlung wird ein weiteres elektronisches Dokument geschaffen, das aber immer noch „das" elektronische Dokument als Beweisobjekt darstellt, vorausgesetzt, es wurde nicht verändert. Es gibt damit bei elektronischen Dokumenten kein Erfordernis der Originalität im Sinn einer bestimmten Speicherung oder eines bestimmten Datenträgers.[353]

Fraglich ist aber, wie zu verfahren ist, wenn die Übereinstimmung der vorgelegten Speicherung mit dem „Original" bestritten wird.[354] Zur Veranschaulichung folgendes Beispiel:[355] der Beweisführer legt ein auf einem USB-Stick gespeichertes elektronisches Dokument vor, mit der Behauptung, es sei ihm mit diesem Inhalt vom Beweisgegner per E-Mail als Anhang übermittelt worden. Der Beweisgegner bestreitet nicht die Versendung der E-Mail, wohl aber, dieser einen Anhang beigefügt zu haben. Anders als im Urkundenbeweisrecht, wo der Beweisführer die Original-Nachricht vorzulegen hätte, ist dies im Augenscheinsbeweisrecht grund-

351 Vgl. auch *Borges*, S. 462.
352 Ebenso *Borges*, S. 463.
353 *Borges*, S. 465.
354 *Borges*, S. 464.
355 Entnommen und leicht abgewandelt aus *Borges*, S. 464 f.

sätzlich nicht erforderlich. Es ist daher im Grunde keine Frage der „Originalität“, sondern der Unverfälschtheit.[356] Die Beweislast hierfür trägt der Beweisführer und es ist ihm überlassen, wie er die inhaltliche Übereinstimmung nachweist.

Davon zu unterscheiden ist die Vorlage eines Ausdrucks des elektronischen Dokuments. Abgesehen davon, dass der Ausdruck bereits nicht von der Regelung des § 371 Abs. 1 S. 2 ZPO erfasst wird, genügt auch im Übrigen zum Beweisantritt regelmäßig nicht die Vorlage des Ausdrucks, wenn die Echtheit des elektronischen Originals bestritten ist. Er ist der Speicherung in elektronischer Form nicht gleichwertig: besonders bei einem elektronisch signierten Dokument kann die Echtheitsprüfung nur anhand der elektronischen Speicherung erfolgen.[357] Eine Ausnahme wäre nur dann zu machen, wenn die Übereinstimmung des Ausdrucks mit dem elektronischen Dokument nicht bestritten wird.[358] Entsprechendes gilt auch im Urkundenbeweisrecht. Dort kann eine Kopie grundsätzlich nicht als Beweismittel an die Stelle der Urkunde treten. Ist die Übereinstimmung der Urschrift mit der Kopie jedoch unstreitig, genügt die Vorlage der Kopie.[359]

§ 6 Mitwirkungspflichten nach den §§ 371 Abs. 2, Abs. 3, 144 ZPO

Neben der neuen Regelung des heutigen Absatzes 1 Satz 2 erfuhr § 371 ZPO a. F. im Zuge der Reformen im Jahre 2001 auch eine Erweiterung der Mitwirkungspflichten mit den neugeschaffenen Absätzen 2 und 3. Die Beweisführung mit einem elektronischen Dokument im Besitz des Beweisgegners oder eines Dritten wird nachfolgend dargestellt. Anschließend folgt ein Vergleich mit der alten Rechtslage, um auf das Argument *Englischs*, der Augenscheinsbeweis sei das flexiblere und günstigere Beweismittel als der Urkundenbeweis,[360] eingehen zu können. Daneben wird der Frage nachgegangen, ob ausreichende Mitwirkungs- oder Auskunftspflichten der Parteien und Dritter bestehen.

---

356 *Borges*, S. 465.
357 *Borges*, S. 466.
358 Vgl. auch *Borges*, S. 466 f.
359 Siehe § 2 III. 4.
360 *Englisch*, S. 27; siehe § 3 II. 1. d).

§ 371 ZPO wurde im Jahr 2001 zunächst durch das Formvorschriftenanpassungsgesetz vom 13.7.2001[361] geändert. Fast zeitgleich erfolgte eine Änderung durch das Zivilprozessreformgesetz vom 27.7.2001[362], bevor im Zuge des Schuldrechtsmodernisierungsgesetzes vom 26.11.2001[363] eine letzte Anpassung vorgenommen wurde.[364]

I. Mitwirkungs- und Offenlegungspflichten des Beweisgegners und Dritter

1. Parteibetriebene Beweisaufnahme bei Besitz des Beweisgegners, § 371 Abs. 2 ZPO

Befindet sich der Augenscheinsgegenstand im Besitz des Beweisgegners, gilt § 371 Abs. 2 ZPO. Im Folgenden wird der Sinn und Zweck der Regelung des § 371 Abs. 2 ZPO untersucht. Zweckmäßig erscheint es dabei, zwischen den Sätzen 1 und 2 zu differenzieren, da sie unterschiedliche Regelungen enthalten, die auch möglicherweise unabhängig voneinander existieren können.

a) Anwendbarkeit des § 371 Abs. 2 S. 1 ZPO

Nach § 371 Abs. 2 S. 1 ZPO kann der Beweisführer entweder eine Fristsetzung zur Herbeischaffung des Gegenstands (Alt. 1) oder den Erlass einer Anordnung nach § 144 ZPO (Alt. 2) beantragen. Mit dieser Regelung, die seit der Reform durch das Schuldrechtsmodernisierungsgesetz[365] gilt, wurden die Möglichkeiten des Beweisführers zur Herbeischaffung des Augenscheinsobjekts erweitert. Nach alter Rechtslage – das heißt ohne

---

361 Gesetz zur Anpassung der Formvorschriften des Privatrechts und anderer Vorschriften an den modernen Rechtsgeschäftsverkehr vom 13.7.2001 (FormVAnpG), BGBl. 2001 I, S. 1542, 1543.

362 Gesetz zur Reform des Zivilprozesses vom 27.7.2001 (ZPO-RG), BGBl. 2001 I, S. 1887, 1894.

363 Gesetz zur Modernisierung des Schuldrechts vom 26.11.2001 (SchuMoG), BGBl. 2001 I, S. 3138, 3179.

364 Einen Überblick mit Darstellung der Wortlaute gibt *Kapoor*, S. 264–266.

365 Gesetz zur Modernisierung des Schuldrechts vom 26.11.2001 (SchuMoG), BGBl. 2001 I, S. 3138, 3179.

die Regelung des § 371 Abs. 2 S. 1 ZPO – stand insbesondere eine Anordnung nach § 144 ZPO allein im richterlichen Ermessen. Nun wird dem Beweisführer die Möglichkeit eröffnet, eine solche Anordnung zu beantragen, mit der Folge des Ausschlusses des Entschließungsermessens des Gerichts.[366] Die Regelung des § 371 Abs. 2 S. 1 ZPO verwundert: Die Parallelvorschrift des Urkundenbeweisrechts, § 428 ZPO, welche dem Beweisführer dieselben beiden Möglichkeiten eröffnet, gilt nur für die Fälle, in denen sich die Urkunde im Besitz eines *Dritten* befindet. Eine solche Beschränkung auf die Fälle des Besitzes eines Dritten für das Augenscheinsbeweisrecht war auch noch so in der Fassung des Zivilprozessreformgesetzes[367] vorgesehen, nicht mehr aber in der jetzt gültigen Fassung durch das Schuldrechtsmodernisierungsgesetz[368].

Speziell die Regelung des § 371 Abs. 2 S. 1 *Alt. 1* ZPO überrascht im Hinblick auf die Geltung auch für die Fälle des Besitzes des Beweisgegners: Im Urkundenbeweisrecht ist das sogenannte Editionsverfahren nach den §§ 428–431 ZPO[369] nur für die Fälle des Urkundenbesitzes eines Dritten vorgesehen. Befindet sich die Urkunde im Besitz des Beweisgegners, hat der Beweisführer nach den §§ 421–427 ZPO zu verfahren; es wird also *im selben Prozess* geklärt, ob der Gegner zur Vorlage verpflichtet werden kann. Zu klären ist damit, ob § 371 Abs. 2 S. 1 ZPO auch für die Fälle des Besitzes des Beweisgegners anwendbar ist.

---

366 *Ahrens*, in: Wieczorek/Schütze, § 371 Rn. 42; *Binder*, ZZP 122 (2009), 187, 198; *Berger*, in: Stein/Jonas, § 371 Rn. 13; *Huber*, in: Musielak/Voit, § 371 Rn. 14.

367 § 371 Abs. 2 S. 1 ZPO lautete danach: „Befindet sich der Gegenstand [...] *im Besitz eines Dritten* [...]"; Gesetz zur Reform des Zivilprozesses vom 27.7.2001 (ZPO-RG), BGBl. 2001 I, S. 1887, 1894; Hervorhebung nur hier.

368 § 371 Abs. 2 S. 1 ZPO lautete danach: „Befindet sich der Gegenstand [...] *nicht in seinem Besitz* [...]"; Gesetz zur Modernisierung des Schuldrechts vom 26.11.2001 (SchuMoG), BGBl. 2001 I, S. 3138, 3179; Hervorhebung nur hier.

369 Im Editionsverfahren beantragt der Beweisführer eine Frist, innerhalb derer der Hauptprozess angehalten wird und er im Wege einer selbständigen Klage und anschließender Zwangsvollstreckung die Vorlegung der Urkunde gegen einen Dritten durchsetzen kann; vgl. *Ahrens*, in: Wieczorek/Schütze, § 428 Rn. 1 f., § 429 Rn. 4.

aa) Standpunkt des Gesetzgebers

In der Gesetzesbegründung des Zivilprozessreformgesetzes heißt es zur Neuschaffung des § 371 Abs. 2 S. 1 ZPO, dass diese Möglichkeiten „entsprechend der Regelung über den Urkundenbeweis“ bestehen sollen.[370] Die entsprechende Regelung ist die des § 428 ZPO, welche ebenfalls durch das Zivilprozessreformgesetz geändert und dabei um ihren Halbsatz 2 erweitert wurde.[371] § 428 ZPO gilt aber gerade nur für die Fälle des Urkundenbesitzes eines Dritten. Deswegen war § 371 Abs. 2 ZPO in der Fassung des Zivilprozessreformgesetzes auch noch auf die Fälle des Urkundenbesitzes eines Dritten beschränkt. Die Gesetzesbegründung des Schuldrechtsmodernisierungsgesetzes, durch welches die Beschränkung auf den Besitz Dritter weggefallen ist, schweigt sich über die Erweiterung des Anwendungsbereichs aus. Ob die Geltung für die Fälle des Urkundenbesitzes des Beweisgegners daher gewünscht war oder vielmehr ein Versehen darstellt, ist fraglich.[372] Letzteres erscheint angesichts der Begründung zur Änderung durch das Schuldrechtsmodernisierungsgesetz, lediglich die im Zivilprozessreformgesetz übersehene Änderung durch das Formvorschriftenanpassungsgesetz nun zu korrigieren,[373] nicht ausgeschlossen.[374] Die „Korrektur“ durch das Schuldrechtsmodernisierungsgesetz sollte nur den durch das Formvorschriftenanpassungsgesetz neu eingefügten und im Rahmen der Änderung durch das Zivilprozessreformgesetz übersehenen § 371 S. 2 ZPO wieder in das Gesetz aufnehmen und dabei in den Regelungszusammenhang des mittlerweile durch das Zivilprozessreformgesetz neu gefassten § 371 ZPO integrieren.[375] Einen Ansatzpunkt, dass dieser Regelungszusammenhang geändert werden sollte, indem § 371 Abs. 2 ZPO auf die Fälle des Besitzes des Beweisgegners erweitert wird, findet man in der Gesetzesbegründung nicht. Betrachtet man den Werdegang des Schuldrechtsmodernisierungsgesetzes bezüglich des § 371 ZPO,

---

370 Regierungsbegründung zum Entwurf eines Gesetzes zur Reform des Zivilprozesses, BT-Drucks. 14/4722, S. 90.

371 Gesetz zur Reform des Zivilprozesses vom 27.7.2001 (ZPO-RG), BGBl. 2001 I, S. 1887, 1894.

372 Vgl. auch *Kapoor*, S. 266.

373 Beschlussempfehlung und Bericht des Rechtsausschusses zum Entwurf eines Gesetzes zur Modernisierung des Schuldrechts, BT-Drucks. 14/7052, S. 210.

374 Dieser Ansicht ist jedenfalls *Kapoor*, S. 266, 268.

375 Beschlussempfehlung und Bericht des Rechtsausschusses zum Entwurf eines Gesetzes zur Modernisierung des Schuldrechts, BT-Drucks. 14/7052, S. 210.

taucht dessen Änderungsvorhaben überhaupt erstmals in der Beschlussempfehlung und dem Bericht des Rechtsausschusses vom 9.10.2001[376] auf. Im Gesetzentwurf des Bundestags vom 14.5.2001[377] war eine Anpassung des § 371 ZPO noch gar nicht vorgesehen. Das legt eine überstürzte Anpassung nahe. Dem Bericht des Rechtsausschusses ist auch bis auf den Hinweis der Korrektur keine weiterführende Aussage zu den auftauchenden Fragestellungen zu entnehmen. Vielmehr liegt ein Redaktionsversehen nahe.[378] Dies kann aber dem Umstand geschuldet sein, dass die Fassung des Formvorschriftenanpassungsgesetzes noch die Geltung der §§ *422*–432 ZPO, die des Zivilprozessreformgesetz hingegen nur der §§ *429*–432 ZPO vorsah. Im Zuge der Korrektur *dieses* Versehens[379] wurde auch der Wortlaut des Satzes 1 angepasst, ohne die Konsequenzen zu überdenken: Weil die §§ 422–427 ZPO die Fälle des Besitzes des Beweisgegners betreffen, könnte Satz 1 von *„[...] im Besitz eines Dritten"* zu *„[...] nicht in seinem Besitz"* geändert worden sein, um an die bezweckte Geltung auch der §§ 422–427 ZPO angepasst zu werden. Dass hierbei aber die Möglichkeit eines Editionsverfahrens auch für die Fälle des Besitzes des Beweisgegners geschaffen wurde, kann schlicht übersehen worden sein. Weiter hatte der Gesetzgeber des Zivilprozessreformgesetz in der Regelung des neugefassten Absatz 2 nur den Besitz eines Dritten im Sinn; für die Fälle des Parteibesitzes war allein der neugefasste Absatz 3 vorgesehen.[380] § 371 Abs. 3 ZPO regelt nun ausdrücklich die Berücksichtigung einer unberechtigten Weigerung der Augenscheinseinnahme des Beweis-

---

376 Beschlussempfehlung und Bericht des Rechtsausschusses zum Entwurf eines Gesetzes zur Modernisierung des Schuldrechts, BT-Drucks. 14/7052, S. 92, 210.

377 Regierungsbegründung zum Entwurf eines Gesetzes zur Modernisierung des Schuldrechts, BT-Drucks. 14/6040.

378 *Kapoor*, S. 268.

379 So ist die Gesetzesbegründung wohl auszulegen: „Das Gesetz zur Anpassung der Formvorschriften [...] hat an § 371 ZPO [...] einen zweiten Satz angefügt. Dieser Satz ist bei der Neufassung des § 371 ZPO durch das Gesetz zur Reform des Zivilprozesses noch nicht berücksichtigt worden. Durch die hier vorgesehene Neufassung des § 371 wird dies korrigiert und die durch das Formvorschriftenanpassungsgesetz vorgesehene Regelung zugleich in den Regelungszusammenhang des durch das Zivilprozessreformgesetz neu gefassten § 371 ZPO integriert"; Beschlussempfehlung und Bericht des Rechtsausschusses zum Entwurf eines Gesetzes zur Modernisierung des Schuldrechts, BT-Drucks. 14/7052, S. 210; vgl. dazu auch *Kapoor*, S. 268.

380 Vgl. dazu die Gesetzesbegründung: „der neu angefügte Absatz 2 Satz 1 präzisiert die Voraussetzungen für den Antritt des Augenscheinsbeweises, wenn sich das

gegners im Rahmen der freien Beweiswürdigung. Bisher wurden diese Fälle ebenfalls frei gewürdigt, regelmäßig über eine entsprechende Anwendung des § 444 ZPO.[381] Eine Berücksichtigung des Beweisgegners in § 371 Abs. 2 ZPO und speziell in Satz 1 Alternative 2 war daher nicht vorgesehen.

Etwas anderes könnte sich noch aus der Gesetzesbegründung des Zivilprozessreformgesetzes zur Änderung des § 428 ZPO ergeben. Auch § 428 ZPO wurde um die Möglichkeit erweitert, den Erlass einer Anordnung nach § 142 ZPO zu beantragen.[382] In der Begründung hierzu heißt es, dass der Beweisführer künftig aus „Gründen der Prozessökonomie" unabhängig vom Bestehen eines materiellrechtlichen Anspruchs den Urkundenbeweis bei einer im Besitz eines Dritten befindlichen Urkunde durch einen Antrag auf Anordnung der Urkundenvorlegung antreten könne.[383] Was bedeutet nun die Begründung des Gesetzgebers, dies diene der Prozessökonomie? Das bedeutet, dass der Beweisführer das Führen eines eigenständigen, zeit- und kostenaufwendigen Prozesses gegen den Dritten vermeiden können soll, wenn dafür die Voraussetzungen des § 142 ZPO erfüllt sind, der keinen materiellrechtlichen Vorlageanspruch gegen den Dritten voraussetzt. Das grundsätzlich nach § 429 S. 1 ZPO geforderte Vorliegen eines materiellrechtlichen Anspruchs gegen den Dritten auf Vorlegung (§ 422 ZPO) oder der Bezugnahme des Beweisgegners (§ 423 ZPO) kann also bei Vorliegen der genannten Voraussetzungen zugunsten der Prozessökonomie geopfert werden. Das Argument der Pro-

---

Augenscheinsobjekt im Besitz eines Dritten befindet"; Regierungsbegründung zum Entwurf eines Gesetzes zur Reform des Zivilprozesses, BT-Drucks. 14/4722, S. 90 f.; Hervorhebung nur hier.

381 Weigerte sich der Beweisgegner ohne triftigen Grund, die zumutbare Einnahme des Augenscheins zu dulden, so konnte das Gericht hieraus in freier Beweiswürdigung auf die Wahrheit des Vorbringens des Beweisführers schließen. Grenze war damit allein die Zumutbarkeit. Im Umkehrschluss bedeutete dies, dass der Beweisgegner grundsätzlich zur Mitwirkung verpflichtet war, es sei denn, es war ihm unzumutbar. Zwar war diese Sanktionsregelung vor den Reformen 2001 nicht gesetzlich normiert, – anders als heute mit § 371 Abs. 3 ZPO – jedoch allgemein anerkannt; vgl. *Damrau*, in: MünchKommZPO, 2. Auflage 2000, § 371 Rn. 7; *Berger*, in: Stein/Jonas, 21. Auflage 1999, vor § 371 Rn. 39; BGH NJW 1960, 821 jeweils m. w. N.

382 Gesetz zur Reform des Zivilprozesses vom 27.7.2001 (ZPO-RG), BGBl. 2001 I, S. 1887, 1894.

383 Regierungsbegründung zum Entwurf eines Gesetzes zur Reform des Zivilprozesses, BT-Drucks. 14/4722, S. 92; vgl. dazu auch *Kapoor*, S. 158.

zessökonomie gilt aber nur für die Fälle des Urkundenbesitzes eines prozessfremden Dritten, nicht des Beweisgegners. Gegen den Beweisgegner muss der Beweisführer keinen eigenständigen Prozess führen, hier kann er die Vorlegung im laufenden Prozess nach den §§ 422–425 ZPO beantragen.[384] Wohl aus diesem Grund wurde daher bereits im Urkundenbeweisrecht nicht parallel die Möglichkeit eines Antrags auf Erlass einer Anordnung nach § 142 ZPO für die Fälle des Besitzes des Beweisgegners geschaffen; es gibt keine Rechtfertigung für die „Opferung" des § 422 ZPO. Überträgt man diesen Zweck des § 428 ZPO nun auf das Augenscheinsbeweisrecht, so kann sich hier keine andere Lösung ergeben. Zudem sollten gerade nach dem Willen des Gesetzgebers des Formvorschriftenanpassungsgesetzes für die Fälle des Besitzes des Beweisgegners die §§ 422, 423 ZPO zumindest für elektronische Dokumente gelten.[385] Mit der Möglichkeit des neuen § 371 Abs. 2 S. 1 Alt. 2 ZPO wird diese ursprüngliche Intention jedoch umgangen. Dies kann wiederum nicht dem Willen des Gesetzgebers des Schuldrechtsmodernisierungsgesetzes entsprechen, der ja gerade diese im Zivilprozessreformgesetz übersehene Änderung durch das Formvorschriftenanpassungsgesetz korrigieren wollte.

bb) Systematische Erwägungen

Mangels eindeutigem Wortlaut ist anhand der Systematik ein Lösungsvorschlag zu finden. Das Argument, die Parallelnorm des § 428 ZPO zu § 371

---

384 Vgl. auch *Kapoor*, S. 158 f.

385 Dies ist zwar ebenfalls nicht unumstritten für Augenscheinsobjekte im Allgemeinen (siehe § 6 I. 1. b) aa)); sicher gilt es jedenfalls für die hier interessierenden elektronischen Dokumente. Vgl. dazu den Wortlaut des § 371 ZPO in der Fassung des Formvorschriftenanpassungsgesetzes: „Ist ein elektronisches Dokument Gegenstand des Beweises, wird der Beweis durch Vorlegung oder Übermittlung der Datei angetreten; befindet diese sich nicht im Besitz des Beweisführers, gelten die §§ 422 bis 432 entsprechend"; Gesetz zur Anpassung der Formvorschriften des Privatrechts und anderer Vorschriften an den modernen Rechtsgeschäftsverkehr, BGBl. 2001 I, S. 1542, 1543; sowie die Regierungsbegründung zum Entwurf eines Gesetzes zur Anpassung der Formvorschriften des Privatrechts und anderer Vorschriften an den modernen Rechtsgeschäftsverkehr, BT-Drucks. 14/4987, S. 25: „In den Fällen, in denen sich das elektronische Dokument im Besitz des Beweisgegners oder eines Dritten befindet, sollen die für den Urkundenbeweis geltenden Bestimmungen über den Beweisantritt und die Vorlegungspflicht entsprechend anwendbar sein".

Abs. 2 S. 1 ZPO gelte nur für die Fälle des Besitzes Dritter und dies sei bei der Schaffung des § 371 Abs. 2 S. 1 ZPO übersehen worden, wird hinsichtlich der beiden Alternativen des Satzes 1 differenziert betrachtet.

(1) Anwendbarkeit des § 371 Abs. 2 S. 1 Alt. 2 ZPO

Bezüglich der Neuschaffung dieser Alternative wird in der Literatur kaum Kritik geäußert, vielmehr muss von einer stillschweigenden Billigung durch eben diese kritiklose Darstellung ausgegangen werden.[386] Auf den ersten Blick scheint die Regelung des § 371 Abs. 2 S. 1 Alt. 2 ZPO mit der Eröffnung der Möglichkeit, einen Antrag auf Erlass einer Anordnung des § 144 ZPO gerade auch für die Fälle des Besitzes des Beweisgegners sinnvoll und begrüßenswert. Wie bereits dargestellt, lag es nach alter Rechtslage im Ermessen des Gerichts, eine Anordnung nach § 144 ZPO zu erlassen. Nun hat der Beweisführer eine echte, gesetzlich normierte Möglichkeit, den Beweisgegner zur Mitwirkung zu verpflichten, ohne auf das Ermessen des Gerichts angewiesen zu sein.[387] Die §§ 371 Abs. 2 S. 1 Alt. 2, 144 ZPO setzen dabei keinen Vorlageanspruch des Beweisführers gegen den Beweisgegner nach den §§ 422, 423 ZPO voraus. Wie bereits ausgeführt, entspricht es jedoch nicht dem gesetzgeberischen Willen, dem Beweisführer für im Besitz des Beweisgegners befindliche elektronische Dokumente einen Anspruch auf Vorlage des Augenscheinsobjekts ohne Vorliegen der Voraussetzungen der §§ 422, 423 ZPO zu geben.[388] Systematisch wäre diese Lösung ebenfalls nicht korrekt: der einzige Unterschied elektronischer Dokumente mit Erklärungsinhalt zu Urkunden liegt darin,

---

386 Vgl. *Binder*, ZZP 122 (2009), 187, 198; *Ahrens*, in: Wieczorek/Schütze, § 371 Rn. 42; *Greger*, in: Zöller, § 371 Rn. 4a; *Berger*, in: Stein/Jonas, § 371 Rn. 7 allerdings mit fragwürdiger Ansicht zu den Voraussetzungen; lediglich *Kapoor*, S. 271 lehnt die Geltung des § 371 Abs. 2 ZPO für die Fälle des Besitzes des Beweisgegners unter Verweis auf die Intention des Gesetzgebers des Zivilprozessreformgesetzes insgesamt ab.

387 Siehe § 6 I. 1. a).

388 Regierungsbegründung zum Entwurf eines Gesetzes zur Anpassung der Formvorschriften des Privatrechts und anderer Vorschriften an den modernen Rechtsgeschäftsverkehr, BT-Drucks. 14/4987, S. 25: „In den Fällen, in denen sich das elektronische Dokument im Besitz des Beweisgegners oder eines Dritten befindet, sollen die für den Urkundenbeweis geltenden Bestimmungen über den Beweisantritt und die Vorlegungspflicht entsprechend anwendbar sein"; siehe § 6 I. 1. a) aa).

dass sie nicht in Papierform, sondern elektronisch gegeben sind.[389] Eine Umgehung der entsprechenden Vorlageverpflichtungen des Urkundenbeweisrechts (§§ 422, 423 ZPO) durch die Möglichkeit der Beantragung einer Anordnung nach § 371 Abs. 2 S. 1 Alt. 2 i. V. m.§ 144 ZPO wäre systemwidrig. § 371 Abs. 2 S. 1 Alt. 2 ZPO ist daher jedenfalls für das Augenscheinsobjekt einer elektronischen *Urkunde* einschränkend so auszulegen, dass er nur für die Fälle gilt, in denen sie sich in den Händen eines Dritten befindet.

(2) Anwendbarkeit des § 371 Abs. 2 S. 1 Alt. 1 ZPO

Gegen eine Erweiterung des § 371 Abs. 2 S. 1 Alt. 1 ZPO auf die Fälle des Besitzes des Beweisgegners spricht der entgegenstehend auszulegende Wille des Gesetzgebers. Es bleibt aber zu untersuchen, ob die Regelung nicht dennoch sinnvoll sein könnte. Diese Frage wird in der Literatur nur wenig erörtert.[390]

Grundsätzlich wäre es möglich, ein Editionsverfahren auch für die Fälle des Besitzes des Beweisgegners durchzuführen. Insbesondere die unter den *Allgemeinen Vorschriften über die Beweisaufnahme* stehende Norm des § 356 ZPO sieht die Bestimmung einer Beibringungsfrist vor. Damit ist ganz allgemein im Beweisrecht ein solches Vorgehen möglich.

Durch die Verweisung des § 371 Abs. 2 *S. 2* ZPO auf die Vorschriften der §§ 422–432 ZPO ist aber darauf zu schließen, dass die Beibringung der Urkunden nach dem Vorbild des Urkundenbeweisrechts erfolgen soll. Das Urkundenbeweisrecht kennt das Editionsverfahren aber ausschließlich für die Fälle des Urkundenbesitzes eines Dritten. Für die Fälle des Urkundenbesitzes des Beweisgegners gelten im Urkundenbeweisrecht hingegen die §§ 422–427 ZPO. Hier sieht das Gesetz bei einer Weigerung des Prozessgegners trotz gerichtlicher Verpflichtung zur Vorlage (§ 425 ZPO) nur die Rechtsfolge des § 427 ZPO vor. In der Literatur wird dazu vertreten,

---

389 Siehe zu einer möglicherweise unterschiedlichen Behandlung elektronischer Urkunden und elektronischen Dokumenten ohne Erklärungsinhalt hinsichtlich der Voraussetzungen der §§ 422, 423 ZPO § 6 I. 1. b) bb) (2) (b).

390 Damit auseinandergesetzt hat sich beispielsweise *Binder*, ZZP 122 (2009), 187, 196 f.; auch *Ahrens*, in: Wieczorek/Schütze, § 371 Rn. 40 und *Greger*, in: Zöller, § 371 Rn. 4a sind der Ansicht, die 1. Alternative des § 371 Abs. 2 S. 1 ZPO könne keine eigenständige Bedeutung haben; *Berger*, in: Stein/Jonas, § 371 Rn. 4 bezieht keine Stellung, verweist aber zumindest auf die Kritik *Binders*.

dass die Regelung des § 427 ZPO die Durchsetzung der prozessualen Vorlegungspflicht im Wege der Klage oder Widerklage und daran anschließender Zwangsvollstreckung nach § 883 ZPO[391] ausschließt, mit Ausnahme materiellrechtlicher Ansprüche nach § 422 ZPO in Verbindung mit den jeweiligen Normen des Bürgerlichen Gesetzbuchs, die auch *außerhalb* des anhängigen Verfahrens durchgesetzt werden können.[392] Das ist zwar nicht ausdrücklich gesetzlich geregelt, wird aber den Regelungen der §§ 422–426 ZPO und insbesondere des § 427 ZPO entnommen.[393] Das ist also so zu verstehen, dass ein Editionsverfahren, das den Hauptprozess bis zur Beendigung des Prozesses zur Vorlageverpflichtung anhält, für die Fälle des Urkundenbesitzes des Beweisgegners nicht existieren soll. Ausdrücklich und ausschließlich geregelt ist dies dagegen für die Fälle des Besitzes Dritter (§§ 428–431 ZPO). Der Beweisführer hat also nicht die Möglichkeit, den Beweisgegner, in der Regel durch Klage (entsprechend § 429 S. 1 ZPO), zur Vorlegung zu verpflichten und hierbei das Hauptverfahren solange ruhen zu lassen, indem er sich eine Frist zur Betreibung des Editionsverfahrens setzen lässt. Wäre ein solches Vorgehen dennoch gewünscht gewesen, so hätte dies genauer geregelt werden müssen; nicht ausreichend ist eine zweifelhafte Auslegung der Verweisung des § 371 Abs. 2 S. 1 Alt. 1 i. V. m. S. 2 ZPO unter anderem auf die §§ 428–431 ZPO.

Fraglich ist weiter, ob sich die Funktion des Editionsverfahrens, das für den Besitz Dritter zugeschnitten ist, auf die Fälle des Urkundenbesitzes des Beweisgegners überhaupt übertragen ließe. Das Editionsverfahren dient einerseits dem Schutz des prozessfremden Dritten, der grundsätzlich nicht zur Mitwirkung an einem ihn nicht betreffenden Verfahren verpflichtet ist, außer es besteht ein materiellrechtlicher Anspruch des Beweisführers. Andererseits dient es dem Schutz des Beweisführers,[394] der die Herausgabe von dem Dritten zwar notfalls durch Klage (§ 429 ZPO) erreichen muss, aber durch die Fristsetzung geschützt wird, indem bis zum Ablauf der Frist[395] der Hauptprozess nicht weiterläuft, um nicht vor Beschaffung der Urkunde zu einem Ende zu kommen. Zugunsten des Beweisgeg-

391 Wohl analog, weil nicht die Herausgabe, sondern nur die Vorlage Gegenstand ist.

392 *Binder*, ZZP 122 (2009), 187, 196 f.; *Berger*, in: Stein/Jonas, § 422 Rn. 1, § 427 Rn. 3; *Ahrens*, in: Wieczorek/Schütze, § 422 Rn. 29, § 427 Rn. 4.

393 Vgl. *Berger*, in: Stein/Jonas, § 422 Rn. 1, § 427 Rn. 3.

394 *Schreiber*, in: MünchKommZPO, § 431 Rn. 1; *Binder*, ZZP 122 (2009), 187, 196.

395 Die so gesetzt sein sollte, dass innerhalb der Frist der Prozess zur Herbeischaffung abgeschlossen wird.

ners als Partei bedarf es jedoch nicht des Schutzes, den ein prozessfremder Dritter benötigt. Der Beweisgegner ist vielmehr ausreichend durch die §§ 422, 423 ZPO geschützt, welche auch im innerprozessualen Verfahren nach den §§ 424–426 ZPO zu beachten sind. Es tritt auch hier noch der weitere Aspekt der Prozessökonomie hinzu; ein von Beweisgegner zu betreibendes separates Verfahren würde von einem sachfremden Gericht, das zusätzlich angestrengt werden müsste, durchgeführt.

Betrachtet man auch die Rechtsfolge, die an eine Weigerung des Prozessgegners zur Vorlage der in seinem Besitz befindlichen Urkunde geknüpft wird, so ergibt sich, dass diese weitaus passender ist als das Betreiben eines Editionsverfahrens. Die Vorlageverweigerung des Prozessgegners der in seinem Besitz befindlichen Urkunde trotz Verpflichtung geht im Rahmen der freien Beweiswürdigung regelmäßig zu seinen Lasten (§§ 427, 444 ZPO). Geht man von der dahinterstehenden Überlegung aus, der Beweisgegner würde nur eine für ihn nachteilige, aber keine für ihn günstige Vorlage des Augenscheinsgegenstands verweigern, so ergibt sich, dass die Nichtvorlage trotz bestehender Verpflichtung somit in der Regel zu einer für den Gegner negativen Beweiswürdigung führt. Das Betreiben eines Editionsverfahrens in einem solchen Fall würde das Gericht nur Zeit kosten, aber zum selben Ergebnis führen wie die Regelung der §§ 427, 444 ZPO, nämlich einer für den Beweisgegner negativen Würdigung. Weigert sich der Dritte, den Gegenstand oder die Urkunde herauszugeben, so ist eine Beachtung dieses Umstands in der Beweiswürdigung nicht möglich, denn der Dritte ist keine Partei und somit darf dessen Weigerung weder der einen noch der anderen Partei negativ angelastet werden. Wohl genau aus diesem Grund wurde für Urkunden das Editionsverfahren nach den §§ 429–431 ZPO normiert, um dem Beweisführer dennoch eine Möglichkeit zu geben, den Dritten zur Vorlage der Urkunde zu verpflichten und damit die in Frage stehende Tatsache zu beweisen. Beim Urkundenbesitz des Beweisgegners hat der Gesetzgeber sich aber entschlossen, eine Weigerung der Vorlage der Urkunde oder gar deren Beseitigung im Rahmen der Beweiswürdigung zu behandeln. Das wird nun auch in § 371 Abs. 3 ZPO für elektronische Dokumente geregelt. § 371 Abs. 2 S. 1 Alt. 1 ZPO kann daher für die Fälle des Besitzes des Beweisgegners nicht gelten.

Mangels Anwendbarkeit des § 371 Abs. 2 S. 1 Alt. 1 ZPO wird teilweise vertreten, in den Fällen des Besitzes des Beweisgegners stattdessen über § 371 Abs. 2 S. 1 *Alt. 2* ZPO vorzugehen.[396] Jedenfalls für das Augenscheinsobjekt eines elektronischen Dokuments im Sinne einer elektronischen Urkunde besteht diese Möglichkeit nach der hier vertretenen Auffassung jedoch nicht.[397]

cc) Zwischenergebnis zu § 371 Abs. 2 S. 1 ZPO

Im Ergebnis ist festzuhalten, dass § 371 Abs. 2 S. 1 ZPO auf die Fälle des Besitzes des Beweisgegners keine Anwendung findet. Für § 371 Abs. 2 S. 1 Alt. 2 ZPO gilt das zumindest bei elektronischen Dokumenten im Sinne von elektronischen Urkunden.

Es stellt sich daran anknüpfend die Frage, wie stattdessen zu verfahren ist. *Binder* ist der Ansicht, das Verfahren richte sich in diesen Fällen nach § 371 Abs. 2 S. 2 ZPO i. V. m. §§ 422 ff. ZPO.[398] Danach hätte der Beweisführer die Anordnung der Vorlegung zu beantragen (§ 424 ZPO). Nach dem Willen des Gesetzgebers gilt der Verweis jedenfalls für elektronische Dokumente.[399] Ob die §§ 422 ff. ZPO auch für sonstige Augenscheinsgegenstände anzuwenden sind, ist nicht ganz eindeutig.[400]

---

396 *Binder*, ZZP 122 (2009), 187, 198; *Ahrens*, in: Wieczorek/Schütze, § 371 Rn. 42; *Greger*, in: Zöller, § 371 Rn. 4a; *Berger*, in: Stein/Jonas, § 371 Rn. 7.

397 Siehe § 6 I. 1. a) bb) (1).

398 *Binder*, ZZP 122 (2009), 187, 197; allerdings geht er von der Anwendbarkeit des § 371 Abs. 2 S. 1 Alt. 2 ZPO aus, er führt dieses Argument also nur für § 371 Abs. 2 S. 1 Alt. 1 ZPO an.

399 Dies ergibt sich aus der Fassung des § 371 ZPO nach dem Formvorschriftenanpassungsgesetz: *„Ist ein elektronisches Dokument Gegenstand des Beweises, wird der Beweis durch Vorlegung oder Übermittlung der Datei angetreten; befindet diese sich nicht im Besitz des Beweisführers, gelten die §§ 422 bis 432 entsprechend.“*; vgl. das Gesetz zur Anpassung der Formvorschriften des Privatrechts und anderer Vorschriften an den modernen Rechtsgeschäftsverkehr, BGBl. 2001 I, S. 1542, 1543 und die dazugehörige Regierungsbegründung zum Entwurf eines Gesetzes zur Anpassung der Formvorschriften des Privatrechts und anderer Vorschriften an den modernen Rechtsgeschäftsverkehr, BT-Drucks. 14/4987, S. 25.

400 Siehe § 6 I. 1. b) aa), bb) (2) (b).

b) Anwendbarkeit des § 371 Abs. 2 S. 2 ZPO

aa) Problemstellung

Mit dem Verweis des § 371 Abs. 2 S. 2 ZPO auf die §§ 422–432 ZPO scheint eine Einschränkung der bisher nicht an das Vorliegen materiellrechtlicher Ansprüche des Beweisführers geknüpfte Mitwirkungspflicht des Beweisgegners einherzugehen. Nach der bisherigen Rechtslage oblag dem Beweisgegner quasi eine allgemeine prozessuale Mitwirkungspflicht im Augenscheinsbeweisrecht,[401] nun kann er offenbar nur unter den Voraussetzungen der §§ 422, 423 ZPO zur Mitwirkung bewegt werden. Ob dies dem tatsächlichen Willen des Gesetzgebers entspricht, erscheint fraglich. In der Fassung des § 371 ZPO durch das Formvorschriftenanpassungsgesetz war die Geltung der §§ 422–432 ZPO nur für elektronische Dokumente vorgesehen, in der des Zivilprozessreformgesetzes sollten nur die §§ 429–432 ZPO, also die Vorlegungspflichten und –möglichkeiten im Falle des Besitzes Dritter, entsprechend gelten.[402] In der Begründung des Schuldrechtsmodernisierungsgesetzes[403], auf welchem die heutige Fassung des § 371 ZPO beruht, findet sich auch zu dieser Erweiterung des § 371 Abs. 2 S. 2 ZPO keine Erläuterung. Vielmehr lässt sich auch hier ein Redaktionsversehen vermuten.[404] In der Literatur werden zum Anwendungsbereich des § 371 Abs. 2 S. 2 ZPO verschiedene Ansichten vertreten. Es ist aber dabei zu beachten, dass viele Autoren dabei entweder von einer Anwendbarkeit des § 371 Abs. 2 S. 1 *Alt. 1* oder *Alt. 2* ZPO für die Fälle des Besitzes des Beweisgegners ausgehen. Überwiegend unreflektiert wird die Frage bejaht, ob die §§ 422 ff. ZPO über § 371 Abs. 2 S. 2 ZPO auch im Rahmen des § 371 Abs. 2 S. 1 Alt. 1 ZPO (der Fristsetzung) zu beach-

---

401 Siehe § 6 II. 2. a).

402 § 371 Abs. 2 ZPO in der Fassung des Zivilprozessreformgesetzes lautete: „*Befindet sich der Gegenstand nach der Behauptung des Beweisführers im Besitz eines Dritten, so wird der Beweis außerdem durch den Antrag angetreten, zur Herbeischaffung des Gegenstandes eine Frist zu setzen oder eine Anordnung nach § 144 zu erlassen. Die §§ 429 bis 432 gelten entsprechend*“; Gesetz zur Reform des Zivilprozesses vom 27.7.2001, BGBl. 2001 I, S. 1887, 1894.

403 Beschlussempfehlung und Bericht des Rechtsausschusses zum Entwurf eines Gesetzes zur Modernisierung des Schuldrechts, BT-Drucks. 14/7052, S. 210.

404 Vgl. *Kapoor*, S. 263, 266 ff.

ten sind.[405] Lediglich *Ahrens* verneint überhaupt die Anwendbarkeit des § 371 Abs. 2 S. 1 Alt. 1 ZPO für die Fälle des Besitzes des Beweisgegners; ist aber der Ansicht, dass stattdessen für alle Augenscheinsobjekte nach § 371 Abs. 2 S. 2 ZPO über die §§ 425, 422 ZPO[406] zu verfahren sei.[407] Der Beweisführer soll somit zwar nicht die Möglichkeit haben, ein Editionsverfahren zu betreiben, schon aber eine Vorlegung nach § 144 ZPO beantragen können. Für die Anordnung nach §§ 371 Abs. 2 S. 1 Alt. 2, 144 ZPO ist nach wohl überwiegender Ansicht ein materiellrechtlicher Vorlegungsanspruch oder eine Bezugnahme des Beweisgegners nach den §§ 422, 423 ZPO nicht erforderlich.[408]

bb) Würdigung

(1) Keine Anwendbarkeit des § 371 Abs. 2 S. 2 ZPO im Rahmen des § 371 Abs. 2 S. 1 ZPO

Folgt man dem Gesetzeswortlaut und gesteht § 371 Abs. 2 S. 1 Alt. 1 ZPO auch für die Fälle des Besitzes des Beweisgegners einen Anwendungsbereich zu, muss man konsequenterweise auch die §§ 422 ff. ZPO über § 371 Abs. 2 S. 2 ZPO anwenden. Ein Editionsverfahren im Urkundenbeweisrecht setzt ebenfalls für die Fälle des Besitzes Dritter insbesondere die §§ 422 und 423 ZPO voraus (§ 429 ZPO), *a majore ad minus* müssten diese Vorschriften erst recht für die Fälle des Besitzes des Beweisgegners im Rahmen des über § 371 Abs. 2 S. 1 Alt. 1 ZPO geschaffenen Editionsverfahrens gelten.

---

405 *Zimmermann*, in: MünchKommZPO, § 371 Rn. 15, der aber die Anwendbarkeit des § 427 ZPO verneint, weil § 371 Abs. 3 ZPO insoweit *lex specialis* sei; *Berger*, in: Stein/Jonas, § 371 Rn. 4; *Huber*, in: Musielak/Voit, § 371 Rn. 14, der zwar erkennt, dass zwischen elektronischen Dokumenten und sonstigen Augenscheinsobjekten differenziert werden kann, aber der Ansicht ist, dass die §§ 422 ff ZPO auch im Rahmen des § 371 Abs. 2 S. 1 Alt. 1 ZPO für alle Augenscheinsobjekte Voraussetzung sind.

406 § 423 ZPO wird nicht erwähnt, müsste aber konsequenterweise auch gelten.

407 *Ahrens*, in: Wieczorek/Schütze, § 371 Rn. 40.

408 *Ahrens*, in: Wieczorek/Schütze, § 371 Rn. 41; *Greger*, in: Zöller, § 371 Rn. 4a, allerdings nur einen materiellrechtlichen Vorlegungsanspruch ablehnend; ebenso *Huber*, in: Musielak/Voit, § 371 Rn. 14; *Zimmermann*, in: MünchKommZPO, § 371 Rn. 16; a. A. allerdings *Fritsche*, in: MünchKommZPO, § 144 Rn. 25 sowie *Berger*, in: Stein/Jonas, § 371 Rn. 7.

Da aber hier die Auffassung vertreten wird, dass § 371 Abs. 2 S. 1 Alt. 1 ZPO für die Fälle des Besitzes des Beweisgegners keinen Anwendungsbereich entfaltet, stellt sich die Frage, ob die §§ 422–427 ZPO über § 371 Abs. 2 S. 2 ZPO an dessen Stelle treten. Bejaht man das, ist weiter zu klären, ob der Verweis auf die §§ 422–427 ZPO nur für elektronische Dokumente wegen deren Nähe zu Urkunden gelten soll oder für jegliche Augenscheinsobjekte.

(2) Mitwirkungsverpflichtung des Beweisgegners nur über § 371 Abs. 2 S. 2 ZPO

Mangels Anwendbarkeit des § 371 Abs. 2 S. 1 ZPO auf die Fälle des Besitzes des Beweisgegners verbleibt es bei der Regelung des § 371 Abs. 2 S. 2 ZPO. Nachfolgend soll der Regelungsinhalt des § 371 Abs. 2 S. 2 ZPO erläutert werden. Der Wortlaut der Vorschrift ist eindeutig, jedoch ist aus historischer und systematischer Sicht eine vertiefte Beschäftigung mit den Konsequenzen der Regelung des § 371 Abs. 2 S. 2 ZPO notwendig. Dabei sind zwei Fragen voneinander zu trennen: einmal, wonach sich das Verfahren der Verpflichtung des Beweisgegners richtet und zum anderen, ob er nur unter den Voraussetzungen der §§ 422, 423 ZPO verpflichtet werden kann.

(a) Verfahren

Mangels entsprechender Regelung des § 371 Abs. 2 ZPO waren nach alter Rechtslage zwei Möglichkeiten denkbar, den Beweisgegner zur Mitwirkung zu verpflichten: über eine entsprechende Anwendung der §§ 424–426 ZPO oder über die Anwendung des § 356 ZPO. Nach erster Möglichkeit wäre im Wege des Zwischenstreits über eine Vorlageverpflichtung des Beweisgegners zu entscheiden gewesen, während der Weg über § 356 ZPO eine gesonderte Klage zur Folge gehabt hätte. *Stürner* vertrat erstgenannte Möglichkeit: „für die rechtstechnische Abwicklung können die Vorschriften über die Urkundenvorlage unbedenklich entsprechend angewandt werden (§§ 424 ff. ZPO)“.[409] Ein weiterer Befürworter der ent-

---

409 *Stürner*, S. 138; ebenso *Dilcher*, AcP 158 (1959), 492f; *Rosenberg/Schwab*, 10. Auflage 1969, § 121 Anm. II. 2.

sprechenden Anwendung der §§ 424–426 ZPO war *Dilcher*. Er führt gegen die Pflicht, in den Fällen des Besitzes des Prozessgegners ein gesondertes Verfahren betreiben zu müssen, zwei Gründe an: die Prüfung gemäß § 425 ZPO sei rechtstechnisch so stark mit den Regeln der §§ 422, 423 ZPO verknüpft, dass eine Trennung hiervon nur mit einem schwerwiegenden Anlass geboten sei, wie er nur beim Besitz eines Dritten gegeben sei.[410] Eine gesonderte Überprüfung einer Verwendungsbefugnis aus § 423 ZPO in einem externen Verfahren sei zudem höchst unpraktisch. Er geht hierbei aber von einer entsprechenden Geltung der §§ 422, 423 ZPO auch im Augenscheinsbeweisrecht aus, wobei er sich für eine weite Auslegung dieser Vorschriften ausspricht. Gegenstimmen zu einer analogen Anwendung der §§ 424 ff. ZPO blieben aber auch nicht aus: Der Beweisführer sollte in einem eigenständigen Prozess oder im Wege einer einstweiligen Verfügung die Verurteilung des Beweisgegners zur Vorlegung herbeiführen und im Anschluss die Zwangsvollstreckung nach den §§ 883, 888, 890 ZPO durchführen; hierzu hatte ihm das Gericht eine Frist nach § 356 ZPO zu setzen.[411]

Unabhängig davon, ob man nun die zwingende Anwendung der §§ 422, 423 ZPO auch für Augenscheinsobjekte voraussetzt, erscheint die Ansicht *Stürners* auch nach neuer Rechtslage überzeugend. Die Durchführung eines gesonderten Prozesses, mit dem die Vorlage bzw. Duldung gegenüber dem Prozessgegner durchgesetzt werden soll, ist unnötig umständlich und nicht gerechtfertigt. Da es sich um einen Prozess zwischen diesen beiden Parteien handelt, wäre eine Entscheidung des mit diesem Streit bereits befassten und damit sachnäheren Gerichts – notfalls durch Zwischenurteil, aber jedenfalls in *diesem* Verfahren – am praktikabelsten. Dies auch deshalb, weil die Rechtsfolge einer Weigerung des Gegners trotz Verpflichtung nach § 425 ZPO die einer regelmäßig negativen Berücksichtigung im Rahmen der freien Beweiswürdigung ist (§ 371 Abs. 3 ZPO). Weiter dürfte diese Auslegung auch dem Willen des Gesetzgebers entsprechen. In der

---

410 *Dilcher*, AcP 158 (1959), 492 f.

411 *Berger*, in: Stein/Jonas, 21. Auflage 1999, § 371 Rn. 35; *Nikisch*, Zivilprozessrecht, 2. Aufl. 1952, S. 340; *Wieczorek*, 2. Auflage 1966, § 371 Anm. C. III., IV, der die §§ 428, 431 ZPO entsprechend anwenden möchte und die Frist nach § 431 ZPO und nicht nach § 356 ZPO setzen lassen möchte; nicht ganz eindeutig ist die Kommentierung bei *Albers/Hartmann*, in: Baumbach/Lauterbach, 58. Auflage 2000, Übers § 371 Rn. 5–7, 9 f., weil nicht ganz klar hervorgeht, ob er ein Editionsverfahren mit Fristsetzung entsprechend § 431 ZPO nur für die Fälle des Besitzes Dritter oder auch des Beweisgegners für erforderlich hält.

Begründung zur Neufassung des § 371 ZPO durch das Formvorschriftenanpassungsgesetz heißt es: „in den Fällen, in denen sich das elektronische Dokument im Besitz des Beweisgegners [...] befindet, sollen die für den Urkundenbeweis geltenden Bestimmungen *über den Beweisantritt* [...] entsprechend anwendbar sein".[412] Die Bestimmungen über den Beweisantritt sind die hier in Frage stehenden §§ 424–427 ZPO.[413]

Mit diesem Auslegungsergebnis ergibt sich eine weitere Aussage: die Möglichkeit des § 371 Abs. 2 S. 1 Alt. 1 ZPO für die Fälle des Besitzes des Beweisgegners wird damit ausgeschlossen, weil sie überflüssig ist. Eine Lösung für die Fälle des Besitzes des Beweisgegners über § 371 Abs. 2 S. 2 i. V. m. §§ 424–426 ZPO, anstelle der Fristsetzung nach § 371 Abs. 2 S. 1 Alt. 1 ZPO, die ein selbständiges Verfahren zur Beweisbeschaffung nach sich zieht, erscheint aus den soeben erläuterten Gründen praktikabler. Dies stellt im Ergebnis eine Erleichterung für den Beweisführer dar, da er keinen gesonderten Prozess betreiben muss, sondern „lediglich" einen Antrag nach § 424 ZPO zu stellen hat und sodann das Gericht in der Pflicht ist.

(b) Anwendbarkeit der §§ 422, 423 ZPO

Die §§ 422, 423 ZPO waren zwar auch nach alter Rechtslage entsprechend anwendbar, aber nicht ausschließlich. Das heißt, auch ohne das Vorliegen eines Anspruchs aus materiellem Recht (§ 422 ZPO) oder ohne vorherige Bezugnahme durch den Gegner selbst (§ 423 ZPO), traf diesen eine indirekte Mitwirkungspflicht bei der Beschaffung des Augenscheinsobjekts, weil die Weigerung – in den Grenzen der Zumutbarkeit – im Rahmen der

412 Regierungsbegründung zum Entwurf eines Gesetzes zur Anpassung der Formvorschriften des Privatrechts und anderer Vorschriften an den modernen Rechtsgeschäftsverkehr, BT-Drucks. 14/4987, S. 25.

413 Zwar sollten diese Regelungen zunächst nur für elektronische Dokumente gelten, indem durch das Schuldrechtsmodernisierungsgesetz jedoch in § 371 Abs. 2 ZPO keine Einschränkung mehr auf allein diese erfolgt, kann davon ausgegangen werden, dass zumindest die §§ 424–426 ZPO für jegliche Augenscheinsgegenstände gelten, zumal dies auch vom oben herausgearbeiteten Telos gedeckt ist. Auch hier erscheint ein Verfahren entsprechend der §§ 424–426 ZPO aus prozessökonomischen Gründen angebracht.

Beweiswürdigung negativ gewertet werden konnte.[414] Insofern stellt die Regelung des § 371 Abs. 2 S. 2 ZPO dem Wortlaut nach eine Verschlechterung für den Beweisführer dar, weil er nur unter den ausschließlichen Voraussetzungen der §§ 422, 423 ZPO die Mitwirkung des Gegners verlangen kann. Betrachtet man wieder die gesetzgeberische Entwicklung des § 371 Abs. 2 S. 2 ZPO, so sollte diese Regelung nach der Fassung des Formvorschriftenanpassungsgesetzes allein für die hier interessierenden elektronischen Dokumente gelten.[415] Der Gesetzgeber des Zivilprozessreformgesetzes hatte nur die Absicht, den Beweisantritt für die Konstellation des Besitzes eines *Dritten* zu regeln[416] und strebte insgesamt die Erweiterung der Mitwirkungspflichten der Parteien bei der Sachverhaltsaufklärung an[417]. Mit der „Korrektur" der im Zivilprozessreformgesetz übersehenen, zuvor erfolgten Änderung des § 371 ZPO im Rahmen des Formvorschriftenanpassungsgesetzes durch das Schuldrechtsmodernisierungsgesetz wurden die Intentionen des Zivilprozessreformgesetzes aber übergangen. Zum einen gelten die §§ 422 ff. ZPO nun für jegliche Augenscheinsgegenstände und zum anderen auch für die Fälle des Besitzes des Beweisgegners. Bereits die Fassung des § 371 ZPO durch das Formvor-

414 Weigerte sich der Beweisgegner ohne triftigen Grund, die zumutbare Einnahme des Augenscheins zu dulden, so konnte das Gericht hieraus in freier Beweiswürdigung auf die Wahrheit des Vorbringens des Beweisführers schließen. Grenze war damit allein die Zumutbarkeit. Im Umkehrschluss bedeutete dies, dass der Beweisgegner grundsätzlich zur Mitwirkung verpflichtet war, um die negativen Folgen zu vermeiden, es sei denn, es war ihm unzumutbar. Zwar war diese Sanktionsregelung vor den Reformen 2001 nicht gesetzlich normiert, – anders als heute mit § 371 Abs. 3 ZPO – jedoch allgemein anerkannt; vgl. *Damrau*, in: MünchKommZPO, 2. Auflage 2000, § 371 Rn. 7; *Berger*, in: Stein/Jonas, 21. Auflage 1999, vor § 371 Rn. 39; BGH NJW 1960, 821.

415 Die Fassung des § 371 ZPO nach dem Formvorschriftenanpassungsgesetz lautete: *„Ist ein elektronisches Dokument Gegenstand des Beweises, wird der Beweis durch Vorlegung oder Übermittlung der Datei angetreten; befindet diese sich nicht im Besitz des Beweisführers, gelten die §§ 422 bis 432 entsprechend."*; Gesetz zur Anpassung der Formvorschriften des Privatrechts und anderer Vorschriften an den modernen Rechtsgeschäftsverkehr, BGBl. 2001 I, S. 1542, 1543. Vgl. auch die Regierungsbegründung zum Entwurf eines Gesetzes zur Anpassung der Formvorschriften des Privatrechts und anderer Vorschriften an den modernen Rechtsgeschäftsverkehr, BT-Drucks. 14/4987, S. 25.

416 Regierungsbegründung zum Entwurf eines Gesetzes zur Reform des Zivilprozesses, BT-Drucks. 14/4722, S. 11, 90 f.

417 Regierungsbegründung zum Entwurf eines Gesetzes zur Reform des Zivilprozesses, BT-Drucks. 14/4722, S. 58, 61.

schriftenanpassungsgesetz war womöglich nicht ganz durchdacht: gewünscht war eine Geltung der §§ 422 ff. ZPO für elektronische Dokumente wegen deren Nähe zu den Urkunden. Da der Begriff des elektronischen Dokuments aber nicht nur elektronisch gespeicherte Erklärungen, sondern jegliche elektronisch gespeicherten Dateien (Musik, Bilder, Filme etc.) umfasst,[418] hat sich eine Geltung für *alle* elektronischen Dokumente ergeben. Es stellt sich die Frage, ob die Anwendung des § 422 ZPO bei *allen* elektronischen Dokumenten, auch solchen ohne Erklärungsinhalt, sinnvoll ist.[419] Ist das der Fall, müssen die §§ 422 ff. ZPO konsequenterweise für jegliche Augenscheinsgegenstände gelten, denn ein Unterschied zwischen sonstigen Augenscheinsgegenständen und elektronischen Dateien ist nicht zu rechtfertigen. Zur Beantwortung dieser Frage ist zunächst ein Blick auf den Sinn und Zweck des § 422 ZPO sowie auf dessen praktischen Regelungsgehalt zu werfen.

An dieser Stelle muss kurz zu den Hintergrunderwägungen der Regelung des § 422 ZPO ausgeholt werden. Es stehen sich bei den Mitwirkungspflichten der Parteien im Prozess allgemein zwei Interessen und damit zwei Ansichten gegenüber.[420] Einmal wird sich für eine generelle Aufklärungspflicht des Beweisgegners ausgesprochen, die sich im bestehenden Prozessrechtsverhältnis begründet.[421] Gegen eine solche generelle Aufklärungspflicht sprechen aber gewichtige Argumente. Zum einen müssten solche Aufklärungspflichten zwangsläufig auch eine vorprozessuale Wirkung haben, welche sich mit dem Entstehen durch das Prozessrechtsverhältnis nur schwerlich erklären lasse;[422] weiter dürfe es nicht zu einem Missbrauchsverhalten oder einem unzulässigen Ausforschungsbeweis führen; auch wird die These angeführt, man müsse nicht ohne ver-

---

418 Siehe § 4 II. 2.

419 In der Kommentarliteratur wird hierzu kaum Stellung genommen. Lediglich *Trautwein*, in: Prütting/Gehrlein, § 371 Rn. 10, 14 sowie *Huber*, in: Musielak/Voit, § 371 Rn. 14 differenzieren zwischen elektronischen Dokumenten und sonstigen Augenscheinsgegenständen, erklären aber die Vorschrift als auf beide Fälle anwendbar.

420 Einen Überblick dazu geben *Ahrens*, in: Wieczorek/Schütze, Vor § 284 Rn. 10 ff. und *Prütting*, in: Studia in honorem Németh János, S. 701, 704–706, jeweils m. w. N.

421 Grundlegend *Stürner*; dessen Ansatz aufgreifend *Schlosser*, JZ 1991, 599, 606; *Waterstraat*, ZZP 118 (2005), 459, 477ff; *Katzenmeier*, JZ 2002, 533, 537 ff.; Arens, ZZP 96 (1983), 1, 21–24; *Gottwald*, ZZP 92 (1979), 362, 367–369.

422 *Prütting*, in: Studia in honorem Németh János, S. 701, 708.

tragliche oder gesetzliche Pflicht dem Gegner zum Prozesssieg durch Materialbeschaffung verhelfen; zuletzt setze auch eine nachteilige Schlussfolgerung zu Lasten des Beweisgegners im Rahmen der Beweiswürdigung die Existenz von Pflichten gegenüber der Gegenpartei voraus.[423] Deswegen wird andererseits vertreten, Mitwirkungspflichten fänden ihre Grundlage in den jeweiligen materiellrechtlichen Rechtsverhältnissen[424] und man müsse über Substantiierungslasten indirekte Steuerungsmechanismen beibehalten.[425] Diese Ansicht verlange aber eine großzügige Bereitstellung akzessorischer oder selbständiger Informationsansprüche, um nicht zu eng zu geraten. Bereits der historische Gesetzgeber wollte keine allgemeine Editionspflicht bei Urkunden, wie sie etwa im Zeugenbeweisrecht gegeben ist, weil die Belastung viel höher sei, da sie zu mühsamen Nachforschungen zwinge und in das freie Verfügungsrecht des Inhabers der Urkunde eingreife, gerade wenn dem Gegner kein Einsichtsrecht aus Privatrecht zustehe; dieser Eingriff sei mit dem Streben nach materieller Wahrheit nicht zu rechtfertigen.[426] Daher hat diese Ansicht Eingang in das Urkundenbeweisrecht gefunden, wie sich durch § 374 CPO,[427] die Vorläufervorschrift des heutigen § 422 ZPO, zeigt.

Stürner analysiert die Rechtsprechung und kommt zum Ergebnis, dass sie inhaltlich keine allzu großen Anforderungen an das Bestehen einer solchen materiellrechtlichen Vorlegungspflicht stellt, um den Beweisführer nicht zu stark einzuschränken.[428] Er fasst dies daher so auf, dass die Rechtsprechung zwar die „Unzulänglichkeit der gesetzlich geregelten Vorlagepflichten erkannt, aber nur von Fall zu Fall Abhilfe geschaffen und den entscheidenden Schritt nicht gewagt [habe], insbesondere § 423 ZPO

---

423 *Ahrens*, in: Wieczorek/Schütze, Vor § 284 Rn. 12 f.

424 Das ist auch die Linie des BGH, BGH NJW 1990, 3151; vgl. dazu auch *Koch*, S. 128.

425 *Ahrens*, in: Wieczorek/Schütze, Vor § 284 Rn. 10.

426 *Hahn/Stegemann*, Materialien, Band 2/1, S. 325; dies wird zwar explizit zu § 381 ZPO a. F. ausgeführt, der Vorläufervorschrift des heutigen § 429 ZPO, es ist aber so zu verstehen, dass diese Ausführungen auch für die Fälle des Besitzes des Beweisgegners gelten sollen, denn § 381 ZPO a. F. gibt dem Dritten nur dann eine Vorlagepflicht, wenn er aus denselben Gründen wie der Gegner des Beweisführers verpflichtet ist; zudem spricht die Gesetzesbegründung hier allgemein von der Editionspflicht, vgl. hierzu auch *Ahrens*, in: Wieczorek/Schütze, § 420 Rn. 4 f.

427 Siehe *Hahn/Stegemann*, Materialien, Band 2/1, S. 49.

428 Ausführlich dazu *Stürner*, S. 145 f. m. w. N.

als spezielle Ausformung einer umfassenderen Aufklärungspflicht zu begreifen und dadurch den §§ 422 und 423 ZPO jede Schrankenwirkung zu nehmen".[429] Er propagiert daher für eine grundsätzlich unbeschränkte Urkundenvorlagepflicht als Ausformung der allgemeinen prozessualen Aufklärungspflicht, denn nur diese führe zu gerechten Ergebnissen im Einzelfall.[430] Dennoch wird in der Literatur die abschließende Regelung des § 422 ZPO[431] überwiegend befürwortet.[432] Eine darüberhinausgehende, allgemeine Aufklärungspflicht soll es nicht geben. Mit der Reform des Zivilprozesses im Jahr 2001 zeigt sich, dass auch der Gesetzgeber weiterhin in der parteibetriebenen Beweisaufnahme keine allgemeine Vorlagepflicht von Urkunden wünscht – die §§ 422, 423, 429 ZPO sind unverändert geblieben. Eine allgemeine, von materiellrechtlichen Pflichten unabhängige Vorlagepflicht wird nur im Rahmen der amtswegigen Beweisaufnahme für zulässig gehalten;[433] sie soll dabei dem Sachaufklärungsermessen des Gerichts unterstellt sein, wie sich aus der Neufassung des § 142 ZPO[434] ergibt.[435] Mit dem Festhalten an den §§ 422, 423, 429 ZPO wurde somit einerseits dem Gedanken Rechnung getragen, dem Missbrauch durch eine umfassende, allgemeine Mitwirkungspflicht nicht Tür und Tor zu öffnen. Andererseits wurde das Interesse nach dem Streben nach der materiellen Wahrheit berücksichtigt, indem § 142 ZPO dem Gericht die Möglichkeit eröffnet, unabhängig von den Voraussetzungen der §§ 422, 423 ZPO die Vorlage von Urkunden anzuordnen. Sollte die beweisbelastete Partei also nicht mittels ausreichend weit zugeschnittener materiellrechtlicher Auskunftsansprüche an die für eine substantiierte Darlegung notwendigen In-

---

429 *Stürner*, S. 146.

430 *Stürner*, S. 146.

431 Und natürlich § 423 ZPO, der hier aber wegen seiner Unproblematik nicht im Blickpunkt steht.

432 *Schreiber*, in: MünchKommZPO § 422 Rn. 1; *Berger*, in: Stein/Jonas, § 422 Rn. 1; *Huber*, in: Musielak/Voit, § 423 Rn. 1; *Geimer*, in: Zöller, § 422 Rn. 2; *Hartmann*, in: Baumbach/Lauterbach, § 422 Rn. 1; ebenso ist wohl auch *Preuß*, in: Prütting/Gehrlein, § 422 Rn. 1 zu verstehen.

433 Vgl. auch *Koch*, S. 153.

434 Danach *kann* das Gericht anordnen, dass eine Partei oder ein Dritter eine Urkunde vorlegt, auf die sich eine Partei bezogen hat.

435 *Ahrens*, in: Wieczorek/Schütze, § 420 Rn. 2, 4–8; *Gottwald*, in: Rosenberg/Schwab, § 119 Rn. 35, 43 f.

formationen gelangen können, geht die Aufklärung unter Einsatz des § 142 ZPO weiter.[436]

Überträgt man diesen Zweck des § 422 ZPO, die Balance zwischen einer unzulässigen Ausforschung und der Suche nach der materiellen Wahrheit zu halten, auf Augenscheinsobjekte, so ist dies erneut differenziert in Bezug auf elektronisch gespeicherte Erklärungen und den „sonstigen" Augenscheinsgegenständen, zu denen auch alle elektronischen Dokumente zählen, die keine Erklärungen enthalten, zu betrachten. Bei „sonstigen" Augenscheinsobjekten ist anders als bei elektronischen und schriftlichen Urkunden eine allgemeine, prozessuale Mitwirkungspflicht der Gegenpartei unabhängig von materiellrechtlichen Vorlage- und Duldungspflichten gerechtfertigt. Hier wird in der Regel nicht in einen so sensiblen Bereich eingegriffen wie bei Urkunden. Eine unzulässige Ausforschung droht bei den typischen Augenscheinsobjekten wie kaputten Gegenständen oder Fotografien eher weniger als bei den typischen Urkunden, weil nicht mehr zu erfahren ist als nur der Zustand des Gegenstands. Sonstige Gründe, die die Mitwirkung unzumutbar machen können, werden im Rahmen der Beweiswürdigung nach § 371 Abs. 3 ZPO beachtet.

Es gibt auch nur wenige privatrechtliche Vorschriften, die einen Anspruch auf Vorlage der Augenscheinsobjekte geben. Eine Beschränkung darauf wäre mit dem Streben nach der materiellen Wahrheit nicht gerechtfertigt.

Kapoor lehnt eine Geltung der §§ 422 und 423 ZPO über § 371 Abs. 2 S. 2 ZPO für die Fälle des Besitzes des Beweisgegners aus dem weiteren Grund des ansonsten faktischen Leerlaufens der Vorschrift des § 371 Abs. 3 ZPO ab; sie käme nur in den seltenen Fällen in Betracht, in denen der Beweisgegner trotz Vorliegens der Voraussetzungen der §§ 422, 423 ZPO nicht zur Mitwirkung bereit wäre.[437] Dieses Argument kann man aber auch im Urkundenbeweisrecht entgegenhalten; außerdem darf auch ein schmaler Anwendungsbereich nicht unter den Tisch fallen. Man kann aber die Existenz der Regelung § 371 Abs. 3 ZPO für die hier vertretene Ansicht anderweitig fruchtbar machen: die Formulierung, dass es auf die Vereitelung der *zumutbaren* Einnahme des Augenscheins ankommt, kann so ausgelegt werden, dass der Gesetzgeber die Grenze der Mitwirkungspflicht allein bei der Zumutbarkeit und nicht bei materiellrechtlichen An-

---

436 *Ahrens*, in: Wieczorek/Schütze, § 420 Rn. 8.
437 *Kapoor*, S. 272.

sprüchen zieht. Diese Auslegung ist auch von der gesetzgeberischen Entwicklung gedeckt. Die Korrektur durch das Schuldrechtsmodernisierungsgesetz betrifft allein § 371 Abs. 2 ZPO, während § 371 Abs. 3 ZPO in der Fassung des Zivilprozessreformgesetzes unverändert geblieben ist. Nach dem Gesetzgeber des Zivilprozessreformgesetzes sollte die Vorschrift des § 371 Abs. 3 ZPO für Fälle gelten, in denen die „Gegenpartei die *Herausgabe* des in ihrem Besitz befindlichen Augenscheinsobjekts verweigert".[438] Das bedeutet umgekehrt, dass der Beweisgegner in den Grenzen der Zumutbarkeit, aber unabhängig von materiellrechtlichen Pflichten, zur Vorlage grundsätzlich verpflichtet ist.

Ein weiteres Argument, das für die hier vertretene Auffassung angeführt werden kann, ergibt sich aus einem Vergleich des § 371 Abs. 3 ZPO mit den §§ 427, 444 ZPO. § 371 Abs. 3 ZPO setzt voraus, dass die Mitwirkung für den Gegner zumutbar war und er sich ohne triftigen Grund geweigert hat. Die §§ 427, 444 ZPO haben – außer der Vereitelung für § 444 ZPO – keine weiteren Voraussetzungen. Das liegt daran, dass im Urkundenbeweisrecht die Vorlage an die Voraussetzungen der §§ 422, 423 ZPO geknüpft ist, wohingegen im Augenscheinsbeweisrecht außer im Falle von elektronischen Dokumenten die §§ 422, 423 ZPO nicht anzuwenden sind. Die Mitwirkung kann im Augenscheinsbeweisrecht also grundsätzlich voraussetzungslos verlangt werden, ansonsten wären die weiteren Voraussetzungen der Zumutbarkeit bzw. des Vorliegens eines triftigen Grundes überflüssig.

cc) Fazit

Die Regelung des § 371 Abs. 2 S. 1 ZPO entfaltet für die Fälle des Besitzes des Beweisgegners keinen Anwendungsbereich. Stattdessen ist nach § 371 Abs. 2 S. 2 i. V. m. §§ 424–426 ZPO zu verfahren. Der Verweis des § 371 Abs. 2 S. 2 ZPO auf die §§ 422, 423 ZPO ist dahingehend einschränkend auszulegen, dass er nur für elektronische Dokumente im Sinne von elektronischen Erklärungen gilt. Für sonstige elektronische Dateien und Augenscheinsobjekte gilt diese Voraussetzung nicht.

---

438 Regierungsbegründung zum Entwurf eines Gesetzes zur Reform des Zivilprozesses, BT-Drucks. 14/4722, S. 91; Hervorhebung nur hier.

2. Beweisaufnahme von Amts wegen bei Besitz des Beweisgegners, § 144 ZPO

a) Voraussetzungen

Hinsichtlich der Voraussetzungen der amtswegigen Beweisaufnahme von Augenscheinsobjekten nach § 144 ZPO gibt es einige Streitpunkte.[439]

Nach einer Ansicht soll die Funktion der §§ 142, 144 ZPO[440] von vornherein auf die Klärung unstreitiger Tatsachen beschränkt werden,[441] während die herrschende Meinung dies ablehnt.[442] Folgt man der überwiegenden Auffassung, ist weiter zwischen zwei daran anknüpfenden Meinungen zu differenzieren.[443] Eine Ansicht möchte die Schranken der §§ 422, 423 ZPO auch im Rahmen des § 144 ZPO anwenden,[444] während die wohl herrschende Meinung in Literatur und Rechtsprechung dies wiederum ablehnt.[445] Ein weiterer Streitpunkt liegt in der Frage, ob das in § 142 Abs. 1

---

439 Siehe dazu auch *Koch*, S 152 ff.

440 Häufig finden sich die Ausführungen hierzu auch im Rahmen der Betrachtung des § 142 ZPO, der entsprechendes für das Urkundenbeweisrecht regelt. Sie können aber auf § 144 ZPO übertragen werden.

441 *Gruber/Kießling*, ZZP 116 (2003), 305, 311–316.

442 *Hartmann*, in: Baumbach/Lauterbach, § 142 Rn. 1, § 144 Rn. 2; *Stadler*, in: Musielak/Voit, § 144 Rn. 1; *Binder*, ZZP 122 (2009), 187, 216; *Prütting*, in: Prütting/Gehrlein, § 144 Rn. 1; *Fritsche*, in: MünchKommZPO, § 144 Rn. 1; *Smid*, in: Wieczorek/Schütze, § 144 Rn. 1; *Greger*, in: Zöller, § 144 Rn. 1; *Leipold*, in: Stein/Jonas, § 142 Rn. 1, § 144 Rn. 1; *Koch*, S. 155 f.; *Kapoor*, S. 280; *Leipold*, in: FS Gerhardt, S. 563, 568 (zu § 142 ZPO); *Krapfl/Mann*, in: FS Schütze, S. 279, 280; BGH NJW 2000, 3488, 3490; in BGH NJW 2001, 2464, 2465 setzt er die Anwendbarkeit des § 144 ZPO i. R. d. Klärung unstreitigen Sachverhalts voraus; BGH NJW 2007, 155; BGH NJW 2007, 2989, 2991; in BGH NJW 2014, 3312, 3313 ist der BGH der Ansicht, § 142 ZPO diene zwar primär der materiellen Prozessleitung, jedoch könne die Vorschrift auch (mittelbar) Beweiszwecken dienen.

443 Bei der Ansicht *Gruber/Kießlings* stellt sich dieses Folgeproblem gar nicht, denn die Vorlageanordnung als rein prozessleitendes Instrument hat keine beweisrechtliche Funktion, vielmehr muss jeder streitige Vortrag über einen Beweisantrag nach den §§ 371, 415 ff. ZPO gelöst werden, welche eine Anwendung der §§ 142, 144 ZPO ausschließen; *Gruber/Kießling*, ZZP 116 (2003), 305, 315; siehe dazu auch *Binder*, ZZP, 122 (2009), 187, 215.

444 *Hartmann*, in: Baumbach/Lauterbach, § 142 Rn. 6; *Leipold*, in: Stein/Jonas, § 144 Rn. 20.

445 *Binder*, ZZP 122 (2009), 187, 217–222; *Greger*, in: Zöller, § 142 Rn. 2; *Stadler*, in: Musielak/Voit, § 144 Rn. 8; § 142 Rn. 7; *Fritsche*, in: MünchKommZPO,

S. 1 ZPO geregelte Bezugnahmeerfordernis bei § 144 ZPO schlicht vergessen wurde[446] oder ob es tatsächlich keine Voraussetzung ist.

aa) Streitiger Sachverhalt

Gruber/Kießling begründen ihre Ansicht, § 144 ZPO könne nur bei unstreitigem Sachverhalt zur Anwendung kommen, mit der Gefahr einer ansonsten unzulässigen Ausforschung und dem Einhergehen einer Ausweitung der prozessualen Vorlagepflichten in Richtung einer allgemeinen Editionspflicht, weil die §§ 422, 423 ZPO im Rahmen der §§ 142, 144 ZPO nicht zur Anwendung kämen.[447] Dies sei aber nicht mit der bisherigen Rechtsprechung und überwiegenden Literaturansicht zu vereinbaren, die eine allgemeine Editionspflicht ablehnten.

Diese Ansicht findet aber keine weiteren Befürworter. Vielmehr ist es herrschende Meinung, § 144 ZPO könne sowohl bei unstreitigem wie auch bei streitigem Sachverhalt anwendbar sein. Dafür spricht bereits zum einen der neugeschaffene Absatz 3, der ansonsten keinen Sinn ergibt,[448] zum anderen die Stellung des § 144 ZPO im Buch 1 – Allgemeine Vorschriften.[449] Aufgrund der Gleichartigkeit der §§ 142, 144 ZPO kann auch das im Rahmen des § 142 ZPO angeführte Argument, die Verknüpfung in § 428 ZPO zu § 142 ZPO spreche für eine Vorlageanordnung auch zu Beweiszwecken und damit zur Klärung streitigen Sachverhalts,[450] im Rahmen des § 144 ZPO fruchtbar gemacht werden. Mit der Neufassung des § 371 ZPO ergibt sich dies nun auch direkt aus § 371 Abs. 2 S. 1 Alt. 2 ZPO, der auf § 144 ZPO verweist. Auch aus einer Betrachtung der Rechtsfolgen ist diese Auslegung gerechtfertigt: wenn der Richter gerade bei unstreitigem Parteivorbringen gleichwohl die Offenlegung verlangen könnte und dabei möglicherweise andere Tatsachen zutage förderte als die

---

§ 144 Rn. 10 (allerdings zu § 142 ZPO) aber widersprüchlich in § 144 Rn. 25 (zu § 144 ZPO); *Prütting*, AnwBl. 2008, 153, 158 (zu § 142 ZPO); BGH NJW 2007, 2989, 2991 f.; BGH NJW 2014, 3312, 3313 f.

446 *Kapoor*, S. 280 f., der aber keine Aussage darüber trifft, ob er dies als Voraussetzung befürwortet oder nicht.

447 *Gruber/Kießling*, ZZP 116 (2003), 305, 312.

448 *Stadler*, in: Musielak/Voit, § 144 Rn. 1.

449 *Hartmann*, in: Baumbach/Lauterbach, § 142 Rn. 1.

450 *Leipold*, in: FS Gerhardt, S. 563, 568; *G. Wagner*, JZ 2007, 706, 710; *Koch*, S. 156.

von den Parteien einvernehmlich zugrunde gelegten, so wäre die durch die Parteidisposition über den Streitstoff gezogene Grenze wohl weit überschritten.[451] Die Beweiserhebung von Amts wegen wird begrenzt durch den Verhandlungsgrundsatz.[452] Nur soweit ein (streitiger) Tatsachenvortrag der Parteien besteht, kann von Amts wegen Beweis erhoben werden.[453]

bb) Bezugnahme einer Partei

Anders als § 142 Abs. 1 S. 1 ZPO setzt § 144 ZPO nicht die Bezugnahme einer Partei auf das Augenscheinsobjekt voraus. Bevor man die Frage beantworten kann, ob eine solche auch in den Fällen des § 144 ZPO nötig wäre, ist ein Blick auf den Zweck des Bezugnahmeerfordernisses zu werfen. Das im Referentenentwurf vom 23.12.1999[454] zum Zivilprozessreformgesetz noch nicht vorgesehene Bezugnahmeerfordernis wurde erst im Gesetzentwurf vom 4.7.2000[455] in § 142 Abs. 1 S. 1 ZPO aufgenommen. Dies ist einer Verfahrenssimulation zum Prozessrecht geschuldet, die zu dem Ergebnis kam, ohne das Bezugnahmeerfordernis bestünde die Gefahr der Hinwendung zur Amtsermittlung.[456] Um dieser Gefahr entgegenzuwirken, hatten die Teilnehmer der Verfahrenssimulation zwar gefordert, den Regelungsinhalt des § 142 ZPO im Beweisrecht zu verankern;[457] dieser Forderung ist der Gesetzesentwurf jedoch nicht gefolgt, sondern hat stattdessen das Bezugnahmeerfordernis eingefügt.[458] Es wird also sichergestellt, dass das Gericht nicht „gegen den übereinstimmenden Willen beider

---

451 *Binder*, ZZP 122 (2009), 187, 216.

452 *Koch*, S. 105.

453 *Koch*, S. 105.

454 Referentenentwurf zum Gesetz zur Reform des Zivilprozesses, S. 7; abrufbar unter www.gesmat.bundesgerichtshof.de unter der Rubrik Gesetzesmaterialien; die Fassung des § 142 Abs. 1 lautete: (1) Das Gericht kann anordnen, dass eine Partei oder ein Dritter die in ihrem Besitz befindlichen Urkunden und sonstigen Unterlagen vorlege. […]".

455 Begründung der Regierungsfraktionen zum Entwurf eines Gesetzes zur Reform des Zivilprozesses, BT-Drucks. 14/3750, S. 5.

456 *Dieckmann*, JZ 2000, 760, 762.

457 *Dieckmann*, JZ 2000, 760, 762.

458 Begründung der Regierungsfraktionen zum Entwurf eines Gesetzes zur Reform des Zivilprozesses, BT-Drucks. 14/3750, S. 5.

Parteien" die Urkundenvorlage anordnen kann,[459] denn die bezugnehmende Partei kann bewusst von einer Bezugnahme abgesehen haben,[460] auch trotz eines richterlichen Hinweises nach § 139 ZPO.[461] Damit bleibt die Kontrolle der Parteien über den Streitstoff erhalten.[462] Dies stellt sogar eine Verbesserung der Verhandlungsmaxime gegenüber der alten Rechtslage dar: § 142 Abs. 1 ZPO a. F. forderte zwar ebenfalls eine Bezugnahme, allerdings der besitzenden Partei, dieses Merkmal war jedoch nach überwiegender Meinung als weggefallen zu betrachten, um eine Harmonisierung mit § 273 Abs. 2 Nr. 1 ZPO a. F. (§ 273 Abs. 2 Nr. 5 ZPO n. F.) zu erlangen, der dies nicht voraussetzte.[463] Nun ist das Bezugnahmeerfordernis wieder ausdrücklich geregelt, wodurch die Verhandlungsmaxime gestärkt wird. *Koch* empfiehlt sogar, die amtswegige Urkundenvorlageanordnung von einem Beweisantrag abhängig zu machen.[464]

Bevor man nun zur Beantwortung der Frage kommt, ob das Bezugnahmeerfordernis auch im Rahmen des § 144 ZPO zur Geltung gelangen muss, ist noch die Frage zu klären, ob es tatsächlich ausreicht, wenn *eine* Partei auf die betreffende Urkunde Bezug genommen hat. Es wird nämlich auch vertreten, dass die Bezugnahme der beweisbelasteten Partei auf eine im Besitz des Beweisgegners befindliche Urkunde allein nicht ausreiche, sondern der Beweisführer vielmehr einen Anspruch aus § 422 ZPO benötige oder der Beweisgegner selbst Bezug auf diese Urkunde genommen haben müsse (§ 423 ZPO).[465] Verzichtete man auf diese Erfordernisse, ergäbe sich eine nicht gerechtfertigte Diskrepanz zu den §§ 422, 423 ZPO.[466] Die Brisanz der Neuregelung des § 142 ZPO liege also darin, dass der Richter das Vorliegen der materiellrechtlichen Vorlagepflichten nicht zu prüfen bräuchte, wenn jedenfalls eine Partei auf die Urkunde Bezug ge-

---

459 *G. Wagner*, JZ 2007, 706, 711.

460 *Hartmann*, in: Baumbach/Lauterbach, § 142 Rn. 9.

461 *Stadler*, in: Prütting/Gehrlein, § 144 Rn. 4.

462 *G. Wagner*, JZ 2007, 706, 711.

463 Vgl. nur *Leipold*, in: Stein/Jonas, 21. Auflage 1994, § 142 Rn. 2 m. w. N.; aus diesem Grund wurde wohl im Zivilprozessreformgesetz zunächst auf das Erfordernis verzichtet.

464 *Koch*, S. 191, 350.

465 *Leipold*, in: Stein/Jonas, § 142 Rn. 20, *ders*. in: FS Gerhardt, S. 563, 583; *Hartmann*, in: Baumbach/Lauterbach, § 142 Rn. 6; OLG Frankfurt a.M., Urt. v. 18.10.2006 – 1U 19/06 = BeckRS 2007, 01566.

466 *Leipold*, in: Stein/Jonas, § 142 Rn. 20.

nommen habe.[467] Bereits der eindeutige Wortlaut des § 142 Abs. 1 S. 1 ZPO spricht jedoch gegen eine solche Auslegung, ebenso wie der gesetzgeberische Wille.[468] Zum einen wurde der Wortlaut gegenüber der vor der Reform von 2001 bestehenden Fassung, die von einer Bezugnahme der besitzenden Partei spricht, auf die Bezugnahme *einer* Partei erweitert. Dies spricht eindeutig für eine gewollte Erweiterung. Zum anderen heißt es in der Gesetzesbegründung ausdrücklich, es genüge, wenn sich eine Partei auf die Urkunde beziehe.[469] Dies ist auch teleologisch die richtige Auslegung: für die Anordnung des *Gerichts* ist es unerheblich, ob eine *Partei* einen Anspruch aus den §§ 422, 423 ZPO hat. Auch der behauptete Wertungswiderspruch zu den §§ 422, 423 ZPO besteht nicht. Bei einer Vorlegungsanordnung nach den §§ 421–425 ZPO besteht bei Vorliegen der §§ 422, 423 ZPO eine Vorlegungs*pflicht*, § 142 ZPO steht hingegen im Ermessen des Gerichts.[470] Die befürchtete Ausforschung findet zudem ihre Grenzen in der Substantiierungslast.[471]

Das Bezugnahmeerfordernis des § 142 Abs. 1 S. 1 ZPO hat damit zwei Funktionen. Erstens soll es die Hinwendung zur Amtsermittlung verhindern und zweitens wird eine Unabhängigkeit von den Voraussetzungen der §§ 422, 423 ZPO ausgedrückt. Die erste Funktion wird auch durch die an den Sachvortrag gestellten Anforderungen erfüllt.[472] Um die Hinwendung zur Amtsermittlung zu verhindern, ist das Bezugnahmeerfordernis nicht zwingend erforderlich, denn auf einen substantiierten Sachvortrag würde mit und ohne Bezugnahme nicht verzichtet. Die Bezugnahme selbst muss nämlich gar nicht ausdrücklich erfolgen, sondern es genügt, wie bei jeder Prozesshandlung, wenn sie „stillschweigend" erfolgt.[473] Die Bezugnahme bzw. Erwähnung der Urkunde ist auch insofern notwendige Voraussetzung, da das Gericht ansonsten gar keine Kenntnis von einer entsprechenden Urkunde hätte, eine ausdrückliche Normierung der Bezugnahme ist

467 *Koch*, S. 153.

468 Vgl. auch *Koch*, S. 157 f.

469 Regierungsbegründung zum Entwurf eines Gesetzes zur Reform des Zivilprozesses, BT-Drucks. 14/4722, S. 78.

470 BGH NJW 2007, 2989, 2991 f.; *Leipold*, in: Stein/Jonas, § 142 Rn. 6; *Greger*, in: Zöller, § 142 Rn. 2; *Koch*, S. 158, zur Ermessensausübung siehe S. 171–174.

471 *Krapfl/Mann*, in: FS Schütze, S. 279, 281; siehe § 6 I. 2. a) cc).

472 Siehe § 6 I. 2. a) cc).

473 *Hartmann*, in: Baumbach/Lauterbach, § 142 Rn. 9, Grdz 51 vor § 128; ebenso *Krapfl/Mann*, in: FS Schütze, S. 279, 282; *Stadler*, in: Musielak/Voit, § 142 Rn. 4; OLG Stuttgart, ZIP 2007, 1210, 1216.

insofern im Grunde überflüssig. Vielmehr ist der eigentliche Zweck des Bezugnahmeerfordernisses derjenige, klarzustellen, dass es auf die Voraussetzungen der §§ 422, 423 ZPO nicht ankommt. Im Gegenteil reicht die Bezugnahme (durch einen substantiierten Tatsachenvortrag) *einer* Partei aus.

In § 144 ZPO fehlt nun eine entsprechende Regelung. Dies kann zum einen dem Umstand geschuldet sein, dass die entsprechende Kritik der Verfahrenssimulation sich nur auf § 142 ZPO bezogen hat, wodurch die parallele Normierung des Bezugnahmeerfordernisses in § 144 ZPO schlicht vergessen wurde.[474] Zum anderen war auch in der Fassung des § 144 ZPO vor der Reform 2001 ein solches Bezugnahmeerfordernis, anders als bei § 142 ZPO, bereits nicht enthalten,[475] sodass auch dieser Umstand für ein schlichtes Vergessen spricht. Denn gerade mit der Neuregelung des § 371 Abs. 2 S. 2 ZPO, der die Geltung der §§ 422, 423 ZPO zumindest für elektronische Dokumente auch im Augenscheinsbeweisrecht anordnet,[476] ist nun ein Gleichlauf mit der Regelung des § 142 ZPO für das Urkundenbeweisrecht erforderlich. Auch im Augenscheinsbeweisrecht muss eine Vorlage- oder Duldungsanordnung des Gerichts unabhängig von dem Vorliegen der Voraussetzungen der §§ 422, 423 ZPO möglich sein. Eine andere Behandlung ist nicht gerechtfertigt, da keine Anhaltspunkte ersichtlich sind, weshalb bei Augenscheinsobjekten und insbesondere elektronischen Dokumenten strengere Anforderungen gelten sollten als bei Urkunden; da dies auch historisch gesehen allenfalls umgekehrt der Fall war. Auch bei § 144 ZPO ist damit eine dem Bezugnahmeerfordernis des § 142 Abs. 1 S. 1 ZPO entsprechende neu zu schaffende Regelung bzw. zumindest dessen entsprechende Anwendung angezeigt.[477]

---

474 So *Kapoor*, S. 280 f.

475 Vgl. die Fassung des § 144 ZPO bis zum 31.12.2001; Gesetz zur Wiederherstellung der Rechtseinheit auf dem Gebiete der Gerichtsverfassung, der bürgerlichen Rechtspflege, des Strafverfahrens und des Kostenrechts, BGBl. 1950, S. 533, 547.

476 Siehe § 6 I. 1. b) bb) (2) (b).

477 Zustimmend, aber auf die nicht gewünschte Hinwendung zur Amtsermittlung abstellend *Leipold*, in: Stein/Jonas, § 144 Rn. 14: „Der Gegenstand des Augenscheins muss von der Partei konkret bezeichnet sein, sich also aus dem Parteivortrag entnehmen lassen. Andernfalls würde die Grenze zu einer amtswegigen Untersuchung des Sachverhalts überschritten.“.

cc) Anforderungen an den Sachvortrag

Weil mit der gesetzlichen Normierung des Bezugnahmeerfordernisses die Intention, einer unzulässigen Ausforschung entgegenzuwirken, wohl noch nicht ausreichend zum Ausdruck gebracht wurde, erweiterte der Rechtsausschuss in seiner Beschlussempfehlung zum Zivilprozessreformgesetz die Begründung zu § 142 ZPO, die ausdrücklich auch für § 144 ZPO gilt: § 142 ZPO führe nicht zu einer Annäherung an die *discovery* des US-amerikanischen Rechts, sondern lasse diesen Rechtszustand unberührt, weil die Vorschrift die Partei, die sich auf eine Urkunde bezieht, nicht von ihrer Darlegungs- und Substantiierungslast befreie.[478] Das Gericht dürfe die Urkundenvorlage nur auf der Grundlage eines schlüssigen Vortrags der bezugnehmenden Partei anordnen. Es werde dem Gericht damit nicht die Befugnis gegeben, unabhängig von einem schlüssigen Vortrag zum Zwecke der Informationsgewinnung Urkunden anzufordern. Eine solche Ausforschung bleibe prozessordnungswidrig.

Um zu prüfen, ob dieser Zweck durch die weiteren an den Sachvortrag des Beweisführers geknüpften Voraussetzungen erfüllt wird, ist zunächst noch ein Blick darauf zu werfen, was überhaupt eine unzulässige Ausforschung ist. Die Voraussetzungen und der Anwendungsbereich des Ausforschungsbeweises sind zwar insgesamt noch nicht eindeutig festgelegt,[479] dennoch wird nach allgemeiner Meinung ein Ausforschungsbeweis insbesondere dann angenommen, „wenn eine Partei beweiserhebliche Tatsachen durch die Beweisaufnahme erst zu erfahren sucht, um sie dann zur Grundlage eines neuen Prozeßvortrags zu machen“.[480]

Dieser Ausforschung soll nun dadurch entgegengewirkt werden, dass die Vorlage (bzw. Duldung der Inaugenscheinnahme) von Urkunden und Augenscheinsobjekten nur auf Grundlage eines schlüssigen Parteivortrags angeordnet werden kann.[481] Unstreitig ist hierbei, dass der Beweisführer konkret zu sämtlichen Voraussetzungen vorträgt, auf die er seinen Anspruch stützt.[482] Dies ist aber im Grunde keine Besonderheit, sondern re-

---

478 Beschlussempfehlung und Bericht des Rechtsausschusses zum Entwurf eines Gesetzes zur Reform des Zivilprozesses, BT-Drucks. 14/6036, S. 120 f.

479 *Prütting*, in: MünchKommZPO, § 284 Rn. 79.

480 BGH NJW 1984, 2888, 2889; *Prütting*, in: MünchKommZPO, § 284 Rn. 79.

481 Vgl. auch ausführlich *Koch*, S. 159 ff.

482 *Leipold*, in: Stein/Jonas, § 142 Rn. 9, *ders.* in: FS Gerhardt, S. 563, 569; *Stadler*, in: Musielak/Voit, § 142 Rn. 1, § 144 Rn. 3; *Prütting*, in: Prütting/Gehrlein, § 142

sultiert daraus, dass es sich bei einer Vorlage- oder Duldungsanordnung nach den §§ 142, 144 ZPO zu Beweiszwecken um eine Beweiserhebung handelt und diese nach allgemeinen Grundsätzen unzulässig ist, wenn die zu beweisenden Tatsachen nicht hinreichend bestimmt sind.[483] Von *G. Wagner* in Frage gestellt wird die ebenfalls im Übrigen überwiegende Meinung, dass auch der vorzulegende Gegenstand konkret bezeichnet sein muss.[484] Er ist dabei der Ansicht, es könne nicht darauf ankommen, dass der Beweisführer das entsprechende Dokument gesehen habe und sich noch an Datum und Inhalt erinnere, vielmehr müsse es genügen, wenn er den „Verbleib der Belege lediglich mit der Präzision eines bestimmten Aktenordners" angeben könne. Befürchteten Missbrauchsfällen und Auswüchsen, wie etwa dem Bereitstellen tonnenweiser Aktenordner könne unter dem Gesichtspunkt der Zumutbarkeit entgegengewirkt werden. Die Lösung dürfte in einem Kompromiss liegen.[485] *Krapfl/Mann* haben anhand bisheriger Rechtsprechung folgende Grundsätze herausgearbeitet: die Identifizierung der Urkunde müsse möglich sein; konkrete Angaben zu einer Urkunde seien jedoch nicht zwingend erforderlich, ein globales Herausgabeverlangen genüge aber wiederum nicht; die absolute Grenze stellten Behauptungen „ins Blaue hinein" dar; könne eine Partei eine Urkunde nicht näher identifizieren, müsse sie aber glaubhaft und substantiiert dazu vortragen, dass eine bestimmte Urkunde sich bei der Gegenpartei befinde, die Gegenpartei müsse dann gegebenenfalls nach den Grundsätzen der sekundären Behauptungs- und Darlegungslast nähere Informationen kundtun.[486]

Im Grunde sind diese Grundsätze aber nichts Neues und gelten auch nicht speziell für die §§ 142, 144 ZPO, sondern es sind allgemeine Grundsätze der Beweiserhebung. Sie sind hier nur insofern speziell auf die §§ 142, 144 ZPO bezogen, weil bei einer Beweiserhebung nicht immer

---

Rn. 7; *Greger*, in: Zöller, § 142 Rn. 7; *Kapoor*, S. 183 f., 284 f.; *Binder*, ZZP 122 (2009), 187, 221; *Prütting*, AnwBl. 2008, 153, 158; BGH NJW 2007, 2989, 2992.

483 *Kapoor*, S. 183, 284.

484 *G. Wagner*, JZ 2007, 706, 713, speziell auf Urkunden bezogen; a. A. BGH NJW 2014, 3312, 3313 speziell zu Urkunden; *Leipold*, in: Stein/Jonas, § 142 Rn. 11, § 144 Rn. 14, *ders.* in: FS Gerhardt, S. 563, 570; *Smid*, in: Wieczorek/Schütze, § 142 Rn. 7; *Binder*, ZZP 122 (2009), 187, 221; *Kapoor*, S. 183 f., 284 f.; *Prütting*, AnwBl. 2008, 153, 158.

485 *Koch*, S. 169.

486 *Krapfl/Mann*, in: FS Schütze, S. 279, 282 f.

zwingend Urkunden oder Augenscheinsgegenstände vorhanden sind. Die allgemein an den Tatsachenvortrag gestellten Anforderungen müssen im Besonderen auch für die Ausführungen zu den diesen Vortrag stützenden Beweismitteln der Urkunden und Augenscheinsgegenstände gelten. Aus diesem Grund kann nicht pauschal gesagt werden, eine Urkunde müsse immer mit Inhalt, Datum und Aussehen bezeichnet werden, sondern sie muss *so konkret wie möglich* beschrieben werden. Nicht ausreichend sind, ebenso wie beim Tatsachenvortrag,[487] globale, unsubstantiierte Beschreibungen, die gegebenenfalls auch ins Blaue hinein erfolgen. Deswegen ist der Ansicht *G. Wagners* nicht zu folgen. Eine Berücksichtigung unsubstantiierten Vortrags zu den offenzulegenden Gegenständen erst im Rahmen der Zumutbarkeit, ist mit den allgemeinen Grundsätzen der Beweiserhebung nicht zu vereinbaren. Es ist nicht ersichtlich, weshalb an die Konkretisierung den Tatsachenvortrag stützender Urkunden und Augenscheinsgegenstände geringere Anforderungen zu stellen sind als an den Tatsachenvortrag selbst.

Zusammenfassend kann somit gesagt werden, dass auch die Vorschriften der §§ 142, 144 ZPO die Partei, die sich auf eine Urkunde bezieht, nicht von ihrer Darlegungs- und Substantiierungslast befreien. Das heißt, selbst wenn die Vorlageanordnung von Amts wegen erfolgt, ist dennoch bei der Beweiserhebung zu Beweiszwecken ein substantiierter Vortrag erforderlich.

b) Fazit

Die Neufassung der §§ 142, 144 ZPO bedeutet zwar keine allgemeine prozessuale Aufklärungspflicht, ist aber dennoch ein wichtiger Schritt in Richtung der Mitwirkung der Parteien an der Sachverhaltsfeststellung.[488] Begrenzt wird eine unzulässige Ausforschung insbesondere durch das Erfordernis eines substantiierten Tatsachenvortrags und die Ermessenausübung des Gerichts.

---

487 Siehe dazu *Prütting*, in: MünchKommZPO, § 284 Rn. 79; *Greger*, in: Zöller, Vor § 284 Rn. 8c, 8d.

488 Vgl. *Koch*, S. 176, insbesondere zur Regelung des § 142 ZPO.

3. Beweisaufnahme bei Besitz eines Dritten

Ist das Augenscheinsobjekt im Besitz eines Dritten, ist ebenfalls nach der parteibetriebenen Beweisaufnahme (§ 371 Abs. 2 ZPO) und der amtswegigen Beweisaufnahme (§ 144 ZPO) zu unterscheiden.

a) Parteibetriebene Beweisaufnahme

Die Regelung des § 371 Abs. 2 S. 1 ZPO macht für die Fälle des Besitzes eines Dritten Sinn. Sie ist der Parallelnorm des § 428 ZPO nachgebildet. Bisher gab es im Augenscheinsbeweisrecht keine gesetzliche Regelung zur Frage der verfahrensrechtlichen Vorgehensweise, wenn ein Dritter zur Mitwirkung verpflichtet werden soll. Die Neuregelung ist daher begrüßenswert. Da sie einen Gleichlauf mit dem Urkundenbeweisrecht schafft, ist sie auch inhaltlich gelungen.[489]

Unstimmigkeiten treten bei der Anwendung des § 371 Abs. 2 S. 2 ZPO auf. Dem Wortlaut nach könnte man annehmen, dass insbesondere die §§ 422, 423 ZPO auch für die Fälle des Besitzes eines Dritten im Rahmen des Satzes 1 anwendbar sind. Dies stellt an sich auf den ersten Blick keine Einschränkung gegenüber der alten Rechtslage dar. Ein Dritter konnte nach altem Recht grundsätzlich nur zur Vorlage oder Duldung verpflichtet werden, wenn dem Beweisführer ein materiellrechtlicher Anspruch zustand, welchen er im Wege eines selbständigen Verfahrens einzuklagen hatte.[490] Dies entspringt aber dem allgemeinen Beibringungsgrundsatz und ist insofern keine Besonderheit des Beweisrechts. Das Editionsverfahren hat lediglich seine gesetzliche Normierung in den §§ 428–431 ZPO gefunden, deren primärer Zweck aber wohl in der Fristsetzung liegt, um den Beweisführer zu schützen. Nun ist die Durchführung eines Editionsverfahrens auch über die Verweisung des § 371 Abs. 2 S. 1 Alt. 1 i. V. m. S. 2 ZPO auf die §§ 428–431 ZPO für das Augenscheinsbeweisrecht ausdrücklich normiert. Eine Fristsetzung zur Herbeischaffung, während der der Prozess angehalten wurde, war auch im alten Augenscheinsbeweisrecht möglich, entweder über § 356 ZPO oder § 431 ZPO.[491] Nun hat sich der Gesetzgeber dafür entschieden, das Editionsverfahren entsprechend

489 Siehe § 6 I. 1. a).
490 Siehe § 6 II. 2. c).
491 Siehe § 6 II. 2. c).

dem Urkundenbeweisrecht durchzuführen.[492] Damit ist die Norm für eine Fristsetzung die des § 431 ZPO und nicht die des § 356 ZPO. Zu klären bleibt damit noch, ob eine entsprechende Anwendung der §§ 422, 423 ZPO auch im Rahmen des § 371 Abs. 2 S. 1 Alt. 2 ZPO gerechtfertigt ist. Dies muss abgelehnt werden. Zum einen ist dies der ausdrückliche Wille des Gesetzgebers des Zivilprozessreformgesetzes,[493] zum anderen ergibt sich dies aus einem Vergleich mit dem Urkundenbeweisrecht. Auch das Vorgehen über § 428 ZPO i. V. m. § 142 ZPO setzt keinen materiellrechtlichen Anspruch gegen den Dritten voraus, wie § 429 S. 2 ZPO ausdrücklich klarstellt. Gleiches muss im Augenscheinsbeweisrecht gelten.

b) Beweisaufnahme von Amts wegen

§ 144 Abs. 1 S. 2 ZPO erlaubt nun ausdrücklich, auch einen Dritten zur Vorlage des Augenscheinsobjekts von Amts wegen verpflichten zu können; nach Satz 3 kann er auch zur Duldung der Einnahme des Augenscheins verpflichtet werden. Hinsichtlich der weiteren auftauchenden Fragen kann auf die Ausführungen zu § 144 ZPO im Rahmen der amtswegigen Beweisaufnahme beim Besitz des Beweisgegners verwiesen werden.[494]

4. Grenzen der Mitwirkungspflichten

Eine Mitwirkungsverpflichtung des Beweisgegners und Dritter besteht jedoch nicht unbeschränkt. Nach § 144 Abs. 2 S. 1 ZPO können Dritte die Vorlegung oder Duldung aus den Gründen der Unzumutbarkeit oder eines Zeugnisverweigerungsrechts nach den §§ 383–385 ZPO verweigern. Für die Parteien fehlt eine ausdrückliche Regelung. Es besteht aber Einigkeit in Rechtsprechung und Literatur darüber, dass auch den Parteien Weige-

492 Regierungsbegründung zum Entwurf eines Gesetzes zur Reform des Zivilprozesses, BT-Drucks. 14/4722, S. 90.

493 Regierungsbegründung zum Entwurf eines Gesetzes zur Reform des Zivilprozesses, BT-Drucks. 14/4722, S. 90 f.

494 Siehe § 6 I. 2.

rungsrechte zustehen müssen.[495] Dies kann man aus einem Umkehrschluss aus § 371 Abs. 3 ZPO herleiten. Die Rechtsfolge der negativen Beachtung im Rahmen der freien Beweiswürdigung einer Vereitelung der Einnahme des Augenscheins tritt nur ein, wenn die Augenscheinseinnahme *zumutbar* war (§ 371 Abs. 3 ZPO). Bei der Einnahme des Augenscheins eines elektronischen Dokuments kommen als Unzumutbarkeitsgründe vor allem Belange des Geheimnisschutzes in Betracht.[496] Darunter fallen beispielsweise der Schutz der Kommunikation zwischen Anwalt und Mandant, vor Selbstbezichtigung, öffentlicher Interessen sowie von Geschäfts- und Betriebsgeheimnissen.[497]

Uneinigkeit besteht darüber, wie die Belange der Unzumutbarkeit zu berücksichtigen sind. Für die amtswegige Beweisaufnahme soll nach einer Meinung das Merkmal der Zumutbarkeit des § 142 Abs. 2 S. 1 ZPO analog für die Parteien gelten und im Rahmen der Prüfung dessen würden die Weigerungsrechte geprüft.[498] Dies wäre auch auf die Regelung des § 144 ZPO übertragbar. Nach anderer Ansicht, welche dem Willen des Gesetzgebers entspricht,[499] erfolgt die Prüfung möglicher Geheimhaltungsinteressen der Parteien im Rahmen des Ermessens.[500] Eine dritte Möglichkeit wäre, Weigerungsrechte im Rahmen des Zumutbarkeitskriteriums des § 371 Abs. 3 ZPO zu prüfen, der über § 144 Abs. 3 ZPO Anwendung findet. Eine Bemühung der analogen Anwendung des § 144 Abs. 2 S. 1

---

495 BGH NJW 2007, 2989, 2992; *Hartmann*, in: Baumbach/Lauterbach, § 142 Rn. 5; *Prütting*, in: Prütting/Gehrlein, § 142 Rn. 11; *Stadler*, in: Musielak/Voit, § 142 Rn. 7; *Greger*, in: Zöller, § 142 Rn. 8; *G. Wagner*, JZ 2007, 706, 715; *Kapoor*, S. 288; *Krapfl/Mann*, in: FS Schütze, S. 279, 287; *Konrad*, NJW 2004, 710, 713; *M. Becker*, MDR 2008, 1309, 1313 f.; *Kraayvanger/Hilgard*, NJ 2003, 572, 574.

496 Siehe zu Unzumutbarkeitsgründen allgemein *Zimmermann*, in: MünchKommZPO, § 371 Rn. 28; vgl. auch ausführlich *Koch*, S. 204 ff.

497 Näher *G. Wagner*, JZ 2007, 709, 716–718.

498 *Hartmann*, in: Baumbach/Lauterbach, § 142 Rn. 5; in Betracht gezogen, aber abgelehnt von *Krapfl/Mann*, in: FS Schütze, S. 279, 287.

499 Beschlussempfehlung und Bericht des Rechtsausschusses zum Entwurf eines Gesetzes zur Reform des Zivilprozesses, BT-Drucks. 14/6036, S. 120.

500 *Prütting*, in: Prütting/Gehrlein, § 142 Rn. 11; wohl auch *Stadler*, in: Musielak/Voit, § 142 Rn. 7; *Greger*, in: Zöller, § 142 Rn. 8; *G. Wagner*, JZ 2007, 706, 715; *Kapoor*, S. 288; *Krapfl/Mann*, in: FS Schütze, S. 279, 287; *Kraayvanger/Hilgard*, NJ 2003, 572, 574; wohl auch *Konrad*, NJW 2004, 710, 713; BGH NJW 2007, 2989, 2992.

Alt. 1 ZPO erübrigte sich damit jedenfalls.[501] Nach *G. Wagner* sei dieser Weg nicht der schlechteste, denn erstens hätte eine Normierung von Weigerungsrechten der Parteien detaillierter und kasuistischer Regelungen bedurft, wie die §§ 383 ff. ZPO zeigen, welche aber das ZPO-Reformgesetz überfrachtet hätten.[502] Zweitens verfüge die deutsche Praxis bisher über keinerlei Erfahrungen mit Weigerungsrechten von Prozessparteien, weshalb eine Berücksichtigung im Ermessen des Gerichts als der vorerst bessere Weg erscheine. Eine analoge Anwendung der Zeugnisverweigerungsrechte aus den §§ 383–385 ZPO, die gemäß § 142 Abs. 2 S. 1 Alt. 2 ZPO für Dritte anwendbar sind, wird fast einstimmig abgelehnt, denn die Parteien treffe eine weitergehende Prozessförderungspflicht als Dritte, weshalb auch die Zeugnisverweigerungsrechte nicht auf die Interessenkonflikte der Parteien zugeschnitten seien.[503] Grundsätzlich ist diese Feststellung richtig, aber ist eine pauschale Ablehnung der analogen Anwendung von Zeugnisverweigerungsrechten gerechtfertigt oder sollte man nicht einzelne Rechte, die auch auf Parteien anwendbar sind, herauspicken können; denn weshalb sollte man ein bereits bestehendes, ausgeklügeltes System komplett ablehnen, nur weil eine Partei kein Dritter (Zeuge) und damit Prozessfremder ist? Diese Überlegung trifft auch *Becker*, der darüber hinaus feststellt, dass eine analoge Anwendung einzelner Zeugnisverweigerungsrechte gegenüber einer bloßen Berücksichtigung im Rahmen des Ermessens vorzuziehen sei und sich dabei insbesondere für eine analoge Anwendung des § 383 Abs. 1 Nr. 6 ZPO ausspricht.[504] Weiter wird diskutiert, das in § 99 Abs. 2 VwGO normierte *In-camera*-Verfahren auch im Zivilprozess durchzuführen.[505] Wie man sich letztlich entscheidet, soll hier nicht entschieden werden, da dies den Umfang sprengen würde. Wichtig ist nur, dass auch Geheimhaltungsinteressen der Parteien berücksichtigt werden

---

501 Nur fehlt wiederum eine entsprechende Regelung bei der Urkundenvorlage, weshalb hier durchaus eine gesetzliche Normierung eines Zumutbarkeitskriteriums angebracht wäre, näher dazu *Koch*, S. 244 f., 358.

502 *G. Wagner*, JZ 2007, 706, 715.

503 *G. Wagner*, JZ 2007, 709, 715; *Zekoll/Bolt*, NJW 2002, 3129, 3130; *Krapfl/Mann*, in: FS Schütze, S. 279, 287; *Kraayvanger/Hilgard*, NJ 2003, 572, 574; *Stadler*, in: Musielak/Voit, § 142 Rn. 7; *Prütting*, in: Prütting/Gehrlein, § 142 Rn. 11; a. A. *M. Becker*, MDR 2008, 1309, 1314 f.

504 *M. Becker*, MDR 2008, 1309, 1314.

505 Vgl. *G. Wagner*, JZ 2007, 709, 717; *Krapfl/Mann*, in: FS Schütze, S. 279, 291; *Kraayvanger/Hilgard*, NJ 2003, 572, 574; *Koch*, S. 244 ff., 252 f. sieht ein solches Verfahren aber nur als *ultima ratio* an.

und diese Diskussion, die bisher ausschließlich im Rahmen des § 142 ZPO stattgefunden hat, wegen der Nähe elektronischer Dokumente mit einer Gedankenerklärung zu Urkunden, auch im Rahmen des § 144 ZPO Eingang findet. Denn schützenswerte Kommunikation zwischen Anwalt und Mandant kann auch auf elektronischem Wege stattfinden, ebenso wie es schützenswerte Betriebs- und Geschäftsgeheimnisse auch in elektronisch gespeicherten Dokumenten gibt.

Im Rahmen der parteibetriebenen Beweisaufnahme regelt § 371 Abs. 3 ZPO die Folgen der Vereitelung einer zumutbaren Beweisaufnahme durch die Prozessparteien. War die Einnahme des Augenscheins zumutbar und hat sie die Partei dennoch vereitelt, so kann dies negativ im Rahmen der freien Beweiswürdigung gewertet werden. Es obliegt damit dem Gericht, die Zumutbarkeit der Einnahme des Augenscheins im Rahmen der freien Beweiswürdigung zu beurteilen.

5. Verfahrensrechtliche Durchsetzung

Zu klären ist ebenfalls, wie eine Mitwirkungsverpflichtung der Parteien und Dritter zur Vorlage des elektronischen Dokuments gegebenenfalls *verfahrensrechtlich* durchgesetzt werden kann. Verweigert eine Dritter die Mitwirkung unberechtigterweise, so regeln die §§ 142 Abs. 2 S. 2, 144 Abs. 2 S. 2 ZPO i. V. m. §§ 386–390 ZPO die Rechtsfolgen. Im Wege eines Zwischenstreits ist über die Mitwirkungspflicht zu entscheiden und es kann gegenüber dem Dritten Ordnungsgeld oder –haft verhängt werden. Diese Rechtsfolge gilt sowohl in der amtswegigen (§§ 142, 144 ZPO direkt) als auch in der parteibetriebenen Beweisaufnahme (Verweis in die §§ 142, 144 ZPO über die §§ 428 HS. 2, 371 Abs. 2 S. 1 Alt. 2 ZPO). Im Rahmen der Verpflichtung des Beweisgegners stellt sich folgendes Problem: Der „Schutzwall“, den § 142 ZPO a. F. mit dem enthaltenen Bezugnahmeerfordernis sowie die Regelungen des Urkundenbeweises vor unberechtigten Zugriffen des Gerichts oder des Gegners boten, ist mit der Neufassung nun weggefallen.[506] Nach dem Wortlaut des § 142 ZPO a. F. durfte die Vorlegung dem Gegner nur aufgegeben werden, wenn dieser sich auf die Urkunde bezogen hatte. In der parteibetriebenen Beweisaufnahme sind die §§ 422, 423 ZPO zu beachten, welche abschließend regeln, wann

506 *G. Wagner*, JZ 2007, 709, 716.

die Vorlage vom Gegner verlangt werden kann. Nun ist zum einen das Bezugnahmeerfordernis des § 142 ZPO aufgeweicht worden, es genügt, wenn *eine* Partei auf die Urkunde Bezug genommen hat. Zum anderen sind nach überwiegender und zutreffender Ansicht die §§ 422, 423 ZPO im Rahmen des § 142 ZPO nicht zu beachten. Dieser Schutzwall ist damit weggebrochen bzw. existierte noch nie, je nachdem ob man auch nach alter Rechtslage die Geltung der §§ 422, 423 ZPO befürwortete oder nicht.[507] Für das Augenscheinsbeweisrecht gilt entsprechendes. Die Anwendbarkeit der §§ 422, 423 ZPO war nach alter Rechtslage umstritten, nun ist sie zwar in § 371 Abs. 2 S. 2 ZPO angeordnet, gilt jedoch nicht unbeschränkt.[508] Für den Fall der unberechtigten Weigerung des Prozessgegners sieht die ZPO keine Sanktionsregelung vor. Zwar ist der Zivilprozessordnung die Verhängung von Ordnungsmitteln gegenüber Parteien nicht mehr völlig fremd, wie § 372a ZPO zeigt. Dennoch ist eine entsprechende Regelung, wie sie die §§ 142 Abs. 2 S. 2, 144 Abs. 2 S. 2 i. V. m. § 390 ZPO für Dritte vorsehen, nicht angezeigt. Es ist der ausdrückliche Wunsch des Gesetzgebers, eine Vorlage- oder Duldungsverpflichtung nicht erzwingbar zu machen, sondern die unberechtigte Verweigerung im Rahmen der Beweiswürdigung über die §§ 427, 444 ZPO bzw. § 371 Abs. 3 ZPO zu berücksichtigen.[509] Unproblematisch gilt dies im Rahmen der parteibetriebenen Beweisaufnahme. Im Rahmen der amtswegigen Beweisaufnahme werden verschiedene Lösungsansätze diskutiert. Eine Ansicht möchte § 144 Abs. 2 S. 2 i. V. m. §§ 386–390 ZPO analog anwenden, d.h. im Falle eines Streits über die Rechtmäßigkeit der Weigerung der Partei soll im Wege des Zwischenstreits entschieden werden.[510] Eine andere Ansicht lässt eine Überprüfung des Ermessens nicht isoliert, sondern nur im Rahmen der Anfechtung des gesamten Urteils zu.[511] Begründet wird dies damit, dass eine sofortige Beschwerde gem. § 567 ZPO zwar an sich

---

507 Die beiden Ansichten zu den §§ 422, 423 ZPO im Rahmen des § 142 ZPO a. F. mit jeweils weiteren Nachweisen aufzeigend *Peters*, in: MünchKommZPO, 2. Auflage 2000, § 142 Rn. 10.

508 Siehe § 6 I. 1. b) bb) (2).

509 Regierungsbegründung zum Entwurf eines Gesetzes zur Reform des Zivilprozesses, BT-Drucks. 14/4722, S. 78 f.

510 *G. Wagner*, JZ 2007, 709, 718, der dies zwar nur in Bezug auf § 142 Abs. 2 S. 2 ZPO vertritt, welchen er im Rahmen seiner Untersuchung betrachtet; Gleiches muss aber für die Parallelnorm des § 144 ZPO für das Augenscheinsbeweisrecht gelten.

511 *Krapfl/Mann*, in: FS Schütze, S. 279, 288 f.; *Kapoor*, S. 300–302.

das statthafte Rechtsmittel gegen Beschlüsse des Gerichts darstellt, jedoch liegt erstens mangels ausdrücklicher Regelung eines Beschwerderechts kein Fall des § 567 Abs. 1 Nr. 1 ZPO vor und zweitens stellt eine Anregung, von einer Anordnung nach den §§ 142, 144 ZPO abzusehen, kein Gesuch im Sinne des § 567 Abs. 1 Nr. 2 ZPO dar, denn die Entscheidung des Gerichts sei eine verfahrensleitende Maßnahme, die das Gericht im freien Ermessen und unabhängig von dem Antrag einer Partei treffe.[512] Dies gilt natürlich nur, solange kein Beweisantrag nach 371 Abs. 2 S. 1 Alt. 1 ZPO vorliegt.[513] Aber auch in der von Amts wegen erfolgten Mitwirkungsverpflichtung des Beweisgegners muss dasselbe wie in der parteibetriebenen Beweisaufnahme gelten. Das heißt, die Parteien können nicht zur Mitwirkung gezwungen werden, eine Vereitelung wird aber regelmäßig negativ gewürdigt. Zumindest für § 144 ZPO kann dies sogar am Gesetz über die Verweisung des Absatzes 3 auf die Vorschriften zum Verfahren einer auf Antrag angeordneten Augenscheinseinnahme und damit speziell auf § 371 Abs. 3 ZPO festgemacht werden.

II. Vergleich mit der Rechtslage im Urkundenbeweisrecht

1. Überblick über das Regelungskonzept und seine Änderungen

Nach alter wie nach neuer Rechtslage finden sich in den §§ 420–426 ZPO Regelungen zur Mitwirkungspflicht des Prozessgegners im Rahmen der parteibetriebenen Beweisaufnahme, in den §§ 428–431 ZPO zu der eines Dritten. § 142 Abs. 1 ZPO regelt, wann der Prozessgegner, § 142 Abs. 2 ZPO, wann ein Dritter von Amts wegen zur Vorlegung von Urkunden verpflichtet werden kann. Die §§ 427, 444 ZPO enthalten Sanktionsregelungen für den Fall, dass die Partei ihrer Mitwirkungspflicht nicht nachkommt. Die Vorschriften der §§ 420 ff. ZPO erfuhren durch das Zivilprozessreformgesetz im Jahre 2001 lediglich marginale Änderungen; eine bedeutendere Änderung erfuhr hingegen § 142 ZPO.

Im Augenscheinsbeweisrecht gab es nach alter Rechtslage bis auf den – unverändert gebliebenen – § 372a ZPO keine Regelungen zu Mitwirkungspflichten der Parteien oder Dritter sowie zu Rechtsfolgen einer Verweigerung im Rahmen der parteibetriebenen Beweisaufnahme. Für die

512 *Kapoor*, S. 300 f.; *Leipold*, in: Stein/Jonas, § 142 Rn. 43.
513 *Kapoor*, S. 302.

amtswegige Beweisaufnahme existierte auch nach alter Rechtslage die Vorschrift des § 144 ZPO, allerdings nicht im heutigen Umfang. Das Augenscheinsbeweisrecht wurde im Hinblick auf die Mitwirkungspflichten der Parteien und Dritter und Sanktionen bei Verweigerungen durch die Absätze 2 und 3 des § 371 ZPO sowie einer inhaltlichen Erweiterung des § 144 ZPO bedeutend geändert.

2. Vergleich der Mitwirkungspflichten im Urkunden- und Augenscheinsbeweisrecht nach der Rechtslage vor den Reformen im Jahr 2001

a) Parteibetriebene Beweisaufnahme bei Besitz des Beweisgegners

Im Urkundenbeweisrecht kann nach alter wie nach neuer Rechtslage der Beweisgegner zur Vorlage der beweiserheblichen Urkunde nur verpflichtet werden, wenn er dem Beweisführer nach materiellrechtlichen Vorschriften zur Vorlage verpflichtet ist (§ 422 ZPO) oder er sich selbst im Prozess auf die Urkunde bezogen hat (§ 423 ZPO). Ganz anders als im Urkundenbeweis war dies im Augenscheinsbeweisrecht bis zum Jahr 2001. Eine den §§ 422, 423 ZPO entsprechende Regelung gab es nicht. Weigerte sich der Beweisgegner ohne triftigen Grund, die zumutbare Einnahme des Augenscheins zu dulden, so konnte das Gericht hieraus in freier Beweiswürdigung auf die Wahrheit des Vorbringens des Beweisführers schließen.[514] Grenze war damit allein die Zumutbarkeit. Im Umkehrschluss bedeutete dies, dass der Beweisgegner grundsätzlich zur Mitwirkung verpflichtet war, es sei denn, es war ihm unzumutbar. Zwar war diese Sanktionsregelung vor den Reformen 2001 nicht gesetzlich normiert, – anders als heute mit § 371 Abs. 3 ZPO – jedoch allgemein anerkannt. Allen jüngeren, zum Zeitpunkt vor den Reformen 2001 bestehenden Ansichten ist gemein, dass es auf eine dem materiellen Privatrecht entsprungene Pflicht, wie sie § 422 ZPO voraussetzt, jedenfalls nicht ankommt,[515] lediglich die Begrün-

---

514 So die ganz herrschende Meinung vor den Reformen 2001, vgl. *Damrau*, in: MünchKommZPO, 2. Auflage 2000, § 371 Rn. 7; *Berger*, in: Stein/Jonas, 21. Auflage 1999, vor § 371 Rn. 39; BGH NJW 1960, 821 jeweils m. w. N.

515 BGH NJW 1960, 821; *Damrau*, in: MünchKommZPO, 2. Auflage 2000, § 371 Rn. 8; *Berger*, in: Stein/Jonas, 21. Auflage 1999, vor § 371 Rn. 39; *Steeger*, S. 180 f., 191; dies ergibt sich auch aus der Neufassung des § 371 ZPO durch Ge-

dungen dazu gingen auseinander.[516] Bereits der historische Gesetzgeber war ebenfalls dieser Ansicht, der zu § 326 CPO[517], der Erstfassung des heutigen § 371 ZPO, in seiner Begründung ausführte: „Es kann nicht zweifelhaft sein, daß die Parteien verpflichtet sind, den ihrer Verfügungsgewalt unterliegenden Streitgegenstand dem Richter zum Zwecke der Augenscheinseinnahme vorzuweisen“[518] und deshalb von einer besonderen Regelung absah. Im Übrigen reichten die Begründungen von einer aus Treu und Glauben resultierenden über eine indirekte, aus § 286 Abs. 1 ZPO fließenden, zu einer aus der analogen Anwendung der §§ 423 ff., 445 ff., 138 Abs. 1, 372a ZPO begründeten allgemeinen prozessualen Mitwirkungspflicht.[519] Ob damit umgekehrt eine allgemeine *prozessuale* Mitwirkungspflicht des Prozessgegners gegeben ist, war und ist umstritten. Dass aber damit im Umkehrschluss eine allgemeine Mitwirkungspflicht gegeben ist, woraus auch immer sie resultiert, muss bejaht werden. Denn die Grenze einer Mitwirkungspflicht ist allein das Vorliegen eines triftigen Grundes bzw. die Unzumutbarkeit.[520] Genau hierin lag nun der Vorteil des Augenscheins- gegenüber dem Urkundenbeweisrecht. Das Gericht war im Augenscheinsbeweisrecht unabhängig von zivilrechtlichen Vorlegungs- oder Duldungspflichten des Beweisgegners bei dessen Weigerung zur zumutbaren Mitwirkung zur freien Würdigung dieses Umstandes berechtigt. Ohne das Kind beim Namen zu nennen, war es also die allgemeine Meinung, dass im Augenscheinsbeweisrecht eine allgemeine

---

setz zur Anpassung der Formvorschriften des Privatrechts und anderer Vorschriften an den modernen Rechtsgeschäftsverkehr vom 13.7.2001 (FormVAnpG), BGBl. 2001 I, S. 1542, 1543, das in seinem S. 2 die Geltung der §§ 422 bis 432 ZPO nur für elektronische Dokumente vorsah und dies laut der Gesetzesbegründung auch nur für elektronische Dokumente und nicht alle Augenscheinsobjekte gelten sollte; Regierungsbegründung zum Entwurf eines Gesetzes zur Anpassung der Formvorschriften des Privatrechts und anderer Vorschriften an den modernen Rechtsgeschäftsverkehr, BT-Drucks. 14/4987, S. 25.

516 Eine Übersicht findet sich bei *Damrau*, in: MünchKommZPO, 2. Auflage 2000, § 371 Rn. 8 und bei *Steeger*, S. 174 ff.

517 Fast gleichlautend mit § 371 Abs. 1 S. 1 ZPO: „Die Antretung des Beweises durch Augenschein erfolgt durch die Bezeichnung des Gegenstandes des Augenscheins und durch die Angabe der zu beweisenden Thatsachen“; *Hahn/Stegemann*, Materialien, Band 2/1, S. 43.

518 *Hahn/Stegemann*, Materialien, Band 2/1, S. 308.

519 Vgl. ausführlich *Steeger*, S. 174 ff.

520 Beispiele finden sich bei *Damrau*, in: MünchKommZPO, 2. Auflage 2000, § 371 Rn. 9.

Mitwirkungspflicht des Beweisgegners bis zur Grenze der Zumutbarkeit gegeben ist, die sodann als Fall der Beweisvereitelung behandelt wurde.[521]

b) Beweisaufnahme von Amts wegen bei Besitz des Beweisgegners

Mittlerweile unstreitig anerkannt war nach der alten Rechtslage, dass die Anordnung einer Vorlage der Urkunde oder des Augenscheinsobjekts oder die Duldung der Einnahme des Augenscheins sowohl zur Klärung unstreitigen Sachverhalts (Aufklärung) als auch streitigen Sachverhalts (Beweis) zulässig war.[522] Zum Problem der beiden aufeinandertreffenden Maximen (Verhandlungs- und Untersuchungsmaxime) wurde ausgeführt, eine Kombination der beiden brauche nicht zu befremden, da sie lediglich abstrakte Modelle darstellten.[523] Die Anordnung einer Maßnahme nach den §§ 142, 144 ZPO stand im pflichtgemäßen Ermessen des Gerichts.[524] Das Erfordernis der Bezugnahme der vorlegungsverpflichteten Partei war nach ganz überwiegender Meinung als fortgefallen zu betrachten, weil es auch nach der Regelung des § 273 Abs. 2 Nr. 1 ZPO a. F.[525] nicht erforderlich war.[526] Umstritten war allerdings (auch) nach alter Rechtslage, ob die Anordnung nach § 142 ZPO gegenüber dem Beweisgegner nur bei Vorliegen der Voraussetzungen der §§ 422, 423 ZPO ergehen konnte oder ob dies durch die Anerkennung einer allgemeinen prozessualen Mitwirkungspflicht nicht erforderlich war.[527] Im Augenscheinsbeweisrecht gibt es kaum Ausführungen dazu, ob und welche zusätzlichen Voraussetzungen zu beachten sind. Nach *Leipold* käme auch eine Anordnung nach § 144 ZPO nicht in Be-

---

521 Zu diesem Ergebnis kommt auch *Kapoor*, S. 43.

522 Vgl. nur *Peters*, in: MünchKommZPO, 2. Auflage 2000, §§ 142–144 Rn. 1 m. w. N.

523 *Peters*, in: MünchKommZPO, 2. Auflage 2000, §§ 142–144 Rn. 2.

524 *Peters*, in: MünchKommZPO, 2. Auflage 2000, §§ 142–144 Rn. 3 mit Beispielen in den Rn. 4 und 5.

525 In der bis zum 31.12.2001 geltenden Fassung; § 273 ZPO wurde geändert durch das Gesetz zur Reform des Zivilprozesses vom 27.7.2001 (ZPO-RG), BGBl. 2001 I, S. 1887.

526 *Peters*, in: MünchKommZPO, 2. Auflage 2000, §§ 142–144 Rn. 11; *Leipold*, in: Stein/Jonas, 21. Auflage 1994, § 142 Rn. 2 m. w. N. auch zur a. A.

527 Eine Anwendung der §§ 422, 423 ZPO befürworten *Leipold*, in: Stein/Jonas, 21. Auflage 1994, § 142 Rn. 3; *Schreiber*, S. 78, 86; a. A. wohl *Peters*, in: MünchKommZPO, 2. Auflage 2000, §§ 142–144 Rn. 10.

tracht, wenn ein entsprechender Antrag der Partei abzulehnen wäre.[528] Da aber auch im Rahmen der parteibetriebenen Beweisaufnahme eine Mitwirkungsverpflichtung des Gegners ohne materiellrechtlichen Anspruch des Beweisführers möglich war, so muss dies (erst recht) für die amtswegige Beweisaufnahme gelten.

c) Parteibetriebene Beweisaufnahme bei Besitz eines Dritten

Im Urkundenbeweisrecht kann der Dritte nur „aus denselben Gründen wie der Gegner des Beweisführers" zur Vorlage verpflichtet werden (§ 429 ZPO a. F. und n. F.). Das bedeutet, dem Beweisführer muss auch gegenüber dem Dritten ein materiellrechtlicher Anspruch zustehen oder der Dritte muss auf die Urkunde Bezug genommen haben.[529] Die Durchsetzung erfolgte auch nach alter Rechtslage durch ein Editionsverfahren (§§ 428–431 ZPO).

Im Augenscheinsbeweisrecht gab es nach alter Rechtslage keine den §§ 428–431 ZPO entsprechenden Regelungen. Wenn dem Beweisführer jedoch ein materiellrechtlicher Anspruch gegenüber dem Dritten zustand, so konnte er freilich eine selbständige Klage und Zwangsvollstreckung durchführen.[530] Um den Hauptprozess so lange anzuhalten und eine Frist zur Durchsetzung zu bestimmen, wurde nach alter Rechtslage entweder § 431 ZPO entsprechend angewandt oder die Fristbestimmung sollte sich nach § 356 ZPO richten.[531]

d) Beweisaufnahme von Amts wegen bei Besitz eines Dritten

Jedenfalls § 142 ZPO a. F. enthielt nach alter Rechtslage keine Möglichkeit, die jeweilige Anordnung auch gegenüber einem prozessfremden Dritten zu erlassen, er war seinem Wortlaut nach nur für Parteien anwendbar. Ausführungen zu einer möglichen entsprechenden Anwendung gibt es

---

528 *Leipold*, in: Stein/Jonas, 21. Auflage 1994, § 144 Rn. 3.
529 *Schreiber*, in: MünchKommZPO, 2. Auflage 2000, § 429 Rn. 1.
530 Vgl. ausführlich *Jankowski*, NJW 1997, 3347, 3349 f.
531 Eine entsprechende Anwendung des § 431 ZPO befürwortete etwa *Damrau*, in: MünchKommZPO, 2. Auflage 2000, § 371 Rn. 10; für § 356 ZPO sprach sich *Berger*, in: Stein/Jonas, 21. Auflage 1999, § 371 Rn. 35 aus.

nicht. Nicht ganz so eindeutig ist es bei § 144 ZPO a. F., der seinem Wortlaut nach nicht auf Parteien beschränkt war. Ob er aber damit auch die Anordnung der Einnahme eines Augenscheins gegenüber einem Dritten erlaubt, oder vielmehr entsprechend § 142 ZPO a. F. einschränkend auszulegen ist, kann jedoch nicht eindeutig geklärt werden.[532]

3. Vergleich der Mitwirkungspflichten im Urkunden- und Augenscheinsbeweisrecht nach aktueller Rechtslage

Für die Fälle des Besitzes des Beweisgegners gibt es im Urkundenbeweisrecht weder in der parteibetriebenen noch in der amtswegigen Beweisaufnahme nennenswerte Neuerungen. Im Augenscheinsbeweisrecht hingegen gibt es einige Neuerungen. Nach § 371 Abs. 2 S. 2 ZPO sind die §§ 422–426 ZPO entsprechend anzuwenden. Das bedeutet zum einen, dass nun ausdrücklich die Anforderungen an den Beweisantrag des Beweisführers geregelt sind (§§ 424, 425 ZPO); zum anderen, dass entgegen der bisherigen Handhabung der Beweisgegner nur unter den Voraussetzungen der §§ 422, 423 ZPO zur Mitwirkung verpflichtet werden kann. Die §§ 422, 423 ZPO gelten dabei aber nur für elektronische Dokumente; für sonstige Augenscheinsobjekte sind die §§ 422, 423 ZPO hingegen keine Voraussetzung. § 371 Abs. 2 S. 1 ZPO ist einschränkend auszulegen, er findet für die Fälle des Besitzes des Beweisgegners keine Anwendung. § 371 Abs. 3 ZPO regelt nun ausdrücklich die bereits nach alter Rechtslage so anerkannten Rechtsfolgen einer unberechtigten Weigerung des Beweisgegners an der Mitwirkung. Er ist dabei *lex specialis* zu § 427 ZPO; der Verweis des § 371 Abs. 2 S. 2 ZPO auf die §§ 422 ff. ZPO gilt daher nicht für § 427 ZPO.

Hat ein Dritter das Augenscheinsobjekt oder die Urkunde in Besitz, so gibt es in den Vorschriften der §§ 142, 144 ZPO zur amtswegigen Beweisaufnahme entscheidende Neuerungen. Erstmals ist es dem Gericht gestattet, auch von Amts wegen einem Dritten die Vorlegung des Augenscheinsobjekts oder der Urkunde bzw. die Duldung der Inaugenscheinnahme aufzugeben. Im Rahmen der parteibetriebenen Beweisaufnahme wurde in § 428 HS. 2 ZPO dem Beweisführer die zusätzliche Möglichkeit geschaf-

532 Lediglich bei *Berger* findet sich ein Hinweis auf eine weite Auslegung, allerdings unter dem Punkt der Rechtsfolgen bei einer Weigerung des Dritten, *Berger*, in: Stein/Jonas, 21. Auflage 1999, § 371 Rn. 44.

fen, einen Dritten auch über die Beantragung einer Anordnung nach § 142 ZPO zur Vorlage der Urkunde verpflichten zu können. Entsprechend des Vorbilds des § 428 ZPO sieht § 371 Abs. 2 S. 1 ZPO dieselben beiden Möglichkeiten auch im Augenscheinsbeweisrecht vor.

4. Fazit

Der Hauptunterschied der beiden Beweismittel lag nun also darin, dass im Urkundenbeweisrecht der Beweisgegner und ein Dritter jedenfalls im Rahmen der parteibetriebenen Beweisaufnahme nur unter den Voraussetzungen der §§ 422, 423 ZPO zur Vorlage der Urkunde verpflichtet werden konnten, während im Augenscheinsbeweisrecht eine Anwendung der § 422, 423 ZPO nicht vorausgesetzt wurde. Anders gewendet, konnte das Gericht im Rahmen des Urkundenbeweisrechts eine Beweisvereitelung des Beweisgegners oder eines Dritten nur dann frei würdigen, wenn der Beweisgegner nach den §§ 422 und 423 ZPO zur Mitwirkung verpflichtet war, im Augenscheinsbeweisrecht hingegen immer, solange die Augenscheinseinnahme zumutbar war und kein triftiger Grund für die Weigerung gegeben war. Insofern war das Argument *Englischs* überzeugend, im Falle einer Beweisvereitelung durch den Beweisgegner sei die Rechtslage beim Augenschein für den Beweisführer günstiger. Jedenfalls für elektronische Dokumente mit Erklärungsinhalt beansprucht dieses Argument heute jedoch keine Geltung mehr – § 371 Abs. 2 S. 2 ZPO ordnet die entsprechende Anwendung der §§ 422, 423 ZPO an.

III. Zusammenfassung

Die Vorschriften einer Vorlage- bzw. Mitwirkungsverpflichtung des Beweisgegners und Dritter wurden im Augenscheinsbeweisrecht umfassend reformiert. Als maßgeblichen Anstoß kann man das elektronische Dokument betrachten, das in den Ablauf des Zivilprozesses integriert werden sollte. Jedenfalls hinsichtlich elektronischer Dokumente mit Erklärungsinhalt wurde eine Angleichung an die Rechtslage im Urkundenbeweisrecht geschaffen. Diese ist begrüßenswert, denn vor allem die Unsicherheiten hinsichtlich einer entsprechenden Anwendbarkeit der §§ 422, 423 ZPO wurden mit § 371 Abs. 2 S. 2 ZPO beseitigt.

Nicht nachgekommen ist der Gesetzgeber dabei aber dem Wunsch der Normierung eines Auskunftsanspruchs auf Erteilung notwendiger Systeminformationen zur Beurteilung des Beweiswerts des elektronischen Dokuments.[533] Das Hauptproblem der Beweisführung mit elektronischen Dokumenten liegt darin, wie der Beweis der Echtheit gelingen kann.[534] Die Problematik des geringen Beweiswerts einfacher elektronischer Dokumente war dabei sehr wohl bekannt, denn § 292a ZPO wurde ebenfalls im Zuge der Reformen im Jahre 2001 durch das Formvorschriftenanpassungsgesetz[535] neu eingefügt. § 292a ZPO sollte dabei dazu dienen, dem Beweisführer die Beweisführung mit einem signierten elektronischen Dokument zu erleichtern, indem ein Anscheinsbeweis für die Echtheit dessen normiert wurde. Der Gesetzgeber hat sich damit für die Lösung der Beweisproblematik durch den Einsatz von Signaturverfahren entschieden und nicht durch die Normierung eines Auskunftsanspruchs gegenüber dem Beweisgegner oder Systembetreiber zur Erteilung von Auskünften über die notwendigen Systeminformationen, um die Echtheit des elektronischen Dokuments feststellen zu können.[536]

§ 7 Der Beweiswert einfacher elektronischer Dokumente

I. Grundsatz der freien Beweiswürdigung

Die §§ 371a, 371b ZPO enthalten Bestimmungen über die Beweiskraft elektronischer Dokumente. Für einfache, private und originäre elektronische Dokumente gelten diese Normen jedoch nicht. Mangels besonderer Bestimmung über die Beweiskraft in § 371 ZPO gelten für sie, ebenso wie für alle Augenscheinsobjekte, die allgemeinen Beweisgrundsätze. Die beweisbelastete Partei hat damit für alle streitigen Behauptungen den vollen Beweis zur Überzeugung des Gerichts, das in seiner Würdigung frei ist, zu erbringen (§ 286 Abs. 1 ZPO).

---

533 Eine prozessrechtliche Regelung hat *Englisch*, S. 77 f. vorgeschlagen; siehe dazu § 3 II. 1. d). und § 5 I. 1. c).

534 So bereits im Jahr 1997 *Rüßmann*, in: Informationsbeschaffung für den Zivilprozess, S. 151; siehe § 3 II. 1. c).

535 Gesetz zur Anpassung der Formvorschriften des Privatrechts und anderer Vorschriften an den modernen Rechtsgeschäftsverkehr, BGBl. 2001 I, S. 1542, 1543.

536 Siehe zu den verschiedenen Lösungsmöglichkeiten einer Beweiserleichterung für den Beweis der Echtheit eines elektronischen Dokuments § 7 II.

Streitig können Integrität, Authentizität, Abgabe oder der Zugang eines elektronischen Dokuments sein. Es ist dabei jeweils zu unterscheiden, welche Partei die Beweislast trägt. Möchte der Aussteller selbst sich zum Beweis einer ihm günstigen Tatsache auf das entsprechende elektronische Dokument berufen, so trägt er im Bestreitensfalle die Beweislast für die streitigen Tatsachen. Möchte der Empfänger mit dem in seiner Verfügungsgewalt befindlichen elektronischen Dokument eine für sich günstige Tatsache beweisen, so ist er beweisbelastet.

Es sind verschiedene Möglichkeiten denkbar, wie ein elektronisches Dokument gespeichert oder an den Empfänger übermittelt werden kann. Gespeichert werden kann ein elektronisches Dokument auf jedem elektronischen Speichermedium, sei es die Festplatte oder ein externer Speicher (USB-Stick, CD, DVD, Cloud etc.). Der Aussteller kann es dem Empfänger entweder durch Aushändigung eines Datenträgers (USB-Stick, CD, etc.) oder über einen elektronischen Kommunikationsweg (E-Mail, SMS, MMS, App-Erklärung, soziales Netzwerk) übermitteln. Das Hauptproblem eines einfachen elektronischen Dokuments liegt darin, dass man ihm nachträgliche Veränderungen nicht ansieht, geschweige denn, von wem es tatsächlich stammt. Auch auf dem Speichermedium kann das geänderte elektronische Dokument neu gespeichert worden sein, sodass auch dieses als Beweismittel regelmäßig ausscheidet. Dem Beweisführer wird der Beweis der Integrität und Authentizität deshalb im Bestreitensfalle kaum gelingen. Auch der Beweis des Zugangs dieses elektronischen Dokuments wird ihm in aller Regel schwerfallen. Um ihm die Beweisführung zu vereinfachen, werden deshalb verschiedene Beweiserleichterungen diskutiert.

II. Instrumente zur Erleichterung der Beweisführung mit einfachen elektronischen Dokumenten

1. Entsprechende Anwendung einzelner Regelungen des Urkundenbeweisrechts

Diskutiert wird eine Gleichstellung elektronischer Dokumente mit Urkunden aus dem Argument, es dürfe zu keinem Beweisverlust kommen.[537]

537 *Lampe*, NJW 1970, 1097, 1100; *von Sponeck*, CR 1991, 269, 270; der Frage zumindest offen gegenüberstehend *Bergmann/Streitz*, CR 1994, 77, 79; *Stadler*, ZZP 2002, 413, 430 f.; siehe § 3 II.

Kein Beweisverlust träte ein, wenn die Vorschriften der §§ 416, 439 f. ZPO auf elektronische Dokumente entsprechend anwendbar wären.[538] Sie sehen besondere Beweisregelungen für Urkunden vor, die es im Augenscheinsbeweisrecht nicht gibt. Es ist zu prüfen, ob sich eine entsprechende Anwendung lohnt und ob diese gerechtfertigt ist.

a) Beweiskraftregel des § 416 ZPO

Zur Veranschaulichung, wann eine analoge Anwendung des § 416 ZPO relevant werden könnte, folgendes Beispiel:[539] der Absender einer E-Mail behauptet, er habe den fertig verfassten Text eigentlich löschen wollen, aber stattdessen den Befehl zum Absenden der E-Mail ausgelöst. Nach den allgemeinen Regeln des Augenscheinsbeweises hätte der Empfänger diese Behauptung zu widerlegen, er trägt die Beweislast für die ihm günstige Tatsache der Abgabe der Erklärung. Anders könnte dies bei Anwendung des § 416 ZPO liegen, welcher die Abgabe der Erklärung als bewiesen ansieht und damit für den Empfänger eine Beweiserleichterung darstellt.

Nach § 416 ZPO begründet eine echte, unterschriebene oder mittels notariell beglaubigten Handzeichens unterzeichnete Urkunde vollen Beweis dafür, dass die in ihr enthaltenen Erklärungen abgegeben sind. § 416 ZPO wird als formelle Beweiskraftregel[540] bezeichnet. Das bedeutet, sofern die Voraussetzungen gegeben sind, tritt die angeordnete Rechtsfolge ein und der Grundsatz der freien Beweiswürdigung wird insoweit eingeschränkt.[541] Die Rechtsfolge des § 416 ZPO, der Beweis der Abgabe der

---

538 Vgl. *Britz*, S. 136.

539 Dieses leicht abgewandelte Beispiel ist *Borges*, S. 474 entnommen.

540 BGHZ 65, 300 = NJW 1976, 294; *Geimer*, in: Zöller, Vor § 415 Rn. 6, § 416 Rn. 9.

541 Von *Britz* in Frage gestellt: eine Beschränkung der freien Beweiswürdigung liege nur vor, wenn der Richter gezwungen würde, die Wahrheit von Tatsachen festzustellen, ohne zugleich davon überzeugt zu sein. Dies sei aber bei der Beweisregel des § 416 ZPO nicht der Fall. Als widerlegliche Beweisregel treffe sie allein eine Regel zur Beweislastverteilung, ohne Aussage über die Wahrheit der Tatsache. Es werde lediglich die Beweisbedürftigkeit der Tatsache ausgeschlossen. Dasselbe gelte für unwiderlegliche Beweisregeln: sie korrigierten lediglich rechtliche Tatbestände, ohne Aussagen über die Wahrheit der zugrundeliegenden Tatsache zu treffen. Wo eine solche Aussage aber nicht getroffen werde, könne auch die Frei-

in der Urkunde enthaltenen Erklärungen wird damit der richterlichen Würdigung entzogen. Diese Beweiskraftregel ist dabei nur formeller Natur und soll keine weitergehende Auswirkung im materiellen Recht haben, als dass nur die Abgabe der Erklärung feststeht.[542] Nicht bewiesen sind damit beispielsweise der Zugang oder die materiellrechtlichen Folgen einer abgegebenen Willenserklärung, ebenso wenig erstreckt sich die Beweiskraft auf inhaltliche Angaben oder Begleitumstände wie Zeit und Ort der Abgabe der Erklärung.

Nicht ganz unumstritten ist hingegen, was der Beweis der Abgabe der Erklärung genau umfasst. Die *Abgabe* kann drei Bedeutungen umfassen: einmal die Abgabe im Sinne der *Urheberschaft*, das heißt, es stünde fest, dass der Aussteller diese Erklärung niedergeschrieben bzw. errichtet hat; zum zweiten kann es die Abgabe *im Sinne des § 130 BGB*[543] bedeuten und drittens sogar die *willentliche* Entäußerung in den Rechtsverkehr[544] umfassen.

Im Folgenden soll zunächst die Beweiswirkung des § 416 ZPO hinsichtlich der *Abgabe* geklärt werden. Sodann wird auf die Frage eingegangen, ob § 416 ZPO nur für Willens- oder auch für Wissenserklärungen gilt, bevor abschließend die Frage geklärt wird, ob die Voraussetzungen einer Analogie gegeben sind.

aa) Regelungsinhalt des § 416 ZPO

Bei der Bestimmung des Regelungsinhalts des § 416 ZPO sind zwei Fragen zu beantworten. Zum einen, was der Beweis der „Abgabe" der Erklä-

---

heit der Beweiswürdigung zur Bestätigung dieser Annahmen nicht berührt sein; *Britz*, ZZP 110 (1997), 61, 66 f., 76 ff., 90.

542 Vgl. nur BGH NJW 1990, 2125; *Schreiber*, in: MünchKommZPO § 416 Rn. 9 m. w. N.

543 *Britz*, S. 152 ff., 180, 210, 265 Ziff. 14; wohl auch *Englisch*, S. 29, denn auch sie möchte die Willentlichkeit ausgeschlossen sehen; aufgeworfen, aber abgelehnt bei *Ahrens*, Kap. 26 Rn. 56.

544 So die überwiegende Meinung: *Schreiber*, in: MünchKommZPO, § 416 Rn. 9; *Preuß*, in: Prütting/Gehrlein, § 416 Rn. 17; *Rosenberg/Schwab/Gottwald*, § 119 Rn. 25; *Geimer*, in: Zöller, § 416 Rn. 9; *Berger*, in: Stein/Jonas, § 416 Rn. 10; *Ahrens*, Kap. 26 Rn. 56; wohl auch *Hartmann*, in: Baumbach/Lauterbach, § 416 Rn. 7 und *Huber*, in: Musielak/Voit, § 416 Rn. 3, die beide auf den BGH verweisen: BGH NJW–RR 2003, 384, 385; BGH NJW–RR 2006, 847, 848; BGH NJW 2013, 3306, 3308.

rung bedeutet und zum anderen, ob die Vorschrift nur für in der Urkunde enthaltene Willens- oder auch für Wissenserklärungen gilt.

(1) Beweis der Abgabe

(a) Standpunkte in Literatur und Rechtsprechung

Die erste mögliche Bedeutung, der alleinige Beweis der Urheberschaft, wird in der Literatur einhellig abgelehnt.[545] Folge dieser Ansicht wäre, dass die Beweiskraftregel des § 416 ZPO keinen eigenen Regelungsgehalt entfalten würde, weil die Rechtsfolge, die Feststellung der Urheberschaft, bereits Tatbestandsvoraussetzung ist. Nur eine echte Urkunde kann die Beweisregel des § 416 ZPO entfalten und Echtheit bedeutet, dass die Urkunde von dem behaupteten Aussteller stammt, d.h. die Urheberschaft ist mit der Echtheit bereits bewiesen. Der Tatbestand wäre also zugleich die Rechtsfolge.

Der Unterschied zwischen den beiden weiteren möglichen Bedeutungen bedarf noch einmal genauerer Erläuterung. Nach überwiegender Ansicht umfasst die Beweisregel des § 416 ZPO nicht nur die Urheberschaft und das Inverkehrbringen der Erklärung, sondern auch die Willentlichkeit derselben. Der BGH bezeichnet dies auch als „Begebung".[546] Der Umstand, dass der Aussteller die Erklärung willentlich in den Verkehr gebracht hat, soll somit bei Vorliegen der Voraussetzungen des § 416 ZPO (echte, unterschriebene bzw. mittels notariell beglaubigten Handzeichens unterzeichnete Urkunde) bewiesen und somit der freien richterlichen Beweiswürdigung entzogen sein. Nach anderer Ansicht umfasse § 416 ZPO nur die *Abgabe im Sinne des § 130 BGB*, nicht aber die *Willentlichkeit* der Inverkehrgabe, um materiellrechtliche Einwände nicht prozessual abzuschneiden.[547] Mögliche Einwände, die im Rahmen des § 130 BGB geprüft würden, wie der Aussteller habe den Text nicht gelesen oder verstanden, es handele sich lediglich um einen Entwurf und die Erklärung sei nicht willentlich in den Verkehr gebracht worden, seien bei Vorliegen der Voraussetzungen des § 416 ZPO ausgeschlossen.[548] Diese Einwände könnten aber weiterhin

545 *Berger*, in: Stein/Jonas, § 416 Rn. 11; *Britz*, S. 146 f.; *Englisch*, S. 29.

546 BGH NJW–RR 2003, 384.

547 *Britz*, S. 161, 225 f., 236 f.

548 *Britz*, S. 226.

prozessual anderweitig, etwa beim Gegenteilsbeweis gegen die Echtheit der Urkunde oder aber materiellrechtlich, etwa im Rahmen der Prüfung der Wirksamkeit der Erklärung (Anfechtung wegen Erklärungsirrtums), vorgebracht werden.[549] *Britz* sieht also den Unterschied zwischen seiner Ansicht und der herrschenden Meinung darin, dass mit § 416 ZPO dem Aussteller lediglich der Einwand abgeschnitten werde, er habe die in der vorgelegten Urkunde verkörperte Erklärung nicht abgegeben.[550] Dies nähme ihm aber nicht die Möglichkeit, die als abgegeben fingierte Erklärung anzufechten. Für andere materiellrechtliche Tatbestände als der Abgabe im Sinne des § 130 BGB hätte § 416 ZPO keine Auswirkung. Er unterstellt dabei der herrschenden Meinung, den Einwand, die Erklärung nicht willentlich in den Verkehr gebracht zu haben, prozessual komplett abzuschneiden.[551] Insbesondere die Anfechtung wegen *abhandengekommener Willenserklärung* wäre danach materiellrechtlich nicht mehr prüfbar und es dürfte auch kein Anfechtungsgrund bejaht werden, weil die Willentlichkeit gerade feststehe. Er geht aber hierbei von der unzutreffenden Ansicht aus, die Vertreter dieser Ansicht ließen keinen Gegenbeweis oder Beweis des Gegenteils zu.[552] Er sieht diesen auch mangels den §§ 415 Abs. 2, 418 Abs. 2 ZPO entsprechender Regelungen selbst für unzulässig an.[553]

Uneinheitlich ist im Rahmen der herrschenden Meinung zwar die Begriffsverwendung („Gegenbeweis", „Beweis des Gegenteils" oder „Gegenteilsbeweis")[554] und auf den ersten Blick auch das Meinungsspektrum zum Umfang des Gegenbeweises im weiteren Sinn, d.h. ob ein Hauptbeweis geführt werden muss oder die bloße Erschütterung der Überzeugung genügt, nicht aber der Umstand, dass ein Gegenbeweis im weiteren Sinn zulässig ist.[555] Die Zulässigkeit wird dabei auf eine Analogie zu § 415

---

549 *Britz*, S. 226.

550 *Britz*, S. 157 f.

551 *Britz*, S. 152 f.

552 *Britz*, S. 141; er zitiert dabei aber nur *Schreiber*, in: MünchKommZPO, § 416 Rn. 10 (jetzt: Rn. 11), der dies auch vertritt.

553 *Britz*, S. 152.

554 BGH NJW-RR 2006, 848, 848 spricht vom *Gegenbeweis*, aber auch von einem Beweis im Sinne des § 292 ZPO, der technisch ein *Beweis des Gegenteils* ist; nicht ganz eindeutig auch *Berger*, in: Stein/Jonas, § 416 Rn. 10; siehe § 2 I. 3.

555 Einen Hauptbeweis, d.h. einen Beweis des Gegenteils, fordern *Ahrens*, Kap. 26 Rn. 56, 79; *Geimer*, in: Zöller, § 416 Rn. 9; *Preuß*, in: Prütting/Gehrlein, § 416 Rn. 20; *Huber*, in: Musielak/Voit, § 416 Rn. 3; BGH NJW-RR 2006, 847, 848;

Abs. 2 ZPO gestützt,[556] welcher einen Beweis des Gegenteils, also einen Hauptbeweis, erfordere.[557] Anderer Ansicht ist *Schreiber*, der nun die Ansicht vertritt, dass der „Beweis“ gegen die Beweisregel der §§ 415, 416 ZPO nur ein Gegenbeweis sein könne.[558] Die Beweisregeln der §§ 415 ff. ZPO seien keine gesetzlichen Vermutungen im Sinne des § 292 ZPO, sondern tatsächliche Vermutungen, da sie Erfahrungssätze repräsentierten und damit seien sie dem Gegenbeweis zugänglich. Jedoch seien die an den Gegenbeweis zu stellenden Anforderungen höher als sonst, denn der Richter sei durch die Anordnung des vollen Beweises (durch die §§ 415 Abs. 1, 416 ZPO) daran gehindert, bloßen Zweifeln an der formellen Richtigkeit Raum zu geben. Daher seien die Anforderungen genauso hoch wie bei einem Hauptbeweis. Es sei aber nicht von den Anforderungen auf die Beweisart zu schließen, sondern es seien lediglich die Anforderungen an den Gegenbeweis in diesem Fall höher als sonst. Im Ergebnis verfährt er damit, als wenn es sich um einen Beweis des Gegenteils handele. *Ahrens* führt dagegen an, § 415 Abs. 1 ZPO sei zwar keine gesetzliche Vermutung im Sinne des § 292 ZPO, weil das Beweismittel der Parteivernehmung (§ 292 S. 2 ZPO) nicht zulässig sei (§ 445 ZPO).[559] Dennoch verlange § 415 Abs. 2 ZPO einen Hauptbeweis, weshalb es sich um einen Beweis des Gegenteils handele. Er sei aber auch keine tatsächliche Vermutung, die Ansicht *Schreibers* sei daher inkonsequent.

Es stellt sich nun noch die Frage der Zulässigkeit des Beweises des Gegenteils auch im Rahmen des § 416 ZPO trotz Fehlens einer den §§ 415 Abs. 2 und 418 Abs. 2 ZPO entsprechenden Regelung. Dagegen wird gerade das Fehlen einer solchen Regelung angeführt.[560] Auch sei eine solche nur bei den öffentlichen Urkunden gerechtfertigt, weil die Einschaltung einer Urkundsperson bei öffentlichen Urkunden die Möglichkeit einer

---

BGH NJW 2013, 3306; a. A. *Schreiber*, in: MünchKommZPO, § 416 Rn. 11, § 415 Rn. 30, der im Beweis der unrichtigen Beurkundung nach § 415 Abs. 2 ZPO einen Gegenbeweis sieht, für den die bloße Erschütterung der Überzeugung genüge; deswegen wäre nach seiner Ansicht auch ein Beweis gegen die formelle Beweiskraft des § 416 ZPO ein Gegenbeweis, wenn er denn zulässig wäre.

556 BGH NJW-RR 2006, 847, 848; *Ahrens*, in: Wieczorek/Schütze, § 416 Rn. 18, 33; *Huber*, in: Musielak/Voit, § 416 Rn. 3.

557 *Ahrens*, in: Wieczorek/Schütze, § 415 Rn. 34 f.

558 *Schreiber*, in: MünchKommZPO, § 416 Rn. 11, § 415 Rn. 30.

559 *Ahrens*, in: Wieczorek/Schütze, § 415 Rn. 35 f..

560 *Schreiber*, in: MünchKommZPO, § 416 Rn. 11; *Huber*, in: Musielak/Voit, § 416 Rn. 3.

Falschbeurkundung erhöhe.[561] Der BGH führt zu diesem Streit überzeugend aus, dass aus dem Fehlen einer entsprechenden Regelung nicht der Schluss gezogen werden könne, den Beweis des Gegenteils bei § 416 ZPO für nicht zulässig anzusehen.[562] Zum ersten stelle sich die im Rahmen des § 416 ZPO auftretende Frage nach dem Abhandenkommen einer Urkunde bei öffentlichen Urkunden nicht, da diese sich üblicherweise in amtlicher Verwahrung befänden. Weiter könne dem gesetzgeberischen Willen nicht entnommen werden, den Beweis des Gegenteils im Rahmen des § 416 ZPO nicht zuzulassen. Die Einfügung des § 415 Abs. 2 ZPO[563] sollte vielmehr der Klarstellung dahingehend dienen, den Beweis des Gegenteils bei öffentlichen Urkunden ausdrücklich zuzulassen.[564] § 416 ZPO beziehe seine Berechtigung zudem daraus, dass es sich um eine echte Urkunde handele. Bezüglich der Echtheit stehe dem Aussteller die Möglichkeit zu, diese zu bestreiten und damit die Beweislast dem Gegner aufzuerlegen (§§ 439, 440 ZPO). Erst wenn die Echtheit feststehe, komme § 416 ZPO zum Tragen. Der Aussteller, dem eine echte Urkunde abhandengekommen ist, sehe sich hingegen ohne weiteres der formellen Beweiskraft des § 416 ZPO ausgesetzt, ohne einer den §§ 439, 440 ZPO entsprechenden Möglichkeit. Für eine unterschiedliche Behandlung in den Beweisgrundsätzen einer Partei, die das Abhandenkommen vorträgt mit einer Partei, die die Übereinstimmung des Urkundeninhalts mit ihrem tatsächlichen Willen bestreitet, sei kein sachlicher Grund ersichtlich.

(b) Würdigung

Es bleibt zu klären, ob der Weg über die Ansicht, § 416 ZPO beweise das willentliche Inverkehrbringen der Erklärung, es sei aber der Beweis des Gegenteils zulässig, oder der über die Ansicht, § 416 ZPO beweise nur die Abgabe der Erklärung im Sinne des § 130 BGB vorteilhafter ist oder ob nicht beide Ansichten beweisrechtlich zum selben Ergebnis führen. Zur Lösung dieser Fragestellung muss zunächst noch ein Blick auf die jeweilige Beweislastverteilung nach beiden Möglichkeiten geworfen werden. Dies soll anhand des Beispiels einer *abhandengekommenen Willenserklä-*

---

561 *Schreiber*, in: MünchKommZPO, § 416 Rn. 11.
562 BGH NJW–RR 2006, 847, 848 Rn. 16–19.
563 Erstmalig durch § 367 CPO.
564 Siehe dazu *Hahn/Stegemann*, Materialien, Band 2/1, S. 322.

rung geschehen.[565] Das Abhandenkommen wird relevant bei einer Erklärungsabgabe unter Abwesenden. Für die Wirksamkeit der Willenserklärung sind Abgabe und Zugang derselben erforderlich (§ 130 Abs. 1 S. 1 BGB). Diese beiden Punkte wären im Rahmen der materiellrechtlichen Prüfung zu klären. Für die Tatsache der Abgabe der Willenserklärung kommt nun § 416 ZPO ins Spiel. Ist die Urkunde echt, so greift die Rechtsfolge des § 416 ZPO ein. Folgt man der herrschenden Meinung, so ist mit § 416 ZPO die willentliche Inverkehrgabe bewiesen, d.h. unabhängig vom tatsächlichen Abhandenkommen der Willenserklärung gilt diese als abgegeben, das Abhandenkommen ist also zunächst irrelevant. Die bloße Behauptung des Abhandenkommens genügt zur Widerlegung nicht. Erst auf der zweiten Stufe, im Rahmen des Beweises des Gegenteils, kann der Aussteller das Abhandenkommen geltend machen. Der Aussteller trägt nach dieser Lösung die Beweislast für das Abhandenkommen, er muss den vollen Beweis dafür erbringen. Folgt man hingegen der Auffassung *Britz'*, so ist mit § 416 ZPO die Abgabe der Willenserklärung im Sinne des § 130 BGB bewiesen, nicht aber die Willentlichkeit. Zwar umfasst die Abgabe der Erklärung bei empfangsbedürftigen Willenserklärungen auch die Willentlichkeit der Inverkehrgabe,[566] d.h. auch diese wäre bei empfangsbedürftigen Willenserklärungen mit § 416 ZPO bewiesen. Im Fall der abhandengekommenen Willenserklärung fehlt dem Aussteller das Erklärungsbewusstsein dahingehend, dass er zwar weiß, was die Errichtung der Urkunde bedeutet, er denkt aber, dass zur Wirksamkeit noch ein weiterer Schritt seinerseits – die Inverkehrgabe – erforderlich ist. Durch das Abhandenkommen wurde die Erklärung fahrlässig in den Verkehr gebracht. Hier wird die Willentlichkeit der Inverkehrgabe materiellrechtlich fingiert.[567] Die Folge ist also nicht die Nichtigkeit der Erklärung, sondern die Anfechtbarkeit wegen eines Erklärungsirrtums (§ 119 Abs. 1 BGB). Diese Möglichkeit der Anfechtung möchte Britz nicht durch die Beweisregel des § 416 ZPO ausgeschlossen sehen. Dem Aussteller soll also die Möglichkeit des Bestreitens und Beweisens weiterhin eröffnet sein, dass die Erklärung ohne seinen Willen in den Verkehr gebracht wurde. Die Beweislast für eine erfolgreiche Anfechtung, insbesondere den Anfechtungsgrund des *Abhandenkommens* trägt nach den allgemeinen Beweisregeln auch hier

565 Siehe dazu auch *Britz*, S. 152 ff., der seine Ansicht am Beispiel einer abhandengekommenen Willenserklärung erläutert.

566 *Ellenberger*, in: Palandt, § 130 Rn. 4.

567 *Ellenberger*, in: Palandt, § 130 Rn. 4.

der Aussteller. Im Ergebnis ergeben sich damit keine Unterschiede, folgte man der herrschenden Meinung oder der *Britz'*. Die Ansicht *Britz'* wäre nur dann überzeugend, wenn die herrschende Meinung den Beweis des Gegenteils nicht zuließe, was aber gerade nicht der Fall ist.

(c) Fazit

Nach beiden Ansichten hat der Aussteller die Willentlichkeit der Inverkehrgabe bzw. deren Fehlen zu beweisen. Nach der herrschenden Meinung erfolgt dies über den Beweis des Gegenteils, weil sie die Willentlichkeit der Inverkehrgabe bereits von der Beweisregel des § 416 ZPO umfasst sieht; nach der Ansicht Britz erfolgt dies im Rahmen der materiellrechtlichen Prüfung. Egal welcher dieser beiden Möglichkeiten man folgt, ergibt sich für den Empfänger der Erklärung jedenfalls, dass er die Willentlichkeit der Inverkehrgabe nicht zu beweisen hat.

(2) Anwendbarkeit auf Willens- und Wissenserklärungen

Es bleibt noch die Frage zu klären, ob die Beweisregel des § 416 ZPO nur für Willenserklärungen gilt oder auch auf Wissenserklärungen anwendbar ist.[568] Nach überwiegender Ansicht besteht keine Einschränkung.[569] Lediglich *Britz* möchte eine Einschränkung auf Willenserklärungen und Erklärungen mit ähnlich dispositivem Gehalt vornehmen.[570] § 416 ZPO entfalte nur bei Tatbestandsurkunden einen sinnvollen Anwendungsbereich, bei Zeugnisurkunden stehe durch die Anwendung des § 416 ZPO nicht mehr fest als die Abbildung des eigenen Tatbestandes. Für Zeugnisurkunden würde nur unwiderleglich angeordnet, dass bei Echtheit von Unterschrift und Urkunde der Aussteller den Inhalt der Urkunde schriftlich geäußert habe; dies sei aber bereits durch die Echtheit festgestellt.

---

568 Diese Frage wird auch unter den Begriffspaaren Tatbestands- und Zeugnisurkunden bzw. wirkender und bezeugender Urkunden behandelt; *Ahrens*, Kap. 26 Rn. 67; *Rosenberg/Schwab/Gottwald*, § 119 Rn. 25.

569 Vgl. nur *Rosenberg/Schwab/Gottwald*, § 119 Rn. 25; *Ahrens*, Kap. 26 Rn. 67; *Berger*, in: Stein/Jonas, § 416 Rn. 13.

570 *Britz*, S. 212–216, 221 f.

Die Unterscheidung wirkt sich zwar erst im Rahmen der materiellen Beweiskraft aus,[571] da aber weder der Wortlaut des § 416 ZPO eine Einschränkung vorsieht, noch sich Nachteile bei einer weiten Auslegung ergeben, besteht für eine teleologische Reduktion auf Tatbestandsurkunden kein Anlass. Auch ergibt sich dann nicht die Frage, ob § 416 ZPO nicht auf rechtsgeschäftsähnliche Erklärungen analog anwendbar wäre.[572]

(3) Fazit

Zusammenfassend kann gesagt werden: § 416 ZPO gilt für alle Erklärungen und entzieht den Tatbestand der materiellrechtlichen, willentlichen Abgabe der Erklärung der freien richterlichen Beweiswürdigung (formelle Beweiskraft). Andere materiellrechtliche Wirksamkeitsvoraussetzungen, wie Geschäftsfähigkeit, Zugang der Erklärung, das Fehlen von Wirksamkeitshindernissen oder mögliche Anfechtungsgründe (wie der Aussteller habe die Erklärung nicht gelesen oder nicht verstanden) bleiben von § 416 ZPO unberührt.[573] Diese materiellrechtlichen Einwände müssen entsprechend der regulären Beweislastverteilung vorgetragen und bewiesen werden und unterliegen per se der freien Beweiswürdigung. Der (Haupt-) Beweis der Unrichtigkeit derjenigen Tatbestände, die von der formellen Beweiskraft umfasst sind (bei § 416 ZPO die willentliche Inverkehrgabe der Erklärung), muss über den Beweis des Gegenteils analog §§ 415 Abs. 2, 418 Abs. 2 ZPO erfolgen.

Es ergibt sich aus der Untersuchung der Beweiskraft des § 416 ZPO aber auch die Erkenntnis, dass § 416 ZPO nur einen sehr schmalen praktischen Anwendungsbereich entfaltet.[574] Zur Veranschaulichung des den-

571 Ist die Erklärung selbst das Beweisthema (Tatbestandsurkunde), so wären im Rahmen der materiellen Beweiskraft nur noch die Auslegung und die rechtliche Wirksamkeit der Erklärung frei zu würdigen; ist die Erklärung nur ein Zeugnis oder Indiz für die zu beweisende Tatsache, so ist das Zeugnis bzw. Indiz frei zu würdigen; vgl. nur *Berger*, in: Stein/Jonas, § 416 Rn. 13; *Ahrens*, in: Wieczorek/Schütze, § 416 Rn. 3, 25.

572 *Ahrens*, in: Wieczorek/Schütze, § 416 Rn. 3.

573 *Schreiber*, in: MünchKommZPO, § 416 Rn. 9.

574 Ebenso *Britz*, ZZP 110 (1997), 61, 86, der deshalb der Ansicht ist, § 416 ZPO rechtfertige es nicht, der Urkunde das Prädikat des verlässlichsten Beweismittels zu verleihen.

noch bestehenden Anwendungsbereichs des § 416 ZPO folgender Praxisfall:[575]

> Der Kläger betrieb in ein dem Kfz-Meister H. gehörendes Grundstück die Zwangsvollstreckung. Zur Abwendung der Zwangsvollstreckung schloss H. mit dem Kläger einen Vertrag, in dem anerkannte, dem Kläger 2194,34 DM zu schulden. Er verpflichtete sich, diesen Betrag in monatlichen Raten von 100,- DM abzuzahlen. Für die Schuld des H übernahm der Beklagte, welcher zusammen mit H den Kfz-Betrieb führte in derselben Vertragsurkunde die selbstschuldnerische Bürgschaft ohne Einschränkungen und unterzeichnete die Urkunde mit seinem Namen. Der Kläger begehrt nun vom Beklagten die Zahlung eines Restbetrages in Höhe von 1594,34 DM aufgrund der selbstschuldnerischen Bürgschaft. Der Beklagte beantragte Klageabweisung und bestreitet weder Echtheit noch Vollständigkeit der Urkunde, behauptet aber, er habe sich lediglich bereit erklärt, an den Kläger monatlich 100,- DM zu zahlen, solange er mit H. zusammenarbeite. Da er nun seine Werkstatt verlegt habe, sei er nicht mehr zu einer Zahlung verpflichtet. Das Gericht gab der Klage statt. Die Behauptung des Beklagten stehe in Widerspruch zur Erklärung aus dem Bürgschaftsvertrag. Da er weder die Echtheit noch die Richtigkeit und Vollständigkeit dieser bestritten habe, hafte er in voller Höhe. Die Behauptung des Beklagten sei unerheblich und einer Beweiserhebung darüber bedürfe es nicht. Unterschriebene Privaturkunden begründeten nach § 416 ZPO vollen Beweis, dass die in ihnen enthaltenen Erklärungen abgegeben worden sind. Das Vorbringen des Beklagten sei nicht geeignet, diese Beweisregel auszuräumen, da er weder die Echtheit noch die Vollständigkeit in Frage gestellt habe. Er könnte sich lediglich damit verteidigen, der Inhalt der Bürgschaftserklärung sei nachträglich mündlich verändert worden oder er habe die Erklärung missverstanden, was er im Wege der Anfechtung geltend machen müsse. Beides habe er aber nicht getan. Er habe sich mit der Behauptung, diese Erklärung nicht abgegeben zu haben, lediglich gegen die Rechtsfolge des § 416 ZPO gewendet.

bb) Voraussetzungen der Analogie

Die analoge Anwendung einer Norm setzt eine Gesetzeslücke im Sinne einer planwidrigen Unvollständigkeit voraus.[576] Im vorliegenden Fall würde es sich – bei Vorliegen der Voraussetzungen – um eine sogenannte Ein-

575 Entnommen aus *Schneider*, Rn. 1561, teilweise verkürzt dargestellt. Dieser Fall wurde tatsächlich verhandelt und entschieden, ist aber aufgrund der nicht über den konkreten Fall hinausgehenden Relevanz für grundsätzliche Rechtsfragen nie zur Veröffentlichung gelangt; vgl. *Schneider*, Rn. 1555.

576 Siehe zur Einzelanalogie *Larenz*, S. 373, 381; BGH NJW 1981, 1726, 1727; BGHZ 149, 165, 174 = MDR 2002, 471.

zelanalogie handeln, bei der die Rechtsfolge einer einzelnen Norm auf einen vergleichbaren Fall übertragen wird.[577]

(1) Regelungslücke

Eine Regelungslücke ist im vorliegenden Fall gegeben.[578] Für elektronisch verkörperte, aber nicht qualifiziert signierte „Urkunden" gibt es bislang keine dem § 416 ZPO entsprechende Regelung.

(2) Planwidrigkeit und vergleichbare Interessenslage

Zu klären bleibt die Planwidrigkeit dieser Lücke. Der dem Gesetz zugrunde liegende Regelungsplan muss dabei im Wege historischer und teleologischer Auslegung erschlossen werden.[579] Die Auslegungsmethoden des Wortlauts und der Systematik sind hier gerade nicht anzuwenden, da eine Analogie die Grenze des möglichen Wortsinnes gerade überschreitet.[580] Auch aus der systematischen Stellung ergäbe sich gerade die Unanwendbarkeit der Norm.

(a) Historische Auslegung des Regelungsplans

Bei Schaffung der Vorschrift des § 381 CPO im Jahr 1877,[581] dem Vorläufer des heutigen § 416 ZPO, gab es freilich noch nicht die Möglichkeit einer elektronischen Aufzeichnung von Erklärungen. Auch wurde offen-

---

577 *Larenz*, S. 381, 383; BGHZ 105, 140, 143 = NJW 1988, 2734.

578 Vgl. auch *Borges*, S. 475.

579 *Larenz*, S. 373.

580 Zum Wortlaut *Sprau*, in: Palandt, Einl. VII Rn. 48.

581 Civilprozeßordnung für das Deutsche Reich vom 30. Januar 1877; § 381 CPO lautete: „Privaturkunden begründen, sofern sie von den Ausstellern unterschrieben oder mittels gerichtlich oder notariell beglaubigten Handzeichens unterzeichnet sind, vollen Beweis dafür, daß die in denselben enthaltenen Erklärungen von den Ausstellern abgegeben sind"; *Hahn/Stegemann*, Materialien, Band 2/1, S.S. 266 f.

sichtlich nicht damit gerechnet, dass es je unterzeichnete Gedankenerklärungen geben könne, die keine Urkunden sind.[582]

Bei Neufassung des § 371 ZPO durch die Reformen im Jahr 2001[583] sah der Gesetzgeber lediglich die Vorschriften der §§ 422–432 ZPO als anwendbar vor, nicht jedoch die Beweiskraftregeln der §§ 415–418 ZPO. Aufgrund der dennoch immer noch sehr rudimentären Regelung des Augenscheinsbeweisrechts und weil sich in den Gesetzesmaterialien jedenfalls kein Hinweis darauf ergibt, dass der Gesetzgeber eine analoge Anwendung der übrigen Bestimmungen des Urkundenbeweisrechts ausschließen wollte, kann dies so ausgelegt werden, dass jedenfalls keine gesetzgeberische Wertung gegen die analoge Anwendung des § 416 ZPO vorliegt.[584] Auf der anderen Seite könnte ein entgegenstehender gesetzgeberischer Wille aus der Neuschaffung des § 371a ZPO im Jahr 2005 durch das JKomG[585] gelesen werden. § 371a Abs. 1 S. 1 ZPO ordnet die entsprechende Anwendung der Vorschriften über die Beweiskraft privater Urkunden und damit speziell des § 416 ZPO auf private, qualifiziert signierte elektronische Dokumente an. Das könnte im Umkehrschluss bedeuten, dass die entsprechende Anwendung in anderen Fällen nicht zulässig sein soll. Die Gesetzesbegründung hierzu ist aber denkbar knapp, es wird lediglich recht allgemein ausgeführt, dass sich die Beweiskraft privater elektronischer Dokumente, welche mit einer qualifizierten elektronischen Signatur versehen sind, nach den Vorschriften über die Beweiskraft einer privaten Urkunde richtet, ohne aber auszuführen, weshalb dies so sein solle.[586] Es bleibt daher nach dem Sinn und Zweck des Regelungsplans zu fragen, legt man die Regelung des § 371a Abs. 1 S. 1 ZPO nicht als ein-

---

582 *Borges*, S. 475 f.

583 § 371 ZPO erfuhr Erweiterungen durch das Gesetz zur Anpassung der Formvorschriften des Privatrechts und anderer Vorschriften an den modernen Rechtsgeschäftsverkehr vom 13.7.2001 (FormVAnpG), BGBl. 2001 I, S. 1542; durch das Gesetz zur Reform des Zivilprozesses vom 27.7.2001, BGBl. 2001 I, S. 1887 und das Gesetz zur Modernisierung des Schuldrechts vom 26.11.2001, BGBl. 2001 I, S. 3138.

584 So jedenfalls *Borges*, S. 476.

585 Gesetz über die Verwendung elektronischer Kommunikationsformen in der Justiz (Justizkommunikationsgesetz – JKomG) vom 22.3.2005, BGBl. 2005 I, S. 837, 840.

586 Regierungsbegründung zum Entwurf eines Gesetzes über die Verwendung elektronischer Kommunikationsformen in der Justiz, BT-Drucks. 15/4067, S. 25, 34.

deutigen gesetzgeberischen Willen gegen eine allgemeine Anwendung des § 416 ZPO auf elektronische „Urkunden“ aus.

(b) Teleologische Auslegung des Regelungsplans

Zunächst ist noch einmal zu verdeutlichen, dass die entscheidende Voraussetzung der Analogie ist, dass der nicht geregelte Fall dem geregelten Fall vergleichbar ist, sodass die Anwendung der Regel geboten erscheint. Das maßgebliche Kriterium ist damit, ob unterschriebene Urkunden und elektronische Aufzeichnungen von Erklärungen in Bezug auf den Sinn und Zweck des § 416 ZPO gleichwertig sind.[587]

Die Wirkung des § 416 ZPO liegt darin, dass der Empfänger der Privaturkunde die willentliche Entäußerung des Ausstellers in den Rechtsverkehr nicht mehr beweisen muss, wenn die unterzeichnete Urkunde echt ist.[588] Zu klären bleibt aber noch, *weshalb* dies so ist und ob man diesen Regelungszweck auch auf vergleichbare, elektronische Aufzeichnungen übertragen kann. *Borges* führt zu dieser im Übrigen kaum erörterten Frage aus, Grundlage des § 416 ZPO sei offenbar die Erwägung gewesen, dass bei Existenz einer unterschriebenen Urkunde, welche sich nicht mehr im Besitz des Ausstellers befindet, die Abgabe der darin enthaltenen Erklärung nach der Lebenserfahrung so wahrscheinlich sei, dass eine andere Deutung dieses Sachverhalts kaum denkbar sei.[589] Hierbei sei die Unterzeichnung der Urkunde von entscheidender Bedeutung, denn nur bei solchen bestehe die Gewähr, dass es sich nicht um einen bloßen Entwurf handele. § 416 ZPO schütze damit das Vertrauen des Rechtsverkehrs in die unterschriebene Urkunde. Die einzigen anderen Deutungsmöglichkeiten der abredewidrigen Blankettausfüllung, des Abhandenkommens oder der versehentlichen Abgabe seien auf materiellrechtlicher Ebene im Wege der Anfechtung zu berücksichtigen.[590] Diese Begründung überzeugt. Der Gesetzgeber hat sich entschieden, aus der sehr hohen Wahrscheinlichkeit der

587 *Borges*, S. 476.

588 Siehe § 7 II. 1. a) aa) (1).

589 *Borges*, S. 476; ähnlich, aber nicht so klar und eindeutig formuliert, *Britz*, S. 168.

590 *Britz*, S. 167 f., 236 f.; ebenso *Borges*, S. 476. Folgt man der wohl herrschenden Meinung zu § 416 ZPO, welche die Willentlichkeit der Inverkehrgabe ebenfalls von der Beweisregel umfasst sieht, wäre eine Berücksichtigung im Wege des Gegenteilsbeweises erforderlich.

willentlichen Inverkehrgabe einer unterschriebenen Privaturkunde eine widerlegliche Beweisregel zu machen um das Vertrauen des Rechtsverkehrs zu schützen.

Für die Übertragbarkeit des Gedankens hinter der Beweiskraftregel des § 416 ZPO auf elektronische Dokumente mit Erklärungsinhalt muss eine gleich hohe Wahrscheinlichkeit für die willentliche Inverkehrgabe gegeben sein wie bei unterzeichneten Urkunden. Deshalb muss das elektronische Dokument zumindest auf irgendeine Art signiert sein. Um es noch einmal hervorzuheben: Die Beweiskraftregel knüpft an die Unterzeichnung an, aber bereits bei der direkten Anwendung des § 416 ZPO genügt nicht *jede* Art der Unterzeichnung. Es kann daher zwischen den verschiedenen Möglichkeiten der Unterzeichnung eines elektronischen Dokuments zu unterscheiden sein. Es ist damit zu fragen, welche Art der elektronischen Unterzeichnung gleich der Unterzeichnung im Sinne des § 416 ZPO ein vergleichbares Indiz für die willentliche Inverkehrgabe der Erklärung ist.[591] Dabei ist auch der Umstand zu beachten, dass beim Musterbeispiel einer E-Mail das versehentliche Absenden hier viel wahrscheinlicher ist als bei einem unterschriebenen Brief,[592] denn der Klick auf den Absendebefehl ist viel schneller geschehen als ein Brief ungewollt zur Post oder auf anderem Wege zum Empfänger gelangt. Es ist zwischen drei Arten elektronischer Signaturen zu unterscheiden: der „einfachen", der fortgeschrittenen und der qualifizierten elektronischen Signatur.[593] Einfache Signaturen sind beispielsweise der eingetippte Namen oder die eingescannte Unterschrift.[594] Fortgeschrittene Signaturen stellen eine Zwischenstufe im Verhältnis einfacher und qualifizierter elektronischer Signaturen dar, weil sie zwar höheren Anforderungen als einfache Signaturen unterliegen, je-

---

591 Vgl. auch *Borges*, S. 478.

592 *Borges*, S. 477.

593 Vgl. Art. 3 Nr. 10–12 eIDAS-VO, welcher § 2 Nr. 1–3 SigG ablöst. Der Begriff der „einfachen" elektronischen Signatur ist kein Ausdruck des Gesetzes, wird hier aber verwendet, um von den beiden anderen abgrenzen zu können. Vom Gesetz gibt es den Begriff der „elektronischen Signatur" als Grundfall, welcher alle Arten elektronischer Signaturen erfasst, sowie die „fortgeschrittene elektronische Signatur" und die „qualifizierte elektronische Signatur" als Sonderfälle. Siehe ausführlich § 8 I. 3.

594 *Roßnagel*, in: Roßnagel, Recht der Telemediendienste, SigG § 2 Rn. 11. Aufgrund des identischen Wortlauts des Art. 3 Nr. 10 eIDAS-VO mit § 2 Nr. 1 SigG kann diese Kommentierung zum SigG herangezogen werden.

doch nicht das Sicherheitsniveau qualifizierter Signaturen erreichen.[595] Das Gesetz spricht qualifizierten elektronischen Signaturen die gleiche Wirkung einer Unterschrift zu (§§ 126 Abs. 3, 126a BGB, 130a ZPO) und ordnet die entsprechende Geltung des § 416 ZPO an (§ 371a Abs. 1 S. 1 ZPO). Dies ist primär dem hohen Sicherheitsniveau geschuldet, welches die Echtheit des elektronischen Dokuments weitmöglichst garantieren soll.[596] Bei der Anwendung des § 416 ZPO ist die Echtheit der Urkunde jedoch bereits Anwendungsvoraussetzung, sie muss feststehen oder unstreitig sein. Anders gewendet wird im Rahmen des § 416 ZPO nicht allein auf die Wirkung der (echten) Unterzeichnung einer Urkunde abgestellt, die Echtheit zu implizieren (dieser Gedanke liegt § 440 Abs. 2 ZPO zugrunde), sondern darauf, ob sie ein ausreichend sicheres Indiz dafür ist, dass die Erklärung auch abgegeben wurde.[597]

Einfach signierte elektronische Dokumente bieten hierfür keine ausreichende Sicherheit, denn die nachträgliche Veränderung eines elektronischen Dokuments, das auch schon den schnell getippten Namen am Ende enthält, scheint ebenso wahrscheinlich.[598] Ein Dokument mit einer fortgeschrittenen elektronischen Signatur zu versehen, erfordert dagegen schon ein „Mehr" des Ausstellers. Die Sicherheit dieser Signatur kann hier, wie bereits ausgeführt, keine Rolle spielen, denn die Echtheit des elektronischen Dokuments ist bereits Anwendungsvoraussetzung. Fraglich ist also, ob auch eine fortgeschrittene Signatur ausreichendes Indiz für die Abgabe der elektronischen Erklärung ist, das heißt, ob eine so hohe Wahrscheinlichkeit dafür besteht, dass dies die Anwendung einer entsprechenden Beweisregel rechtfertigt. Zunächst erfordert die Verwendung einer fortgeschrittenen elektronischen Signatur die Installation einer Software. Zum anderen hat auch eine fortgeschrittene Signatur so mit dem elektronischen Dokument verknüpft zu sein, dass eine nachträgliche Veränderung der Daten erkannt werden kann (Art. 26 d) eIDAS-VO). Aber nicht dieser (nichtmanipulationssichere) Verfälschungsschutz ist ausschlaggebend, sondern das Wissen des Verwenders darum. Verwendet also der Aussteller eines elektronischen Dokuments eine fortgeschrittene Signatur, weiß er, dass nachträgliche Veränderungen sichtbar sind. Er wird sie daher immer erst dann anbringen, wenn er das Dokument nicht mehr verändern möchte und

595 *Roßnagel*, in: Roßnagel, Recht der Telemediendienste, SigG § 2 Rn. 15.
596 Siehe § 8 I. 3. b), d).
597 Siehe auch *Borges*, S. 478.
598 Vgl. auch *Borges*, S. 478.

es absendebereit ist. Auch eine fortgeschrittene Signatur bietet damit ausreichende Sicherheit für die Annahme der willentlichen Inverkehrgabe des elektronischen Dokuments. Eine analoge Anwendung des § 416 ZPO ist damit für fortgeschritten oder qualifiziert signierte elektronische Dokumente gerechtfertigt. Während die entsprechende Anwendung des § 416 ZPO in § 371a Abs. 1 S. 1 ZPO für qualifiziert signierte elektronische Dokumente ausdrücklich angeordnet ist, fehlt eine solche Regelung für fortgeschritten signierte elektronische Dokumente. § 416 ZPO ist analog auf fortgeschritten signierte elektronische Erklärungen anwendbar. Problematisch wird jedoch bei fortgeschritten signierten elektronischen Dokumenten die Voraussetzung des § 416 ZPO, der Beweis der Echtheit des elektronischen Dokuments, sein.[599] Eine Anwendung des § 416 ZPO wird daher regelmäßig bereits im Vorfeld scheitern.

(3) Fazit

Eine analoge Anwendung des § 416 ZPO ist für elektronische Dokumente, die mit einer fortgeschrittenen elektronischen Signatur versehen sind, gerechtfertigt. Für qualifiziert signierte elektronische Dokumente sieht dies bereits § 371a Abs. 1 S. 1 ZPO vor. Die Verwendung einer mindestens fortgeschrittenen elektronischen Signatur bietet eine so hohe Wahrscheinlichkeit dafür, dass die in dem elektronischen Dokument enthaltene Erklärung auch willentlich in den Rechtsverkehr entäußert wurde, dass die Anwendung einer entsprechenden Beweisregel (§ 416 ZPO) gerechtfertigt ist. Einfach signierten elektronischen Dokumenten hingegen kann keine solche Lebenserfahrung entnommen werden, da es ebenso wahrscheinlich ist, dass ein bloßer Entwurf gegeben ist. Hier liegt somit kein dem § 416 ZPO vergleichbarer Fall vor, weshalb keine analoge Anwendung gerechtfertigt ist.

---

599 Siehe § 7 II. 1. b) dd), § 8 I. 3. c).

b) §§ 439, 440 ZPO zum Beweis der Echtheit des elektronischen Dokuments

Eine zentrale, nach *Rüßmann* sogar die einzig verbleibende Frage,[600] ist die, wie der Beweis der Echtheit beim elektronischen Dokument gelingen kann. Die Echtheit ist eine eigenständige Beweisfrage, welche mit allen Beweismitteln geführt werden kann[601] und für die der Beweisführer die Beweislast trägt.[602] Beweisführer ist dabei derjenige, der sich auf das elektronische Dokument beruft. Im Urkundenbeweisrecht regeln die §§ 439, 440 ZPO die Modalitäten des Echtheitsbeweises. Hervorzuheben ist dabei § 440 Abs. 2 ZPO, welcher bei Echtheit der Unterzeichnung die Echtheit der Urkunde vermutet. Im Augenscheinsbeweisrecht fehlen entsprechende beweiserleichternde Regelungen. Die Möglichkeit einer analogen Anwendung der §§ 439, 440 ZPO auf elektronische Dokumente ist näher zu beleuchten.

aa) Standpunkte in der Literatur

Rüßmann verneint das Erfordernis einer analogen Anwendung, denn der Echtheitsbeweis unterliege auch im Urkundenbeweisrecht dem Grundsatz der freien Beweiswürdigung. Auch aus der widerleglichen Vermutung des § 440 Abs. 2 ZPO für die Echtheit der Urkunde, wenn die Unterschrift unstreitig oder nachweislich echt ist, ergebe sich kein Vorteil.[603] Ein verständiger Richter würde auch ohne die Vermutung des § 440 Abs. 2 ZPO kaum zu einem anderen Ergebnis kommen können.[604] Nach seiner Analyse bleibe aber zu klären, *wie* das Gericht das Problem der Echtheit und inhaltlichen Wahrheit elektronischer Dokumente im Rahmen der freien Beweiswürdigung lösen könne. Andere Stimmen sehen eine analoge Anwendbarkeit der §§ 439, 440 ZPO differenziert und unterscheiden zwischen einer analogen Anwendung des § 439 Abs. 1 und Abs. 3 ZPO, welche bejaht

600 *Rüßmann*, in: Informationsbeschaffung für den Zivilprozess, S. 151.
601 *Schreiber*, in: MünchKommZPO, § 440 Rn. 2; zwar zu Urkunden, aber dies muss auch im Augenschein gelten.
602 *Zimmermann*, in: MünchKommZPO, § 371 Rn. 5.
603 *Rüßmann*, in: Informationsbeschaffung für den Zivilprozess, S. 149, 151.
604 *Rüßmann*, in: Informationsbeschaffung für den Zivilprozess, S. 150.

wird und einer der §§ 439 Abs. 2, 440 Abs. 2 ZPO, welche verneint wird.[605]

Dieses Meinungsspektrum zeigt, dass eine genauere Untersuchung erforderlich ist und gegebenenfalls nach den Regelungsinhalten der verschiedenen Absätze der §§ 439, 440 ZPO zu differenzieren ist.

bb) Regelungsinhalte der §§ 439, 440 ZPO

Zunächst ist ein Blick auf die konkreten Regelungsinhalte der §§ 439, 440 ZPO zu werfen, bevor auf die analoge Anwendung eingegangen werden kann. § 439 ZPO enthält Bestimmungen zur Erklärungspflicht des Beweisgegners über die Echtheit von Privaturkunden (§ 439 Abs. 1 und Abs. 2 ZPO) sowie zu den Rechtsfolgen einer unterbliebenen Erklärung (§ 439 Abs. 3 ZPO). § 440 ZPO enthält Bestimmungen über den Beweis der Echtheit von Privaturkunden.

Der Beweisgegner hat sich über die Echtheit der Urkunde zu erklären (§ 439 Abs. 1 ZPO). Wird keine Erklärung abgegeben, so ist die Privaturkunde als anerkannt, das heißt als echt, anzusehen (§ 439 Abs. 3 ZPO). Beweis über die Echtheit hat der Beweisführer nur bei einer nicht anerkannten Privaturkunde zu erbringen (§ 440 Abs. 1 ZPO). Diese Regelungen lassen sich aber bereits allgemein § 138 ZPO und den Grundsätzen der Beweiserhebung entnehmen. § 439 Abs. 1 ZPO entspricht dabei § 138 Abs. 2 ZPO; § 439 Abs. 3 ZPO ist sinngleich mit § 138 Abs. 3 ZPO. § 439 Abs. 1 und Abs. 3 ZPO dienen dabei der Prozessökonomie,[606] ebenso wie § 138 Abs. 2 und Abs. 3 ZPO.[607] § 440 Abs. 1 ZPO normiert ausdrücklich den allgemeinen Grundsatz, dass nur über beweisbedürftige Tatsachen Beweis zu erheben ist.[608] Unbestrittene oder zugestandene Tatsachen etwa sind nicht beweisbedürftig.[609] Die §§ 439 Abs. 1, Abs. 3, 440 Abs. 1 ZPO

---

605 *Berger*, in: Stein/Jonas, § 439 Rn. 10 und § 440 Rn. 12; *Borges*, S. 481–484. Die analoge Anwendung des § 440 Abs. 2 ZPO verneint auch *Schreiber*, S. 38.

606 *Borges*, S. 482.

607 *Prütting*, in: Prütting/Gehrlein, § 138 Rn. 8.

608 Zur Beweisbedürftigkeit *Laumen*, in: Baumgärtel/Prütting/Laumen, Kap. 3 Rn. 11.

609 *Laumen*, in: Baumgärtel/Prütting/Laumen, Kap. 3 Rn. 11.

sind damit im Grunde entbehrlich.[610] Allerdings besitzen sie eine klarstellende Funktion gegenüber den eigentlichen Besonderheiten in den §§ 439 Abs. 2 und 440 Abs. 2 ZPO, welche für unterschriebene Privaturkunden Ausnahmen enthalten.[611] Nach § 439 Abs. 2 ZPO ist die Erklärung des Beweisgegners zur Echtheit der Privaturkunde nur auf die Unterschrift zu richten, nicht auch auf den Text. Nach § 440 Abs. 2 ZPO hat bei feststehender Echtheit der Unterschrift der darüberstehende Text die Vermutung der Echtheit für sich. Es wird somit vermutet, dass bei Unterzeichnung der Urkunde der Text mit Willen des Unterzeichners dort steht.[612] § 440 Abs. 2 ZPO ist eine gesetzliche Vermutung, welche durch den Beweis des Gegenteils widerlegt werden kann (§ 292 Abs. 2 S. 1 ZPO).[613] Der Begriff der „Echtheit“ der über der Unterzeichnung stehenden Schrift, welche nach § 440 Abs. 2 ZPO bei feststehender Echtheit der Unterzeichnung vermutet wird, umfasst neben der Urheberschaft (Authentizität) auch die Unverfälschtheit (Integrität) der Erklärung.[614]

cc) Entsprechende Anwendung der §§ 439 Abs. 1, Abs. 3, 440 Abs. 1 ZPO

In Bezug auf die Tatsache der Echtheit eines elektronischen Dokuments steht einer analogen Anwendung des § 439 Abs. 1 und Abs. 3 ZPO nichts entgegen.[615] Es ist darin nichts anderes als in § 138 Abs. 2 und Abs. 3 ZPO geregelt, nur noch einmal explizit für die Tatsache der Echtheit einer Privaturkunde. Gleiches gilt für § 440 Abs. 1 ZPO, welcher den allgemeinen

---

610 So ausdrücklich *Schreiber*, in: MünchKommZPO, § 439 Rn. 4 zu § 439 Abs. 3. *Preuß*, in: Prütting/Gehrlein, § 439 Rn. 2 kann man diese Folgerung jedenfalls zur Regelung des § 439 Abs. 1 ZPO entnehmen.

611 § 440 Abs. 1 ZPO stellt zudem klar, dass Privaturkunden im Gegensatz zu öffentlichen Urkunden (§ 437 Abs. 1 ZPO) keine Echtheitsvermutung zugutekommt. Dabei ist § 437 Abs. 1 ZPO als die Ausnahmeregelung zu betrachten.

612 BGHZ 104, 17 = NJW 1988, 2741; BGH NJW-RR 2006, 847; BGH NJW-RR 2015, 819, 821; *Schreiber*, in: MünchKommZPO, § 440 Rn. 5.

613 BGH NJW 1986, 3086; BGH NJW-RR 2006, 847; BGH NJW-RR 2015, 819, 821.

614 Vgl. BGHZ 104, 172 = NJW 1988, 2741; BGH NJW-RR 2015, 819, 921; *Huber*, in: Musielak/Voit, § 440 Rn. 2; *Schreiber*, in: MünchKommZPO, § 440 Rn. 5; *Balzer*, Rn. 266.

615 So auch *Berger*, in: Stein/Jonas, § 439 Rn. 10; *Borges*, S. 481–483.

Grundsatz normiert, nur über beweisbedürftige Tatsachen Beweis zu erheben.

dd) Entsprechende Anwendung der §§ 439 Abs. 2, 440 Abs. 2 ZPO

Fast einhellig wird die analoge Anwendung des § 440 Abs. 2 ZPO auf elektronische Dokumente abgelehnt.[616] Damit geht auch zwingend eine Ablehnung der analogen Anwendung des § 439 Abs. 2 ZPO einher.[617] Zur Begründung wird angeführt, die Vermutung des § 440 Abs. 2 ZPO beruhe auf dem „Schein der Zusammengehörigkeit", der durch die räumliche Verknüpfung zwischen der Erklärung und der Unterschrift bzw. dem Namenszeichen geschaffen werde.[618] Grundlage der Vermutung sei damit die Erwägung, dass nachträgliche Veränderungen der unterzeichneten Urkunde regelmäßig leicht feststellbar seien.[619] Aufgrund der Austauschbarkeit sowohl der Erklärung als auch der Unterzeichnung bei elektronischen Dokumenten sei dort keine räumliche Verknüpfung gegeben, welche diese Vermutung rechtfertige.[620] Dies gelte jedenfalls für nicht qualifiziert signierte elektronische Dokumente.[621]

Diese Erwägungen, welche der Vermutung des § 440 Abs. 2 ZPO zugrunde liegen sollen, lassen sich zwar nicht ausdrücklich den Gesetzesmaterialien entnehmen,[622] sind aber der einzig denkbare Hintergrund des § 440 Abs. 2 ZPO. Einfache oder jedenfalls nicht qualifiziert signierte elektronische Dokumente sind nicht ausreichend gegen Verfälschungen der in ihnen enthaltenen Erklärungen gesichert.[623] Es kann damit in diesen Fällen nicht von der „Unterschrift" in Form einer einfachen oder fortge-

---

616 *Berger*, in: Stein/Jonas, § 439 Rn. 10 und § 440 Rn. 12; *Borges*, S. 481–484. Die analoge Anwendung jedenfalls des § 440 Abs. 2 ZPO verneint auch *Schreiber*, S. 38.

617 *Borges*, S. 484.

618 *Schreiber*, S. 38; ihm folgend *Borges*, S. 483; ebenso *Berger*, in: Stein/Jonas, § 440 Rn. 12.

619 *Borges*, S. 483.

620 *Schreiber*, S. 38; ihm folgend *Borges*, S. 483.

621 *Borges*, S. 483.

622 Vgl. *Hahn/Stegemann*, Materialien, Band 2/1, S. 328 zu den §§ 404, 405 der CPO von 1877, den Vorläufern der heutigen §§ 439, 440 ZPO; es wird aber ausgeführt, diese Vorschriften dienten der Vereinfachung des Verfahrens und seien zur Sicherung des Verkehrs erforderlich.

623 Siehe § 8 I. 3. a), c).

schrittenen Signatur auf die Unverfälschtheit der Erklärung geschlossen werden. Damit ist auch eine analoge Anwendung des § 439 Abs. 2 ZPO ausgeschlossen, denn diese macht nur Sinn, wenn auch § 440 Abs. 2 ZPO zur Anwendung gelangt. Qualifiziert signierte elektronische Dokumente sollen hingegen ausreichend vor Verfälschungen schützen, eine analoge Anwendung der §§ 439 Abs. 2, 440 Abs. 2 ZPO scheint damit nicht ausgeschlossen.[624]

ee) Fazit

Auf alle elektronischen Dokumente, die jedenfalls nicht qualifiziert signiert sind, finden § 439 Abs. 1 und Abs. 3 ZPO sowie § 440 Abs. 1 ZPO entsprechende Anwendung. Dieselbe Lösung kann aber auch über § 138 Abs. 2 und Abs. 3 ZPO sowie die allgemeinen Grundsätze der Beweiserhebung erreicht werden. Für eine analoge Anwendung der §§ 439 Abs. 2, 440 Abs. 2 ZPO fehlt es bei einfachen bis fortgeschritten signierten elektronischen Dokumenten an einer vergleichbaren Interessenslage, denn diese Signaturen lassen aufgrund ihres unzureichenden Verfälschungsschutzes nicht darauf schließen, dass die Erklärung keinen nachträglichen Veränderungen unterlag.

2. Anscheinsbeweis bei Versendung einer Nachricht per E-Mail

Zum Beweis der Integrität, Authentizität und des Zugangs eines elektronisch versandten elektronischen Dokuments könnte aus dem verwendeten Kommunikationsweg eine Beweiserleichterung gewonnen werden. In der Regel wird es der Empfänger sein, welcher das empfangene elektronische Dokument als Beweismittel einer für ihn günstigen Tatsache verwenden möchte und dabei die bestrittene Integrität und Authentizität zu beweisen hat; seitens des Absenders wird regelmäßig der Zugang streitig sein. Dem jeweiligen Beweisführer wird es regelmäßig schwer fallen bis unmöglich sein, die Integrität und Authentizität oder den Zugang des elektronischen Dokuments zu beweisen, da dies Vorgänge in der Sphäre des Beweisgegners sind. Deshalb stellt sich die Frage, ob eine Beweiserleichterung ge-

---

624 Siehe § 8 IV. 2., 3.

rechtfertigt sein könnte. Der häufigste Übermittlungsweg ist wohl die E-Mail, weshalb sich hieran der Streit entfacht hat, zu Gunsten des Empfängers einen Anscheinsbeweis zu schaffen.

a) Anscheinsbeweis für die Echtheit

Bei einfachen, ungesicherten oder passwortgeschützten E-Mails wird ein Anscheinsbeweis bezüglich der bestrittenen Unverfälschtheit (Integrität) oder der Zurechnung zum angeblichen Aussteller (Authentizität) diskutiert,[625] aber überwiegend abgelehnt.[626]

aa) Meinungsstand

Begonnen hat dieser Streit mit Urteilen einiger Instanzgerichte, welche jeweils im Rahmen der Frage der Wirksamkeit eines Vertragsschlusses bei einer Internetauktion zu klären hatten, ob das Gebot des Bieters einer Internet-Auktion auch tatsächlich von diesem stammt, was dieser bestritt. Der beweisbelastete Kläger hatte den Beweis zu erbringen, dass es auch tatsächlich der Beklagte war, der sich auf dem Konto des Beklagten auf der Internet-Plattform angemeldet und das Gebot abgegeben hat. Dies gelang ihm jeweils nicht, da diese Vorgänge der Sphäre des Beweisgegners zuzuordnen sind und dem Beweisführer die notwendigen Informationen und Beweismittel fehlten. Einen Anscheinsbeweis zu Gunsten des Beweisführers daraus, dass der Beweisgegner sich jeweils mit seiner E-Mail-Adresse und einem Passwort anmelden muss und damit nur der Beklagte als Account-Inhaber das Gebot abgeben kann, lehnten die Gerichte ebenfalls ab. Grundsätzlich könne jedermann an jedem Ort unter Verwendung

---

625 Eine Darstellung der Entwicklung des Streits findet sich bei *Roßnagel/Pfitzmann*, NJW 2003, 1209 f.; die einen Anscheinsbeweis befürwortenden Stimmen (vgl. folgende Fn.) beziehen sich hauptsächlich auf E-Mails.

626 AG Erfurt, MMR 2002, 127 mit zust. Anm. *Wiebe* = CR 2002, 767 mit abl. Anm. *Winter*; LG Bonn, CR 2002, 293, 294 f., mit zust. Anm. *Hoeren*; LG Konstanz, CR 2002, 609; OLGR Köln 2002, 396 = CR 2003, 55 = MMR 2002, 813; *Roßnagel/Pfitzmann*, NJW 2003, 1209, 1211-1214; *Roßnagel/Fischer-Dieskau*, NJW 2006, 806; *Berger*, in: Stein/Jonas, § 371a Rn. 34; a. A. *Winter*, JurPC Web-Dok. 109/2002, Abs. 15–17; *Mankowski*, NJW 2002, 2822, 2824–2826; *ders.* CR 2002, 44–50.

der E-Mail-Adresse des Beweisgegners und bei Kenntnis des Passwortes sich anmelden und ein Gebot abgeben; es sei auch für manipulative Dritte relativ leicht, ein Passwort herauszubekommen.[627] Aus dieser allgemeinen Unsicherheit des Internets lasse sich keine Typizität für einen nach der Lebenserfahrung typischen Geschehensablauf feststellen.[628] Auch ein Vergleich mit einem Anscheinsbeweis oder gar einer Beweislastumkehr bei Vertragsschlüssen per Bildschirmtext („Btx")[629] scheitere, denn dort sei zumindest klar gewesen, dass jedenfalls der häusliche Btx-Anschluss des jeweiligen Betroffenen genutzt worden war.[630] Genauso sei auch ein Anscheinsbeweis durch die Verwendung von EC-Karte und zugehöriger Geheimnummer (PIN) nicht vergleichbar, da diese jeweils geringeren Angriffsmöglichkeiten ausgesetzt seien als ein Passwort im Internet.[631]

Die überwiegende Literaturansicht folgt dieser Rechtsprechung.[632] Als weitere Begründung wird angeführt, auch § 292a ZPO, der einen Anscheinsbeweis für qualifiziert signierte elektronische Dokumente regelt, spreche gegen einen Anscheinsbeweis für einfache elektronische Dokumente.[633] Ein Anscheinsbeweis auch für einfache elektronische Dokumente würde der Wertung des Gesetzgebers widersprechen, der einen solchen ausdrücklich nur für elektronische Dokumente mit qualifizierter elektronischer Signatur vorsieht.

Unter dem Gesichtspunkt der Rechtsverbindlichkeit elektronischer Willenserklärungen kritisieren vor allem *Mankowski* und *Winter* diese Rechtsprechung.[634] Gerade aus ökonomischen Gründen sei ein Anscheinsbeweis angezeigt: anstelle der vom Gesetzgeber bezweckten Stärkung des

---

627 AG Erfurt, MMR 2002, 127, 128 = CR 2002, 767.

628 LG Bonn, CR 2002, 293, 294; OLG Köln, CR 2002, 55.

629 Vgl. beispielsweise OLG Köln, CR 1993, 552; OLG Oldenburg, NJW 1993, 1400.

630 LG Bonn, CR 2002, 293, 294.

631 LG Bonn, CR 2002, 293, 294; gleiches gilt für einen Online-Überweisungsauftrag unter Verwendung von PIN und TAN; *Ernst*, MDR 2003, 1091 f.

632 *Roßnagel/Pfitzmann*, NJW 2003, 1209, 1211-1214; *Roßnagel/Fischer-Dieskau*, NJW 2006, 806; *Berger*, in: Stein/Jonas, § 371a Rn. 34; *Borges/Schwenk/Stuckenberg/Wegener*, S. 309–311; *Klein*, JurPC Web-Dok. 198/2007, Abs. 1, 59; *Härting*, Rn. 356; *Fischer-Dieskau*, S. 134.

633 *Roßnagel/Pfitzmann*, NJW 2003, 1209, 1213.

634 *Winter*, JurPC Web-Dok. 109/2002, Abs. 9 ff.; *Mankowski*, NJW 2002, 2822, 2824–2826; *ders.* CR 2002, 44–50; *ders.* NJW 2004, 1901, 1905–1907; ebenso *Sosnitza/Gey*, K&R 2004, 465, 468; *Herresthal*, K&R 2008, 705, 710; wohl auch *Klees*, MMR 2007, 275, 277; eingeschränkt auch *Ernst*, MDR 2003, 1091,

elektronischen Geschäftsverkehrs führe diese Rechtsprechung dazu, dass der elektronische Geschäftsverkehr aufgrund der Risiken in der Beweislastverteilung unattraktiv werde.[635] *Mankowski* formuliert das überspitzt so, dass man zu einem „Widerrufsrecht kraft Beweislastverteilung komme".[636] Ein Anscheinsbeweis sei aber auch der Sache nach gerechtfertigt: es liege ein typischer Geschehensablauf vor, bei dem nach der Lebenserfahrung aus einem feststehenden Erfolg auf eine bestimmte Ursache zu schließen sei.[637] Eine bloß vage, abstrakte Möglichkeit eines anderen Geschehensablaufs (Manipulation) stehe einem Anscheinsbeweis nicht entgegen. Die angeführte Gefahr eines manipulierenden Dritteingriffs sei sehr gering; weder sei er sehr wahrscheinlich, noch habe jeder potentielle Dritte die technischen Kenntnisse und Möglichkeiten, weiter gebe es kaum Anreize dafür und zuletzt spreche auch die strafrechtliche Relevanz eines solchen Verhaltens dagegen.[638] Auch eine Manipulation durch den Empfänger selbst sei aufgrund der damit verbundenen Risiken und Schwierigkeiten in der gerichtlichen Durchsetzung sehr unwahrscheinlich.[639] Zuletzt stehe auch die Regelung des § 292a ZPO nicht entgegen, denn es sei nicht erkennbar, dass der Gesetzgeber damit eine sachgerechte Regelung auf anderen Gebieten sperre; er wolle nur jedenfalls für die qualifizierte Signatur eine Beweiserleichterung.[640] Im Gegenteil würde mit dieser Rechtsprechung der gesetzgeberische Wille konterkariert, welcher ausweislich des § 126b BGB dahin gerichtet sei, moderne Kommunikationsformen zu fördern.[641]

1093 f. jedenfalls für solche passwortgeschützten Plattformen, bei denen das Passwort nur mit Spezialkenntnissen unbefugt ermittelt werden kann.

635 *Mankowski*, NJW 2002, 2822, 2826; *ders.* CR 2003, 44 f.

636 *Mankowski*, CR 2003, 44; *ders.* MMR 2004, 181; will der Absender nicht mehr an seine Erklärung gebunden sein, so brauche er nur deren Abgabe zu bestreiten und schon könne er sich von seiner Willenserklärung lösen, denn dem Empfänger werde nie der Nachweis gelingen, dass die Erklärung von ihm stamme.

637 *Mankowski*, CR 2003, 44, 45; *Winter*, JurPC Web-Dok. 109/2002, Abs. 13–17.

638 *Mankowski*, NJW 2002, 2822, 2823–2826; *ders.* CR 2003, 44, 45; *Winter*, JurPC Web-Dok. 109/2002, Abs. 14.

639 *Mankowski*, CR 2003, 44, 48; als Beispiel nennt er den kaum vorstellbaren Fall eines Versandhauses, das sich selbst „Kunden" schafft, indem es angeblich von den Kunden stammende Erklärungen produziert.

640 *Mankowski*, NJW 2002, 2822, 2827; *ders.* CR 2003, 44, 47; *Winter*, CR 2002, 768, 769.

641 *Mankowski*, CR 2003, 44, 45 f.

Mankowski möchte einen solchen Anscheinsbeweis nicht nur für im Rahmen einer Internetauktion abgegebenen Willenserklärungen, sondern allgemein für alle per E-Mail abgegebene Vertragserklärungen bejahen.[642]

bb) Grundsätze des Anscheinsbeweises

Wenngleich die Natur des Anscheinsbeweises umstritten ist,[643] steht folgendes fest: Der Anscheinsbeweis ist gleich dem Indizienbeweis[644] eine Form des mittelbaren Beweises.[645] Beim mittelbaren Beweis wird nicht unmittelbar die Haupttatsache bewiesen, sondern mittelbar aus feststehenden Tatsachen auf das Vorliegen der streitigen Haupttatsachen geschlossen.[646] Beim Indizienbeweis wird der Schluss auf das Vorliegen der Haupttatsache aus dem Vorliegen von unbestrittenen oder bewiesenen nicht zum Tatbestand gehörenden Tatsachen, den sogenannten Indizien, gezogen.[647] Beim Anscheinsbeweis hingegen wird der Schluss auf das Vorliegen der Haupttatsache aus dem Vorliegen eines typischen Geschehensablaufs geschlossen.[648] Es soll mithilfe der allgemeinen Lebenserfahrung eine Lücke in der Sachverhaltsfeststellung überbrückt werden.[649] Ein solcher typischer Geschehensablauf ist „ein sich aus der Lebenserfahrung bestätigender gleichförmiger Vorgang, durch dessen Typizität es sich erübrigt, die tatsächlichen Einzelumstände eines bestimmten historischen Geschehens nachzuweisen".[650] Aus einem solchen typischen Geschehensablauf kann sich dabei ein Erfahrungssatz ergeben, der zur Begründung der vollen richterlichen Überzeugung im Sinne des § 286 Abs. 1 ZPO geeignet ist.[651] Erfahrungssätze sind „Regeln, in denen die Summe der Ergebnisse gezogen ist, die bei der Beobachtung typischer Geschehensabläufe immer

642 *Mankowski*, CR 2003, 44.
643 Vgl. nur *Prütting*, S. 95–97; *Schemmann*, ZZP 118 (2005), 161, 163 f.
644 Wenngleich die Abgrenzung der beiden voneinander unklar ist; *Schemmann*, ZZP 118 (2005), 161, 163; *Leipold*, in: Stein/Jonas, § 286 Rn. 92.
645 *Schellhammer*, Rn. 518; *Prütting*, in: MünchKommZPO, § 286 Rn. 48.
646 *Schellhammer*, Rn. 513; *Prütting*, in: MünchKommZPO, § 284 Rn. 24, § 286 Rn. 48.
647 *Lüke*, Rn. 262.
648 *Schellhammer*, Rn. 519; *Lüke*, Rn. 279.
649 *Laumen*, in: Baumgärtel/Prütting/Laumen, Kap. 17 Rn. 4.
650 *Prütting*, S. 95; *ders.* in: MünchKommZPO, § 286 Rn. 48.
651 *Laumen*, in: Baumgärtel/Prütting/Laumen, Kap. 17 Rn. 21.

wieder festgestellt worden sind".[652] Es sind damit „abstrakte Regeln, die in Voraussetzung und Folge aufgelöst werden können und typische Geschehensabläufe betreffen".[653] Man muss dabei zwischen verschiedenen Erfahrungssätzen unterscheiden, denn nicht alle vermögen einen Anscheinsbeweis zu begründen. Sogenannte Erfahrungsgrundsätze[654] sind dazu geeignet, zwingende und einfache Erfahrungssätze sowie Vorurteile hingegen nicht.[655] Erfahrungsgrundsätze beruhen auf Handlungen, die mit sehr hoher Wahrscheinlichkeit zutreffen und aufgrund dessen ihr Vorliegen nach der Lebenserfahrung mit einer gewissen Evidenz festgestellt werden kann.[656] Zu den zwingenden Erfahrungssätzen gehören wissenschaftlich begründete Natur- und Denkgesetze und deterministische Erfahrungssätze, deren Aussagen absolute Geltung beanspruchen.[657] Weil sie zu einer Erkenntnis des Richters führen, gegen die ein Gegenbeweis nicht möglich ist, sind sie nicht geeignet, einen Anscheinsbeweis zu begründen.[658] Die nur „gewisse Wahrscheinlichkeit" einfacher Erfahrungssätze reicht nicht aus, die volle richterliche Überzeugung von der Wahrheit einer Tatsache zu begründen.[659] Gleiches gilt für Vorurteile, die nur eine schwache Wahrscheinlichkeit aufweisen.[660] Anders gewendet darf die Folge nicht zwingend sein, es muss aber eine so hohe Anfangswahrscheinlichkeit gegeben sein, zu der gegebenenfalls weitere konkrete Umstände hinzutreten, dass der Richter zur vollen Überzeugung des Eintritts der entsprechenden Folge gelangt.[661] Es ist kein Wahrscheinlichkeitsbeweis,[662] das heißt, es genügt nicht, dass von mehreren denkbaren Möglichkeiten die eine wahrscheinlicher ist als die anderen.[663]

Der Beweisgegner, gegen den der erste Anschein streitet, hat sodann zwar nicht den vollen Beweis des Gegenteils („Gegenteilsbeweis" bzw.

---

652 *Schneider*, Rn. 332.
653 *Schneider*, Rn. 334.
654 *Hainmüller*, S. 31.
655 *Laumen*, in: Baumgärtel/Prütting/Laumen, Kap. 17 Rn. 25–29.
656 *Prütting*, S. 106; *Laumen*, in: Baumgärtel/Prütting/Laumen, Kap. 17 Rn. 26.
657 *Laumen*, in: Baumgärtel/Prütting/Laumen, Kap. 17 Rn. 25.
658 *Laumen*, in: Baumgärtel/Prütting/Laumen, Kap. 17 Rn. 25; *Prütting*, S. 106.
659 *Laumen*, in: Baumgärtel/Prütting/Laumen, Kap. 17 Rn. 27.
660 *Laumen*, in: Baumgärtel/Prütting/Laumen, Kap. 17 Rn. 29.
661 *Prütting*, in: MünchKommZPO, § 286 Rn. 49 f.
662 BGH NJW 1951, 360.
663 BGHZ 24, 313 = NJW 1957, 1230, 1231; *Prütting*, in: MünchKommZPO, § 286 Rn. 50.

„Beweis des Gegenteils“[664]) zu erbringen, aber immerhin die ernsthafte Möglichkeit eines anderen Geschehensablaufs zu behaupten und zu beweisen und damit den ersten Anschein zu erschüttern („Gegenbeweis“[665]).[666] Er hat im Unterschied zum Gegenteilsbeweis nicht einen *tatsächlichen* abweichenden Geschehensablauf zu beweisen, sondern nur die *ernsthafte Möglichkeit* eines solchen, dies aber im Wege des Vollbeweises.[667] Kennzeichnend ist daher, dass der wahre Lebenssachverhalt abstrakt anders gewesen sein kann, als es der typische Geschehensablauf vermuten lässt.[668] Ist die Erschütterung der Überzeugung des Gerichts gelungen, lebt die gesetzliche Beweislast wieder voll auf,[669] das heißt, der Beweisführer hat den Vollbeweis der streitigen Tatsache zu erbringen.

cc) Würdigung

(1) Anwendungsbereich

Wie auch *Mankowski* feststellt, ist die Problematik der Beweisführung bei einfachen, ungesicherten E-Mails dieselbe wie bei passwortgeschützten E-Mails und Web-Formularen[670].[671] Allen diesen Sachverhalten ist gemein, dass der Benutzer dieser Web-Anwendungen entweder seine E-Mail-Adresse bzw. seinen Benutzernamen[672] alleine (Web-Formular; ungesicherter E-Mail-Account) oder in Verbindung mit einem Passwort (Anmeldung auf einer Internet-Plattform[673]; passwortgeschützter E-Mail-Ac-

---

664 *Prütting*, in: MünchKommZPO, § 284 Rn. 22.

665 *Prütting*, in: MünchKommZPO, § 284 Rn. 21.

666 BGH NJW 2010, 363, 364; *Schellhammer*, Rn. 519; *Prütting*, in: MünchKommZPO, § 292 Rn. 27 f., der aber auf die Begriffsverwendung der tatsächlichen Vermutung verzichten und diese Fälle einfach als Teil der Lebenserfahrung behandeln möchte.

667 *Laumen*, in: Baumgärtel/Prütting/Laumen, Kap. 17 Rn. 38; Kap. 2 Rn. 7; BGHZ 6, 169, 170 f. = NJW 1952, 1137; BGH NJW 1991, 230, 231 jeweils m. w. N.

668 *Laumen*, in: Baumgärtel/Prütting/Laumen, Kap. 17 Rn. 38.

669 Vgl. nur BGHZ 6, 169 = NJW 1952, 1137; *Schellhammer*, Rn. 519.

670 Dazu gehört die Teilnahme an einer mailgestützten Internet-Plattform, da die Anmeldung über ein Web-Formular erfolgt.

671 *Mankowski*, CR 2003, 44; ebenso *Roßnagel/Pfitzmann*, NJW 2003, 1209.

672 Hinterlegt sein muss aber auch hier eine E-Mail-Adresse.

673 Sofern nicht eine Bestellung als „Gast“ erfolgt; aber auch hier ist jedenfalls die Angabe einer E-Mail-Adresse zwingend.

count) angeben muss. Hier wird diskutiert, ob ganz allgemein aus der Verwendung einer E-Mail-Adresse und regelmäßig in Verbindung mit einem Passwort ein Anscheinsbeweis dahin gelten soll, dass es auch tatsächlich der Account-Inhaber war, der diese Betätigungen ausgeführt hat. Im Rahmen der vorliegenden Untersuchung wird diese Frage aber nur dann relevant, wenn der Beweisführer zum Beweis der Tatsache ein elektronisches Dokument vorlegt. Der Grundfall ist hierbei die Vorlage oder Übermittlung einer E-Mail. Hier stellt sich die Frage, ob eine empfangene E-Mail einen Anscheinsbeweis dafür begründet, dass die E-Mail auch tatsächlich mit diesem Inhalt von dem Absender stammt. Dabei kann die E-Mail von einem passwortgeschützten oder ungeschützten Account stammen. Gleiches gilt für jede sonstige direkte Versendung einer Erklärung vom vermeintlichen Account-Inhaber über eine Internet-Plattform, bei der man sich registrieren muss, sofern diese Erklärung sodann ein elektronisches Dokument darstellt. Dies ist dann der Fall, wenn die Erklärung gespeichert und übermittelt werden kann. Als Beispiel kann eine Nachricht, die über die Plattform „eBay-Kleinanzeigen" versandt wird, dienen: man muss sich zunächst auf der Plattform einloggen, bevor Nachrichten mit Preisvorschlägen oder Geboten an andere Nutzer verschickt werden können. Diese Nachrichten sind einerseits über die Webseite einsehbar, andererseits wird regelmäßig automatisch eine E-Mail mit demselben Inhalt an die hinterlegte E-Mail-Adresse des Absenders und des Empfängers verschickt. Diese Nachrichten sind speicher- und übermittelbar und damit elektronische Dokumente.

Möglich ist aber auch die Vorlage einer Bestätigungsemail, die nach einer Internetauktion, einer Bestellung bei einem Online-Versandhaus oder ähnlichem versandt wird. Eine solche ist ebenfalls ein elektronisches Dokument. Fraglich wird hier aber nicht sein, ob die E-Mail tatsächlich vom Plattformbetreiber stammt, sondern ob die dahinterstehende, den Zuschlag erhaltende Gebotsabgabe tatsächlich vom Account-Inhaber stammt. Die Gebotsabgabe bzw. die Abgabe der Willenserklärung, diesen Artikel jetzt kaufen zu wollen, also das Klicken auf den *Button*, ist kein elektronisches Dokument im Sinne der Zivilprozessordnung, denn es ist keine gespeicherte Datei, die übermittelt werden kann. Hier ist eigentlich nicht die Authentizität und Integrität der versandten E-Mail fraglich, sondern die vorausgehende Gebotsabgabe bzw. Abgabe der kaufvertraglichen Willenserklärung sowie bereits das Einloggen auf dem Benutzerkonto. Diese Fälle sind daher aus der vorliegenden Untersuchung auszuscheiden, denn es geht dort nicht um die Frage des Anscheinsbeweises eines einfachen elektronischen Dokuments, sondern um diejenige, ob ein passwortgeschützter Account einen Anscheinsbeweis dahin auslöst, dass nur der Inhaber sich anmelden und Erklärungen abgeben kann.

Es geht damit zwar in allen angeführten Fällen um die Frage, ob ein regelmäßig passwortgeschützter Account einen Anscheinsbeweis für Inhalt (Integrität) und Urheberschaft (Authentizität) rechtfertigen kann. Für die Frage des Anscheinsbeweises eines einfachen elektronischen Dokuments sind aber nur solche Konstellationen relevant, in denen von diesem Account eine Erklärung abgegeben wird, die sodann als einfaches elektronisches Dokument verfügbar ist.

(2) Eindeutiger gesetzgeberischer Wille

Zunächst ist festzuhalten, dass der Wortlaut des § 371a Abs. 1 S. 2 ZPO, welcher für die qualifizierte Signatur einen Anscheinsbeweis normiert, einem Anscheinsbeweis eines einfachen elektronischen Dokuments nicht dergestalt entgegenstünde, dass er einen Anscheinsbeweis in anderen Fällen, das heißt ohne qualifizierte Signatur, ausschließe.[674] § 371a Abs. 1 S. 2 ZPO kann man als die erstmalige gesetzliche Normierung eines Anscheinsbeweises betrachten,[675] welcher im Übrigen als Rechtsfigur gesetzlich nicht geregelt ist, sondern ein Instrument der gerichtlichen Praxis darstellt.[676] Damit ist nicht gesagt, dass ausschließlich in diesem gesetzlich geregelten Fall für elektronische Dokumente ein Anscheinsbeweis zulässig sei, sondern jedenfalls in diesem Fall.[677] Eine Sperrwirkung für alle anderen Fälle ist damit nicht verbunden. Voraussetzung dafür wäre jedoch ein typischer Geschehensablauf.

---

674 So könnte (missverständlich) *Roßnagel/Pfitzmann*, NJW 2003, 1209, 1214 interpretiert werden.

675 *Stadler*, ZZP 115 (2002), 413, 432 f.; *Schemmann*, ZZP 118 (2005), 161 ff.; a. A. *Laumen*, in: Baumgärtel/Prütting/Laumen, Kap. 17 Rn. 1, Kap. 4 Rn. 16, er sieht in § 371a Abs. 1 S. 2 ZPO eine gesetzliche Beweisregel und keine gesetzliche Normierung eines Anscheinsbeweises; ebenso *Czeguhn*, JuS 2004, 124, 126; *P. Wagner*, JuS 2016, 29, 31; *Berger*, in: Stein/Jonas, § 371a Rn. 15; *Huber*, in: Musielak/Voit, § 371a Rn. 7; wohl auch *Trautwein*, in: Prütting/Gehrlein, § 371a Rn. 4. Siehe ausführlich § 8 IV. 3.

676 *Laumen*, in: Baumgärtel/Prütting/Laumen, Kap. 17 Rn. 1.

677 Zutreffend *Mankowski*, CR 2003, 44, 47.

(3) Keine Typizität

Das Versenden einer E-Mail läuft technisch folgendermaßen ab: jeder Teilnehmer benötigt zum Senden und Empfangen einen Mailserver.[678] Dieser kann entweder ein E-Mail-Programm, – ein sogenannter Mail-User-Agent (MUA)[679] – sein oder eine Webmail-Anwendung[680].[681] Der Transfer erfolgt über das Protokoll[682] „Simple Mail Transfer Protocol" (SMTP).[683] Der SMTP-Server nimmt die E-Mails des Absenders entgegen und übermittelt sie, gegebenenfalls über weitere Mailserver als Zwischenstationen („Mail-Transfer-Agents", MTAs) an den Mailserver des Empfängers.[684] Der Empfänger kann die E-Mail üblicherweise über zwei Proto-

678 *Sieber*, in: Hoeren/Sieber/Holznagel, Teil 1 Rn. 113; *R. Kaminski*, in: Kaminski/Henßler/Kolaschnik/Papathoma-Baetge, Rechtshandbuch E-Business, Kapitel 1 Rn. 12. Der Mailserver kann von einem Provider (z. B. mustermann@gmx.de) betrieben werden oder vom Verwender selbst, wie es in Firmen häufig der Fall ist (z. B. info@firma.de); *Schmidt/Pruß/Kast*, CR 2008, 267, Fn. 1.

679 Gängige Programme sind Microsoft Office, Mozilla Thunderbird, Windows Mail oder OS X Mail.

680 Diese ermöglicht den Versand, Empfang und Verwaltung von E-Mails mithilfe eines Webbrowsers.

681 *Müller-Brockhausen*, Rn. 50; *Schmidt/Pruß/Kast*, CR 2008, 267.

682 Als Protokoll bezeichnet man in der Telekommunikation und Informatik Regeln und Vereinbarungen, welche das Format, den Inhalt, die Bedeutung und die Reihenfolge gesendeter Nachrichten und Daten zwischen verschiedenen IT-Systemen festlegen. Protokolle regeln damit einerseits den Ablauf der technischen Übertragung und stellen andererseits deren Dokumentation in einer Protokolldatei sicher; *Schmidl*, S. 204. Durchgesetzt haben sich die Protokolle der IETF (Internet Engineering Task Force) gegenüber Konkurrenzentwürfen anderer Organisationen; *Wittmaack/Esslinger/Schmidt/Strenge/Wacker*, DuD 2016, 271 f.

683 *Sieber*, in: Hoeren/Sieber/Holznagel, Teil 1 Rn. 112; *Wittmaack/Esslinger/Schmidt/Strenge/Wacker*, DuD 2016, 271, 274 ff.

684 *Müller-Brockhausen*, Rn. 49; *Schmidt/Pruß/Kast*, CR 2008, 267.

kolle, das „Post Office Protocol, Version 3“ (POP3)[685] oder „Internet Message Access Protocol“ (IMAP)[686] abrufen.[687]

Im Rahmen der E-Mail-Kommunikation gibt es verschiedene Möglichkeiten der Verfälschung. Diese sollen im Folgenden überblicksweise dargestellt werden, wobei wegen der Mannigfaltigkeit kein Anspruch auf Vollständigkeit erhoben wird. Bereits bei der erstmaligen Einrichtung einer E-Mail-Adresse gibt es keine Garantie für die Identität des Nutzers. Zwar ist in der Regel die Angabe des Namens, des Geburtsdatums und einer Anschrift erforderlich, jedoch erfolgt diesbezüglich nur noch eine Plausibilitätskontrolle durch den Anbieter.[688] Die frühere Praxis, eine Postkarte an die angegebene Adresse zu senden, welche innerhalb eines bestimmten Zeitraums zurückgeschickt werden musste, um die Identität zu überprüfen, wurde aus rechtlichen und kostenmäßigen Gründen aufgegeben.[689] Auch der in einer E-Mail-Adresse verwendete Name lässt wegen der Verwechselungsgefahr und freien Wählbarkeit keinen Rückschluss auf eine bestimmte Person zu. Selbst wenn man die E-Mail-Adresse seines Kommunikationspartners kennt, ist es möglich, dass die empfangene E-Mail in Wahrheit nicht von diesem stammt, denn Adressen lassen sich leicht auch beim Versand fälschen. Das für den Transfer verwendete SMTP macht zwar eine Authentisierung (Nachweis der Identitätsbehauptung durch den Behauptenden[690]) möglich, setzt diese aber nicht voraus.[691] Dies ermöglicht den Versand von Spam-Emails, E-Mails mit unerwünschten Inhalten (Viren, Würmer etc.) oder unter falscher Absenderken-

685 Hierfür muss die Software (POP3-Server) auf dem Mailserver installiert sein (anders als beim IMAP). Der POP3-Server stellt die E-Mails eines Empfängers zusammen und speichert sie, bis sie vom Empfänger abgeholt werden; *Schmidl*, S. 198.

686 IMAP ist ein Standard zum Übermitteln von E-Mails. Anders als beim POP3-Standard verbleibt die E-Mail auf dem Mailserver und wird nicht sofort auf den Client übertragen, sondern nur auf Anfrage. Es können damit verschiedene Endgeräte zum Einsatz kommen, da die E-Mails stets auch zentral gespeichert bleiben (*Schmidl*, S. 140).

687 *Sieber*, in: Hoeren/Sieber/Holznagel, Teil 1 Rn. 112; *Wittmaack/Esslinger/Schmidt/Strenge/Wacker*, DuD 2016, 271, 276.

688 *Müller-Brockhausen*, Rn. 53; aber selbst darauf könnte verzichtet werden, denn man kann ganze Adress-Datensätze generieren, vgl. *Brunst*, S. 86, Fn. 362.

689 *Brunst*, S. 86.

690 *Müller-Brockhausen*, Rn. 103.

691 *Müller-Brockhausen*, Rn. 49; *Sieber*, in: Hoeren/Sieber/Holznagel, Teil 1 Rn. 114.

nung[692].[693] Betrachtet man das SMTP-Protokoll einer versandten E-Mail, so ist die genannte IP-Adresse des Absenders grundsätzlich die einzige authentische Information, alle anderen Informationen können gefälscht werden.[694] Es ist aber auch möglich, die IP-Adresse zu fälschen[695]. Auch ein passwortgeschützter Zugang schützt nicht vor einer Fälschung. Es gibt verschiedene Methoden, um an die Zugangsdaten zu gelangen. Neben physikalischen Eingriffen, wie dem Auffinden auf Papier niedergeschriebener Passwörter kann man auch auf in einem Passwort-Speicher gespeicherte Zugangsdaten zugreifen. Weiter gibt es internetbasierte Angriffe wie Phishing[696], Social Engineering[697], Einsatz von Keyloggern[698], Man-

692 Maskerade oder Spoofing genannt.

693 *Sieber*, in: Hoeren/Sieber/Holznagel, Teil 1 Rn. 114.

694 *Schmidt/Pruß/Kast*, CR 2008, 267, 268.

695 Sogenanntes IP-Spoofing.

696 Hierbei wird der Account-Inhaber auf die Internetseite des Angreifers gelockt, entweder über eine E-Mail (klassisches Phishing) oder indem man statt auf die eingegebene Internetadresse durch Eingriff in die DNS-Zuordnungstabelle auf die Seite des Angreifers unbemerkt weitergeleitet wird (Pharming). Sodann wird der Account-Inhaber vom vermeintlichen Authentisierungsnehmer, in Wahrheit dem Angreifer, aufgefordert, seine Zugangsdaten einzugeben; *Schmidl*, S. 196.

697 Hier sollen die Zugangsdaten erlangt werden, indem das Vertrauen des Account-Inhabers erschlichen wird; dies erfolgt häufig mittels nicht-technischer Methoden (durch Anrufe), kann aber auch mit dem Phishing einhergehen.

698 Ein Keylogger zeichnet die gesamte Tastatureingabe eines Rechners auf. Er kann physisch (Adapter zwischen Tastatur und Rechneranschluss) oder softwarebasiert installiert werden; *Schmidl*, S. 154. Weiterführend dazu *Vogelgesang/Hessel/Möllers*, DuD 2016, 729, welche aufgrund der steigenden Verbreitung von Verschlüsselungssoftware einen Anstieg der Angriffe mittels Keyloggern erwarten.

in-theMiddle-Angriffe[699], Brute-Force-Angriffe[700] und Einsatz von Schadprogrammen[701].[702]

Laut dem Bundesamt für Sicherheit in der Informationstechnik (BSI) werden täglich etwa 350.000 neue Schadprogrammvarianten gesichtet.[703] Speziell zum Identitätsdiebstahl hat das BSI von Juli 2015 bis Juni 2016 141.000 neue Schadprogramme analysiert; dabei sind ihm beispielsweise ca. 62.000 Infektionen durch eine einzige Schadprogramm-Familie bekannt.[704] Das Bundeskriminalamt (BKA) veröffentlichte in seinem Lagebericht zur Cyberkriminalität ebenfalls verschiedene Zahlen: es wurden im Jahr 2016 10.638 Fälle des Ausspähens oder Abfangens von Daten und 811 der missbräuchlichen Nutzung von Telekommunikationsdiensten registriert.[705] Die digitale Identität oder Teile davon seien begehrtes Diebesgut, entweder um die erlangten Informationen für eigene kriminelle Zwecke einzusetzen oder um die gestohlenen Daten über Verkaufsplattformen der Underground Economy zu veräußern.[706] Als Fallbeispiel führt das BKA an, in einem 2015 geführten Ermittlungsverfahren gegen die Betreiber einer solchen Plattform hätten über 7,4 Millionen Datensätze sichergestellt werden können, welche User-Accounts diverser Diensteanbieter enthielten.[707] Beim Betrug mit Zugangsberechtigungen zu Kommunikationsdiensten wurde im Jahr 2016 ein Schaden von 0,75 Millionen

699 Hierbei steht der Angreifer physisch oder logisch zwischen zwei Kommunikationspartnern und kann den gesamten Datenverkehr mitlesen und manipulieren. Den jeweiligen Kommunikationspartnern wird dabei vorgetäuscht, der Angreifer sei das jeweilige Gegenüber; *Schmidl*, S. 168 f.

700 Als solche bezeichnet man Angriffe, die auf dem Ausprobieren verschiedener Passwörter beruht und solange durchgeführt wird, bis das richtige erraten wird; *Schmidl*, S. 45 („rohe Gewalt").

701 Schadprogramme oder Malware wie Viren, Würmer oder Trojanischen Pferden können auf verschiedene Weise auf den Rechner gelangen, wie dem Öffnen von E-Mail-Anhängen oder durch unbemerkten Download beim Besuch von Websites („Drive-by-Download"). Malware ist der Oberbegriff für jede Software, deren Ziel es ist, unerwünschte Vorgänge auf dem betroffenen Computersystem auszuführen; *Schmidl*, S. 168.

702 Vgl. ausführlich zu den vorgenannten Angriffsmöglichkeiten *Müller-Brockhausen*, Rn. 131–200.

703 *BSI*, Lage der IT-Sicherheit in Deutschland 2017, S. 22.

704 *BSI*, Lage der IT-Sicherheit in Deutschland 2016, S. 30.

705 *BKA*, Cybercrime Bundeslagebild 2016, S. 6.

706 *BKA*, Cybercrime Bundeslagebild 2016, S. 20.

707 *BKA*, Cybercrime Bundeslagebild 2015, S. 12.

Euro registriert.[708] Häufige Fälle seien dabei betrügerische Buchungen von Onlinetickets der Deutschen Bahn unter Verwendung widerrechtlich erlangter Kreditkartendaten, welche dann in Bereicherungsabsicht Reisenden deutlich unter Wert angeboten würden.[709] In einem anderen Fall verschafften sich die Täter durch den Diebstahl von Zugangsdaten den Zugang zu einem Online-Shop, welcher über die Marketplace-Plattform von Amazon Waren anbietet.[710] Abweichend vom üblichen Zahlungsweg des Online-Shops erhielten die Kunden über eine E-Mail Bankdaten zur Zahlung; die Waren erhielten sie nie.

Diese auch genutzten Lücken in der IT-Sicherheit sprechen gegen einen allgemein ausgeformten Anscheinsbeweis zulasten des jeweiligen Account-Inhabers. Wie die aufgeführten Zahlen zeigen, gibt es keinen typischen Geschehensablauf dahin, dass der jeweilige Account-Inhaber die in Frage stehenden Betätigungen auch selbst ausgeführt hat. Der Diebstahl von Zugangsdaten und eine daran anknüpfende unberechtigte Verwendung derselben sind so häufig, dass sie keine hohe Wahrscheinlichkeit dahin zu begründen vermögen, dass die getätigte Handlung vom Account des jeweiligen Inhabers auch tatsächlich von diesem ausgeführt wurde. Die zwar bestehende Wahrscheinlichkeit reicht nicht aus, um einen solchen ganz allgemeinen Erfahrungsgrundsatz zu begründen. Denn die bloß überwiegende Wahrscheinlichkeit der Möglichkeit, dass keine Manipulation gegeben ist, begründet noch keinen Erfahrungsgrundsatz.

(4) Vergleich mit anderen Anscheinsbeweisen

Für einen Vergleich kommen das Fax, der Bildschirmtext, die Post sowie EC-Karten und das Online-Banking in Betracht. Beim Fax und der Post wird ein Anscheinsbeweis allenfalls für den Zugang diskutiert,[711] nicht aber für die Frage der Authentizität und Integrität. Ein Vergleich mit diesen beiden scheidet damit mangels Parallelität der Sachverhalte aus. Zu

---

708 *BKA*, Cybercrime Bundeslagebild 2016, S. 7.

709 *BKA*, Cybercrime Bundeslagebild 2015, S. 7.

710 *BKA*, Cybercrime Bundeslagebild 2016, S. 21.

711 Vgl. zum Meinungsstand etwa *Saenger*, in: Hk-ZPO, § 286 Rn. 49; *Prütting*, in: MünchKommZPO, § 286 Rn. 71; *Laumen*, in: Baumgärtel/Prütting/Laumen, Kap. 17 Rn. 219, 236–239, 479–481.

untersuchen bleiben eine Abhebung am Geldautomat, das Online-Banking und der Bildschirmtext.

Beim Bildschirmtext[712], dem Vorläufer des Internet, erfolgt die Authentisierung über mehrere Faktoren: zum Einwählen benötigt der Anschlussinhaber seine Teilnehmernummer und ein geheimes Passwort (Wissen). Die zweite Komponente ist der Besitz des Geräts, welches zudem eine hardwareseitig gespeicherte Anschlusskennung enthält, welche zusammen mit Passwort und Teilnehmernummer das Einwählen erst ermöglicht. Gerade in dieser Orts- und Gerätegebundenheit des Bildschirmtextes liegt der Unterschied zu den heutigen Internet-Accounts, welche von jedem PC aus zugänglich sind. Ein Anscheinsbeweis beim Bildschirmtext ist daher insofern gerechtfertigt, als diesen nur der Anschlussinhaber selbst oder ein Dritter, welchem der Zugang aber nur durch Zutun des Inhabers ermöglicht wird, nutzt.[713]

Bei einer Geldabhebung am Automaten mit EC-Karte und dazugehöriger PIN wird ein Anscheinsbeweis dafür, dass die Abhebung vom Karteninhaber oder von einem autorisierten Dritten vorgenommen wurde, ebenfalls bejaht.[714] Eine Bargeldabhebung mit Hilfe der Original-ec-Karte und richtiger PIN durch einen unbefugten Dritten sei anders als durch ein grob fahrlässiges Verhalten des Karteninhabers nicht zu erklären, weil andere Möglichkeiten zwar theoretisch denkbar seien, bei wertender Betrachtung jedenfalls außerhalb der Lebenserfahrung lägen.[715] Im Umkehrschluss wird angenommen, der erste Anschein spreche für die Abhebung durch den Karteninhaber selbst oder durch einen autorisierten Dritten.

Im Online-Banking gibt es verschiedene Authentisierungsmethoden: das TAN[716]-, iTAN-, mTAN-, eTAN- bzw. SmartTAN- sowie das

712 Hierbei wurden über das Telefonnetz und mittels eines Modems Textinformationen übermittelt, welche sodann als stehende Fernsehbilder auf dem Fernsehgerät angezeigt wurden; vgl. *Müller-Brockhausen*, Rn. 498.

713 Vgl. etwa OLG Oldenburg, NJW 1993, 1400, 1401; *Müller-Brockhausen*, Rn. 811.

714 BGHZ 160, 308, 314 ff. = NJW 2004, 3623; BGH NJW 2012, 1277; *Prütting*, in: MünchKommZPO, § 286 Rn. 77.

715 BGHZ 160, 308, 314 ff. = NJW 2004, 3623, 3624.

716 Eine TAN (Abkürzung für Transaktionsnummer) ist ein Einmalkennwort, das üblicherweise aus sechs Ziffern besteht; *Schmidl*, S. 264.

HBCI[717]-Verfahren.[718] Beim einfachen TAN-Verfahren bekommt der Kunde von der Bank per Post eine TAN-Liste zugesandt, woraus er dann selbsttätig eine TAN auswählen kann, welche sodann verfällt. Beim iTAN-Verfahren ist der einzige Unterschied dazu, dass die Bank nach Abschluss der Eingaben dem Kunden vorgibt, welche TAN er zu verwenden hat. Beim mTAN-Verfahren wird dem Kunden nach Abschluss der Eingaben zur Überweisung eine TAN auf das Mobiltelefon gesendet. Beim eTAN-Verfahren benötigt der Kunde einen TAN-Generator. Nach Eingabe der Überweisungsdaten wird von der Bank eine Kontrollnummer generiert, welche in den TAN-Generator einzugeben ist. Dieser zeigt dem Nutzer schließlich die zu verwendende TAN an. Beim eTAN plus-Verfahren wird erst nach Einstecken der EC-Karte in den TAN-Generator aus dem geheimen Schlüssel der EC-Karte und der Kontrollnummer die TAN generiert. Beim HBCI-Verfahren werden die Sicherungsmittel PIN und TAN durch das Signaturverfahren ersetzt.[719] Der Kunde identifiziert und legitimiert sich und die Transaktion durch eine elektronische Signatur.

Der BGH hat jüngst entschieden, dass die Anwendung der Grundsätze des Anscheinsbeweises im Online-Banking nicht allgemein ausgeschlossen ist.[720] Die zur Anwendung des Anscheinsbeweises vorausgesetzte Feststellung einer gesicherten Lebenserfahrung zur Verlässlichkeit einer Online-Autorisierung könne zu bejahen sein, wenn das konkret eingesetzte Sicherungsverfahren als allgemein praktisch unüberwindbar anzusehen sei und feststehe, dass es im konkreten Fall beachtet wurde. Er schweigt sich jedoch darüber aus, bei welchen konkreten Sicherungsverfahren im Online-Banking dies der Fall sein soll. Beim TAN- und iTAN-Verfahren wird in der Literatur und instanzgerichtlichen Rechtsprechung ein Anscheinsbeweis nun überwiegend abgelehnt, da es sich um eine rein wissensbasierte[721] und damit unsichere Authentisierungsmethode handele.[722] Beim mTAN- und eTAN-Verfahren wird ein Anscheinsbeweis hingegen über-

---

717 HBCI steht für „Homebanking Computer Interface“ und ermöglicht die Kommunikation über das Internet (sog. Homebanking über offene Netze); *Werner*, in: Kümpel/Wittig, Rn. 7.782.

718 Vgl. dazu *Werner*, in: Kümpel/Wittig, Rn. 7.771, 7.782 f.; dort auch zur Beschreibung der verschiedenen TAN-Verfahren.

719 *Werner*, in: Kümpel/Wittig, Rn. 7.783.

720 BGH NJW 2016, 2024, 2027.

721 *Müller-Brockhausen*, Rn. 545, 820.

722 Nach der anfänglichen Befürwortung eines Anscheinsbeweises in der Literatur haben vor allem die Urteile des AG Wiesloch, MMR 2008, 626 mit zust. Anm.

wiegend bejaht,[723] denn hier erfolgt die Authentisierung durch mehrere Faktoren: Wissen (Passwort und Benutzername des Benutzerkontos) und Besitz (Kartenlesegerät oder Mobiltelefon). Beim TAN- oder iTAN-Verfahren muss der Authentisierungsgeber zwar auch im Besitz der TAN-Liste sein, zur Authentisierung wird jedoch nicht der Besitz der TAN-Liste abgefragt, sondern das Wissen,[724] welches insbesondere durch Phishing ausgespäht werden kann, weshalb ein Anscheinsbeweis abgelehnt wird.[725]

Gemeinsame Schnittstelle der Sicherungsverfahren, welchen ein Anscheinsbeweis zugebilligt wird, ist damit eine sogenannte Zwei-Faktor-Authentisierung.[726] Diese liegt ebenso beim Abheben am Geldautomaten mittels EC-Karte vor, hier wird Wissen (PIN) und Besitz (EC-Karte) abgefragt. Diese Zwei-Faktor-Authentisierung fehlt hingegen bei Betätigungen über einen Account. Es wird bei der Anmeldung nur Wissen (Benutzername bzw. E-Mail-Adresse und Passwort) abgefragt. Solange keine Zwei- oder Mehr-Faktor-Authentisierung gegeben ist, muss daher ein Anscheinsbeweis abgelehnt werden.[727]

(5) Fazit

Auf der einen Seite ist zu beachten, dass dem nach allgemeinen Beweisgrundsätzen im Bestreitensfalle beweisbelasteten Empfänger der E-Mail

---

Mühlenbrock/Dienstbach und des LG Mannheim, BKR 2009, 84 mit zust. Anm. *Borges,* eine Wende eingeleitet und als erste Gerichte einen Anscheinsbeweis beim TAN- und iTAN-Verfahren in Frage gestellt bzw. abgelehnt; vgl. zum Meinungsstand ausführlich die eben zitierten Urteilsanmerkungen sowie *Müller-Brockhausen*, Rn. 545, 820 und *Casper*, in: MünchKommBGB, § 675w Rn. 20.

723 *Casper*, in: MünchKommBGB, § 675w Rn. 20; *Borges*, BKR 2009, 84, 87; *Mühlenbrock/Dienstbach*, MMR 2008, 626, 630.

724 *Müller-Brockhausen*, Rn. 545.

725 Vgl. weiterführend zum Ganzen BGH NJW 2016, 2024 = JZ 2017, 45 ff.; kritisch dazu *Herresthal*, JZ 2017, 28 ff.

726 Oder Mehr-Faktor-Authentisierung; dies ist eine allgemein anerkannte Begriffsverwendung, vgl. dazu beispielsweise *Müller-Brockhausen*, Rn. 117 f., 822, 825 ff.; *Borges*, BKR 2009, 84, 87; *BSI*, Leitfaden sichere Webanwendungen, S. 42.

727 Vgl. auch *Müller-Brockhausen*, Rn. 826–829; *Roßnagel/Pfitzmann*, NJW 2003, 1209, 1212.

der Vollbeweis, dass die in der E-Mail enthaltene Erklärung[728] auch tatsächlich vom Inhaber der E-Mail-Adresse und in dieser Form stammt, in den seltensten Fällen gelingen wird. Zum Nachweis einer versandten E-Mail kann er zwar beispielsweise eine Protokolldatei[729] vorlegen. Hier ist aber zu beachten, dass nicht jeder Mail-Server solche Logfiles speichert oder zugänglich macht. Zudem ist mit Vorlage einer solchen Protokolldatei noch nicht gesagt, dass damit auch die Authentizität bewiesen ist. Wie bereits aufgezeigt, ist es selbst möglich, die IP-Adresse des Absenders zu fälschen, welche zumindest Rückschluss auf den verwendeten Rechner bieten könnte. Der Empfänger müsste hier dann auch den Beweis erbringen, dass keine Fälschung der IP-Adresse vorliegt. Dies wird ihm ebenfalls kaum gelingen.

Dennoch rechtfertigen diese Erwägungen nicht die Begründung eines ganz allgemeinen Anscheinsbeweises für die Authentizität und Integrität einer E-Mail. Aus einer rechtsfolgenorientierten Betrachtungsweise darf nicht ein dem Grunde nach nicht gerechtfertigter Anscheinsbeweis begründet werden. Folge wäre, dem ebenso „unschuldigen" Account-Inhaber aufzugeben, die ernsthafte Möglichkeit des Missbrauchs seiner Zugangsdaten zu behaupten und zu beweisen. Dies wird diesem im schlimmsten Falle ebenso schwerfallen, wie dem Empfänger des elektronischen Dokuments der Nachweis der Authentizität und Integrität. Der häufig vorgebrachten Sorge, der Absender könne sich durch eine einfache Behauptung von seiner im elektronischen Dokument enthaltenen Erklärung lösen, kann zudem entgegengehalten werden, dass das Gericht durchaus im Rahmen der freien Beweiswürdigung solche „Schutzbehauptungen" als erkennbar unwahren Vortrag entlarven und unberücksichtigt lassen darf;[730] vorausgesetzt es verstößt dabei nicht gegen den Grundsatz auf rechtliches Gehör.[731]

Insgesamt ist daher ein allgemeiner Anscheinsbeweis für die Authentizität und Integrität eines einfachen elektronischen Dokuments nicht ge-

---

728 Sei es eine Gebotsabgabe, eine Bestellung oder sonstige Willens- oder Wissenserklärung.

729 Auch Logfile oder Logdatei genannt; sie protokolliert für einen bestimmten Zeitraum sämtliche Vorgänge (Aktionen, Fehlermeldungen) in einem IT-System; *Schmidl*, S. 204.

730 Ganz allgemein zur Freiheit, unwahren Vortrag unberücksichtigt zu lassen *Prütting*, in: MünchKommZPO, § 286 Rn. 13; *Saenger*, in: Hk-ZPO, § 286 Rn. 3; speziell zu Schutzbehauptungen KG Berlin, MDR 2005, 1431.

731 BGH WM 2011, 924; vgl. zum Ganzen speziell bei Betätigungen von einem Internetaccount auch *Müller-Brockhausen*, Rn. 79–799.

rechtfertigt. Einfachen elektronischen Dokumenten wie E-Mails oder auch E-Mail-Anhängen fehlt es an einer Zwei-Faktor-Authentisierung. Gleiches gilt grundsätzlich auch für einfache elektronische Dokumente, die durch Datenträger übermittelt werden. Ihnen sieht man nicht an, ob sie verändert wurden.

Dies hindert aber natürlich die Gerichte nicht, im Einzelfall oder in konkret abgegrenzten Fallkonstellationen dennoch eine Beweiserleichterung zu Gunsten des Empfängers zu gestalten. Man denke dabei an einen Vertragsschluss zwischen zwei befreundeten oder bekannten Personen, der per E-Mail getätigt wird. A bietet dem B ein Motorboot zum Verkauf an. Nach Vertragsschluss bestreitet nun auf einmal B die Annahmeerklärung. Hier können verschiedene Indizien dennoch den Beweis erbringen, dass die Annahmeerklärung von B stammt, wie beispielsweise, dass B nicht mit einer fremden Person Vertragsverhandlungen über ein Motorboot führen würde; er gerne Motorboot fährt etc. Für einen Anscheinsbeweis wäre in einer solchen konkreten Konstellation ebenfalls Raum: schließen zwei bekannte Vertragspartner einen Vertrag mittels der elektronischen Kommunikation, so kann dies einen Anscheinsbeweis für die Authentizität und Integrität der ausgetauschten Erklärungen begründen, denn konkret im privaten Rechtsverkehr ist eine Manipulation durch Dritte in der Tat sehr unwahrscheinlich. Dies aber allgemeingültig auf den gesamten Geschäftsverkehr auszudehnen, ist aus den bereits genannten Gründen nicht gerechtfertigt.

Als weiteres Beispiel für einen Anscheinsbeweis oder Indizienbeweis für die Integrität und Authentizität kann folgendes angeführt werden: Übergibt eine Partei der anderen ein auf einem Datenträger gespeichertes einfaches elektronisches Dokument, so kann im Einzelfall davon ausgegangen werden, dass dieses übermittelte Dokument auch von dem Aussteller und mit diesem Inhalt stammt. Hier könnte eher der umgekehrte Fall fraglich sein: der Aussteller behauptet eine Veränderung durch den Empfänger. Bei einem einfachen elektronischen Dokument ist eine Veränderung nicht nachvollziehbar. Hier wird daher im Allgemeinen kein Anscheinsbeweis dafür anzunehmen sein, dass das Dokument unverändert geblieben ist.

b) Anscheinsbeweis für den Zugang

Für den Zugangsnachweis ist der Absender beweispflichtig. Erstens könnte er unter den Voraussetzungen des § 371 Abs. 2 ZPO um Auskunft beim Empfänger bitten. Wenn dieser das entsprechende elektronische Dokument jedoch bereits gelöscht hat, geht der Auskunftsanspruch ins Leere. Beim E-Mail-Versand bieten sich deshalb zum Beweis Eingangs- oder Lesebestätigungen an. Eingangs- oder Lesebestätigungen sind automatisch generierte Bestätigungen in E-Mail-Form, die vom Server des Adressaten stammen. Sie können in der Regel ohne großen Aufwand bei jedem E-Mail-Programm installiert werden. Aus ihnen wird teilweise ein Anscheinsbeweis für den Zugang gezogen.[732]

Aber auch aus Eingangs- oder Lesebestätigungen, welche den *Zugang* einer E-Mail bestätigen sollen, kann kein Anscheinsbeweis für den Zugang gezogen werden. Ohne Sicherung durch eine qualifizierte Signatur ist eine Manipulation auch hier nicht auszuschließen. Die Wahrscheinlichkeit einer solchen Fälschung ist zwar im privaten Bereich eher gering, steigt aber, je weiter der Personenkreis ist und je sensibler die Inhalte sind. Erschwerend kommt hinzu, dass der Empfänger nicht verpflichtet ist, eine Eingangs- oder Lesebestätigung an den Absender zurückzusenden. Zwar kann der die E-Mail im Falle des Ablehnens gegebenenfalls nicht mehr vollständig lesen, in einer Art Vorschau jedoch schon. In der Praxis wird sich gut geschultes Personal daher davor hüten, eine solche Bestätigung abzugeben.[733]

3. Weitere Möglichkeiten

Es gibt neben dem Anscheinsbeweis weitere Möglichkeiten, welche die Beweisführung des beweisbelasteten Empfängers erleichtern könnten. Neben dem Indizienbeweis stellt sich insbesondere beim E-Mail-Verkehr die Frage, ob dem Empfänger ein Auskunftsanspruch auf Erteilung der notwendigen Systeminformationen[734] gegen den Betreiber der EDV oder gegen den Prozessgegner zusteht und wie er einen solchen gegebenenfalls

---

732 *Herwig*, MMR 2001, 145, 146 f.; *Mankowski*, NJW 2004, 1901 und *Spindler*, Bankrechtstag 2001, S. 171, 246–248; wohl auch *Willems*, MMR 2013, 551, 552.

733 *Willems*, MMR 2013, 551, 553.

734 Insbesondere das Übermittlungsprotokoll des SMTP-Servers.

durchsetzen kann.[735] Daneben wird eine Lösung über die sekundäre Beweislast vorgeschlagen.[736]

Eine materiellrechtliche Lösung, etwa über die Grundsätze der Duldungs- oder Anscheinsvollmacht,[737] ist nicht Gegenstand dieser Untersuchung, da nur prozessuale Instrumente der Beweisführung beleuchtet werden sollen.

a) Indizienbeweis

Der direkte Beweis der Echtheit mittels des einfachen elektronischen Dokuments selbst kann nicht gelingen, da nachträgliche Veränderungen nicht sichtbar sind. Ebenso wenig ist der wahre Aussteller erkennbar, da sowohl die getippte Unterschrift als auch das Einloggen im E-Mail-Konto auch von Dritten durchgeführt werden kann. Der Beweis kann aber mittelbar durch verschiedene Indizien erbracht werden, wobei verschiedene Beweismittel zur Anwendung kommen können. So kann ein Zeuge herangezogen werden, Speicherprotokolle der beteiligten Server können vorgelegt werden, die E-Mails auf Seiten des Absenders und des Empfängers können verglichen werden oder der Inhalt des elektronischen Dokuments kann ergeben, dass bestimmte Kenntnisse nur der angebliche Aussteller hat.[738] Begrenzt werden die Möglichkeiten des Indizienbeweises aber wieder dort, wo Dritte einbezogen werden müssen, um an notwendige Informationen zu gelangen. Gegen einen Provider zur Vorlage von Serverprotokollen wäre ein Auskunftsanspruch erforderlich.[739]

b) Auskunftsanspruch

Die elektronische Kommunikation erfolgt regelmäßig durch Zwischenschalten eines Dritten, welcher den Kommunikationsweg bereitstellt. Es

---

735 *Englisch*, S. 76–78.

736 *Müller-Brockhausen*, Rn. 792 ff., 829.

737 Vgl. dazu etwa BGHZ 189, 346 = NJW 2011, 2421 = CR 2011, 455 ff. m. Anm. *Mankowski*.

738 Siehe zu den verschiedenen Indizien auch *Borges*, Rechtsfragen der Haftung, S. 228 f.; *Borges*, S. 487 f.

739 Siehe auch *Borges*, S. 488; *Rüßmann*, in: Informationsbeschaffung für den Zivilprozess, S. 196; *Englisch*, S. 77 f.

könnte deshalb zum Beweis auf mögliche Speicherungen in einer Datenbank des Dritten oder auf sonstige Rekonstruierungsmaßnahmen unter Zwischenschaltung des Dritten zurückgegriffen werden. Aber auch der Beweisgegner kann über erforderliche Informationen verfügen. Erforderlich wäre eine gesetzliche Regelung zur Auskunft gegenüber dem Beweisgegner oder Dritten.[740] Die Schaffung eines Auskunftsanspruchs ist ein einerseits umfassenderer Ansatz, weil nicht auf den E-Mail-Verkehr beschränkt, andererseits geringerer Ansatz, weil nur auf Auskunft gerichtet,[741] als die Annahme eines Anscheinsbeweises.

Bereits vor der Neufassung der §§ 371, 144 ZPO, welche nun Auskunftsansprüche des Beweisführers regeln,[742] wurde ein allgemeiner im Prozessrecht verorteter Auskunftsanspruch auf Erteilung der zum Beweis der Authentizität und Integrität erforderlichen Systeminformationen vorgeschlagen, der in etwa folgenden Wortlaut haben könnte:

> „(1) Bedient sich eine Partei zu Beweiszwecken digitaler Daten, gleich in welcher Form, soll das Gericht auf Antrag des Gegners dieser Partei bzw. dem Betreiber der EDV aufgeben, Auskunft über die Systemumgebung zu erteilen sowie die entsprechenden Unterlagen vorzulegen. Die begehrten Informationen sind ihrer Art nach in dem Antrag hinreichend konkret zu bezeichnen; sie müssen grundsätzlich geeignet sein, Aufschluß über den Beweiswert der digitalen Daten zu geben.
> (2) Systemumgebung im Sinne des Abs. 1 sind sämtliche Umstände, welche für die Beurteilung der Integrität, Unverfälschtheit und Autorisierung der Daten von Bedeutung sind, insbesondere die Art der verwendeten Hardware und Software, die Datenformate, die Art der Datenspeicherung und -sicherung, die Systemdokumentation sowie Identität und Kompetenzen der mit der Datenerzeugung, -verarbeitung und -speicherung befaßten Personen.
> (3) Auskunft und Vorlage können nur ausnahmsweise verweigert werden, wenn […]“.[743]

Zur Begründung wird angeführt, dass die eigentliche beweisrechtliche Problematik der Nutzer elektronischer Kommunikationsmittel im Informationsgefälle zwischen Systemverwender und Prozessgegner liege.[744] Die

740 Siehe auch *Borges*, S. 488.

741 Falls aus dieser Auskunft nicht mehr Erkenntnisse gewonnen werden können, so steht der Beweisführer nicht besser als ohne diesen Anspruch; der Anscheinsbeweis geht weiter.

742 Siehe dazu § 6.

743 *Englisch*, S. 77 f.; auch *Rüßmann*, in: Informationsbeschaffung für den Zivilprozess, S. 196 ist für eine prozessrechtliche Regelung.

744 *Englisch*, S. 76.

Ansiedelung im Prozessrecht sei gerechtfertigt, weil zum einen die bestehenden materiellrechtlichen Auskunftsansprüche nicht zum Ziel verhelfen könnten und auch § 423 ZPO nicht das gewünschte Ergebnis liefern könne.[745]

Dies widerspricht aber dem gesetzgeberischen Willen, einen rein prozessual gestalteten Auskunftsanspruch zu schaffen. Vielmehr hält der Gesetzgeber an der Systematik eines materiellrechtlich begründeten Auskunftsanspruchs (§ 422 ZPO) oder eines nach Bezugnahme des Gegners (§ 423 ZPO) fest.[746] Dies wird deutlich durch die zwischenzeitliche Neuschaffung der §§ 371 Abs. 2, 144 ZPO, welche für elektronische Dokumente einen Auskunftsanspruch des Beweisführers gegen den Beweisgegner oder einen Dritten nach dem Vorbild des Urkundenbeweisrechts vorsehen. Dem Gesetzgeber war dabei das Problem wohl bekannt, unzureichende Regelungen zu haben, um insbesondere Dritte zu verpflichten, eine Sache vorzulegen oder bereitzuhalten,[747] dennoch hielt er an der materiellrechtlichen Lösung fest. Als Anspruchsgrundlage bietet sich dabei § 810 BGB an. Insbesondere bei der E-Mail hat der Beweisführer ein rechtliches Interesse daran, das Sendeprotokoll im Besitz des Beweisgegners oder eines Dritten einzusehen, welches auch in seinem Interesse errichtet wurde, nämlich zum Zwecke der Dokumentation. Theoretisch kann damit der Beweisführer insbesondere die Vorlage des SMTP-Sendeprotokolls verlangen. Wie bereits ausgeführt, wird ihm das aber im Ernstfall nicht viel weiterhelfen können: auch dieses Protokoll ist leicht fälschbar und daher in seinem Beweiswert gering. Der Provider könnte auch einwenden, das Protokoll sei bereits gelöscht. Insgesamt ist daher die Verpflichtung eines Dritten zur Vorlage von Indizien mit Unwägbarkeiten verbunden und insgesamt als umfassende Lösung nicht ausreichend, selbst wenn ein Anspruch auf Mitwirkung bestünde. Vielleicht aus diesem Grund hat der Gesetzgeber auf eine Lösung des Problems des Beweises

---

745 *Englisch*, S. 77; ähnlich *Rüßmann*, in: Informationsbeschaffung für den Zivilprozess, S. 196.

746 Siehe § 6 I. 1. b), 2. a).

747 Die Kommission für das Zivilprozeßrecht hat bereits im Jahre 1977 einen Novellierungsvorschlag unterbreitet, Dritte in Kongruenz zu ihrer Zeugnispflicht auch zu verpflichten, eine Sache vorzulegen oder bereitzuhalten; Bericht der Kommission für das Zivilprozeßrecht, S. 151 ff., siehe dazu auch *Rüßmann*, in: Informationsbeschaffung für den Zivilprozess, S. 196. Ebenso wird dies durch eine Novellierung der §§ 371, 144 ZPO deutlich.

der Echtheit über den Einsatz qualifizierter Signaturverfahren gesetzt und nicht auf die Einbeziehung Dritter.[748]

c) Sekundäre Beweislast

Besteht zwischen den Parteien ein Informationsgefälle dergestalt, dass die behauptungs- und beweisbelastete Partei die maßgeblichen Tatsachen nicht kennt, weil sie außerhalb dieses von ihr darzulegenden Geschehensablaufs steht, während der anderen Partei die Tatsachen bekannt sind und ihr ergänzende Angaben zuzumuten sind, so obliegt der nicht beweisbelasteten Partei eine gesteigerte Substantiierungslast.[749] Das bedeutet, die beweisbelastete Partei hat zunächst die Tatsachen pauschal darzustellen, um ihrer abstrakten Behauptungslast zu genügen.[750] Ein einfaches Bestreiten der Gegenpartei genügt nun entgegen der allgemeinen Grundsätze nicht, vielmehr hat sie den Vortrag substantiiert zu bestreiten, um nicht einer Geständnisfiktion des § 138 Abs. 3 ZPO zu unterfallen. Es handelt sich damit um eine Ausnahme des allgemeinen Grundsatzes, dass eine Pflicht für substantiiertes Bestreiten der nicht beweisbelasteten Partei nur bei einem vorangegangenen substantiierten Vorbringen der beweisbelasteten Partei besteht. Die sekundäre Behauptungslast führt aber nicht dazu, dass die nicht beweisbelastete Partei die substantiiert vorgetragenen Tatsachen auch zu beweisen hat. Eine solche Pflicht kann nur in den Fällen der §§ 422, 423 ZPO oder des § 142 ZPO hergeleitet werden. Die Begriffsverwendung der „sekundären Beweislast“[751] ist daher irreführend. Vielmehr ist sie ein Fall der konkreten Behauptungslast und dient letztendlich dazu, Beweislastentscheidungen zu vermeiden.

Eine Lösung über die sekundäre Beweislast wird nun auch für die Frage der Authentizität einer über einen Account abgegebenen Erklärung befür-

748 Siehe § 7 II. 3. e) und § 8.

749 So die ganz herrschende Meinung, vgl. nur BGHZ 86, 23, 29 = NJW 1983, 687, 688 f.; BGHZ 185, 330, = NJW 2010, 2061; *Laumen*, in: Baumgärtel/Prütting/Laumen, Kap. 9 Rn. 62, Kap. 22 Rn. 2 m. w. N.; *Prütting*, in: MünchKommZPO, § 286 Rn. 131.

750 *Laumen*, in: Baumgärtel/Prütting/Laumen, Kap. 22 Rn. 1–4, dort auch zum folgenden Text.

751 Vgl. beispielsweise BGHZ 171, 232, 244 = NJW-RR 2007, 1448, 1451; BGHZ 196, 195, 206 = NJW 2013, 1535, 1538.

wortet.[752] Übertragen auf den Austausch einfacher elektronischer Dokumente bedeutet dies, dass der Empfänger grundsätzlich Authentizität und Integrität zu behaupten und zu beweisen hat. Da er aber jeweils außerhalb dieses Geschehensablaufs steht, hat der Absender substantiiert vorzutragen, weshalb das einfache elektronische Dokument nicht oder nicht mit diesem Inhalt von ihm stammt. Kommt er dem nicht nach, so greift § 138 Abs. 3 ZPO, welcher die Authentizität und Integrität fingiert. Einen Beweis muss der Absender hingegen grundsätzlich nicht erbringen.

Diese auf den ersten Blick für den Empfänger vorteilhafte Lösung birgt aber zwei Problemfelder in sich: Zum einen ist im Rahmen der Beurteilung der Frage, wann er als beweisbelastete Partei außerhalb des Geschehensablaufs steht, streitig, ob er auch einen materiellrechtlichen Auskunftsanspruch ausgeschöpft haben muss.[753] Bejaht man dies, so ergeben sich keine Vorteile gegenüber einer Lösung über einen Auskunftsanspruch. Im Gegenteil steht er mit der Lösung über einen Auskunftsanspruch besser, denn besteht ein solcher gegenüber seinem Gegner, so hat dieser die Auskunft zu erteilen. Über die Lösung der sekundären Behauptungslast hingegen hat der Beweisgegner grundsätzlich nur einen Missbrauch (substantiiert) zu behaupten. Die zweite Schwierigkeit liegt darin, dass es erneut dem Beweisführer obliegt, das Nichtvorliegen eines Missbrauchs um damit die Authentizität und Integrität zu beweisen, wenn der Beweisgegner substantiiert einen Missbrauch behauptet hat. Ein substantiiertes Bestreiten des Beweisgegners wird diesem in der Regel aus den vorgenannten Sicherheitsrisiken der elektronischen Kommunikation nicht schwerfallen, weshalb letztendlich der Beweisführer denselben Beweisschwierigkeiten gegenübersteht wie zuvor.

d) Sichere Übermittlungswege

Um die Beweisschwierigkeiten zu überwinden, kann der Austausch elektronischer Dokumente auch über einen sicheren Übermittlungsweg erfolgen. § 130a Abs. 4 ZPO in der Neufassung ab dem 1.1.2018[754] regelt, was

---

752 *Müller-Brockhausen*, Rn. 829.

753 *Laumen*, in: Baumgärtel/Prütting/Laumen, Kap. 22 Rn. 30.

754 Die Neufassung des § 130a ZPO war bereits im Gesetz zur Förderung des elektronischen Rechtsverkehrs mit den Gerichten vom 10. Oktober 2013 vorgesehen und ist zum 1. Januar 2018 in Kraft getreten; Gesetz zur Förderung des elektroni-

zu den sicheren Übermittlungswegen gehört. Zwar gilt § 130a ZPO direkt nur für die Gerichtskorrespondenz, die Qualifizierung eines sicheren Übermittlungsweges kann jedoch auch für den normalen Geschäftsverkehr zur Anwendung kommen. Wenn die genannten Übermittlungswege als ausreichend für die gerichtliche Korrespondenz angesehen werden, muss dies erst recht für den Geschäftsverkehr gelten.

Sichere Übermittlungswege sind nach § 130a Abs. 4 ZPO n. F. die De-Mail (§ 130a Abs. 4 Nr. 1 ZPO), die Übermittlung über das besondere elektronische Anwaltspostfach (beA) an das Elektronische Gerichts- und Verwaltungspostfach (EGVP) (§ 130a Abs. 4 Nr. 2 ZPO), sowie über ein nach Durchführung eines Identifizierungsverfahrens eingerichtetes Postfach einer Behörde oder juristischen Person des öffentlichen Rechts an das EGVP (§ 130a Abs. 4 Nr. 3 ZPO) und zuletzt sonstige, bundeseinheitliche und durch Rechtsverordnung zu bestimmende Übermittlungswege (§ 130a Abs. 4 Nr. 4 ZPO). Für den privaten Rechtsverkehr kommt aktuell nur die De-Mail in Betracht; andere Übermittlungswege im Sinne der Nummer 4 sind noch nicht bestimmt und das beA sowie das EGVP sind dem gerichtlichen Rechtsverkehr vorbehalten.

Die Verwendung eines De-Mail-Kontos zum Versand elektronischer Nachrichten ist in § 371a Abs. 2 ZPO mit einer Beweiserleichterung versehen.[755] Ein auf diesem Wege versandtes elektronisches Dokument gilt dem ersten Anschein nach als echt. Die jeweils beweisbelastete Partei, in den hier problematisierten Fällen der Empfänger, braucht damit zum Beweis der Authentizität und Integrität zunächst nur die per De-Mail erhaltene elektronische Nachricht vorzulegen oder zu übermitteln. Zur Erschütterung des ersten Anscheins ist sodann der Beweisgegner in der Pflicht. Durch den Anscheinsbeweis werden die Beweisschwierigkeiten des Beweisführers abgemildert.

e) Verschlüsselte Übertragung und elektronische Signierung

Zuletzt bleibt noch die Möglichkeit, das elektronische Dokument verschlüsselt zu übertragen. Es gibt verschiedene Möglichkeiten der Verschlüsselung, welche von einer „einfachen“ Transportverschlüsselung

---

schen Rechtsverkehrs mit den Gerichten vom 10.10.2013, BGBl. 2013 I, S. 3786, 3798.

755 Siehe § 9 II. 1.

über eine „Ende-zu-Ende“-Verschlüsselung bis zur elektronischen Signierung reicht.

Die reine Transportverschlüsselung einer E-Mail, etwa mittels Transport Layer Security (TLS), bietet nur Schutz bei der technischen Übertragung der E-Mail, nicht aber vor Veränderungen oder Angriffen beim Betreiber des E-Mail-Dienstes.[756] Die E-Mail bleibt bei der Transportverschlüsselung bei jedem Transportierenden einseh- und veränderbar.[757]

Weiteren Schutz bietet die Ende-zu-Ende-Verschlüsselung, weil sie bereits beim Absender vor der Übertragung an den SMTP-Server[758] erfolgt.[759] Es gibt symmetrische und asymmetrische Verschlüsselungsverfahren.[760] Beim symmetrischen Verschlüsselungsverfahren benutzen beide Kommunikationspartner denselben Schlüssel, was dazu führen kann, dass Dritte aus dem Verschlüsselungsalgorithmus auch den Entschlüsselungsschlüssel ableiten können, weswegen dieses Verfahren unsicher ist.[761] Bei der asymmetrischen Verschlüsselung hingegen besitzt jeder Teilnehmer einen privaten und einen öffentlichen Schlüssel, welche sich nicht voneinander ableiten lassen.[762] Die zu übermittelnden elektronischen Dokumente können mit einem Schlüssel ver- und mit dem anderen entschlüsselt werden, wodurch zunächst Vertraulichkeit gewährleistet wird.[763] Zur Verschlüsselung verwendet der Sender den öffentlichen Schlüssel des Empfängers.[764] Der Empfänger entschlüsselt die Nachricht mit seinem privaten Schlüssel, welcher nur ihm bekannt sein darf.[765]

Die dritte Stufe ist es, das elektronische Dokument mit einer elektronischen Signatur zu versehen und dann verschlüsselt zu übertragen. Der Sender kann seinen eigenen privaten Schlüssel verwenden, um das elek-

---

756 *Wittmaack/Esslinger/Schmidt/Strenge/Wacker*, DuD 2016, 271, 274.

757 *Wittmaack/Esslinger/Schmidt/Strenge/Wacker*, DuD 2016, 271, 275.

758 Siehe § 7 II. 2. a) cc) (3).

759 *Wittmaack/Esslinger/Schmidt/Strenge/Wacker*, DuD 2016, 271, 275.

760 *Schmidl*, S. 278.

761 *Schmidl*, S. 251.

762 *Schmidl*, S. 278; siehe zu den asymmetrischen Verschlüsselungsverfahren § 8 I. 3. b) aa).

763 *Wittmaack/Esslinger/Schmidt/Strenge/Wacker*, DuD 2016, 271, 275, welche auch die Gewährleistung der Integrität als gegeben ansehen. Dies ist aber nicht immer der Fall, sondern nur, wenn der Sender seine Nachricht auch signiert, siehe dazu sogleich.

764 Er ist auch jedermann zugänglich und damit bekannt; *Schmidl*, S. 207.

765 *Schmidl*, S. 201 f.; *Wittmaack/Esslinger/Schmidt/Strenge/Wacker*, DuD 2016, 271, 275.

tronische Dokument zu signieren. Dazu wird mithilfe des privaten Schlüssels ein „Hashwert“[766] generiert, eine Art Fingerabdruck der Nachricht, mithilfe dessen der Empfänger die Integrität und Authentizität der Nachricht überprüfen kann.[767] Nachträgliche Verfälschungen der Nachricht werden dadurch sichtbar, dass der Hashwert beim Empfängers anders lautet als der vom Sender übermittelte.[768] Wenn die mittels des privaten Schlüssels des Senders erzeugte (qualifizierte) Signatur zum korrespondierenden öffentlichen Schlüssel des Senders passt, ist die Authentizität gegeben.[769]

Allerdings ist nach den Sicherheitsstufen elektronischer Signaturen zu differenzieren. Nur eine qualifizierte Signatur vermag die Authentizität zu gewährleisten und damit einen Anscheinsbeweis auszulösen (§ 371a Abs. 1 S. 2 ZPO), einfache und fortgeschrittene Signaturen sind hingegen nicht ausreichend sicher gestaltet.[770] Mit einfachen elektronischen Dokumenten kann dem Beweisführer daher keine Beweiserleichterung gewährt werden, für qualifiziert signierte elektronische Dokumente sieht demgegenüber das Gesetz einen Anscheinsbeweis für die Echtheit des elektronischen Dokuments vor (§ 371a Abs. 1 S. 2 ZPO).[771]

f) Fazit

Zur Überwindung der Beweisschwierigkeiten des Empfängers hinsichtlich Authentizität und Integrität verbleiben als einzige Möglichkeiten, sichere Übermittlungswege zu nutzen oder das elektronische Dokument mit einer qualifizierten elektronischen Signatur zu versehen.

---

766 Oder auch Prüfsumme genannt; dies ist ein durch technische Analyse der Bit- und Byte-Struktur sowie des Inhalts einer Datei erzeugte Indikator für die Integrität einer Datei, *Schmidl*, S. 124, 206. Siehe § 8 I. 3. b) cc).

767 *Wittmaack/Esslinger/Schmidt/Strenge/Wacker*, DuD 2016, 271, 275; *Schmidl*, S. 201 f.

768 *Schmidl*, S. 206.

769 *Wittmaack/Esslinger/Schmidt/Strenge/Wacker*, DuD 2016, 271, 275.

770 Siehe § 8 I. 3 a), c), d).

771 Siehe § 8 IV.

4. Besonderheiten bei SMS, MMS, App-Erklärungen und Erklärungen über Soziale Netzwerke

SMS, MMS, App-Erklärungen und Nachrichten über soziale Netzwerke sind elektronische Dokumente. Es sind Dateien, welche potentiell dauerhaft gespeichert und nur elektronisch lesbar sind.[772] Besonderheiten können sich hinsichtlich ihres Speicherortes und damit ihrer Übermittelbarkeit, sowie ihrer Sicherungsmittel ergeben. SMS, App-Erklärungen und Erklärungen über ein Soziales Netzwerk sind keiner elektronischen Signatur zugänglich,[773] weshalb § 371a Abs. 1 ZPO keine Anwendung findet und sie auch bezüglich der Echtheit der freien Beweiswürdigung unterfallen.

a) SMS, MMS

Eine SMS[774] oder MMS[775] wird im Normalfall über das Mobilfunknetz versandt. Technische Grundlage des Mobilfunknetzes ist dabei in Deutschland und weiten Teilen der Welt das GSM-Netz.[776] Beim auch möglichen Versand über das Internet treten wiederum die internetspezifischen Probleme auf, weshalb für solche SMS auf die bei der E-Mail ausgeführte Problematik verwiesen werden kann. Vorliegend soll daher nur der klassische Fall einer SMS behandelt werden.

Die Echtheit einer SMS unterliegt dem Grundsatz der freien richterlichen Beweiswürdigung (§ 286 Abs. 1 ZPO). Das bedeutet, dass auch hier

---

772 Siehe § 4 II.

773 *Ortner*, in: Hoeren/Sieber/Holznagel, Teil 13.2 Rn. 40, 45, 50.

774 „SMS" ist die Abkürzung für „Short Message Service". Dabei handelt es sich um einen Kurznachrichtendienst, der ursprünglich für den Mobilfunkverkehr entwickelt wurde. Er ist aber auch über das Festnetz sowie das Internet verfügbar, *Schmidl*, S. 241. Die Nachricht selbst wird Kurzmitteilung oder ebenfalls SMS genannt.

775 „MMS" ist die Abkürzung für „Multimedia Messaging Service". Der Unterschied zur SMS liegt allein im Inhalt der MMS. Mit der SMS können nur Textnachrichten verschickt werden, im Gegensatz zur MMS, welche auch den Versand von Videos, Bildern, Animationen etc. ermöglicht. Im Folgenden wird der Vereinfachung halber nur die SMS genannt, gleiches gilt jedoch auch für die MMS.

776 GSM steht für Global System for Mobile Communications und ist ein europäischer Mobilfunkstandard; *Wißner/Jäger*, in: Kilian/Heussen, Teil 300, S. 11.

im Bestreitensfalle die beweisbelastete Partei Authentizität und Integrität zu beweisen hat. Bezüglich der Integrität einer SMS ist zwischen Manipulationsmöglichkeiten während und nach dem Übertragungsvorgang zu unterscheiden. Eingriffe in den Übertragungsvorgang, wie die Einschaltung eines IMSI-Catchers, das Cloning einer SIM-Karte, das Abfangen von Authentication Triplets oder die Entschlüsselung von Algorithmen,[777] werden als zu zeit- und kostenintensiv eingeschätzt, als dass ein Eingriff wahrscheinlich erscheint.[778] Vielmehr kann davon ausgegangen werden, dass eine SMS grundsätzlich unverfälscht beim Empfänger ankommt. Ein Anscheinsbeweis ist aufgrund dieser Typizität daher bezüglich der Unverfälschtheit des Inhalts gerechtfertigt. Anders sieht es nach dem Übertragungsvorgang aus, wenn also die SMS auf dem Empfangsgerät angekommen ist.[779] Die Uhrzeit etwa kann bereits beim Empfang manipuliert sein, indem eine Umstellung des Datums, der Uhrzeit oder der Zeitzone im Mobilgerät vorgenommen wurde. Möglich ist aber auch das nachträgliche Ändern der Uhrzeit oder des Datums durch Apps ohne großen Aufwand. Gleiches gilt für den Text, welcher durch Apps oder Kartenlese- und -schreibgeräte manipuliert werden kann.

Bezüglich der Authentizität ist ebenfalls zwischen verschiedenen Zeitpunkten zu unterscheiden. Die Übertragung selbst ist im klassischen Fall der Versendung nicht manipulierbar, das bedeutet, die SMS wird stets mit der zur SIM-Karte gehörenden Rufnummer übertragen. Ein Vortäuschen einer falschen Rufnummer ist daher nicht möglich.[780] Fallen aber in Wirklichkeit der wahre und der vorgegebene Aussteller auseinander, so kann dies nur auf einem Missbrauch des Mobiltelefons beruhen, welcher dem Inhaber angelastet werden kann. Ein Anscheinsbeweis erscheint daher auch hier gerechtfertigt. Probleme ergeben sich jedoch dann, wenn der Absender behauptet, diese Mobiltelefonnummer sei nicht die seine. Der Beweisführer hätte sodann den Absender anhand der Rufnummer zu ermitteln. Dies setzt einen Auskunftsanspruch gegenüber dem Netzbetreiber voraus. Eine nachträgliche Manipulation der Rufnummer des Absenders

---

777 Siehe dazu *Schwecke*, S. 22 f.

778 *Ortner*, in: Hoeren/Sieber/Holznagel, Teil 13.2 Rn. 42; *Schwecke*, S. 138, 23 f.

779 *Ortner*, in: Hoeren/Sieber/Holznagel, Teil 13.2 Rn. 42, dort auch zum folgenden Text.

780 Anders als beim Versand über das Internet an ein Mobiltelefon, hier kann eine falsche Rufnummer vorgetäuscht werden; *Ortner*, in: Hoeren/Sieber/Holznagel, Teil 13.2 Rn. 43.

seitens des Empfängers ist hingegen wieder möglich und nicht zwangsläufig erkennbar.[781] Dies schließt damit wiederum einen Anscheinsbeweis aus.

b) App-Erklärung

Auch über Apps[782] können Erklärungen versandt werden. Die Anmeldung zu einem App-Kommunikationsdienst kann entweder über die Telefonnummer erfolgen oder über die E-Mail-Adresse. Während eine E-Mail-Adresse einer Person nicht eindeutig zugeordnet werden kann, ist die Zuordnung einer Telefonnummer zu einer Person eher möglich,[783] sofern es sich nicht um ein Prepaid-Handy handelt. Sofern die Anmeldung über die Telefonnummer erfolgt und es sich nicht um ein Prepaid-Handy handelt, ist die Authentizität in aller Regel eindeutig bestimmbar.[784] Die Übertragung der Daten erfolgt häufig unverschlüsselt. Eine Gewährleistung der Integrität ist daher nicht in jedem Fall gegeben.[785]

c) Erklärungen in Sozialen Netzwerken

Bei Nachrichten über Soziale Netzwerke ist zu beachten, dass ein Benutzerkonto nicht zwangsläufig einer bestimmten Person zuzuordnen ist, da keine Identitätsprüfung stattfindet. Die Webseiten der Anbieter werden auch häufig unverschlüsselt aufgerufen,[786] weshalb auch keine Garantie für die Integrität gegeben ist.

d) Fazit

Insgesamt kann damit in Einzelfällen ein Anscheinsbeweis für die Integrität oder die Authentizität gerechtfertigt sein oder über Indizien der Beweis

---

781 *Ortner*, in: Hoeren/Sieber/Holznagel, Teil 13.2 Rn. 43.

782 „App" steht für „application" und ist ein Computerprogramm für mobile Endgeräte, *Schmidl*, S. 19.

783 Siehe auch *Ortner*, in: Hoeren/Sieber/Holznagel, Teil 13.2 Rn. 48.

784 Siehe auch *Ortner*, in: Hoeren/Sieber/Holznagel, Teil 13.2 Rn. 48.

785 Siehe auch *Ortner*, in: Hoeren/Sieber/Holznagel, Teil 13.2 Rn. 46, 48.

786 *Ortner*, in: Hoeren/Sieber/Holznagel, Teil 13.2 Rn. 50.

geführt werden. Ein gesetzlich angeordneter Anscheinsbeweis ist hingegen mangels verallgemeinerungsfähiger Typizität des Geschehensablaufs nicht angemessen. Der Beweiswert mittels dieser Dienste erbrachter elektronischer Dokumente ist in der Gesamtwürdigung als gering einzustufen. Auf technischer Ebene besteht hier Nachholbedarf, um auch SMS-, MMS-, App-Erklärungen und Erklärungen in sozialen Netzwerken der elektronischen Signatur zugänglich zu machen. Dies gilt insgesamt für den Bereich des Mobile-Commerce.[787]

III. Zusammenfassung

Einfache elektronische Dokumente unterliegen hinsichtlich ihres Inhalts und ihrer Echtheit dem Grundsatz der freien Beweiswürdigung. Die Beweiskraftregel des § 371a Abs. 1 ZPO mit ihren Beweiserleichterungen für die Tatsachen der Abgabe und der Echtheit der im elektronischen Dokument enthaltenen Erklärung gilt für nicht qualifiziert signierte elektronische Dokumente nicht. Die Vermutung der Abgabe nach den §§ 371a Abs. 1 S. 1, 416 ZPO passt für fortgeschritten oder qualifiziert signierte, jedoch nicht für einfache elektronische Dokumente. Die einfache Signierung eines elektronischen Dokuments rechtfertigt keine Vermutung der Abgabe, da sie kein ausreichendes Indiz für die Überschreitung des Entwurfsstadiums darstellt. Ebenso wenig ist ein Anscheinsbeweis für die Echtheit des einfachen elektronischen Dokuments nach dem Vorbild des § 371a Abs. 1 S. 2 ZPO vertretbar. Einfachen elektronischen Dokumenten fehlt es an einer Zwei-Faktor-Authentisierung, weshalb man ihnen eine Veränderung oder unbefugte Erstellung nicht ansieht. Zur Überwindung der Beweisschwierigkeiten des Empfängers verbleiben die Möglichkeiten der Verschlüsselung und Nutzung sicherer Übermittlungswege.

787 Weiterführend *Jandt*, S. 294 ff.; dies. in: Bräutigam/Rücker, 10. Teil, Kap. C, Rn. 62.

Teil 3 Die Beweiskraft besonders gesicherter elektronischer Dokumente

Die Beweislast für den Beweis der Authentizität und Integrität des elektronischen Dokuments trägt grundsätzlich derjenige, welcher sich auf das Dokument beruft und damit in der Regel der Empfänger. Da jedoch die Echtheit bzw. Urheberschaft und die Unverfälschtheit eines unsignierten elektronischen Dokuments allzu leicht und gerade auch vom Empfänger verändert werden können, ist der Beweis der Echtheit und Integrität mit dem elektronischen Dokument allein nicht zu führen.[788] Im Bestreitensfalle wird das Gericht das fragliche elektronische Dokument regelmäßig nicht als echt und unverfälscht ansehen, da keine ausreichenden Indizien für das Vorliegen dieser Beweispunkte gegeben sind oder, wie *Roßnagel* es formuliert, „elektronische Daten haben keine Geschichte".[789] Abhilfe soll hier vor allem der Einsatz elektronischer Signaturen schaffen, da sie den Nachweis der Authentizität und Integrität ermöglichen können. Zur Sicherung elektronischer Dokumente hinsichtlich ihrer Echtheit kann man unterscheiden zwischen der Signierung bzw. Siegelung als einer Art Unterschriftsersatz und der Nutzung eines gesicherten Versanddienstes. Daneben gibt es ein weiteres Attribut, den Zeitstempel. Mit dem Signaturgesetz vom 22.7.1997[790] wurde der erste Versuch gestartet, durch eine elektronische Signatur eine Art Unterschriftsersatz im elektronischen Rechtsverkehr zu schaffen. Aktuell sind die Rahmenbedingungen für elektronische Signaturen und Zeitstempel, welche bisher im Signaturgesetz zu finden waren, in der eIDAS-VO geregelt.[791] Daneben wurden mit ihr neue Regelungen für elektronische Siegel, Dienste für die Zustellung elektronischer Einschreiben und Bewahrungsdienste eingeführt. Neben der Signierung eines elektronischen Dokuments kann ein spezieller Versanddienst

---

788 *Roßnagel/Fischer-Dieskau*, NJW 2006, 806.

789 *Roßnagel*, in: Roßnagel, Recht der Telemediendienste, SigG, Einl Rn. 8.

790 Gesetz zur digitalen Signatur (Signaturgesetz – SigG), beschlossen mit dem Gesetz zur Regelung der Rahmenbedingungen für Informations- und Kommunikationsdienste (Informations- und Kommunikationsdienstegesetz – IuKDG) vom 22.7.1997, BGBl. 1997 I, S. 1870, 1872.

791 Siehe § 8 I. 2. a).

genutzt werden, um das Vertrauen in die Echtheit des elektronischen Dokuments zu erhöhen. Er kann kumulativ zur Signierung eingesetzt werden, aber auch isoliert. In der Kommunikation mit dem Gericht gibt es auf nationaler Ebene das Elektronische Gerichts- und Verwaltungspostfach (EGVP) und das besondere elektronische Anwaltspostfach (beA). Für den privaten Gebrauch oder im Geschäftsverkehr sind auf nationaler Ebene die De-Mail, sowie auf europäischer Ebene Dienste für die Zustellung elektronischer Einschreiben nach der eIDAS-VO zu nennen. Im Rahmen der vorliegenden Untersuchung werden das EGVP sowie das beA ausgeklammert, da hierfür keine besonderen Beweisregeln existieren, während für die De-Mail nach dem De-MailG § 371a Abs. 2 ZPO und für einen Dienst für die Zustellung elektronischer Einschreiben nach der eIDAS-VO Art. 43 eIDAS-VO gelten.

Die erste Beweisvorschrift betreffend den Beweiswert elektronischer Signaturen erfolgte im Jahr 2001 mit § 292a ZPO[792]. Heute enthalten § 371a ZPO sowie Art. 35 ff. eIDAS-VO Regelungen zur Beweiskraft bestimmter, besonders gesicherter privater elektronischer Dokumente. § 371a Abs. 1 ZPO regelt dabei die Beweiskraft qualifiziert signierter elektronischer Dokumente, § 371a Abs. 2 ZPO die Beweiskraft eines mit dem De-Mail-Dienst übermittelten elektronischen Dokuments. Die eIDAS-VO enthält Beweisregeln für elektronische Dokumente, die mit einem qualifizierten Siegel oder einem qualifizierten Zeitstempel versehen sind (Art. 35 ff., 41 f. eIDAS-VO) oder die mit einem qualifizierten Dienst für die Zustellung elektronischer Einschreiben übermittelt wurden (Art. 43 f. eIDAS-VO).

§ 8 Die Beweiskraft privater, qualifiziert signierter elektronischer Dokumente nach § 371a Abs. 1 ZPO

§ 371a Abs. 1 S. 1 ZPO erklärt bei privaten, qualifiziert signierten elektronischen Dokumenten die Vorschriften über die Beweiskraft privater Urkunden für anwendbar. Nach § 371a Abs. 1 S. 2 ZPO besteht ein Anscheinsbeweis für die Echtheit eines qualifiziert signierten elektronischen

792 § 292a ZPO wurde aufgehoben durch das Gesetz über die Verwendung elektronischer Kommunikationsformen in der Justiz (Justizkommunikationsgesetz – JkomG) vom 22.3.2005, BGBl. 2005 I, S. 837, 839 f. Die Regelung findet sich seitdem in § 371a Abs. 1 S. 2 ZPO.

Dokuments. Die Vorschrift des § 371a Abs. 1 ZPO wurde eingefügt durch das Justizkommunikationsgesetz vom 22. März 2005.[793] In ihrem Grundgehalt ist die Beweiskraftregelung in Kraft seit dem 1. April 2005[794] und damit vor Geltung der eIDAS-VO. Der genaue Umfang der Verweisung auf die Vorschriften über die Beweiskraft privater Urkunden und des Anscheinsbeweises sind zu klären, ebenso wie die Frage, ob den Vorgaben der eIDAS-VO über die Rechtswirkung qualifizierter Signaturen entsprochen wird. Zunächst sollen jedoch elektronische Signaturen im Sinne der eIDAS-VO dargestellt werden.

I. Elektronische Signaturen im Sinne des Art. 3 Nr. 10–12 eIDAS-VO

Ein elektronisches Dokument kann mit einer elektronischen Signatur, einem elektronischen Siegel oder einem elektronischen Zeitstempel „signiert" werden. Die Signatur weist eine natürliche Person als Aussteller aus, während das elektronische Siegel einer juristischen Person zugeordnet ist. Der elektronische Zeitstempel verknüpft das elektronische Dokument mit einer Datums- und Zeitangabe und wird in der Praxis durch eine elektronische Signatur oder ein elektronisches Siegel umgesetzt. Die „Grundform" ist damit immer eine elektronische Signatur. Hinsichtlich der Sicherheit elektronischer Signaturen und Siegel ist nach der eIDAS-VO zu unterscheiden zwischen fortgeschrittenen und qualifizierten elektronischen Signaturen bzw. Siegeln.

§ 371a Abs. 1 ZPO gilt seinem Wortlaut nach direkt für qualifizierte Signaturen im Sinne des Art. 3 Nr. 12 eIDAS-VO.

1. Zweck elektronischer Signaturen

Aufgabe der elektronischen Signatur ist es, in der elektronischen Form ein Äquivalent zur Unterschrift bei der Papierform darzustellen. Sie ist damit eine elektronische Art der Unterschrift und muss dabei dieselben Funktionen einer Unterschrift erfüllen. Die vier Funktionen einer Unterschrift sind

---

793 Gesetz über die Verwendung elektronischer Kommunikationsformen in der Justiz (Justizkommunikationsgesetz – JKomG) vom 22.3.2005, BGBl. 2005 I, S. 837, 840.

794 Art. 16 Abs. 1 JKomG.

die Abschluss-, Identitäts-, Echtheits- und Warnfunktion.[795] Die Abschlussfunktion dient der Abgrenzung vom bloßen Entwurf und soll die Vollendung der Erklärung zum Ausdruck bringen. Die Identitätsfunktion besagt, dass die Unterschrift den Aussteller der Urkunde kenntlich machen muss. Die Echtheitsfunktion bezeugt das Herrühren der Erklärung vom Unterzeichner und schützt vor Verfälschungen durch Dritte. Die Warnfunktion schließlich soll vor Übereilungen schützen.

Die Unterschriftsfunktionen können mit einer elektronischen Signatur dann erfüllt werden, wenn diese insbesondere ausreichend sicher gegen Verfälschungen und unbefugte Verwendungen durch Dritte geschützt ist. Als geeignet eingestuft wurde dabei nur die qualifizierte Signatur, wie die Regelungen der §§ 126a Abs. 1 BGB, 130a Abs. 1, 371a Abs. 1 ZPO sowie Art. 25 Abs. 2 eIDAS-VO zeigen.

Die häufig in diesem Zusammenhang mitaufgeworfenen Fragen nach der Vertraulichkeit der Übermittlung bzw. Geheimhaltung der Nachricht sowie des Schutzes vor Verfälschungen sind hiervon zu trennen.[796] Dies ist zwar mit der Kryptographie bzw. Verschlüsselung ebenfalls möglich,[797] aber die elektronische Signatur hat nicht die Aufgabe, Verfälschungen zu verhindern oder die Nachricht geheim zu halten, sondern solche Verfälschungen erkennbar zu machen. Es ist daher unschädlich, wenn Dritte die Daten einsehen können. Gleiches gilt für die Funktion der Echtheit. Eine Verschlüsselung des gesamten elektronischen Dokuments im Sinne eines Schutzes vor Veränderungen ist daher nicht erforderlich. Mithilfe der Signatur soll lediglich festgestellt werden können, ob das Dokument unverfälscht ist und vom behaupteten Urheber stammt. Deshalb wird das elektronische Dokument nicht verschlüsselt übertragen, sondern nur mit einer Signatur versehen.

2. Normativer Hintergrund

Erstmalig schuf der Bundesgesetzgeber mit dem „Gesetz zur digitalen Signatur (Signaturgesetz–SigG)“ als Artikel 3 des „Informations- und Kom-

795 Vgl. dazu und zum folgenden Text: *Köhler*, AcP 182 (1982), 126, 148; *Einsele*, in: MünchKommBGB, § 126 Rn. 10, der die Identitäts- und die Echtheitsfunktion unter dem Begriff der „Zuordnungsfunktion“ zusammenfasst.

796 *Borges*, S. 47; dort auch zum folgenden Text.

797 Siehe dazu *Beutelspacher/Schwenk/Wolfenstetter*, S. 1–6.

munikationsdienste-Gesetz (IuKDG)“ vom 22.7.1997[798] die Rahmenbedingungen für digitale Signaturen. Als am 13.12.1999 auf europäischer Ebene die Signaturrichtlinie[799] verabschiedet wurde, musste das Signaturgesetz von 1997 novelliert und die Richtlinie umgesetzt werden, was durch das „Gesetz über Rahmenbedingungen für elektronischen Signaturen und zur Änderung weiterer Vorschriften (Signaturgesetz – SigG)“ vom 16.5.2001[800] erfolgte. Die Signaturrichtlinie wird nun durch die „Verordnung [...] über elektronische Identifizierung und Vertrauensdienste für elektronische Transaktionen im Binnenmarkt und zur Aufhebung der Richtlinie 1999/93/EG“ („eIDAS-VO“ [801]) vom 23.7.2014[802] als unmittelbar geltendes Unionsrecht abgelöst, welche (mit einigen Ausnahmen) ab dem 1.7.2016 gilt (Art. 52 Abs. 2 eIDAS-VO). Das Signaturgesetz wurde durch ein auf den nach der Verordnung verbleibenden notwendigen Regelungsumfang beschränktes Gesetz abgelöst, das Vertrauensdienstegesetz (VDG). Daneben waren Fachgesetze an die Begrifflichkeiten anzupassen. Beides ist durch das „eIDAS-Durchführungsgesetz“[803] vom 23.7.2014 geschehen.

---

798 Gesetz zur digitalen Signatur (Signaturgesetz – SigG), beschlossen mit dem Gesetz zur Regelung der Rahmenbedingungen für Informations- und Kommunikationsdienste (Informations- und Kommunikationsdienstegesetz – IuKDG) vom 22.7.1997, BGBl. 1997 I, S. 1870, 1872.

799 Richtlinie 1999/93/EG des Europäischen Parlaments und des Rates vom 13. Dezember 1999 über gemeinschaftliche Rahmenbedingungen für elektronische Signaturen, ABl. EU Nr. L 13, S. 12.

800 Gesetz über Rahmenbedingungen für elektronische Signaturen und zur Änderung weiterer Vorschriften vom 16.5.2001, BGBl. 2001 I, S. 876.

801 Die Buchstaben stehen für „**e**lektronische **Id**entifizierung und **A**ufhebung der **S**ignaturrichtlinie“, die genaue Herkunft oder der Urheber können nicht geklärt werden.

802 Verordnung (EU) Nr. 910/2014 des Europäischen Parlaments und des Rates vom 23. Juli 2014 über elektronische Identifizierung und Vertrauensdienste für elektronische Transaktionen im Binnenmarkt und zur Aufhebung der Richtlinie 1999/93/EG, ABl. EU Nr. L 257, S. 73.

803 Gesetz zur Durchführung der Verordnung (EU) Nr. 910/2014 des Europäischen Parlaments und des Rates vom 23. Juli 2014 über elektronische Identifizierung und Vertrauensdienste für elektronische Transaktionen im Binnenmarkt und zur Aufhebung der Richtlinie 1999/93/EG vom 18.7.2017, BGBl. 2017 I, S. 2745.

a) eIDAS-Verordnung

aa) Anwendungsvorrang

Nach Art. 288 Abs. 2 AEUV besitzt eine Verordnung der Europäischen Union allgemeine Geltung, ist in all ihren Teilen verbindlich und gilt unmittelbar in den Mitgliedsstaaten. Allgemeine Geltung bedeutet in Abgrenzung zu einer Einzelfallentscheidung, dass eine Verordnung in allen Mitgliedsstaaten verbindlich ist.[804] Mit der Formulierung der Verbindlichkeit in allen Teilen wird die Verordnung von der Richtlinie abgegrenzt, welche nur hinsichtlich ihres Ziels verbindlich ist, den Mitgliedsstaaten aber in der Ausgestaltung Spielraum lässt.[805] Eine Verordnung hingegen gilt unbedingt und vorbehaltlos.[806] Unmittelbare Geltung bedeutet, dass Verordnungen keiner Umsetzung oder Inkorporierung in nationales Recht und auch keines Vollzugsaktes bedürfen,[807] sie sind vielmehr Teil der nationalen Rechtsordnungen und genießen Anwendungsvorrang.[808] Das heißt, im Konfliktfall mit nationalem Recht ist das Unionsrecht im konkreten Fall vorrangig anzuwenden und die nationale Vorschrift bleibt unbeachtet.[809] Die EU hat aber keine Kompetenz, nationales Recht außer Kraft zu setzen oder zu verändern,[810] weshalb kein Geltungsvorrang besteht.[811]

Die eIDAS-VO ist in ihrer Regelung aber nicht abschließend, sie erreicht keine vollständige Harmonisierung, sondern nur die „Vereinheitlichung einiger Eckpfeiler“[812]. Die Ausgestaltung der vorgegebenen Grundsätze wird in einigen Vorschriften den Mitgliedsstaaten überlassen, ebenso wie sie ermächtigt sind, Ergänzungen zu treffen. Neben der eIDAS-VO hätten daher das SigG und die SigV zur Konkretisierung der eIDAS-VO

---

804 *Nettesheim*, in: Grabitz/Hilf/Nettesheim, Art. 288 AEUV Rn. 99; *Ruffert*, in: Callies/Ruffert, EUV/AEUV, Art. 288 AEUV Rn. 18.

805 *Nettesheim*, in: Grabitz/Hilf/Nettesheim, Art. 288 AEUV Rn. 100.

806 *Nettesheim*, in: Grabitz/Hilf/Nettesheim, Art. 288 AEUV Rn. 100.

807 *Nettesheim*, in: Grabitz/Hilf/Nettesheim, Art. 288 AEUV Rn. 101.

808 Vgl. nur EuGH, Rs. 66/64, Slg. 1964, 1251, 1259 – Costa/ENEL; *Ruffert*, in: Callies/Ruffert, EUV/AEUV, Art. 288 AEUV Rn. 20; Art. 1 Rn. 16 mit weiteren Nachweisen; ausführlich speziell zur eIDAS-VO *Roßnagel*, MMR 2015, 359 ff.

809 *Ruffert*, in: Callies/Ruffert, EUV/AEUV, Art. 1 AEUV Rn. 18.

810 Vgl. nur *Ruffert*, in: Callies/Ruffert, EUV/AEUV, Art. 1 AEUV Rn. 18 mit weiteren Nachweisen.

811 *Ruffert*, in: Callies/Ruffert, EUV/AEUV, Art. 1 AEUV Rn. 18; *Streinz*, Europarecht, Rn. 221.

812 *Roßnagel*, MMR 2015, 359, 364.

weiterhin Anwendung finden können, soweit sie nicht im Widerspruch zu ihr stehen. Der deutsche Gesetzgeber hat sich jedoch entschieden, das Signaturgesetz durch das auf den notwendigen und verbleibenden Regelungsumfang beschränkte Vertrauensdienstegesetz (VDG) abzulösen.

bb) Anwendungsbereich

Der Anwendungsvorrang gilt nur soweit, als einer Verordnung unmittelbare Geltung und unmittelbare Anwendbarkeit[813] zukommt.[814] Bei einer Verordnung ist dies nach Art. 288 Abs. 2 AEUV der Fall. Daneben muss auch der Anwendungsbereich eröffnet sein, welcher durch die Verordnung selbst bestimmt wird.

Die eIDAS-Verordnung gilt für von einem Mitgliedsstaat notifizierte elektronische Identifizierungssysteme und für in der Union niedergelassene Vertrauensdiensteanbieter (Art. 2 Abs. 1 eIDAS-VO). Es ergibt sich damit ein zweifacher Anwendungsbereich: zum einen enthält die eIDAS-VO Regelungen zur elektronischen Identifizierung (Kapitel II eIDAS-VO), zum anderen für Vertrauensdienste (Kapitel III eIDAS-VO).

(1) Elektronische Identifizierung

Ein elektronisches Identifizierungssystem ist ein „System für die elektronische Identifizierung, in dessen Rahmen natürlichen oder juristischen Personen oder natürlichen Personen, die juristische Personen vertreten, elektronische Identifizierungsmittel ausgestellt werden“ (Art. 3 Nr. 4 eIDAS-VO). Die elektronische Identifizierung ist dabei der „Prozess der Verwendung von Personenidentifizierungsdaten in elektronischer Form, die eine natürliche oder juristische Person, oder eine natürliche Person, die eine juristische Person vertritt, eindeutig repräsentieren“ (Art. 3 Nr. 1 eIDAS-VO). Das heißt, nach einer elektronischen Identifizierung ist die Möglichkeit eröffnet, sich nun auch digital „ausweisen“ zu können. Die elektronische Identifizierung ist sowohl im privaten als auch im öffentlichen Bereich möglich. Eine solche „elektronische Identität (eID)“

---

813 Synonym kann der Begriff der unmittelbaren Wirkung verwendet werden, *Ehlers*, in: Schulze/Zuleeg/Kadelbach, § 11 Rn. 9.

814 *Ehlers*, in: Schulze/Zuleeg/Kadelbach, § 11 Rn. 11.

kann durch „geeignete elektronische Ausweisdokumente" erstellt werden.[815] Dies sind in Deutschland beispielsweise der Personalausweis, der elektronische Reisepass oder der elektronische Aufenthaltstitel.[816] Der Anwendungsbereich ist nach Art. 6 eIDAS-VO eröffnet bei einer erforderlichen Identifizierung für den Zugang zu einem von einer öffentlichen Stelle in einem Mitgliedsstaat erbrachten Online-Dienst, mit anderen Worten bei der Abwicklung von grenzüberschreitenden Verwaltungsdienstleistungen[817]. Rein innerstaatliche Sachverhalte werden demnach nicht erfasst.

Die elektronische Identifizierung ist nicht Gegenstand der vorliegenden Untersuchung, das Kapitel II der eIDAS-VO wird daher nicht weiter behandelt.

(2) Vertrauensdienste

Der Begriff des Vertrauensdienstes ist dem deutschen Recht bisher fremd. Das SigG kennt den Begriff des „Zertifizierungsdienstes"[818] bzw. „Zertifizierungsdiensteanbieters" (§ 2 Nr. 8 SigG). Diese werden nun durch die Begriffe „Vertrauensdienst" und „Vertrauensdiensteanbieter" abgelöst. Ein Vertrauensdienst ist ein elektronischer Dienst, der in der Regel gegen Entgelt erbracht wird und elektronische Signaturen, elektronische Siegel, elektronische Zeitstempel sowie Dienste für die Zustellung elektronischer Einschreiben erstellt, überprüft oder validiert, außerdem kann er diese Dienste betreffende Zertifikate ausstellen (vgl. Art. 3 Nr. 16 a) eIDAS-VO). Aber auch Dienste, welche die Erstellung, Überprüfung und Validierung von Zertifikaten für die *Website-Authentifizierung* (Art. 3 Nr. 16 b) eIDAS-VO) oder die *Bewahrung* von elektronischen Signaturen,

---

815 www.bsi.bund.de unter der Rubrik Themen unter Digitale Gesellschaft unter Elektronische Identitäten; aufgerufen am 01.03.2018.

816 www.bsi.bund.de unter der Rubrik Themen unter Digitale Gesellschaft unter Elektronische Identitäten; aufgerufen am 01.03.2018.

817 www.bsi.bund.de unter der Rubrik Themen unter Digitale Gesellschaft unter eIDAS-VO unter Elektronische Identifizierung; aufgerufen am 01.03.2018.

818 Das SigG enthielt keine Legaldefinition für den „Zertifizierungsdienst", vielmehr sollte sich dies aus der Definition des Zertifizierungsdiensteanbieters ergeben, Regierungsbegründung zum Entwurf eines Gesetzes über Rahmenbedingungen für elektronische Signaturen und zur Änderung weiterer Vorschriften, BT-Drucks. 14/4662, S. 19.

Siegeln oder Zertifikaten (Art. 3 Nr. 16 c) eIDAS-VO) betreffen, gelten als Vertrauensdienste. „Vertrauensdienst" ist damit der Oberbegriff für elektronische Signaturen, Siegel und Zeitstempel, für die Website-Authentifizierung, für Dienste für die Zustellung elektronischer Einschreiben, Bewahrungsdienste und Validierungsdienste. Ein Vertrauensdienste*anbieter* ist eine natürliche oder juristische Person, welche solche Dienste erbringt (Art. 3 Nr. 19 eIDAS-VO). Die eIDAS-VO unterscheidet dabei zwischen qualifizierten und nichtqualifizierten Vertrauensdiensten und Vertrauensdiensteanbietern. Ein qualifizierter Vertrauensdienst hat die „einschlägigen Anforderungen dieser Verordnung" zu erfüllen (Art. 3 Nr. 17 eIDAS-VO). Ein Vertrauensdiensteanbieter darf sich qualifiziert nennen, wenn er qualifizierte Vertrauensdienste erbringt und ihm von der Aufsichtsstelle[819] der Status eines qualifizierten Anbieters verliehen wurde (Art. 3 Nr. 19 eIDAS-VO).

Die eIDAS-VO gilt aber dabei nicht für jegliche im Binnenmarkt erbrachte Vertrauensdienste, sondern nur soweit der Anwendungsbereich der Verordnung reicht.

(a) Innerstaatliche Sachverhalte

Zu beachten ist der Binnenmarktgrundsatz des Art. 4 eIDAS-VO, welcher in Verbindung mit Art. 1 eIDAS-VO für die Eröffnung des Anwendungsbereichs der Verordnung bei Vertrauensdiensten eine „grenzüberschreitende Verwendung" dieser voraussetzt.[820] Dies ergibt sich auch aus Erwägungsgrund 24 eIDAS-VO, wonach Zweck der Verordnung das ordnungsgemäße Funktionieren des Binnenmarkts ist, indem Vertrauensdienste, die dieser Verordnung entsprechen, im Binnenmarkt frei verkehren können sollen.[821] Dies darf aber nicht dahingehend missverstanden werden, dass es bei der grenzüberschreitenden Verwendung auf den konkreten Sachverhalt ankommt, sondern es ist auf die abstrakte Möglichkeit der grenzüberschreitenden Verwendung eines Vertrauensdienstes abzustellen. Denn der Anbieter hat es nicht in der Hand, ob der Verwender des Vertrauensdienstes diesen nur im Inland einsetzt oder grenzüberschreitend. Aus diesem

---

819 In Deutschland ist Aufsichtsstelle die Bundesnetzagentur; siehe § 8 I. 2. b).

820 *Roßnagel*, Recht der Vertrauensdienste, S. 44, 48; *ders.* MMR 2015, 359, 361 und in NJW 2014, 3686, 3691.

821 Siehe *Roßnagel*, Recht der Vertrauensdienste, S. 44; *ders.* MMR 2015, 359, 361.

Grund müssen alle Vertrauensdienste, welche potenziell grenzüberschreitend verwendet werden können, der Verordnung entsprechen, um einen Gleichlauf im Binnenmarkt erreichen zu können. Andererseits kann die Verordnung bei rein innerstaatlichen Sachverhalte keinen Anwendungsvorrang entfalten, denn diese zu regeln fehlt der Union die Kompetenz.[822] Verdeutlicht werden soll dies an den beiden Normen § 371a Abs. 1 ZPO und § 55a Abs. 3 VwGO. Beide Vorschriften fordern eine qualifizierte Signatur. Soweit der Anwendungsbereich der eIDAS-VO reicht, ist für die Anforderungen einer qualifizierten elektronischen Signatur auf diese zurückzugreifen. § 55a Abs. 3 VwGO betrifft jedoch rein innerstaatliche Sachverhalte,[823] weshalb die qualifizierte Signatur nicht den Anforderungen der eIDAS-VO entsprechen muss, sondern ein nationaler Regelungsspielraum verbleibt.[824] Dies gilt nicht nur für § 55a Abs. 3 VwGO, sondern für alle Vorschriften, die sich allein an deutsche Behörden richten.[825] Anders liegt es bei § 371a Abs. 1 ZPO. Diese Vorschrift ist nicht auf rein innerstaatliche Sachverhalte beschränkt, sondern kann auch bei grenzüberschreitenden Fällen einschlägig sein. Es kommt aber nicht auf den konkreten Einzelfall an, sondern auf die von vornherein gegebene oder nicht gegebene Beschränkung der Norm auf rein innerstaatliche Sachverhalte. Damit muss eine qualifizierte Signatur im Rahmen des § 371a Abs. 1 ZPO den Vorgaben der eIDAS-VO entsprechen. Der Wortlaut des § 371a Abs. 1 S. 2 ZPO wurde deshalb durch das eIDAS-Durchführungsgesetz angepasst.[826] Da aber das Vertrauensdienstegesetz keine abweichenden Rege-

---

822 *Roßnagel*, Recht der Vertrauensdienste, S. 47; ausführlich und mit weiteren Nachweisen S. 36 ff.

823 *Roßnagel*, Recht der Vertrauensdienste, S. 49.

824 *Roßnagel*, Recht der Vertrauensdienste, S. 47 f.

825 *Roßnagel*, Recht der Vertrauensdienste, S. 47; *ders.* MMR 2015, 359, 361. Weitere Beispiele sind die §§ 130b, 169 Abs. 4 S. 2, 174 Abs. 3 S. 3 ZPO.

826 Vgl. Art. 11 Abs. 15 Nr. 3 des eIDAS-Durchführungsgesetzes; Gesetz zur Durchführung der Verordnung (EU) Nr. 910/2014 des Europäischen Parlaments und des Rates vom 23. Juli 2014 über elektronische Identifizierung und Vertrauensdienste für elektronische Transaktionen im Binnenmarkt und zur Aufhebung der Richtlinie 1999/93/EG vom 18.7.2017, BGBl. 2017 I, S. 2745, 2753. Im Wesentlichen wurde dabei der Passus des § 371a Abs. 1 S. 2 ZPO a. F. „Prüfung nach dem Signaturgesetz" durch den Passus „Prüfung der qualifizierten elektronischen Signatur nach Artikel 32 der Verordnung (EU) Nr. 910/2014 des Europäischen Parlaments und des Rates vom 23. Juli 2014 über elektronische Identifizierung und Vertrauensdienste für elektronische Transaktionen im Binnenmarkt und zur Aufhebung der Richtlinie 1999/93/EG (Abl. L 257 vom 28.8.2014, S. 73)" ersetzt.

lungen für qualifizierte Signaturen im rein innerstaatlichen Bereich enthält, hat auch eine qualifizierte Signatur im Sinne des § 55a Abs. 3 VwGO der eIDAS-VO zu entsprechen, die theoretische Möglichkeit anderer Voraussetzungen besteht jedoch.

Weitere Beispiele rein innerstaatlicher Sachverhalte sind die Übermittlung eines Dokuments im Rahmen der elektronischen Zustellung gegen Empfangsbekenntnis nach § 174 Abs. 3 S. 3 ZPO oder die Beweiskraft gescannter öffentlicher Urkunden nach § 371b S. 2 ZPO.[827]

(b) Geschlossene Benutzergruppen

Neben den bereits angesprochenen rein innerstaatlichen Sachverhalten findet die eIDAS-VO keine Anwendung auf „geschlossene Benutzergruppen“[828]. Die Erbringung von Vertrauensdiensten, die ausschließlich innerhalb geschlossener Systeme aufgrund von nationalem Recht oder von Vereinbarungen zwischen einem bestimmten Kreis von Beteiligten verwendet werden, sind nicht erfasst (Art. 2 Abs. 1 eIDAS-VO). Nach Erwägungsgrund 21 eIDAS-VO sollen beispielsweise die in Unternehmen oder Behördenverwaltungen eingerichteten Systeme zur Verwaltung interner Verfahren, bei denen Vertrauensdienste verwendet werden, nicht den Anforderungen dieser Verordnung unterliegen. Nicht erfasst werden damit das Elektronische Gerichts- und Verwaltungspostfach (EGVP) oder das besondere elektronische Anwaltspostfach (beA) als Vertrauensdienste.[829] Das EGVP und das beA fallen zwar unter die Definition der Vertrauensdienste in Art. 3 Nr. 16 eIDAS-VO, nicht aber unter den Anwendungsbereich der eIDAS-VO.

(c) Formvorschriften

Art. 2 Abs. 3 eIDAS-VO enthält eine weitere Ausnahme des Anwendungsbereichs. Danach berührt die Verordnung nicht das nationale Recht oder das Unionsrecht in Bezug auf den Abschluss und die Gültigkeit von Verträgen oder andere rechtliche oder verfahrensmäßige Formvorschriften.

---

827 *Roßnagel*, Recht der Vertrauensdienste, S 49 ff. mit weiteren Beispielen.

828 *Roßnagel*, Recht der Vertrauensdienste, S. 44; *ders.* MMR 2015, 359, 361.

829 *Roßnagel*, Recht der Vertrauensdienste, S. 45 f.; *ders.* MMR 2015, 359, 361.

Präzisiert wird diese Ausnahme durch Erwägungsgrund 21 eIDAS-VO, wonach „ferner auch nationale Formvorschriften für öffentliche Register, insbesondere das Handelsregister und das Grundbuch“ unberührt bleiben sollen. Die Festlegung, ob und unter welchen Voraussetzungen eine „analoge“ Form durch die elektronische Form ersetzt werden kann, bleibt damit dem nationalen Gesetzgeber überlassen.[830] Zu beachten ist in diesem Zusammenhang allerdings Art. 25 Abs. 2 eIDAS-VO, welcher festlegt, dass eine qualifizierte Signatur dieselbe Rechtswirkung wie eine handschriftliche Unterschrift haben soll. Damit ist aber keine Gleichstellung der Schriftform mit der elektronischen Form verbunden, denn die Verordnung möchte Formvorschriften unberührt lassen.[831] Zum Verständnis des Art. 25 Abs. 2 eIDAS-VO ist daher das bereits Art. 5 Abs. 1 der Signaturrichtlinie (RLeS)[832] zugrunde liegende Rechtsverständnis heranzuziehen.[833] Auch nach dieser Vorschrift wurde nur die Gleichstellung der handschriftlichen Unterschrift mit der qualifizierten elektronischen Signatur vollzogen, nicht aber der Schriftform mit der elektronischen Form.[834] Die Gleichstellung der elektronischen Form mit der Schriftform ist zwar Voraussetzung für die Anwendung des Art. 25 Abs. 2 eIDAS-VO, wird aber nicht zur Pflicht gemacht.[835] Die Verpflichtung zur Gleichstellung der Schriftform mit der elektronischen Form bei privatrechtlichen Verträgen ist aber dennoch verpflichtend, wie sich aus Art. 9 Abs. 1 der Richtlinie über den elektronischen Geschäftsverkehr (RLeG)[836] ergibt.[837]

---

830 *Roßnagel*, Recht der Vertrauensdienste, S. 52.

831 *Roßnagel*, Recht der Vertrauensdienste, S. 52 f.

832 Richtlinie 1999/93/EG des Europäischen Parlaments und des Rates vom 13. Dezember 1999 über gemeinschaftliche Rahmenbedingungen für elektronische Signaturen, ABl. EU Nr. L 13, S. 12.

833 *Roßnagel*, Recht der Vertrauensdienste, S. 53.

834 Siehe auch *Roßnagel*, in: Roßnagel, Recht der Telemediendienste, SigG Einl Rn. 71.

835 Vgl. zu Art. 25 Abs. 2 eIDAS-VO *Roßnagel*, Recht der Vertrauensdienste, S. 53; dasselbe wurde zu Art. 5 Abs. 1 RLeS vertreten, *Gravesen/Dumortier/van Eecke*, MMR 1999, 577, 579; *Roßnagel*, K&R 2000, 313, 321.

836 Richtlinie 2000/31/EG des Europäischen Parlaments und des Rates vom 8. Juni 2000 über bestimmte rechtliche Aspekte der Dienste der Informationsgesellschaft, insbesondere des elektronischen Geschäftsverkehrs im Binnenmarkt („Richtlinie über den elektronischen Geschäftsverkehr“); auch E-Commerce-Richtlinie genannt.

837 Siehe auch *Roßnagel*, K&R 2000, 313, 321. § 126 BGB wurde daher mit Absatz 3 n. F. angepasst, vgl. die Regierungsbegründung zum Entwurf eines Gesetzes

(d) Beweisregelungen

Die eIDAS-VO enthält einige Anforderungen an Beweisvorschriften. Grundsätzlich sollte es in allen Mitgliedsstaaten möglich sein, Vertrauensdienste in Gerichtsverfahren als Beweismittel zu verwenden (Erwägungsgrund 22 eIDAS-VO). Dies entspricht der Regelung des § 371 Abs. 1 S. 2 ZPO.[838] Dabei überlässt die Verordnung es grundsätzlich den Mitgliedsstaaten, die Rechtswirkung von Vertrauensdiensten festzulegen, sofern sie nicht selbst Bestimmungen trifft (Erwägungsgrund 22 eIDAS-VO). Bestimmungen hat sie in den Art. 35 Abs. 2, 40 Abs. 2 und 43 Abs. 2 eIDAS-VO für qualifizierte Siegel, qualifizierte Zeitstempel und qualifizierte elektronische Einschreiben getroffen. Für qualifizierte Signaturen fehlt eine Regelung, Art. 25 Abs. 2 eIDAS-VO, welcher die Rechtswirkung qualifizierter Signaturen regelt, hat keinen Einfluss auf das Beweisrecht, sondern ist eine Formvorschrift.[839] Die Regelung einer Beweiswirkung qualifizierter Signaturen bleibt somit den Mitgliedsstaaten überlassen. Die in Deutschland getroffene Beweisregelung des § 371a Abs. 1 ZPO für qualifiziert signierte elektronische Dokumente kann daher bestehen bleiben.

b) Vertrauensdienstegesetz

Das Vertrauensdienstegesetz (VDG) regelt die wirksame Durchführung der eIDAS-VO (§ 1 Abs. 1 VDG). Im Wesentlichen enthält es Regelungen zu Zuständigkeiten und Befugnissen der beteiligten Behörden und zu Ordnungswidrigkeiten. Als zuständige Aufsichtsstelle für die Bereiche der Erstellung, Überprüfung und Validierung elektronischer Signaturen, Siegel, Zeitstempel und Dienste für die Zustellung elektronischer Einschreiben sowie diese Dienste betreffende Zertifikate nach Art. 3 Nr. 16 a) eIDAS-VO wird die Bundesnetzagentur bestimmt (§ 2 Abs. 1 Nr. 1 a) VDG). In geringem Umfang werden auch die Vorgaben der eIDAS-VO präzisiert und von den in der Verordnung vorgesehenen Optionen Gebrauch gemacht. Beispielsweise können nach § 12 VDG qualifizierte Zertifikate mit

---

zur Anpassung der Formvorschriften des Privatrechts und anderer Vorschriften an den modernen Rechtsgeschäftsverkehr, BT-Drucks. 14/4987, S. 14.

838 *Roßnagel*, Recht der Vertrauensdienste, S. 56.

839 Siehe § 8 I. 2. a) bb) (2) (c).

Attributen versehen werden, wodurch die Art. 28 Abs. 3 und Art. 38 Abs. 3 eIDAS-VO konkretisiert werden.

3. Arten elektronischer Signaturen

Die eIDAS-VO sieht eine Dreiteilung der Qualitätsstufen elektronischer Signaturen vor (vgl. Art. 3 Nr. 10–12 eIDAS-VO). Auf der untersten Sicherheitsstufe stehen einfache Signaturen, auf der mittleren fortgeschrittene und auf der dritten Stufe qualifizierte Signaturen. Die noch im Signaturgesetz vorgesehenen akkreditierten Signaturen (§ 15 SigG) gibt es in dieser Form nach der eIDAS-VO nicht mehr.[840] Art. 17 Abs. 5 eIDAS-VO erlaubt jedoch den Mitgliedsstaaten, nach Maßgabe des nationalen Rechts eine Vertrauensinfrastruktur einzurichten, zu unterhalten und zu aktualisieren. Auf nationaler Ebene wäre damit eine Akkreditierung weiterhin möglich.[841]

Soweit der Anwendungsbereich der eIDAS-VO reicht,[842] ist hinsichtlich der Anforderungen an die elektronischen Signaturen auf diese zurückzugreifen. Im nicht harmonisierten Anwendungsbereich steht es dem nationalen Gesetzgeber offen, eigene Regelungen zu treffen. Das bis zur Ablösung durch das VDG noch geltende SigG stellte teilweise strengere Anforderungen an elektronische Signaturen. Damit wären je nach Anwendungsbereich unterschiedliche Anforderungen und Regelungen einschlägig. Der deutsche Gesetzgeber hebt jedoch mit dem VDG das SigG auf. In der bisher vorliegenden Fassung des VDG sind keine von der eIDAS-VO abweichende Regelungen in Bezug auf die Anforderungen an elektronische Signaturen vorgesehen. Damit werden auch dem nationalen Regelungsspielraum unterliegenden Vertrauensdienste den Vorgaben der eIDAS-VO unterstellt, um durch eine einheitliche rechtliche Lösung die Rechtslage zu vereinfachen.[843] Damit wird einheitlich für die Definition der elektronischen Signaturen nur noch auf die eIDAS-VO abgestellt, selbst wenn kein Anwendungsvorrang gegeben ist.

---

840 Vgl. weiterführend zu den akkreditierten Signaturen nach § 15 SigG *B. Brisch/ K. Brisch*, in: Hoeren/Sieber/Holznagel, Teil 13.3 Rn. 67–69.

841 *Roßnagel*, Recht der Vertrauensdienste, S. 100 f., 156 ff. Siehe dazu § 8 I. 3. e).

842 Siehe § 8 I. 2. a) bb).

843 Vgl. auch *Roßnagel*, Recht der Vertrauensdienste, S. 127 f.

Im Folgenden werden die verschiedenen elektronischen Signaturen anhand der zukünftig umfassend geltenden eIDAS-VO definiert und vorgestellt. Dabei wird jeweils dargestellt, ob die verschiedenen Signaturarten die Unterschriftsfunktionen erfüllen und damit eine solche ersetzen können. Ebenso wird auf Abweichungen zum SigG und deren mögliche Rechtsfolgen eingegangen.

a) Einfache Signatur

„Elektronische Signaturen“ werden ganz allgemein definiert als „Daten in elektronischer Form, die anderen elektronischen Daten beigefügt oder logisch mit ihnen verbunden werden und die der Unterzeichner zum Unterzeichnen verwendet“ (Art. 3 Nr. 10 eIDAS-VO). Diese Definition kann als Grundtatbestand gesehen werden. Ohne weitere Sicherheitswerte, wie sie die fortgeschrittenen oder qualifizierten elektronischen Signaturen fordern, werden diese Signaturen allgemein als „einfache“ Signaturen bezeichnet.[844] Einfache Signaturen sind beispielsweise die eingescannte Unterschrift[845] oder der eingetippte Name, kurz alle Daten, welche irgendeinen Hinweis auf eine Person enthalten, welcher als Autor erscheinen soll.[846] Sie gewährleisten aufgrund ihrer leichten und nicht nachprüfbaren Manipulierbarkeit in keiner Weise die Integrität eines elektronischen Dokuments oder die Authentizität der Angaben über den Aussteller.[847] Deshalb werden an sie auch keine besonderen Rechtswirkungen geknüpft, insbe-

---

844 Vgl. nur *Roßnagel*, in: Roßnagel, Recht der Telemediendienste, SigG § 2 Rn. 12. Die Kommentierung zum aufgehobenen SigG kann hier herangezogen werden, da das SigG von 2001 auf der Signaturrichtlinie beruht, welche elektronische Signaturen fast identisch mit der eIDAS-VO definierte. Nach Art. 2 Nr. 1 RLeS sind elektronische Signaturen „Daten in elektronischer Form, die anderen elektronischen Daten beigefügt oder logisch mit ihnen verknüpft sind und die zur Authentifizierung dienen“. Soweit nachfolgend auf Kommentierungen und Gesetzesbegründungen zum SigG bzw. zur RLeS zurückgegriffen wird, ist das ebenfalls dem Umstand geschuldet, dass die Hintergrunderwägungen auf die neue Rechtslage nach der eIDAS-VO übertragbar sind.

845 Regierungsbegründung zum Entwurf eines Gesetzes über Rahmenbedingungen für elektronische Signaturen und zur Änderung weiterer Vorschriften, BT-Drucks. 14/4662, S. 18.

846 *Roßnagel*, in: Roßnagel, Recht der Telemediendienste, SigG § 2 Rn. 11.

847 Vgl. auch *Roßnagel*, in: Roßnagel, Recht der Telemediendienste, SigG § 2 Rn. 11.

sondere sind einfache Signaturen nicht geeignet, die Unterschrift zu ersetzen, weil sie die Funktionen einer Unterschrift nicht erfüllen.[848] Die eIDAS-VO beschränkt sich daher auf eine Begriffsbestimmung.

b) Funktionsweise einer mindestens fortgeschrittenen Signatur

Bevor auf die rechtlichen Anforderungen an fortgeschrittene und qualifizierte Signaturen (im Folgenden: fortgeschrittene bzw. qualifizierte Signaturen) eingegangen wird, wird zum besseren Verständnis der Anforderungen und Definitionen die Funktionsweise solcher Signaturen von Normen losgelöst erklärt.

aa) Grundlage Kryptographie

Grundlage der elektronischen Signaturen im technischen Sinn sind Kryptographie-Verfahren. Die sogenannten einfachen elektronischen Signaturen sind keine Signaturen im technischen Sinn, da sie keine Verschlüsselungstechniken aufweisen.[849] Die Kryptographie als Teilgebiet der Kryptologie[850] befasst sich mit dem Schutz von Daten vor unbefugter Einsichtnahme oder Manipulation.[851] Dabei gibt es symmetrische und asymmetrische Verschlüsselungsverfahren.

Bei der symmetrischen Verschlüsselung nutzen beide Kommunikationspartner für die Ver- und Entschlüsselung denselben Schlüssel.[852] Ein Schlüssel ist die Zeichenkette, die für die Entschlüsselung von verschlüsselten Informationen erforderlich ist.[853] Die symmetrische Verschlüsselung birgt für das mit der Signierung elektronischer Dokumente verfolgte Ziel zwei erhebliche Nachteile: zum einen muss für jedes Kommunikati-

---

848 Siehe zu den Funktionen einer Unterschrift § 8 I. 1.

849 Ähnlich *Roßnagel*, in: Roßnagel, Recht der Telemediendienste, SigG, Einl Rn. 13.

850 Die Kryptologie lässt sich in die Kryptographie und die Kryptoanalyse aufteilen. Die Kryptoanalyse verfolgt das Gegenteil der Kryptographie, nämlich Informationen aus verschlüsselten Texten unter Umgehung oder Aufhebung des Schutzes zu gewinnen, *Schmidl*, S. 159.

851 *Schmidl*, S. 159.

852 *Schmidl*, S. 251; *Raßmann*, CR 1998, 36, 37.

853 *Schmidl*, S. 226.

onspaar ein eigener Schlüssel existieren, was dieses Verfahren für eine Massenkommunikation ungeeignet macht.[854] Die Anzahl der Schlüssel steigt mit der Zahl der Teilnehmer quadratisch.[855] Zum anderen kann der Schlüssel bei der Übermittlung an den Kommunikationspartner verloren gehen oder in den Besitz eines unbefugten Dritten gelangen.[856]

Die in den 1970er Jahren von *Diffie* und *Hellmann* begründete asymmetrische Verschlüsselung beruht dagegen auf der Verwendung verschiedener Schlüssel zum Ver- und Entschlüsseln.[857] Jeder Teilnehmer hat dabei einen nur ihm bekannten privaten Schlüssel („private key") und einen dazugehörenden nicht geheimen öffentlichen Schlüssel („public key"), beide können nicht aus dem jeweils anderen hergeleitet werden.[858] Der entscheidende Vorteil asymmetrischer Verschlüsselungsverfahren ist, dass sehr wenige Schlüssel benötigt werden, nur doppelt so viele, wie die Anzahl der Teilnehmer.[859] Weiter ist kein vorheriger Schlüsselaustausch notwendig, denn die öffentlichen Schlüssel sind nicht geheim, sondern frei zugänglich in einer Datenbank. Die Hinzufügung eines neuen Teilnehmers ist unproblematisch, denn die anderen Teilnehmer müssen nicht wie bei symmetrischen Verfahren erst mit diesem ihre Schlüssel austauschen, sondern dieser bekommt ein eigenes Schlüsselpaar.[860] Nachteile der asymmetrischen Verschlüsselung sind, dass sie je nach Sicherheitsstufe langsam sein können und auch ein gewisses „Schlüsselmanagement" erfordern.[861] Um zu verhindern, dass ein Teilnehmer sich unter falschem Namen ein Schlüsselpaar generieren lässt, ist eine Schlüsselverwaltung mit Hilfe von Zertifikaten erforderlich, welche die Authentizität der Schlüssel gewährleisten sollen. Dazu ist eine Instanz erforderlich, die als „vertrauenswürdiger Dritter" fungiert und diese Zertifikate ausstellt.[862]

Die heutigen modernen Verschlüsselungsverfahren beruhen auf asymmetrischen Verschlüsselungsverfahren, auch „Public Key Verfahren" ge-

---

854 Ebenso *Komnios*, S. 33.

855 Vgl. *Beutelspacher*, S. 116.

856 Ebenso zum Ganzen: *Kuner/Hladjk*, in: Hoeren/Sieber, Teil 17 Rn. 5; *Hohenegg/Tauschek*, BB 1997, 1541, 1544.

857 *Diffie/Hellmann*, IEEE Transactions on Information Theory, Vol. IT-22, No. 6 (1976), 644–654.

858 *Raßmann*, CR 1998, 36, 38; *Schmidl*, S. 278.

859 *Beutelspacher*, S. 116.

860 Vgl. *Beutelspacher*, S. 116.

861 *Beutelspacher*, S. 117.

862 *Roßnagel*, in: Roßnagel, Recht der Telemediendienste, SigG, Einl Rn. 18.

nannt.[863] Diese asymmetrischen Verfahren sind auch Grundlage des SigG, der SigRL und der eIDAS-VO.[864] Im Folgenden wird daher nur die asymmetrische Verschlüsselung und Signierung vorgestellt.

Es ist bei der Verschlüsselung zu unterscheiden zwischen dem Verschlüsseln von ganzen Nachrichten bzw. Daten und dem „bloßen" Signieren dieser Daten und zuletzt einer Kombination der beiden Möglichkeiten. Beim Verschlüsseln einer Nachricht verwendet der Versender den öffentlichen Schlüssel des Empfängers, welcher die Nachricht mithilfe seines privaten Schlüssels entschlüsseln kann.[865] Bei der Signierung eines elektronischen Dokuments wird der private Schlüssel des Versenders zum Erstellen der Signatur verwendet und der Empfänger kann die Signatur mithilfe des öffentlichen Schlüssels des Versenders überprüfen.[866] Die Verschlüsselung beruht dabei auf einem mathematischen Problem, wobei es verschiedene Verfahren, die jeweils auf einem anderen mathematischen Problem beruhen, gibt.[867] Das erste und bekannteste Verfahren ist der nach seinen Erfindern benannte RSA-Algorithmus[868]. Die Geeignetheit und Sicherheit dieser Verfahren braucht der Anwender nicht zu hinterfragen, denn dies fällt in den Aufgabenbereich der Vertrauensdiensteanbieter, welche die jeweilige Software bereitstellen.[869]

bb) Technikneutralität der eIDAS-Verordnung

Die eIDAS-VO verfolgt einen technologieneutralen und für Innovationen offenen Ansatz.[870] Sie schreibt damit weder eine bestimmte Software vor, noch ein bestimmtes asymmetrisches Verschlüsselungsverfahren wie das RSA. Auch die asymmetrische Verschlüsselung ist nicht zwingend, nach aktuellem Kenntnisstand kann aber nur sie die Sicherheits- und Praktikabilitätsanforderungen erfüllen. Trotz dieses offenen Ansatzes geht die Ver-

---

863 *Beutelspacher/Schwenk/Wolfenstetter*, Vorwort S. VII.

864 Zum „technikneutralen" Ansatz der eIDAS-VO siehe § 8 I. 3. b) bb).

865 Vgl. zur Verfahrensbeschreibung *Schmidl*, S. 201 f.

866 *Schmidl*, S. 201 f.

867 Vgl. zu einzelnen Verfahren mit mathematischen Erläuterungen *Beutelspacher*, S. 121 ff., 141 ff., 147 ff.

868 Vgl. *Rivest/Shamir/Adleman*, Communications of the ACM, Vol. 21 Number 2 (1978), 120–126.

869 Siehe § 8 IV. 3. c) cc).

870 Vgl. Erwägungsgründe 26 und 27 eIDAS-VO.

ordnung von einem asymmetrischen Verschlüsselungsverfahren aus, denn sie enthält teilweise Anforderungen, welche es vermutlich nur bei asymmetrischen Verschlüsselungsverfahren gibt.[871] Die Festlegung auf asymmetrische Verschlüsselungsverfahren wird auch indirekt in Erwägungsgrund 7 eIDAS-VO zum Ausdruck gebracht: „[...] und dass auf europäischer Ebene eine Infrastruktur öffentlicher Schlüssel (*PKI – Public Key Infrastructure*) geschaffen werden muss [...]"[872].

cc) Ablauf

Der Versender bildet zunächst ein komprimiertes Abbild (Quersumme) des zu versendenden elektronischen Dokuments.[873] Das Abbild des Dokuments ist der sogenannte „Hashwert";[874] auch „Prüfsumme"[875], „finger print"[876] oder „digitaler Fingerabdruck"[877] genannt. Die Verschlüsselung des gesamten Dokuments, also nicht nur des digitalen Fingerabdrucks, wird aus zwei Gründen nicht vorgenommen: zum einen hat die Signatur nicht die Aufgabe, ein Dokument zu verschlüsseln, sondern nur, eine nachträgliche und unbefugte Veränderung ersichtlich zu machen, sowie den Aussteller zu beweisen. Zum anderen würde die Verschlüsselung eines ganzen elektronischen Dokuments einen immens hohen Zeit- und Re-

871 Neutral ist etwa die Definition des Art. 3 Nr. 13 eIDAS-VO, die für Signaturerstellungsdaten nur „eindeutige Daten" fordert, aber keine Festlegung auf kryptografische Schlüssel beinhaltet; in der Definition des Art. 2 Nr. 4 RLeS waren kryptografische Schlüssel noch als Beispiele enthalten. Nicht neutral sind wohl die Funktionen der Zertifikate, Verzeichnisdienste oder Sperrdienste, vgl. bereits zur RLeS und zum SigG *Roßnagel*, in: Roßnagel, Recht der Telemediendienste, SigG Einl Rn. 65; § 2 Rn. 101.

872 Hervorhebung nur hier; vgl. zur alten Rechtslage auch *Roßnagel*, in: Roßnagel, Recht der Telemediendienste, SigG § 2 Rn. 17.

873 Vgl. zu den Beschreibungen des Ablaufs *Borges*, S. 50 f., 53 f., 56–59; *Bröhl/Tettenborn*, S. 21 f.; *Hohenegg/Tauschek*, BB 1997, 1541, 1544; *Jandt/Michalek/Dietrich*, DuD 2015, 687, 690; *Raßmann*, CR 1998, 36, 38; siehe auch § 7 II. 3. e).

874 *Bröhl/Tettenborn*, S. 21; siehe auch *Borges*, S. 56.

875 *Schmidl*, S. 124, 206.

876 *Hohenegg/Tauschek*, BB 1997, 1541, 1544.

877 *Schmidl*, S. 124, 206.

chenaufwand bedeuten,[878] was die Praktikabilität erheblich einschränken würde.

Der Hashwert wird anschließend mit dem privaten Schlüssel verschlüsselt. Daraus ergibt sich ein kurzer Datenblock, die sogenannte Signatur. Diese wird, im Falle einer qualifizierten Signatur zusammen mit dem qualifizierten Zertifikat, welches den Zusammenhang zwischen dem öffentlichen Schlüssel und dem Schlüsselinhaber herstellt, entweder in das elektronische Dokument eingefügt (*eingebettete Signatur*), oder als eigener Datensatz (*abgesetzte Signatur*) gemeinsam mit dem Dokument übermittelt.[879] Der Empfänger kann anhand der Signatur das Dokument hinsichtlich Authentizität und Integrität überprüfen. Dazu muss er mithilfe des öffentlichen Schlüssels die Signatur entschlüsseln, woraus sich die vom Versender gebildete Prüfsumme ergibt. Diese kann er mit einer von ihm selbst aus dem elektronischen Dokument gebildeten Prüfsumme vergleichen. Dazu muss er dieselbe Hash-Funktion verwenden, die der Versender auch hatte.[880] Stimmen die beiden Werte überein, so ist die Integrität gegeben. Die Authentizität kann er anhand des beigefügten qualifizierten Zertifikats überprüfen.

dd) Praktische Umsetzung

Zur Erstellung einer Signatur benötigt man eine Signatursoftware und eine sichere Signaturerstellungseinheit. Besteht die Signaturerstellungseinheit aus einer Chipkarte (Signaturkarte), was regelmäßig der Fall ist,[881] ist zusätzlich ein Kartenlesegerät notwendig. Auf der Signaturkarte sind der private Schlüssel und das Zertifikat gespeichert. Mithilfe der Karte und einer zugehörigen PIN kann die Signatur erstellt werden. Diesem Verfahren

---

878 *Beutelspacher*, S. 117, 141; *Beutelspacher/Schwenk/Wolfenstetter*, S. 23.

879 Siehe dazu die Beschreibung der Bundesnetzagentur unter www.bundesnetzagentur.de unter der Rubrik Bundesnetzagentur unter Aufgaben und Strukturen unter Elektronische Vertrauensdienste unter Qualifizierte Vertrauensdienste unter Qualifizierte elektronische Signatur unter Was benötigt man zur Signatur unter Wie signieren und Signaturen prüfen?; aufgerufen am 01.03.2018.

880 *Hohenegg/Tauschek*, BB 1997, 1541, 1544.

881 Die Definition in Art. 3 Nr. 23 i. V. m. Anhang II eIDAS-VO ist aufgrund der Technikneutralität bewusst offen formuliert. Andere, sichere Verfahren sind damit grundsätzlich auch möglich.

liegt wieder das Prinzip „Wissen und Besitz“ zugrunde,[882] welches aufgrund der Zwei-Faktor-Authentisierung als sicher angesehen wird.[883]

Die Überprüfung der Signatur erfolgt mithilfe einer Prüfsoftware. Möchte man lediglich die Integrität überprüfen, so erfolgt dies offline über die Software. Möchte man auch die Authentizität, d.h. das Zertifikat auf seine Gültigkeit überprüfen, so ist dies nur online über eine Verzeichnisauskunft möglich.[884]

c) Fortgeschrittene Signatur

Fortgeschrittene Signaturen sind nach Art. 3 Nr. 11, Art. 26 eIDAS-VO elektronische Signaturen, welche eindeutig dem Unterzeichner zugeordnet sind (Art. 26 a) eIDAS-VO); die Identifizierung des Unterzeichners ermöglichen (Art. 26 b) eIDAS-VO); unter Verwendung elektronischer Signaturerstellungsdaten erstellt werden, welche der Unterzeichner mit einem hohen Maß an Vertrauen unter seiner alleinigen Kontrolle verwenden kann (Art. 26 c) eIDAS-VO); sowie so mit den auf diese Weise unterzeichneten Daten verbunden sind, dass eine nachträgliche Veränderung der Daten erkannt werden kann (Art. 26 d) eIDAS-VO).

Im Vergleich mit einfachen elektronischen Signaturen zeigt sich, dass an fortgeschrittene Signaturen höhere Sicherheitsanforderungen gestellt werden. Dennoch erreichen sie nur ein „mittleres“[885] Sicherheitsniveau im Vergleich zu qualifizierten elektronischen Signaturen. Aus diesem Grund ordnet die eIDAS-VO keine besonderen Rechtswirkungen für fortgeschrittene Signaturen an, insbesondere können sie wie einfache Signaturen nicht die handschriftliche Unterschrift ersetzen. Das herabgesetzte Sicherheitsniveau gegenüber qualifizierten Signaturen zeigt sich in den jeweils geringeren Anforderungen des Art. 26 eIDAS-VO gegenüber Art. 3 Nr. 12 eIDAS-VO.

---

882 Vgl. auch *Jandt/Michalek/Dietrich*, DuD 2015, 687, 690.

883 Siehe zur Zwei-Faktor-Authentisierung § 7 II. 2. a) cc) (4).

884 Siehe dazu die Beschreibung der Bundesnetzagentur unter www.bundesnetzagentur.de unter der Rubrik Bundesnetzagentur unter Aufgaben und Strukturen unter Elektronische Vertrauensdienste unter Qualifizierte Vertrauensdienste unter Qualifizierte elektronische Signatur unter Was benötigt man zur Signatur unter Wie signieren und Signaturen prüfen?; aufgerufen am 01.03.2018.

885 *Roßnagel*, MMR 2003, 164, 166..

aa) Eindeutige Zuordnung der elektronischen Signatur zum Unterzeichner

Die eindeutige Zuordnung der elektronischen Signatur zum Unterzeichner (Art. 26 a) eIDAS-VO) bedeutet, dass ein Zertifizierungsdiensteanbieter einen Signaturschlüssel nicht mehreren Personen zuweisen darf.[886] Diese Pflicht zur eindeutigen Zuordnung gilt aber nur für den jeweiligen Zertifizierungsdiensteanbieter,[887] was zur Folge hat, dass ein vergebener Signaturschlüssel nicht einzigartig sein muss.[888] Dies ergibt sich zum einen im Umkehrschluss aus der Anforderung bei qualifizierten Signaturen, bei welchen sichergestellt sein muss, dass die „zum Erstellen der elektronischen Signatur verwendeten elektronischen Signaturerstellungsdaten praktisch nur einmal vorkommen können“[889]. Zum anderen ergibt es sich daraus, dass bei Anbietern fortgeschrittener Signaturen gerade keine übergeordnete Instanz die Einmaligkeit überprüfen kann. Damit ist die Echtheitsfunktion nicht ausreichend gewährleistet. Es ist möglich, dass mehrere Personen denselben Schlüssel haben, wodurch es zu Verwechslungen kommen kann.

bb) Identifizierung des Unterzeichners

Die Identifizierung des Unterzeichners erfolgt durch das der Signatur zugrunde liegende Zertifikat.[890] Dies ergibt sich weder aus Art. 3 Nr. 11 noch aus Art. 26 eIDAS-VO direkt, sondern muss aus dem Regelungszusam-

---

886 Regierungsbegründung zum Entwurf eines Gesetzes über Rahmenbedingungen für elektronische Signaturen und zur Änderung weiterer Vorschriften, BT-Drucks. 14/4662, S. 18. Die Begründung kann auch hier herangezogen werden, da der Wortlaut des Art. 2 Nr. 2 RLeS sowie des darauf beruhenden § 2 Nr. 2 SigG in den hier interessierenden Punkten identisch mit dem des Art. 26 eIDAS-VO ist.

887 Regierungsbegründung zum Entwurf eines Gesetzes über Rahmenbedingungen für elektronische Signaturen und zur Änderung weiterer Vorschriften, BT-Drucks. 14/4662, S. 18.

888 So auch zur alten Rechtslage *Roßnagel*, in: Roßnagel, Recht der Telemediendienste, SigG § 2 Rn. 19.

889 Anhang II Abs. 1 b) eIDAS-VO. Dies gilt natürlich nur für den Binnenmarkt.

890 So zur alten Rechtslage des § 2 Nr. 2 SigG die Regierungsbegründung zum Entwurf eines Gesetzes über Rahmenbedingungen für elektronische Signaturen und zur Änderung weiterer Vorschriften, BT-Drucks. 14/4662, S. 18; siehe auch *Roßnagel*, in: Roßnagel, Recht der Telemediendienste, SigG § 2 Rn. 20.

menhang geschlossen werden. Art. 3 Nr. 14 eIDAS-VO definiert ein „Zertifikat für elektronische Signaturen" als eine elektronische Bescheinigung, welche elektronische Signaturvalidierungsdaten mit einer natürlichen Person verknüpft und die mindestens den Namen oder das Pseudonym dieser Person bestätigt. In diesem Zertifikat wird die Verknüpfung des öffentlichen Schlüssels mit einer natürlichen Person bescheinigt und mindestens der Name oder das Pseudonym der Person bestätigt (Art. 3 Nr. 14 eIDAS-VO). Anders als bei einer qualifizierten Signatur muss der Zertifizierungsdiensteanbieter hier aber keine Prüfmöglichkeit angeben, ob das Zertifikat noch gültig ist. Das ergibt sich aus einem Umkehrschluss zu Anhang I i) eIDAS-VO, wo dies für qualifizierte Zertifikate zum Pflichtinhalt gemacht wird. Ebenso wenig werden besondere Qualitätsanforderungen an die Identifizierung gestellt.[891] Für qualifizierte Signaturen sind die spezifischen Anforderungen in Art. 24 Abs. 1 eIDAS-VO geregelt. Damit ist auch mit diesem Merkmal die Unterschriftsfunktion der Echtheit nicht ausreichend gewährleistet, es kann aus der Signatur nicht zweifelsfrei auf den Urheber geschlossen werden.

cc) Alleinige Kontrolle über die Signaturerstellungsdaten

Das Merkmal der „alleinigen Kontrolle" des Unterzeichners über die Verwendung seiner Signaturerstellungsdaten (Art. 26 c) eIDAS-VO) bringt zum Ausdruck, dass der Signatur-Inhaber seine Signaturerstellungseinheit vor unbefugter Nutzung schützen können muss.[892] Die Signaturerstellungseinheit, das ist die der Signaturerzeugung zugrunde liegende Software oder Hardware,[893] erzeugt zusammen mit den Signaturerstellungsdaten die Signatur. Signaturerstellungsdaten sind „eindeutige Daten, die vom

---

891 Vgl. zur gleichlautenden alten Rechtslage des § 2 Nr. 2 SigG *Roßnagel*, in: Roßnagel, Recht der Telemediendienste, SigG § 2 Rn. 21 sowie *B. Brisch/K. Brisch*, in: Hoeren/Sieber/Holznagel, Teil 13.2 Rn. 41.

892 Regierungsbegründung zum Entwurf eines Gesetzes über Rahmenbedingungen für elektronische Signaturen und zur Änderung weiterer Vorschriften, BT-Drucks. 14/4662, S. 18 zum fast gleichlautenden § 2 Nr. 2 SigG.

893 Art. 3 Nr. 22 eIDAS-VO definiert Signaturerstellungseinheiten als konfigurierte Softwares oder Hardwares, welche zum Erstellen einer elektronischen Signatur verwendet werden. Beispiele, welche eine fortgeschrittene Signatur erzeugen, sind die Verfahren *VeriSign* und *Pretty Good Privacy*, *B. Brisch/K. Brisch*, in: Hoeren/Sieber/Holznagel, Teil 13.3 Rn. 37.

Unterzeichner zum Erstellen der elektronischen Signatur verwendet werden" (Art. 3 Nr. 13 eIDAS-VO). Gemeint sind damit die Signaturschlüssel und das Zertifikat. Die alleinige Kontrolle kann gewährleistet werden, indem die Signaturerstellungsdaten auf einem Datenträger (Chipkarte, CD, USB-Stick, Festplatte etc.) gespeichert werden, welcher durch Schutzmechanismen gegen die unberechtigte Verwendung durch unbefugte Dritte schützt.[894] An die Signaturerstellungseinheiten werden aber, anders als bei einer qualifizierten elektronischen Signatur, keine spezifischen Sicherheitsanforderungen gestellt. Das ergibt sich im Umkehrschluss zu den in Anhang II eIDAS-VO für qualifizierte Signaturerstellungseinheiten ausdrücklich festgelegten Anforderungen. Das bedeutet, der Fälschungsschutz muss anders als bei qualifizierten Signaturen nicht „verlässlich" sein.[895] Die Integritätsfunktion ist folglich nicht ausreichend erfüllt. Bei fortgeschrittenen Signaturen ist keine ausreichende Sicherung vor unbefugter Verwendung durch Dritte zwingend.

Gegenüber der bisherigen Rechtslage ergibt sich eine Änderung des Wortlauts: Art. 2 Nr. 2 c) RLeS und damit auch § 2 Nr. 2 SigG forderten noch, dass eine fortgeschrittene Signatur unter Verwendung elektronischer Signaturerstellungsdaten erstellt wird, die der Unterzeichner „unter seiner alleinigen Kontrolle halten kann", nunmehr genügt die alleinige Kontrolle „mit einem hohen Maß an Vertrauen". Zweck dieser Herabsetzung soll nach den Erwägungsgründen 51 und 52 eIDAS-VO sein, die Signaturerstellungseinheit „der Obhut eines Dritten"[896] anvertrauen zu können, welcher sodann „Fernsignaturen" [897] erzeugen kann.[898] Mit dem bisherigen Wortlaut waren Fernsignaturen ausgeschlossen.[899] Diese Entwicklung wird kritisch betrachtet, denn mit die Übertragung der Wissenskomponen-

894 *Roßnagel*, MMR 2003, 164, 165 f.; *ders.* in: Roßnagel, Recht der Telemediendienste, SigG § 2 Rn. 22.

895 Vgl. dazu Anhang II Abs. 1 c), d) eIDAS-VO.

896 Erwägungsgrund 51 eIDAS-VO.

897 Fernsignaturen, das heißt von einem Dritten erzeugte Signaturen, wurden im nationalen Recht bisher als „Fremdsignaturen" bezeichnet. Nach Erwägungsgrund 52 eIDAS-VO heißen sie nun „Fernsignaturen"; vgl. auch *Roßnagel*, Recht der Vertrauensdienste, S. 23.

898 Siehe auch *Roßnagel*, Recht der Vertrauensdienste, S. 80; *Jandt/Michalek/Dietrich*, DuD 2015, 687, 688 f.

899 Zur alten Rechtslage *Roßnagel*, in: Roßnagel, Recht der Telemediendienste, SigG § 2 Rn. 26; ausführlich *ders.* MMR 2008, 22 ff.

te auf den „fremden“ Dienstleister gehen Risiken einher, welche mit der Eigensignierung gerade ausgeschlossen werden sollten.[900]

dd) Erkennbarkeit der nachträglichen Veränderung

Am Merkmal der Erkennbarkeit der nachträglichen Veränderung der Daten (Art. 26 d) eIDAS-VO) zeigt sich die grundsätzlich technikneutrale Einstellung des Verordnungsgebers, weil dabei offengelassen wird, welches Verfahren zu verwenden ist. Das Ziel wird aber jedenfalls bei asymmetrischen Verschlüsselungsverfahren, welche geeignete Algorithmen verwenden,[901] erreicht. Sie schließen aus, dass jemand mit verhältnismäßigem Aufwand[902] den Signaturschlüssel aus dem Dokument und dem Prüfschlüssel errechnen oder erraten kann oder das Dokument so verändern kann, dass es zur Signatur passt.[903]

d) Qualifizierte Signatur

Eine qualifizierte Signatur ist eine fortgeschrittene Signatur mit zwei zusätzlichen Anforderungen: sie muss von einer qualifizierten Signaturerstellungseinheit erstellt worden sein und auf einem qualifizierten Zertifikat beruhen (Art. 3 Nr. 12 eIDAS-VO). Die technischen Anforderungen werden damit gegenüber fortgeschrittenen Signaturen erhöht. Die Voraussetzungen eines qualifizierten Zertifikats sind in Anhang I eIDAS-VO und die einer qualifizierten Signaturerstellungseinheit in Anhang II eIDAS-VO geregelt.

---

900 Siehe zum Modell der Fernsignierung § 8 V. 2.

901 Vgl. zu den geeigneten Algorithmen *Beutelspacher*, S. 83, 121 ff., 141 ff., 147 ff. und *Beutelspacher/Schwenk/Wolfenstetter*, S. 26.

902 Diese Einschränkung wird deshalb gemacht, weil nach bisherigen Erkenntnissen fast jeder Code nach einiger Zeit geknackt werden kann, auch wenn es Jahrhunderte dauern würde, vgl. dazu *Beutelspacher*, S. 83, 136–140; *Beutelspacher/Schwenk/Wolfenstetter*, S. 25 f.

903 Siehe *Roßnagel*, in: Roßnagel, Recht der Telemediendienste, SigG § 2 Rn. 27; zum Ablauf der Verschlüsselung siehe § 8 I. 3. b) aa), cc).

aa) Qualifizierte Signaturerstellungseinheit

Eine Signaturerstellungseinheit ist eine konfigurierte Software oder Hardware, welche zum Erstellen einer elektronischen Signatur verwendet wird (Art. 3 Nr. 22 eIDAS-VO). Regelmäßig wird es eine Kombination aus beidem sein. Zum Generieren der Signatur wird eine Software benötigt, zum anderen ist eine Hardware in Form eines Kartenlesegeräts zusammen mit einer Chipkarte erforderlich, weil darauf der Signaturschlüssel gespeichert ist.[904] Im Gegensatz zu einer fortgeschrittenen Signatur muss bei einer qualifizierten Signatur die Signaturerstellungseinheit „qualifiziert" sein. Das heißt, es muss unter anderem sichergestellt sein, dass der Schlüssel „praktisch nur einmal vorkommen" kann, die Signatur bei ihrer Verwendung „verlässlich gegen Fälschung geschützt ist" und gegen „Verwendung durch andere verlässlich geschützt" werden kann.[905]

Die letzten beiden Anforderungen werden durch die Vertrauensdiensteanbieter in der Regel dadurch sichergestellt, dass sie dem Verwender eine Signaturkarte (Chipkarte) zukommen lassen, welche durch ein Passwort oder den Einsatz biometrischer Merkmale geschützt ist, wenngleich die Verordnung nicht eine spezielle Art des Schutzmechanismus vorschreibt, sondern nur, was dieser zu erfüllen hat. Durch die Komponenten „Wissen" – wozu auch die biometrischen Merkmale gehören – und „Besitz" wird ein Schutz vor Verfälschung oder unbefugter Verwendung gewährleistet.

Die Einzigartigkeit des Schlüssels kann der Vertrauensdiensteanbieter bei der Vergabe des Schlüsselpaars an den Verwender sicherstellen. Es ist nicht zwingend, dass der Anbieter selbst auch die Schlüssel generiert, dies kann auch ein Dritter (Hersteller) tun.[906] Erforderlich ist, dass ein geeigneter Zufallszahlengenerator eingesetzt wird und der Schlüsselraum ausreichend groß ist.[907] Sollte einmal ein Schlüssel dennoch doppelt vorkommen, so ist dies dann unschädlich, wenn beim Signieren das zugehörige Zertifikat miteinbezogen wird.[908] Damit wird in Verbindung mit dem Zer-

904 Zur technischen Umsetzung einer Signaturerstellungseinheit siehe § 8 I. 3. b) dd).

905 Anhang II Abs. 1 b), c), d) eIDAS-VO.

906 Vgl. zur alten Rechtslage nach dem SigG *Roßnagel*, in: Roßnagel, Recht der Telemediendienste, SigG § 17 Rn. 76.

907 Vgl. zur alten Rechtslage nach dem SigG *Roßnagel*, in: Roßnagel, Recht der Telemediendienste, SigG § 17 Rn. 77.

908 Vgl. zur alten Rechtslage nach dem SigG *Roßnagel*, in: Roßnagel, Recht der Telemediendienste, SigG § 17 Rn. 77.

tifikat die eindeutige Zuordnung gewährleistet. Qualifizierte Signaturen müssen zusammen mit dem zugehörigen Zertifikat übermittelt werden.[909] Dies ergibt sich zwar nicht direkt aus dem Gesetz, Art. 3 Nr. 12 eIDAS-VO schreibt nur vor, dass eine qualifizierte Signatur auf einem qualifizierten Zertifikat „beruhen" muss. Der Zweck des qualifizierten Zertifikats ist jedoch, den Signaturschlüssel mit der dahinterstehenden Person zu verknüpfen, damit der Empfänger den Aussteller überprüfen kann. Dies ist ihm nur möglich, wenn ihm auch das Zertifikat übermittelt wird.

Durch eine qualifizierte Signaturerstellungseinheit wird die Integritätsfunktion erfüllt, eine Verfälschung der qualifizierten Signatur wird praktisch ausgeschlossen.

bb) Qualifiziertes Zertifikat

Aus dem Zertifikat muss insbesondere erkennbar sein, welcher Vertrauensdiensteanbieter es ausgestellt hat, wer der Verwender ist und ob es noch gültig ist, der Ort zur Überprüfung muss dabei kostenlos zur Verfügung stehen (Anhang I b), c), e), h), i) eIDAS-VO). Zudem muss das Zertifikat von einem qualifizierten Vertrauensdiensteanbieter ausgestellt sein (Art. 3 Nr. 15 eIDAS-VO).

(1) Qualifizierter Vertrauensdiensteanbieter

Ein qualifizierter Vertrauensdiensteanbieter ist ein Vertrauensdiensteanbieter, welcher qualifizierte Vertrauensdienste erbringt, das heißt solche, die die einschlägigen Anforderungen der Verordnung erfüllen (Art. 3 Nr. 17 eIDAS-VO), und dem von der Aufsichtsstelle der Status eines qualifizierten Vertrauensdiensteanbieters verliehen wurde (Art. 3 Nr. 20 eIDAS-VO). Gegenüber der Rechtslage nach dem SigG ergibt sich folgende Neuerung: Nach § 4 Abs. 1 SigG war der Betrieb eines Zertifizierungsdienstes genehmigungsfrei, der Anbieter hatte nur den Betrieb anzuzeigen (§ 4 Abs. 3 S. 1 SigG) und unter anderem die Voraussetzungen für den Betrieb eines Zertifizierungsdienstes nach dem SigG und der SigV zu gewährleisten (§ 4 Abs. 2 S. 1 SigG). Die eIDAS-VO regelt demgegen-

909 Vgl. zur alten Rechtslage *Bröhl/Tettenborn*, S. 21, allerdings ohne Begründung.

über, dass qualifizierte Vertrauensdienste erst erbracht werden können, wenn die Aufsichtsstelle nach Vorlage eines Konformitätsbewertungsberichts und einer Überprüfung, ob der Vertrauensdiensteanbieter und die von ihm erbrachten Vertrauensdienste den in der eIDAS-VO festgelegten Anforderungen genügen, zu ebendiesem Schluss kommt (Art. 21 Abs. 1, Abs. 2 eIDAS-VO). Hier erfolgt somit eine Annäherung an die Akkreditierung von Vertrauensdiensteanbietern nach § 15 SigG.[910] Danach konnten sich Vertrauensdiensteanbieter freiwillig akkreditieren lassen. Die Akkreditierung war zu erteilen, wenn der Vertrauensdiensteanbieter nachwies, dass er die Anforderungen des SigG und der SigV erfüllte (§ 15 Abs. 1 S. 2 SigG).

Ein qualifizierter Vertrauensdiensteanbieter darf nach der Ausweisung des Qualifikationsstatus das EU-Vertrauenssiegel verwenden, um in einfacher, wiedererkennbarer und klarer Weise die von ihm erbrachten qualifizierten Vertrauensdienste zu kennzeichnen (Art. 23 Abs. 1 eIDAS-VO).

(2) Voraussetzungen des Anhangs I der eIDAS-VO

Durch das qualifizierte Zertifikat wird sichergestellt, dass die Identität des Ausstellers überprüfbar ist. Der Vertrauensdiensteanbieter hat dabei selbst oder durch Rückgriff auf einen Dritten vor Ausstellung des Zertifikats die Identität des Verwenders zu prüfen. Die Anforderungen an die Identitätsprüfung sind in Art. 24 Abs. 1 eIDAS-VO geregelt. Der Vertrauensdiensteanbieter kann unter anderem entweder die persönliche Anwesenheit fordern, eine Identifizierung aus der Ferne mittels elektronischer Identifizierungsmittel wie dem digitalen Personalausweis vornehmen oder sonstige, gleichwertige Identifizierungsmethoden verwenden. Durch diese Anforderungen wird die Echtheitsfunktion erfüllt, der Urheber des elektronischen Dokuments kann eindeutig festgestellt werden.

cc) Fazit

Liegt eine qualifizierte Signatur vor, sind die Unterschriftsfunktionen gegeben. Es kann der Urheber sicher festgestellt werden (Echtheitsfunktion),

910 Ähnlich *Roßnagel*, Recht der Vertrauensdienste, S. 22.

Verfälschungen können mit an Sicherheit grenzender Wahrscheinlichkeit erkannt werden (Integritätsfunktion) und durch Erstellung der Signatur werden die Abschluss- und Warnfunktion erfüllt. Man wird erst die Signatur erstellen, wenn das elektronische Dokument fertiggestellt ist, genauso wie man regelmäßig erst unterschreibt, wenn das Schriftstück vollendet ist.

e) Akkreditierte Signaturen

Den Begriff der akkreditierten Signaturen gibt es nur nach dem Signaturgesetz. Die eIDAS-VO kennt den Begriff der Akkreditierung nur im Zusammenhang mit der Akkreditierung der Konformitätsbewertungsstellen (Art. 20 Abs. 4 a) eIDAS-VO). Gemeint ist mit der Akkreditierung hier eine Akkreditierung nach der Akkreditierungs-Verordnung[911] und nach Maßgabe des deutschen Akkreditierungsstellengesetzes.[912] Der Begriff der Akkreditierung kann aber trotzdem für besonders geprüfte Sicherheit der qualifizierten Vertrauensdienste beibehalten werden, da insbesondere kein Alleinverwendungsrecht des Begriffs nach der Akkreditierungs-Verordnung oder dem Akkreditierungsstellengesetz[913] besteht und auch beispielsweise das De-MailG diese Bezeichnung für die Akkreditierung von De-Mail-Anbietern nach den §§ 17 ff. De-MailG verwendet.[914]

Eine elektronische Signatur mit Anbieter-Akkreditierung nach dem – außer Kraft getretenen – SigG ist eine qualifizierte Signatur, welche auf einem Zertifikat eines akkreditierten Zertifizierungsdiensteanbieters[915] beruht. Mit der Akkreditierung unterwirft sich der Zertifizierungsdienstean-

911 Verordnung (EG) Nr. 765/2008 vom 9. Juli 2008 über die Vorschriften für die Akkreditierung und Marktüberwachung bei der Vermarktung von Produkten und zur Aufhebung der Verordnung (EWG) Nr. 339/93 des Rates, ABl. EU Nr. L 218, S. 30.

912 *Roßnagel*, Recht der Vertrauensdienste, S. 158.

913 Gesetz über die Akkreditierungsstelle (Akkreditierungsstellengesetz – AkkStelleG) vom 31.7.2009, BGBL. 2009 I, S. 2625.

914 Vgl. ausführlich *Roßnagel*, Recht der Vertrauensdienste, S. 158 f.

915 An die Stelle des „Zertifizierungsdiensteanbieters" ist mit der eIDAS-VO die Bezeichnung „Vertrauensdiensteanbieter" getreten. Weil aber § 15 SigG vom Zertifizierungsdiensteanbieter spricht, wird der Verständlichkeit halber hier dieser Begriff verwendet.

bieter einer Vorabkontrolle,[916] mit der nachgewiesen wird, dass er alle Vorschriften des SigG und der SigV erfüllt (§ 15 Abs. 1 S. 2 SigG). Erfüllt er alle Anforderungen, erhält er ein Gütezeichen der Bundesnetzagentur und darf sich im Rechts- und Geschäftsverkehr auf die nachgewiesene Sicherheit berufen (§ 15 Abs. 1 S. 3, S. 5 SigG).

Für den Signaturverwender hat dies den Vorteil, dass eine Sicherheitsvermutung ausgelöst wird, denn mit dem Gütesiegel wird der „Nachweis der umfassend geprüften technischen und administrativen Sicherheit für die auf ihren qualifizierten Zertifikaten beruhenden qualifizierten elektronischen Signaturen [...] zum Ausdruck gebracht“ (§ 15 Abs. 1 S. 4 SigG). Es wird damit vermutet, dass die Signatur echt ist und dem Signaturschlüsselinhaber zuzuordnen ist und somit unverfälscht ist.[917] Der Verwender muss dazu nur nachweisen, dass die qualifizierte Signatur gültig ist und auf einem Zertifikat eines akkreditierten Zertifizierungsdiensteanbieters beruht.[918]

Nach neuer Rechtslage ist durch die Öffnungsklausel in Art. 17 Abs. 5 i. V. m. Art. 27 Abs. 3 eIDAS-VO die Akkreditierung von Vertrauensdiensteanbietern weiterhin möglich, solange „für die grenzüberschreitende Verwendung in einem Online-Dienst, der von einer öffentlichen Stelle angeboten wird, keine elektronische Signatur mit einem höheren Sicherheitsniveau als dem der qualifizierten elektronischen Signatur“ (Art. 27 Abs. 3 eIDAS-VO) verlangt wird.[919] Im Vertrauensdienstegesetz ist künftig die Möglichkeit einer Akkreditierung hingegen nicht mehr vorgesehen. Für Vertrauensdiensteanbieter, die schon akkreditiert sind, soll aber sichergestellt bleiben, dass sie weiterhin auf Dauer prüfbare Vertrauensdienste bis zur vertragsgemäßen Sperrung anbieten können.[920] Denn es gibt noch zahlreiche Fachgesetze, welche ausdrücklich solche langfristig prüfbaren Zertifikate fordern und diese müssen an die geänderte Rechtslage angepasst werden.[921] Als Beendigungstag wird der 14.11.2018 festgelegt (§ 21 S. 3 VDG). Für nach dem SigG akkreditierte Vertrauensdienste-

---

916 *Roßnagel*, in: Roßnagel, Recht der Telemediendienste, SigG § 15 Rn. 1.

917 *Roßnagel*, in: Roßnagel, Recht der Telemediendienste, SigG § 15 Rn. 67.

918 *Roßnagel*, in: Roßnagel, Recht der Telemediendienste, SigG § 15 Rn. 66.

919 Ebenso *Roßnagel*, Recht der Vertrauensdienste, S. 100 f.

920 Amtliche Begründung zu § 21 Abs. 2 VDG, Regierungsbegründung zum Entwurf eines Gesetzes zur Durchführung der eIDAS-VO, BT-Drucks. 18/12494, S. 46.

921 Regierungsbegründung zum Entwurf eines Gesetzes zur Durchführung der eIDAS-VO, BT-Drucks. 18/12494, S. 46.

anbieter bedeutet das, dass die für ihre Tätigkeit benötigten Zertifikate noch bis zum Beendigungstag für die Produktion von Zertifikaten weitergenutzt werden können, sofern ein Qualifikationsstatus nach der eIDAS-VO besteht.[922]

Das EU-Vertrauenssiegel für qualifizierte Vertrauensdiensteanbieter nach Art. 23 eIDAS-VO hat allerdings eine ähnliche Wirkung wie das Gütesiegel der Bundesnetzagentur für die Akkreditierung nach § 15 SigG. Nach der eIDAS-VO darf das EU-Vertrauenssiegel ebenfalls erst nach einer Überprüfung der Vertrauensdiensteanbieter und ihrer Produkte hinsichtlich ihrer Übereinstimmung mit den Anforderungen der eIDAS-VO erteilt werden. Weil das VDG die Möglichkeit einer Akkreditierung nach nationalem Recht nicht weiter vorsieht, werden akkreditierte Signaturen nach dem SigG zukünftig durch qualifizierte Signaturen im Sinne der eIDAS-VO abgelöst werden.

Akkreditierte Signaturen im Sinne des Signaturgesetzes werden in der vorliegenden Untersuchung nicht weiter behandelt, da sie in naher Zukunft nach und nach abgelöst werden.

II. Europarechtliche Vorgaben zur Rechtswirkung elektronischer Signaturen

1. Art. 25 Abs. 2 eIDAS-VO

Art. 25 eIDAS-VO regelt die Rechtswirkung elektronischer Signaturen. Nach Art. 25 Abs. 2 eIDAS-VO hat eine qualifizierte Signatur dieselbe Rechtswirkung wie eine handschriftliche Unterschrift. Weitergehende Konkretisierungen der Rechtswirkung, insbesondere einer beweisrechtlichen Wirkung, enthält die eIDAS-VO nicht. Anders als die Bestimmungen zu qualifizierten Siegeln, Zeitstempeln und Diensten für die Zustellung elektronischer Einschreiben (Art. 35 Abs. 2, 41 Abs. 2, 43 Abs. 2 eIDAS-VO), welche Vermutungsregelungen unter anderem für die Unversehrtheit der Daten enthalten, regelt Art. 25 Abs. 2 eIDAS-VO für qualifizierte Signaturen nichts anderes als die Gleichwertigkeit mit einer handschriftlichen Unterschrift.[923] Hinsichtlich *beweisrechtlicher* Wirkungen kann es

922 Regierungsbegründung zum Entwurf eines Gesetzes zur Durchführung der eIDAS-VO, BT-Drucks. 18/12494, S. 46.

923 Vgl. auch *Sosna*, CR 2014, 825, 827.

daher bei den jeweiligen Bestimmungen der Mitgliedsstaaten verbleiben,[924] was wiederum bedeutet, dass § 371a Abs. 1 ZPO weiterhin anwendbar bleiben kann.[925] Die fehlende beweisrechtliche Regelung auf europäischer Ebene wird jedoch auch kritisiert. Man erhoffte sich gerade durch eine mitgliedsstaatenübergreifende Regelung mehr Rechtssicherheit.[926]

In der Tat enthält Art. 25 Abs. 2 eIDAS-VO auf den ersten Blick keine Regelung über die Beweiswirkung qualifizierter Signaturen. Die Norm stellt vielmehr in erster Linie eine Formvorschrift dar, indem sie die qualifizierte Signatur einer handschriftlichen Unterschrift gleichstellt.[927] Auch Erwägungsgrund 49 eIDAS-VO bringt zum Ausdruck, dass die eIDAS-VO keine Beweisregelung im Hinblick auf qualifizierte Signaturen enthalten möchte: „Die Rechtswirkung[928] elektronischer Signaturen in den Mitgliedsstaaten sollte jedoch durch nationales Recht festgelegt werden [...]“. Gegenüber dem Verordnungsentwurf stellt dies eine Kehrtwende dar, dort war noch in Art. 34 Abs. 2 eIDAS-VO-E eine Vermutung für die Echtheit und Unversehrtheit eines qualifiziert signierten elektronischen Dokuments vorgesehen.[929] Auch mit Blick auf die Art. 35 Abs. 2, 41 Abs. 2, 43 Abs. 2 eIDAS-VO, welche für elektronische Siegel, Zeitstempel und Einschreiben sehr wohl ausdrückliche Regelungen zur Beweiskraft enthalten, erscheint dies verwunderlich.

Diese Divergenz zwischen einer fehlenden Beweiswirkungsregelung für qualifizierte Signaturen und einer Beweiswirkungsregelung für andere

---

924 *Sosna*, CR 2014, 825, 827.

925 Ebenso *Jandt*, NJW 2015, 1205, 1208; *Roßnagel*, NJW 2014, 3686, 3691.

926 Vgl. *Jandt*, NJW 2015, 1205, 1209; ebenso *Roßnagel*, NJW 2014, 3686, 3692, der die Zielsetzung der unionsweiten Stärkung von Vertrauensdiensten aufgrund des Wertungswiderspruchs, der sich daraus ergibt, dass elektronische Siegel eine Vermutung hervorrufen, elektronische Signaturen jedoch nicht, bezweifelt.

927 Siehe dazu § 8 I. 1., 2. a) bb) (2) (c), (d).

928 In diesem Fall kann „Rechtswirkung“ mit Beweiswirkung gleichgesetzt werden.

929 Vorschlag für eine Verordnung des Europäischen Parlaments und des Rates über die elektronische Identifizierung und Vertrauensdienste für elektronische Transaktionen im Binnenmarkt vom 4.6.2012, COM (2012) 238 final, 2012/0146 (COD), S. 41. Art. 34 Abs. 2 eIDAS-VO-E lautete: „Für ein Dokument, das mit einer qualifizierten elektronischen Signatur oder mit einem qualifizierten elektronischen Siegel der für seine Ausstellung zuständigen Person versehen ist, gilt die rechtliche Vermutung der Echtheit und Unversehrtheit, sofern das Dokument keine dynamischen Elemente enthält, die eine automatische Änderung des Dokuments bewirken können.“ Vgl. dazu noch *Roßnagel/Johannes*, ZD 2013, 65, 71.

qualifizierte Vertrauensdienste kann dem Umstand geschuldet sein, dass die elektronische Signatur bereits seit etlichen Jahren, im Binnenmarkt spätestens seit der Signaturrichtlinie, besteht. Durch Umsetzung der Richtlinie und Integration in das jeweilige nationale Recht hat sich in den Mitgliedsstaaten zur beweisrechtlichen Behandlung der elektronischen Signatur bereits ein Regelungssystem entwickelt. Der Richtliniengeber wollte zur Stärkung des Vertrauens in elektronische Signaturen einen Rechtsrahmen schaffen, der im Wesentlichen die Gleichstellung einer elektronischen Signatur mit der handschriftlichen Unterschrift vorsah,[930] ohne in die „einzelstaatlichen Vorschriften über die freie gerichtliche Würdigung von Beweismitteln“[931] einzugreifen.[932] Diese Linie wird durch den Verordnungsgeber fortgeführt,[933] weshalb wohl auch die Regelung des Art. 34 Abs. 2 eIDAS-VO-E in dieser Form nicht aufrechterhalten wurde.

Für das deutsche Recht kann in der Regelung des Art. 25 Abs. 2 eIDAS-VO dennoch eine mittelbare oder versteckte Beweiskraftregelung gesehen werden.[934] Die Zivilprozessordnung sieht für unterschriebene Urkunden in § 416 ZPO eine besondere Beweiskraftregelung vor. Über die Anordnung der selben Rechtswirkung elektronischer Signaturen mit handschriftlichen Unterschriften wird damit jedenfalls für das deutsche Recht auch die Wirkung des § 416 ZPO für elektronisch signierte Dokumente verpflichtend. Dies wurde mit § 371a Abs. 1 S. 1 ZPO – vorab – umgesetzt.[935] Die mittelbare Beweiskraftregelung des Art. 25

---

930 Vgl. Art. 5 Abs. 1 RLeS (Richtlinie 1999/93/EG des Europäischen Parlaments und des Rates vom 13. Dezember 1999 über gemeinschaftliche Rahmenbedingungen für elektronische Signaturen, ABl. EU Nr. L 13, S. 12).

931 Erwägungsgrund 21 RLeS.

932 Erwägungsgründe 4, 20, 21 RLeS, Art. 1 RLeS.

933 Vgl. Art. 25 Abs. 2 eIDAS-VO sowie Erwägungsgründe 22, 49 eIDAS-VO.

934 A. A. *Jandt*, NJW 2015, 1205, 1208 f.; *Roßnagel*, Recht der Vertrauensdienste, S. 27, 57, die darin keine Beweiswertregelung sehen. *Roßnagel* sieht darin lediglich eine Formvorschrift.

935 Dies erfolgte bereits durch das Gesetz über die Verwendung elektronischer Kommunikationsformen in der Justiz (Justizkommunikationsgesetz – JKomG) vom 22.3.2005, BGBl. 2005 I, S. 837, 840. Die RLeS ordnete in Art. 5 Abs. 1 a) ebenfalls an, qualifizierte Signaturen in ihrer Rechtswirkung handschriftlichen Unterschriften gleichzustellen (Richtlinie 1999/93/EG des Europäischen Parlaments und des Rates vom 13. Dezember 1999 über gemeinschaftliche Rahmenbedingungen für elektronische Signaturen, ABl. EU Nr. L 13, S. 12.). Ob die Neufassung des § 371 Abs. 1 S. 1 ZPO der Umsetzung dieser Richtlinienvorgabe beruht, kann der Gesetzesbegründung jedoch nicht entnommen werden.

Abs. 2 eIDAS-VO ist der Besonderheit des formalisierten Beweiswerts von Urkunden im deutschen Beweisrecht geschuldet. Eine weitergehende beweisrechtliche Wirkung soll Art. 25 Abs. 2 eIDAS-VO jedoch nicht haben. Deshalb steht es dem deutschen Gesetzgeber frei, qualifizierten Signaturen die Wirkung eines Anscheinsbeweises hinsichtlich ihrer Echtheit im Sinne von Integrität und Authentizität einzuräumen.[936]

Anders gestaltet ist die Rechtslage bei qualifizierten Siegeln, Zeitstempeln und Diensten für die Zustellung elektronischer Einschreiben. Diese sind zumindest aus unionsrechtlicher und deutscher Sicht neu, ein (harmonisiertes) Rechtssystem hat sich noch nicht entwickelt, weshalb Beweiswirkungsregelungen durch eine europäische Verordnung nicht in ein etabliertes Rechtssystem eingreifen könnten.[937]

2. Art. 25 Abs. 3 eIDAS-VO

Befürchtet wird eine Rechtsunsicherheit aufgrund der in Art. 25 Abs. 3 eIDAS-VO angeordneten Anerkennungspflicht qualifizierter elektronischer Signaturen aus anderen Mitgliedsstaaten.[938] Die eIDAS-VO legt jedoch verbindlich als unmittelbar geltendes Unionsrecht die Voraussetzungen qualifizierter Signaturen fest. Diese entsprechen im Wesentlichen denen des Signaturgesetzes,[939] daher sollten die Beweiskraftregelungen des § 371a Abs. 1 ZPO unbedenklich auch auf qualifizierte Signaturen aus anderen Mitgliedsstaaten angewandt werden.

III. Die Beweiskraftregelung des § 371a Abs. 1 S. 1 ZPO

§ 371a Abs. 1 S. 1 ZPO erklärt bei privaten, qualifiziert signierten elektronischen Dokumenten die Vorschriften über die Beweiskraft privater Urkunden für anwendbar. Als Beweiskraftregelungen privater Urkunden kommen die §§ 416, 419, 439, 440 ZPO in Betracht. Die §§ 415, 416a–

---

936 Siehe zu § 371a Abs. 1 S. 2 ZPO § 8 IV.

937 Siehe zur Beweiswirkung qualifizierter Siegel § 10 I., qualifizierter Zeitstempel § 10 II. und qualifizierter Dienste für die Zustellung elektronischer Einschreiben § 10 III.

938 *Jandt*, NJW 2015, 1205, 1208.

939 Siehe § 8 I. 3. d).

418, 437, 438 ZPO betreffen öffentliche Urkunden und die §§ 420–436 ZPO enthalten Vorschriften zum Verfahren der Vorlegung.

1. Verweis auf § 416 ZPO

Mit der Schaffung des § 371a Abs. 1 S. 1 ZPO hatte der Gesetzgeber eindeutig die Anordnung der entsprechenden Anwendbarkeit des § 416 ZPO im Sinn.[940] § 416 ZPO ist eine Vorschrift über die Beweiskraft privater Urkunden, wie sich aus der amtlichen Überschrift „Beweiskraft privater Urkunden" ergibt. Zum anderen ergibt sich dies aus der amtlichen Begründung, die zwar die Norm des § 416 ZPO nicht ausdrücklich erwähnt, aber die Beweiswirkung dergestalt konkretisiert, dass private, qualifiziert signierte elektronische Dokumente „vollen Beweis dafür [begründen], dass die in ihnen enthaltenen Erklärungen vom Signaturschlüsselinhaber abgegeben sind".[941] Diese Formulierung entspricht der Regelung des § 416 ZPO.

Eine entsprechende Anwendbarkeit des § 416 ZPO war vor der Neuschaffung des § 371a Abs. 1 S. 1 ZPO umstritten. Nach einer Ansicht sei die analoge Anwendung des § 416 ZPO auf private, (qualifiziert) signierte elektronische Dokumente zwar anwendbar, die Relevanz jedoch aufgrund des sehr schmalen Anwendungsbereichs sehr gering.[942] Andere Stimmen gehen sogar soweit, in der Beweiskraftregel des § 416 ZPO ein „anachronistisches Relikt einer kanonisch-scholastischen Rechtstradition, welche bis in das 19. Jahrhundert hinein ihre Rechtfertigung in einer abhängigen, korrupten, schlecht (aus-)gebildeten Richterschaft fand, die aufgrund des geltenden Prozeßrechts einer Kontrolle durch die Öffentlichkeit weitgehend entzogen war"[943], zu sehen, welche den Zweck hatte, die richterliche Willkür in Grenzen zu halten, welche im heutigen rechtsstaatlich ausge-

---

940 Dies wird auch heute in der Kommentarliteratur kritiklos bejaht, vgl. nur *Berger*, in: Stein/Jonas, § 371a Rn. 4, 11, 14; *Huber*, in: Musielak/Voit, § 371a Rn. 5; *Trautwein*, in: Prütting/Gehrlein, § 371a Rn. 2; *Greger*, in: Zöller, § 371a Rn. 2; *Zimmermann*, in: MünchKommZPO, § 371a Rn. 3.

941 Regierungsbegründung zum Entwurf eines Gesetzes über die Verwendung elektronischer Kommunikationsformen in der Justiz, BT-Drucks. 15/4067, S. 34.

942 *Rüßmann*, Informationsbeschaffung für den Zivilprozess, S. 137, 150 f.; *ders.* JurPC 7/95, 3212, 3220; *Borges*, 473–480.

943 *Englisch*, S. 45, ausführlich S. 32–42; zuvor bereits ähnlich schon *Rüßmann*, Informationsbeschaffung für den Zivilprozess, S. 157.

stalteten Verfahren überflüssig sei, weshalb sich auch eine analoge Anwendung erübrige.[944] Andere sehen die Vorschrift des § 416 ZPO und damit auch deren analoge Anwendung deshalb als überflüssig bzw. ungerechtfertigt an, weil es für die Frage der materiellrechtlichen Abgabe keiner Entscheidung im Prozessrecht, sondern im materiellen Recht bedürfe.[945]

Wie bereits dargestellt,[946] entfaltet § 416 ZPO jedoch einen – wenn auch geringen – Anwendungsbereich. Trotz seiner geringen Relevanz darf er nicht unbeachtet bleiben. Die Interessenslage bei qualifiziert signierten elektronischen Dokumenten und unterzeichneten Urkunden ist vergleichbar: die Verwendung nachgewiesen oder unstreitig echter, qualifizierter Signaturen spricht mit so hoher Wahrscheinlichkeit für die willentliche Abgabe des Dokuments und die Überschreitung eines bloßen Entwurfsstadiums,[947] dass eine gesetzliche Beweisregel, welche dies anordnet, gerechtfertigt ist. Die Interessenslage ist aber nicht nur bei qualifizierten Signaturen, sondern ebenfalls bei fortgeschrittenen Signaturen vergleichbar. Auch bei einer (lediglich) fortgeschrittenen Signatur muss der Signaturersteller ein Mehr an Tätigkeit aufbringen, als es das bloße Tippen eines Namens erfordert. Dieser Mehraufwand rechtfertigt die Annahme einer willentlichen Abgabe der in dem signierten elektronischen Dokument enthaltenen Erklärung. Voraussetzung ist auch hier das Feststehen der Echtheit der fortgeschrittenen Signatur. Die Vorschrift des § 371a Abs. 1 S. 1 ZPO mit ihrem Verweis auf § 416 ZPO gilt direkt für qualifiziert signierte und ist entsprechend auf fortgeschritten signierte elektronische Dokumente anwendbar.

2. Verweis auf § 419 ZPO

Der Kommentarliteratur ist teilweise die nicht näher begründete Aussage zu entnehmen, § 371a Abs. 1 S. 1 ZPO verweise auf die §§ 416 ff. ZPO und damit auch auf § 419 ZPO.[948] Die Gesetzesbegründung trifft jedoch

---

944 *Englisch*, S. 45.
945 *Britz*, S. 237; siehe § 3 II. 1 c).
946 Siehe § 7 II. 1. a).
947 Siehe § 7 II. 1. a) bb) (2) (b).
948 *Zimmermann*, in: MünchKommZPO, § 371a Rn. 3; *Hartmann*, in: Baumbach/Lauterbach, § 371a Rn. 3.

keine Aussage zu einer gewünschten Erstreckung der Verweisung des § 371a Abs. 1 S. 1 ZPO auf § 419 ZPO. Ob daher eine entsprechende Anwendung geboten ist, ist nach dem Regelungsinhalt des § 419 ZPO zu entscheiden.

§ 419 ZPO bestimmt, dass eine mit äußeren Mängeln behaftete Urkunde insgesamt frei zu würdigen ist. Das bedeutet, die Beweiskraftregeln der §§ 415 ff. ZPO finden im Falle einer mit äußeren Mängeln behafteten Urkunde keine Anwendung. Zur Verdeutlichung des Anwendungsbereichs des § 419 ZPO folgender Praxisfall:[949] Die Kläger als Erben der Erblasserin verlangen vom Beklagten die Rückzahlung eines Darlehens, welches die Erblasserin ihm gewährt hatte. Der Beklagte begehrt Klageabweisung, mit der Begründung, er habe das Darlehen bereits zurückgezahlt. Zum Beweis legt er eine Quittung der Erblasserin vor. Die Quittung enthält eine Unterschrift der Erblasserin, welche unbestritten echt ist. Nach § 440 Abs. 2 ZPO ist daher zu vermuten, dass auch die über der Unterschrift stehende Erklärung echt ist. Weiter bestimmt § 416 ZPO, dass die Unterzeichnung einer Privaturkunde vollen Beweis dafür begründet, dass die in ihr enthaltene Erklärung von dem Aussteller abgegeben ist. Die äußere Form der Quittung stellt sich jedoch so dar, dass die Anordnung des Textes auf dem zugeschnittenen Papier den Eindruck erweckt, als sei die Unterschrift für einen anderen Text geleistet worden, welcher abgetrennt wurde. Der neue Text sei dann in den verbleibenden Raum eingefügt worden. Durch diese äußere Form drängt sich eine Fälschung auf. Mit Anwendung des § 419 ZPO wurde der Quittung ein Beweiswert abgesprochen.

Bei qualifiziert signierten elektronischen Dokumenten kann sich eine solche Situation gar nicht erst bilden, in der § 419 ZPO zur Anwendung kommen könnte. Die qualifizierte Signatur weist die Integrität dergestalt nach, dass nachträgliche Veränderungen sofort erkennbar sind, weil der Hashwert[950] des ursprünglichen Dokuments, welcher in der Signatur enthalten ist, nicht mit dem Hashwert des beim Empfänger angelangten „neuen" Dokuments übereinstimmt. Schon die kleinsten Veränderungen im Dokument bewirken eine Veränderung der Bitstruktur, was sich im Hashwert wiederspiegelt. Damit sind bei einer qualifizierten Signatur die signierten Daten dergestalt mit der Signatur verbunden, dass jede Veränderung sofort sichtbar ist. Dies ist der große Vorteil qualifiziert signierter

949 Vgl. BGH NJW 1980, 893.
950 Siehe zum Hashwert § 8 I. 3. b) cc).

elektronischer Dokumente gegenüber Urkunden: die Erklärung ist untrennbar mit der Signatur, sprich Unterzeichnung, verbunden. Bei Urkunden ist das nicht zwingend der Fall, wie obiger Fall zeigt.

Die Verweisung des § 371a Abs. 1 S. 1 ZPO auf die Vorschriften über die Beweiskraft privater Urkunden bezieht sich damit nicht auf § 419 ZPO.

3. Verweis auf die §§ 439, 440 ZPO

Eine mögliche entsprechende Anwendung der §§ 439, 440 ZPO steht im Zusammenhang mit der Regelung des § 371a Abs. 1 S. 2 ZPO und wird dort behandelt.[951]

4. Zusammenfassung

Über die Verweisungsnorm des § 371a Abs. 1 S. 1 ZPO kommt qualifiziert signierten elektronischen Dokumenten dieselbe Beweiskraft wie unterzeichneten Privaturkunden zu. Die qualifizierte Signatur beweist, dass die in dem elektronischen Dokument enthaltene Erklärung willentlich in den Verkehr gebracht wurde. Entsprechendes gilt aufgrund der vergleichbaren Interessenslage für fortgeschritten signierte elektronische Dokumente.

IV. Anscheinsbeweis der Echtheit des elektronischen Dokuments nach § 371a Abs. 1 S. 2 ZPO

Die Regelung des § 371a Abs. 1 S. 2 ZPO verfolgt den Zweck, dem Empfänger eines elektronischen Dokuments die Beweisführung zu erleichtern und dadurch seine Rechtsstellung im Prozess zu stärken, wodurch auch das Vertrauen in die Rechtssicherheit und Verkehrsfähigkeit der elektronischen Form in besonderem Maße gewährleistet werden soll.[952] Dies wird

---

951 Siehe § 8 IV.

952 So bereits die Regierungsbegründung zum Entwurf eines Gesetzes zur Anpassung der Formvorschriften des Privatrechts und anderer Vorschriften an den modernen Rechtsgeschäftsverkehr, BT-Drucks. 14/4987, S. 13, 24 (zu § 292a ZPO); ebenso die Regierungsbegründung zum Entwurf eines Gesetzes über die Verwen-

dadurch erreicht, dass nach erfolgreicher Signaturprüfung für ein qualifiziert signiertes elektronisches Dokument der Anschein der Echtheit besteht. Grundsätzlich hätte derjenige, welcher sich auf die in dem qualifiziert signierten elektronischen Dokument enthaltene Erklärung beruft, im Falle des Bestreitens der Echtheit diese zu beweisen. Es handelt sich um eine anspruchsbegründende Tatsache, wofür regelmäßig der Empfänger des elektronischen Dokuments als Beweisführer die Beweislast trägt. Bestreitet also der Beweisgegner die Echtheit des elektronischen Dokuments, so träfe diesbezüglich ohne die Regelung des § 371a Abs. 1 S. 2 ZPO den Empfänger die Beweislast. Zum Beweis der Echtheit werden ihm aber in der Regel die notwendigen Informationen und Beweismittel fehlen.[953] Die Signierung erfolgt in der Sphäre des Absenders, der Empfänger hat keinen Einblick in die verwendete Signatur-Software und –Hardware. Einem letztlich unbegründeten Einwand des Beweisgegners stünde er schutzlos gegenüber.[954] Aus diesem Grund ist eine Beweiserleichterung erforderlich.

Eine weitere Erwägung, die der Beweiserleichterung des § 371a Abs. 1 S. 2 ZPO zugrunde liegt, ist, dass ein Vorgehen nach den allgemeinen Beweisgrundsätzen dem hohen Beweiswert eines qualifiziert signierten elektronischen Dokuments nicht gerecht werden würde.[955] Mit anderen Worten hätte das Verfahren nach der allgemeinen Beweislastverteilung zur Folge, dass dem Absender ein „Widerrufsrecht kraft Beweislastverteilung“[956] zustünde. Immer wenn der Absender sich nicht mehr an seine in dem elektronischen Dokument abgegebene Erklärung gebunden sehen möchte, könnte er die Echtheit des elektronischen Dokuments bestreiten mit dem Wissen, dass dem beweisbelasteten Empfänger des Dokuments der Nachweis der Echtheit kaum gelingen würde.

Der Gesetzgeber sah dabei eine neue Regelung als erforderlich an, weil der Weg über eine analoge Anwendung der urkundlichen Beweisvorschriften durch den auch hier erforderlichen vollen Beweis der Echtheit einer

---

dung elektronischer Kommunikationsformen in der Justiz, BT-Drucks. 15/4067, S. 34 (zu § 371a Abs. 1 ZPO).

953 Ebenso: *Roßnagel/Fischer-Dieskau,* NJW 2006, 806.

954 Regierungsbegründung zum Entwurf eines Gesetzes zur Anpassung der Formvorschriften des Privatrechts und anderer Vorschriften an den modernen Rechtsgeschäftsverkehr, BT-Drucks. 14/4987, S. 23, 25 (zu § 292a ZPO).

955 Regierungsbegründung zum Entwurf eines Gesetzes zur Anpassung der Formvorschriften des Privatrechts und anderer Vorschriften an den modernen Rechtsgeschäftsverkehr, BT-Drucks. 14/4987, S. 25 (zu § 292a ZPO).

956 *Mankowski*, CR 2003, 44; *ders.* MMR 2004, 181; siehe § 7 II. 2. a) aa).

vom Absender nicht anerkannten Namensunterschrift nicht ausreichend sei.[957]

1. Entwicklungsgeschichte der Norm

Vorläufer des heutigen auf dem Justizkommunikationsgesetz[958] beruhenden § 371a Abs. 1 S. 2 ZPO ist der durch das Formvorschriftenanpassungsgesetz[959] eingeführte § 292a ZPO. § 292a ZPO enthielt gegenüber dem heutigen Wortlaut des § 371a Abs. 1 S. 2 ZPO noch eine Beschränkung auf Willenserklärungen. Mit der Neufassung in § 371a Abs. 1 S. 2 ZPO sollten zukünftig auch Wissenserklärungen wie beispielsweise Quittungen von der Regelung erfasst werden.[960] Dies ist gerechtfertigt, denn auch im Urkundenbeweisrecht wird keine Einschränkung auf Willenserklärungen getroffen.[961] Der Grund für die Neuverortung in der Vorschrift des § 371a ZPO erfolgte aus gesetzessystematischen Gründen, eine Überführung in die Generalvorschrift des § 371a ZPO für die Beweiskraft elektronischer Dokumente wurde für angebracht erachtet.[962] Im Folgenden werden häufig die Meinungen und Stellungnahmen zu § 292a ZPO herangezogen. Sofern nicht die Besonderheit der Beschränkung auf elektronische Willenserklärungen betroffen ist, ist dies zulässig, denn der übrige Regelungsinhalt, die Normierung eines Anscheinsbeweises, ist in beiden Vorschriften identisch.

---

957 Regierungsbegründung zum Entwurf eines Gesetzes zur Anpassung der Formvorschriften des Privatrechts und anderer Vorschriften an den modernen Rechtsgeschäftsverkehr, BT-Drucks. 14/4987, S. 13, 23, 25 (zu § 292a ZPO); Regierungsbegründung zum Entwurf eines Gesetzes über die Verwendung elektronischer Kommunikationsformen in der Justiz, BT-Drucks. 15/4067, S. 34 (zu § 371a Abs. 1 S. 2 ZPO); siehe § 8 IV. 2., 3.

958 Gesetz über die Verwendung elektronischer Kommunikationsformen in der Justiz (Justizkommunikationsgesetz – JKomG) vom 22.3.2005, BGBl. 2005 I, S. 837.

959 Gesetz zur Anpassung der Formvorschriften des Privatrechts und anderer Vorschriften an den modernen Rechtsgeschäftsverkehr vom 13.7.2001 (FormVAnpG), BGBl. 2001 I, S. 1542.

960 Regierungsbegründung zum Entwurf eines Gesetzes über die Verwendung elektronischer Kommunikationsformen in der Justiz, BT-Drucks. 15/4067, S. 34.

961 Siehe § 2 III. 1. c).

962 Regierungsbegründung zum Entwurf eines Gesetzes über die Verwendung elektronischer Kommunikationsformen in der Justiz, BT-Drucks. 15/4067, S. 32.

2. Beweislage bei Anwendung der §§ 439, 440 ZPO

Bei entsprechender Anwendung der §§ 439, 440 ZPO auf qualifiziert signierte elektronische Dokumente würde sich folgende Beweissituation ergeben: Erkennt der Beweisgegner – regelmäßig der Absender – die Echtheit des elektronischen Dokuments nicht an (§ 439 Abs. 1, Abs. 3 ZPO), so hat der Beweisführer – regelmäßig der Empfänger – die Echtheit zu beweisen (§ 440 Abs. 1 ZPO). Die Erklärung über die Echtheit hat sich bei einer namentlich unterzeichneten Urkunde auf die Namensunterschrift zu beziehen und damit bei einem qualifiziert signierten elektronischen Dokument auf die Signatur (§ 439 Abs. 2 ZPO). Steht die Echtheit der Namensunterschrift bzw. Signatur fest, so hat die unterzeichnete bzw. signierte Erklärung die Vermutung der Echtheit für sich (§ 440 Abs. 2 ZPO). Egal ob das elektronische Dokument nun signiert oder unsigniert ist, hat in beiden Fällen der Empfänger jedoch immer den vollen Beweis für die Echtheit der Erklärung oder für die Echtheit der Signatur zu erbringen. Beides wird ihm schwerlich gelingen, da er nicht über die nötigen Systeminformationen verfügt. Für den Beweis der Echtheit der qualifizierten Signatur müsste er Beweis für alle Voraussetzungen der qualifizierten Signatur nach der eIDAS-VO erbringen. Er müsste damit beweisen, dass die qualifizierte Signatur von einer qualifizierten Signaturerstellungseinheit ausgestellt wurde, auf einem qualifizierten Zertifikat für elektronische Signaturen beruht, eindeutig dem Unterzeichner zugeordnet ist, die Identifizierung des Unterzeichners ermöglicht, unter Verwendung elektronischer Signaturerstellungsdaten erstellt wurde, die der Unterzeichner mit einem hohen Maß an Vertrauen unter seiner alleiniger Kontrolle verwenden kann und so mit den auf diese Weise unterzeichneten Daten verbunden ist, dass eine nachträgliche Veränderung erkannt werden kann. Die Informationen hierfür liegen in den Händen des Qualifizierten Vertrauensdienstes und des Ausstellers.

Mit entsprechender Anwendung der §§ 439, 440 ZPO ergibt sich somit keine Beweiserleichterung für den Beweisführer und die Verwendung der elektronischen Form für den Rechts- und Geschäftsverkehr wird nicht gefördert, sondern aufgrund der für ihn nachteiligen Beweissituation erschwert. Die Parteien werden lieber auf den Papierverkehr zurückgreifen, da so jedenfalls der Beweis der Echtheit einer Urkunde über die Vorschriften der §§ 439, 440 ZPO und der Schriftvergleichung nach § 441 ZPO möglich, während er bei elektronischen Dokumenten ohne die Regelung des § 371a Abs. 1 S. 2 ZPO faktisch unmöglich ist.

3. Tatbestand des § 371a Abs. 1 S. 2 ZPO

Aufgrund der für den Beweisführer ungünstigen Beweissituation, welche sich nach Anwendung der urkundlichen Beweisvorschriften oder nach allgemeinen Beweisgrundsätzen ergibt, ist man sich überwiegend einig über die Erforderlichkeit einer Beweiserleichterung.[963] Ob § 371a Abs. 1 S. 2 ZPO geglückt ist, ist eine andere Frage. Die Regelung wird in zweierlei Hinsicht kritisiert: zum einen sei die Kategorisierung als Anscheinsbeweis nicht vertretbar. Zum anderen ergäben sich verschiedene Auslegungsvarianten hinsichtlich der Tatbestandsvoraussetzungen.

a) Standpunkt des Gesetzgebers und Kritik

Nach der Gesetzesbegründung sollen für die Beweiserleichterung hinsichtlich der Echtheit eines qualifiziert signierten elektronischen Dokuments die „Grundsätze zum Beweis des ersten Anscheins" gelten.[964] Diese Regelung wird kritisiert: es könne sich nur um einen Anscheinsbeweis handeln, wenn ein typischer Geschehensablauf vorliege, der nach allgemeiner Lebenserfahrung auf eine bestimmte Ursache hindeute; hier beruhe der Anschein aber nicht auf einem typischen Geschehensablauf, sondern auf einer gesetzlichen Vorgabe.[965] Aus diesem Umstand werden verschiedene Konsequenzen gezogen. Der Bundesrat sieht die Vorschrift als systemfremd an, da sie durch die Vorwegnahme der Feststellung eines typischen Geschehensablaufs in den „ureigenen Bereich der richterlichen Beweis-

963 32. Vgl. etwa *Roßnagel*, MMR 2000, 451, 459; *ders.* NJW 2001, 1817, 1826; *Borges*, S. 491.

964 Regierungsbegründung zum Entwurf eines Gesetzes zur Anpassung der Formvorschriften des Privatrechts und anderer Vorschriften an den modernen Rechtsgeschäftsverkehr, BT-Drucks. 14/4987, S. 13 sowie mit ähnlicher Formulierung auf S. 24 (zu § 292a ZPO).

965 Stellungnahme des Bundesrates zur Regelung des § 292a ZPO, abgedruckt in der Regierungsbegründung zum Entwurf eines Gesetzes zur Anpassung der Formvorschriften des Privatrechts und anderer Vorschriften an den modernen Rechtsgeschäftsverkehr, BT-Drucks. 14/4987, S. 37; ebenso *Huber*, in: Musielak/Voit, § 371a Rn. 7; *Greger*, in: Zöller, § 371a Rn. 2; *Berger*, in: Stein/Jonas, § 371a Rn. 15; *Czeguhn*, JuS 2004, 124, 126 (zu § 292a ZPO); *P. Wagner*, JuS 2016, 29, 31; *Borges*, S. 505 (zu § 292a ZPO).

würdigung im Sinne von § 286 Abs. 1 ZPO" eingreife.[966] Die zugrunde liegende Annahme, beim Vorliegen der Voraussetzungen einer Signatur nach dem Signaturgesetz könne von der Echtheit der Willenserklärung ausgegangen werden, sei mangels ausreichendem Erfahrungswissen nicht gerechtfertigt. Ähnlich sieht es *Roßnagel*: Beweisfunktionen ohne korrespondierende tatsächliche Verlässlichkeit des Beweismittels seien unzulässig.[967]

b) Alternative Auslegungsmöglichkeiten

Aufgrund der kritischen Betrachtung des § 371a Abs. 1 S. 2 ZPO bzw. des § 292a ZPO als erstmaliger gesetzlicher Normierung eines Anscheinsbeweises haben sich verschiedene Auslegungsmöglichkeiten der Vorschrift herauskristallisiert. Neben Lösungsvorschlägen hinsichtlich der Kritik an der Systemfremdheit eines gesetzlich normierten Anscheinsbeweises dahingehend, die Regelung des § 371a Abs. 1 S. 2 ZPO sei nicht als Anscheinsbeweis, sondern als eine Beweisregel im Sinne des § 286 Abs. 2 ZPO[968] oder als „erleichtert entkräftbare gesetzliche Vermutung" auszulegen[969], setzen andere Lösungsvorschläge an der inhaltlichen Ausgestaltung und Sinnhaftigkeit der Regelung an. Einerseits soll die Regelung überhaupt überflüssig sein, da mit der tatbestandlichen Voraussetzung der Signaturprüfung implizit auch die Echtheit geprüft sei, einer weiteren Beweisregel bedürfe es hierfür nicht.[970] Auf der anderen Seite wird vorgeschlagen, der Anscheinsbeweis greife erst bei einer akkreditierten Si-

966 Stellungnahme des Bundesrates zur Regelung des § 292a ZPO, abgedruckt in der Regierungsbegründung zum Entwurf eines Gesetzes zur Anpassung der Formvorschriften des Privatrechts und anderer Vorschriften an den modernen Rechtsgeschäftsverkehr, BT-Drucks. 14/4987, S. 37.

967 *Roßnagel*, MMR 2000, 451, 459.

968 *Huber*, in: Musielak/Voit, § 371a Rn. 7; *Berger*, in: Stein/Jonas, § 371a Rn. 15; *Czeguhn*, JuS 2004, 124, 126; *P. Wagner*, JuS 2016, 29, 31; wohl auch *Zimmermann*, in: MünchKommZPO, § 371a Rn. 4 und *Müller-Brockhausen*, Rn. 801.

969 *Schemmann*, ZZP 118 (2005), 161, 182; ebenso *Greger*, in: Zöller, § 371a Rn. 2.

970 *Roßnagel*, MMR 2000, 451, 459; *Fischer-Dieskau*, MMR 2003, 701, 705.

gnatur[971] – nach dem Signaturgesetz – oder erst nach der Prüfung eines typischen Geschehensablaufs im Einzelfall.[972]

aa) Gesetzliche Beweisregel

Für eine Auslegung des § 371a Abs. 1 S. 2 ZPO als gesetzliche Beweisregel oder erleichtert entkräftbare gesetzliche Vermutung wird vornehmlich das Argument ins Feld gebracht, es fehle das Erfahrungswissen zur Begründung eines typischen Geschehensablaufs.[973] Daher handele es sich nicht um einen Anscheinsbeweis, sondern um eine gesetzliche Beweisregel bzw. gesetzliche Vermutung. Die Vertreter dieser Ansicht knüpfen also nicht an der Sinnhaftigkeit der Regelung an,[974] sondern vielmehr an der dogmatischen Richtigkeit der gesetzlichen Normierung eines Anscheinsbeweises.

bb) Anscheinsbeweis kraft gesetzlicher Vorgabe

Die Regelung des § 371a Abs. 1 S. 2 ZPO ist nach gesetzlicher Vorgabe so zu verstehen, dass aus dem Vorliegen einer gültigen qualifizierten elektronischen Signatur ein Anschein für die Echtheit der signierten Erklärung resultiert, wenn ein durchzuführendes Signaturprüfverfahren mit positivem Ergebnis endet. Der Anscheinsbeweis besteht also kraft eines „gesetzlich verbrieften Sicherheitsstandard[s]“.[975] Dem Wortlaut des § 371a Abs. 1 S. 2 ZPO in der bis zum 18. Juli 2017 geltenden Fassung durch das

---

971 *Bergmann*, GS Meurer, 643, 653; *Oertel*, MMR 2001, 419, 420; *Redeker*, Kap. D Rn. 907; *Stadler*, ZZP 111 (2002), 413, 433; *Huber*, in: Musielak/Voit, § 371a Rn. 8.

972 Vgl. *Borges*, S. 512 (zu § 292a ZPO).

973 *Huber*, in: Musielak/Voit, § 371a Rn. 7; vgl. auch *Schemmann*, ZZP 118 (2005), 161, 181.

974 Vgl. aber *Schemmann*, ZZP 118 (2005), 161, 181 f., der auch die Vermutungsbasis (ein qualifiziert signiertes elektronisches Dokument stamme vom Aussteller) in Frage stellt.

975 So die Gegenäußerung der Bundesregierung zur kritischen Stellungnahme des Bundesrates zu § 292a ZPO, abgedruckt in der Regierungsbegründung zum Entwurf eines Gesetzes zur Anpassung der Formvorschriften des Privatrechts und anderer Vorschriften an den modernen Rechtsgeschäftsverkehr, BT-Drucks. 14/4987, S. 44.

Justizkommunikationsgesetz war dies nicht so eindeutig zu entnehmen: „Der Anschein der Echtheit einer in elektronischer Form vorliegenden Erklärung, der sich auf Grund der Prüfung nach dem Signaturgesetz ergibt, kann nur durch Tatsachen erschüttert werden, die ernstliche Zweifel daran begründen, dass die Erklärung vom Signaturschlüsselinhaber abgegeben worden ist“[976]. Dennoch wurde eine solche Auslegung in der Literatur vertreten.[977] In der aktuellen Fassung heißt es nun ausdrücklich: „Der Anschein der Echtheit einer in elektronischer Form vorliegenden Erklärung, der sich *auf Grund der Prüfung der qualifizierten elektronischen Signatur nach Artikel 32* der Verordnung (EU) Nr. 910/2014 des Europäischen Parlaments und des Rates vom 23. Juli 2014 über elektronische Identifizierung und Vertrauensdienste für elektronische Transaktionen im Binnenmarkt und zur Aufhebung der Richtlinie 1999/93/EG (ABl. L 257 vom 28.8.2014, S. 73) ergibt, [...]“[978]. Das Erfordernis der Durchführung eines Signaturprüfverfahrens als Grundlage des Anscheinsbeweises ist nun gesetzlich ausdrücklich vorgesehen. Ergibt sich daraus, dass die Signatur gültig ist, so greift der Anscheinsbeweis und es wird *prima facie* bewiesen, dass die in dem signierten elektronischen Dokument enthaltene Erklärung echt ist. Es sind nicht alle Voraussetzungen einer qualifizierten Signatur voll zu beweisen, sondern es ist lediglich das Prüfverfahren mit positivem Ergebnis durchzuführen. Der Anscheinsbeweis gründet hier nicht

---

976 Gesetz über die Verwendung elektronischer Kommunikationsformen in der Justiz (Justizkommunikationsgesetz – JKomG) vom 22.3.2005, BGBl. 2005 I, S. 837, 840.

977 *Schemmann*, ZZP 118 (2005), 161, 166 f., der aber die gesetzliche Normierung eines Anscheinsbeweises kritisiert, S. 181 f.; *Berger*, in: Stein/Jonas, § 371a Rn. 14; *Jungermann*, S. 113; *Fischer-Dieskau/Gitter/Paul/Steidle*, MMR 2002, 709, 710; *Roßnagel*, in: Roßnagel, Recht der Telemediendienste, ZPO § 371a Rn. 28; *Roßnagel/Fischer-Dieskau*, NJW 2006, 806, 807; *Preuß*, ZZP 125 (2012), 135, 145 f. aus. Ebenso ist *Roßnagel*, MMR 2000, 451, 459; *ders.* NJW 2001, 1817, 1826 so zu verstehen, wie es *Roßnagel*, in: Roßnagel, Recht der Telemediendienste, ZPO § 371a Rn. 28 Fn. 70, 71 zu entnehmen ist, wenngleich diese beiden Veröffentlichungen häufig für die Ansicht unter § 8 IV. 3. b) dd) zitiert werden; vgl. etwa *Oertel*, MMR 2001, 419, 420, Fn. 14; *Stadler*, ZZP 111 (2002), 413, 433, Fn. 89; *Schemmann*, ZZP 118 (2005), 161, 167, Fn. 37. Diese beiden Ausführungen sind jedoch so zu interpretieren, dass erst beim Bestreiten des Vorliegens einer qualifizierten Signatur der volle Nachweis der sechs Voraussetzungen zu erbringen ist und solche Zweifel seien schnell gesät; liegt unstreitig eine qualifizierte Signatur vor, so genügt die Durchführung eines Signaturprüfverfahrens mit positivem Ergebnis.

978 Hervorhebung nur hier.

zwangsläufig auf einem auf Erfahrungswissen begründeten typischen Geschehensablauf, sondern auf einem gesetzlich vorgegebenen Sicherheitsstandard.

cc) Anscheinsbeweis erst bei Vorliegen eines zu prüfenden typischen Geschehensablaufs

Jedenfalls in ihrer bis zum 18. Juli 2017 geltenden Fassung wurde die Vorschrift des § 371a Abs. 1 S. 2 ZPO teilweise so interpretiert, dass sie die Prüfung des Vorliegens eines typischen Geschehensablaufs für den Anschein der Echtheit der Erklärung voraussetzt.[979] Der Anschein wird damit nicht kraft Gesetzes begründet, sondern erst wenn die Prüfung einen typischen Geschehensablauf dafür ergibt, dass aus einer qualifizierten Signatur auf die Echtheit der in dem signierten elektronischen Dokument geschlossen werden kann. Die Vertreter dieser Ansicht befürchten, dass die Anforderungen an den Anscheinsbeweis ansonsten zu gering seien und damit dem Schlüsselinhaber die Erprobungsrisiken des elektronischen Signaturverfahrens aufgebürdet würden, weil praktische Erfahrungen über die Sicherheit der qualifizierten Signatur kaum vorhanden seien.[980] Mit dieser Lösung werde auch das vom Bundesrat[981] aufgeworfene Problem der Systemfremdheit gelöst. Fordert man die richterliche Prüfung des Vorliegens eines typischen Geschehensablaufs, so sei die Regelung sachgerecht und füge sich in die allgemeinen Grundsätze des Anscheinsbeweises ein.[982] Mit dieser Auslegung würde auch dem Umstand Rechnung getragen werden, dass der Anscheinsbeweis hinsichtlich der Beachtung eines bestehenden Erfahrungssatzes, seiner richtigen Anwendung und Einschätzung des Wahrscheinlichkeitsgrades revisibel ist.[983]

---

979 *Borges*, S. 512 (zu § 292a ZPO).

980 *Borges*, S. 510, 512 (zu § 292a ZPO).

981 Siehe § 8 IV. 3. a).

982 *Borges*, S. 506 f., 512 (zu § 292a ZPO).

983 Vgl. zur Revisibilität des Anscheinsbeweises *Laumen*, in: Baumgärtel/Laumen/Prütting, Kap. 17, Rn. 42.

dd) Anwendungsbereich erst bei akkreditierter Signatur

Eine dritte Ansicht sieht die Probleme nicht in der Anordnung eines Anscheinsbeweises ohne typischen Geschehensablauf, sondern in der tatbestandlichen Voraussetzung des Anscheinsbeweises, die gleichzeitig die Rechtsfolge sei. [984] Der Wortlaut des § 292a ZPO bzw. des § 371a Abs. 1 S. 2 ZPO in der Fassung bis zum 18. Juli 2017 wurde dabei so ausgelegt, dass Tatbestandsvoraussetzung das unstreitige oder voll bewiesene Vorliegen aller sechs Voraussetzungen einer qualifizierten elektronischen Signatur nach dem SigG[985] sei. Gelinge dem Beweisführer der Nachweis, so sei er auf den Anscheinsbeweis auch nicht mehr angewiesen; gelinge er ihm nicht, so helfe ihm auch die Vorschrift des § 371a Abs. 1 S. 2 ZPO nichts. Mit anderen Worten: Voraussetzungen und Rechtsfolge seien deckungsgleich.

Die Beweiserleichterung entfalte jedoch bei akkreditierten Signaturen einen Sinn.[986] Durch die aus der Akkreditierung resultierende Sicherheitsvermutung des § 15 Abs. 1 S. 4 SigG könne er das Vorliegen der Voraussetzungen der qualifizierten Signatur nachweisen. Bei der akkreditierten Signatur werden die Voraussetzungen einer qualifizierten Signatur vorab geprüft und bei positivem Ergebnis erhält der Anbieter eine Akkreditierung (Prüfsiegel).

---

984 *Bergmann*, GS Meurer, 643, 653; *Oertel*, MMR 2001, 419, 420; *Redeker*, Kap. D Rn. 907; *Stadler*, ZZP 111 (2002), 413, 433; *Huber*, in: Musielak/Voit, § 371a Rn. 8. Entgegen der häufigen Zitierung als Vertreter dieser Ansicht sieht das *Roßnagel* aber nicht so; *Roßnagel*, MMR 2000, 451, 459; *ders.* NJW 2001, 1817, 1826.

985 Nunmehr aufgehoben durch Art. 12 Abs. 1 S. 2 Nr. 1 des Gesetzes zur Durchführung der Verordnung (EU) Nr. 910/2014 des Europäischen Parlaments und des Rates vom 23. Juli 2014 über elektronische Identifizierung und Vertrauensdienste für elektronische Transaktionen im Binnenmarkt und zur Aufhebung der Richtlinie 1999/93/EG vom 18.7.2017, BGBl. 2017 I, S. 2745, 2756.

986 *Oertel*, MMR 2001, 419, 420; *Stadler*, ZZP 111 (2002), 413, 433 f.; *Redeker*, Kap. D Rn. 907; *Ortner*, in: Hoeren/Sieber/Holznagel, Teil 13.2 Rn. 13; *Roßnagel/Fischer-Dieskau*, NJW 2006, 806, 807. *Roßnagel*, MMR 2000, 451, 459; *ders.* NJW 2001, 1817, 1826 ist ebenfalls dieser Meinung, jedoch nicht aufgrund der Ansicht, § 371a Abs. 1 S. 2 ZPO setze tatbestandlich die Prüfung aller Voraussetzungen der qualifizierten Signatur voraus, sondern aufgrund der Argumentation, die aus dem Signaturprüfverfahren resultierende Sicherheitsvermutung der qualifizierten Signatur sei leicht zu erschüttern, wodurch der volle Nachweis zu erbringen sei. Ebenso *Roßnagel/Fischer-Dieskau*, NJW 2006, 806, 807; *Roßnagel*, in: Roßnagel, Recht der Telemediendienste, ZPO § 371a Rn. 28 Fn. 70, 71.

ee) Überflüssigkeit der Regelung

Zuletzt wird die Ansicht vertreten, die Regelung sei insgesamt überflüssig, da sie keinen Anwendungsbereich entfalte. Dies wird unterschiedlich begründet. Zum einen wird an obige Argumentation der Entfaltung eines Anwendungsbereichs bei akkreditierten Signaturen angeknüpft: Teilweise wird der Regelung des Anscheinsbeweises in § 371a Abs. 1 S. 2 ZPO gleichzeitig der Sinn wieder entzogen, weil aufgrund der Sicherheitsvermutung des § 15 Abs. 1 S. 4 SigG eine solche überflüssig sei.[987] Eine andere Begründung lautet: Ergebe sich nach der Signaturprüfung im Prüfverfahren ein positives Ergebnis, d.h. die Gültigkeit der Signatur, so sei auch implizit die Echtheit der Erklärung geprüft, einer weiteren Beweisregel hierfür bedürfe es nicht.[988]

c) Stellungnahme

aa) Bedürfnis einer Beweisregelung

Mit der Regelung des § 371a Abs. 1 S. 2 ZPO wird der Zweck verfolgt, den Erklärungsempfänger vor unbegründeten Einwänden des Signaturverwenders zu schützen (z. B. das elektronische Dokument stamme nicht von ihm, jemand habe seine Signatur missbraucht etc.), welche der Empfänger praktisch nicht widerlegen kann, weil er selbst nicht über die notwendigen Systeminformationen verfügt und auch keinen Auskunftsanspruch gegenüber dem Zertifizierungsdiensteanbieter hat. Durch diese sich aus der Beweislastverteilung ergebende prozessuale Hürde wird die Verkehrsfähigkeit elektronischer Dokumente beeinträchtigt und das Vertrauen in sie gemindert. Mit Normierung der Anforderungen an qualifizierte Signaturen wollte man einen mindestens gleich hohen Sicherheitsstandard wie bei Schrifturkunden erreichen. Dies ist gelungen, wodurch grundsätzlich die Gleichstellung qualifiziert signierter elektronischer Dokumente und Schrifturkunden bewerkstelligt wurde. Durch Verwendung einer qualifizierten Signatur wird gewährleistet, dass der Empfänger auf die Echtheit und Unverfälschtheit vertrauen kann. Führt er ein Signaturprüfverfahren

---

987 *Roßnagel*, MMR 2000, 451, 461; *ders.* NJW 2001, 1817, 1826; *Stadler*, ZZP 111 (2002), 413, 433 f.; *Redeker*, Kap. D Rn. 907.

988 *Fischer-Dieskau*, MMR 2003, 701, 705.

mit positivem Ergebnis durch, so vertraut er in der Regel auch auf die Authentizität und Integrität. Dieses Vertrauen nun durch die rein prozessuale Hürde der Beweislastverteilung bezüglich aller Voraussetzungen einer qualifizierten Signatur in der Regel auf den Empfänger als Bestandteil der anspruchsbegründenden Tatsachen wieder zu entkräften, ist kein sachgerechtes Ergebnis.

bb) Umsetzungsmöglichkeiten

Verschiedene Lösungsansätze sind für dieses Problem denkbar. Die Schaffung eines Auskunftsanspruchs ist eine Möglichkeit.[989] Sie birgt jedoch die Gefahr, dass der Systembetreiber mangels Speicherung der Daten selbst keine oder nur unzureichende Angaben machen kann. Selbst wenn er zur Speicherung verpflichtet wäre, gingen etwaige Versäumnisse dessen zu Lasten des Beweisführers. Damit werden vermeidbare Unwägbarkeiten Dritter hineingetragen. Der bessere Anknüpfungspunkt ist ein Ansatz in der Beweislastverteilung. Von den anerkannten Beweiserleichterungen[990] kommen dabei eine (gesetzliche) Beweislastumkehr, eine (unwiderlegliche, gesetzliche oder tatsächliche) Vermutung, ein Indizienbeweis, ein Anscheinsbeweis[991] oder eine Lösung über die sekundäre Behauptungslast in Betracht.

Der Indizienbeweis scheidet aus, da er vom Anwendungsbereich nicht passt. Dazu müsste von einer feststehenden Indiztatsache, das heißt einer tatbestandsfremden Hilfstatsache, auf das Vorliegen des beweisfälligen Tatbestandsmerkmals geschlossen werden.[992] Beweisfällig wären die Echtheit und Unversehrtheit des elektronischen Dokuments, worauf aus dem Vorliegen einer qualifizierten Signatur geschlossen werden könnte. Doch die Gültigkeit einer qualifizierten Signatur ist in diesem Fall gerade ebenfalls fraglich, es ist keine feststehende Indiztatsache. Kann man sie beweisen, so ist damit gleichzeitig die Haupttatsache bewiesen, der Schluss von einer Hilfstatsache ist nicht mehr notwendig.

---

989 Einen Auskunftsanspruch befürwortet *Englisch*, S. 77 f.

990 Zum Begriff und zu den verschiedenen Möglichkeiten *Prütting*, in: Baumgärtel/Laumen/Prütting, Kap. 12, Rn. 4–40.

991 Sofern man diesen als dritte Kategorie und nicht als Unterfall des Indizienbeweises ansieht, siehe dazu *Laumen*, in: Baumgärtel/Laumen/Prütting, Kap. 17 Rn. 3.

992 BGHZ 53, 245, 260 = NJW 1970, 946 („Anastasia-Fall").

Eine Beweislastumkehr kommt nur als gesetzliche Beweislastregelung in Betracht. Eine richterrechtlich entwickelte Beweislastumkehr scheidet vorliegend aus, da für eine richterrechtliche Entwicklung Praxisfälle fehlen und elektronische Dokumente gerade aufgrund der Beweisschwierigkeiten im Rechts- und Geschäftsverkehr auch keine Anerkennung finden. Damit ist der Gesetzgeber in der Pflicht, die Beweisschwierigkeiten im Vorfeld auszuräumen. Die Beweislastumkehr wäre jedoch ein zu scharfes Schwert. Mögliches unautorisiertes Dazwischentreten Dritter würde so zu Lasten des Beweisgegners, regelmäßig des vermeintlichen Absenders, gehen. Dieser ist in solchen Fällen aber genauso schutzwürdig wie der Empfänger. Eine Beweislastumkehr ist damit nicht sachgerecht.

Die heute nach ganz herrschender Meinung in Rechtsprechung und Literatur anerkannte sekundäre Behauptungslast besteht immer dann, wenn ein Informationsgefälle gegeben ist. Den Beweisgegner trifft eine gesteigerte Substantiierungslast, wenn die an sich behauptungsbelastete Partei außerhalb des von ihr darzulegenden Geschehensablaufs steht und die maßgebenden Tatsachen nicht näher kennen kann, während sie der gegnerischen Partei bekannt und ihr ergänzende Angaben zuzumuten sind.[993] Eine solche Lösung knüpft ähnlich dem Auskunftsanspruch an dem Informationsgefälle an, welches dadurch besteht, dass der Empfänger beim Nachweis der Echtheit und Unverfälschtheit des qualifiziert signierten elektronischen Dokuments Tatsachen zu beweisen hätte, die im Einflussbereich des die Signatur und Dokuments erstellenden Absenders stehen. Sie ist aber nicht umfassend, denn das unautorisierte Dazwischentreten Dritter hat der Absender ebenso wenig in der Hand wie der Empfänger.

Eine gesetzliche Vermutung hat zur Folge, dass die vermutete Tatsache als voll bewiesen fingiert wird, dem Beweisgegner steht nur die Möglichkeit des Beweises des Gegenteils offen (§ 292 S. 1 ZPO). Bei der unwiderleglichen Vermutung steht das Ergebnis zwingend fest.[994] Der Anscheinsbeweis hingegen hat zur Folge, dass der Beweisgegner die *prima facie* bewiesene Tatsache zu erschüttern hat (Gegenbeweis).[995] Der Gegenbeweis erfordert ein Weniger gegenüber dem Beweis des Gegenteils. Es genügt, wenn „ernstliche Zweifel" geweckt sind, die volle Überzeugung des Ge-

993 Vgl. nur *Laumen*, in: Baumgärtel/Laumen/Prütting, Kap. 22 Rn. 2 mit ausführlichen weiteren Nachweisen.

994 *Prütting*, in: Baumgärtel/Laumen/Prütting, Kap. 12 Rn. 9..

995 Vgl. zum Anscheinsbeweis nur *Laumen*, in: Baumgärtel/Laumen/Prütting, Kap. 17 Rn. 36.

richts ist nicht erforderlich. In der digitalen Welt ist die Zwischenschaltung eines Dritten möglich und auch durch diesen verschleierbar. Diese Unwägbarkeiten sollen dem Beweisgegner ebenso wenig aufgebürdet werden, wie dem Beweisführer das Problem der Nachweisbarkeit der Erfüllung aller sechs Voraussetzungen einer qualifizierten Signatur, weil beide Parteien jeweils keinen Einblick in diese Tatsachen haben. Die Folge, dem Beweisgegner einen Vollbeweis aufzubürden, wäre damit zu stark. Es bleibt somit einzig, eine Beweiserleichterung ähnlich dem Anscheinsbeweis zu schaffen, da sie allen zu beachtenden Erwägungen gerecht wird.

cc) Entkräftung der Kritik am Anscheinsbeweis

Die Ausgestaltung einer Beweiserleichterung als Anscheinsbeweis nun aus dem Grund abzulehnen, weil sie gesetzlich nicht vorgesehen sei, ist reine Förmelei. Der Anscheinsbeweis als Richterrecht ist als solches anerkannt und verfassungsrechtlich bestätigt. Sieht man das nicht so, kann man die Beweiserleichterung immer noch so auslegen, dass sie eine „erleichtert entkräftbare gesetzliche Vermutung“[996] darstellt oder eine Beweisregel im Sinne des § 286 Abs. 2 ZPO, weil sie auf gesetzlicher Vorgabe und nicht auf Erfahrungswissen beruhe[997]. Dies ändert aber nichts am Inhalt der Ausgestaltung der Beweiserleichterung.

Dem weiteren, den Anscheinsbeweis kritisierenden Argument der fehlenden Erprobung eines typischen Geschehensablaufs ist entgegenzuhalten, dass ein solcher sehr wohl gegeben ist und erprobt wurde, wenngleich kaum in Gerichtsverfahren. Die Anforderungen an qualifizierte Signaturen sind gerade so gewählt worden, weil bei Einhaltung dieser von einer Sicherheit hinsichtlich Echtheit und Unverfälschtheit ausgegangen werden kann.[998] Es ist auch eine regelmäßige Überprüfung der Signaturverfahren vorgesehen, so werden diese beispielsweise immer nur für einen bestimmten Zeitraum als sicher qualifiziert und nicht auf unbestimmte Zeit.[999]

---

996 *Schemmann*, ZZP 118 (2005), 161, 182.

997 *Huber*, in: Musielak/Voit, § 371a Rn. 7; *Müller-Brockhausen,* Rn. 802; *Berger*, in: Stein/Jonas, § 371a Rn. 15; *Zimmermann*, in: MünchKommZPO, § 371a Rn. 4; *Czeguhn*, JuS 2004, 124, 126; *P. Wagner*, JuS 2016, 29, 31.

998 Siehe § 8 I. 3. b), c), d).

999 Vgl. § 14 Abs. 3 SigV und Anlage I; Verordnung zur elektronischen Signatur (Signaturverordnung – SigV) vom 16.11.2001, BGBl. 2001 I, S. 3074. Die SigV ist nunmehr aufgehoben durch Art. 12 Abs. 1 S. 2 Nr. 1 des Gesetzes zur Durch-

Nachträglich auftretende Sicherheitslücken können so berücksichtigt werden.

Weshalb sollte man hohe Sicherheitsanforderungen an elektronische Signaturen normieren, wenn sie dann aufgrund einer prozessualen Hürde ohne Zweck sind? Die Regelung des § 371a Abs. 1 S. 2 ZPO kann daher nur so gemeint sein, dass bei Durchführung eines Signaturprüfverfahrens mit positivem Ergebnis ein Beweis des ersten Anscheins für die Echtheit und Unverfälschtheit gegeben ist.[1000] Dafür spricht ebenfalls die Überlegung, dass für die Rechtsfolge eines Anscheinsbeweises auf der Tatbestandsseite nicht der Beweis aller Voraussetzungen des SigG gefordert werden kann, sondern nur die Durchführung eines Prüfverfahrens. Ansonsten wäre damit der Vollbeweis gegeben. Die Voraussetzung der Durchführung eines Signaturprüfverfahrens entspricht auch dem Willen des Gesetzgebers.[1001]

Der Anscheinsbeweis für die Echtheit der Erklärung soll auch nicht erst bei akkreditierten Signaturen nach dem SigG Wirkung entfalten. Zum einen existierte für akkreditierte Signaturen nach dem SigG die Sonderregel des § 15 Abs. 1 S. 4 SigG, die aber nicht nur den Gegenbeweis, sondern als gesetzliche Vermutung den Beweis des Gegenteils nach sich zieht. Diese Rechtsfolge wird der Situation jedoch aus den bereits genannten Gründen nicht gerecht. Zum anderen wäre im Wissen um das Auslaufen akkreditierter Signaturen im Sinne des SigG[1002] die Regelung des § 371a Abs. 1 S. 2 ZPO ebenfalls aufzuheben gewesen, wenn eine Beschränkung auf solche Signaturen gewünscht gewesen wäre.

Mit der Präzisierung des Wortlauts des § 371a Abs. 1 S. 2 ZPO durch das eIDAS-Durchführungsgesetz und dem Zusammenspiel mit

führung der Verordnung (EU) Nr. 910/2014 des Europäischen Parlaments und des Rates vom 23. Juli 2014 über elektronische Identifizierung und Vertrauensdienste für elektronische Transaktionen im Binnenmarkt und zur Aufhebung der Richtlinie 1999/93/EG vom 18.7.2017, BGBl. 2017 I, S. 2745, 2756.

1000 Ebenso *Klein*, JurPC Web-Dok. 198/2007, Abs. 1, 50.

1001 Siehe § 8 IV. 3. b) bb). Dies war auch nach alter Rechtslage insbesondere aus dem Umstand herzuleiten, dass die Gesetzesbegründung zu § 292a ZPO die Anforderungen an „die Prüfung nach dem Signaturgesetz" noch dahingehend konkretisiert hat, dass dies „durch Überprüfung der Zuordnung des Signaturprüfschlüssels" zu geschehen habe; vgl. die Regierungsbegründung zum Entwurf eines Gesetzes zur Anpassung der Formvorschriften des Privatrechts und anderer Vorschriften an den modernen Rechtsgeschäftsverkehr, BT-Drucks. 14/4987, S. 24.

1002 Siehe § 8 I. 3. e).

Art. 32 Abs. 2 eIDAS-VO sowie den Voraussetzungen einer qualifizierten Signatur nach der eIDAS-VO wird ein weiterer Unsicherheitsfaktor beseitigt. Nach alter Rechtslage war streitig, ob die an die qualifizierten Vertrauensdiensteanbieter gerichteten Pflichten ebenfalls zum Definitionsmerkmal einer qualifizierten elektronischen Signatur würden und der Beweisführer zum Nachweis der Frage, ob überhaupt eine qualifizierte Signatur vorliegt, im Zweifelsfall zu beweisen hätte, dass der Vertrauensdiensteanbieter die Anforderungen des Art. 24 eIDAS-VO erfüllt hat.[1003] Die qualifizierte Signatur nach der eIDAS-VO ist selbst bereits einer akkreditierten Signatur nach dem SigG vergleichbar.[1004] Qualifizierten Vertrauensdiensteanbietern nach der eIDAS-VO wird der Qualifikationsstatus erst nach einer Vorabkontrolle verliehen (Art. 21 Abs. 2 eIDAS-VO). Damit wird die Kontrolle der Einhaltung der Voraussetzungen der eIDAS-VO ähnlich wie bei der Akkreditierung nach dem SigG (§ 15 SigG) vorverlagert, sodass die Anwender von einer Erfüllung der Anforderungen ausgehen können. Art. 32 eIDAS-VO überträgt diese Überlegung auf die Signaturprüfung (Validierung). Nach Art. 32 Abs. 1 eIDAS-VO muss die Validierung unter anderem ergeben, dass das der Signatur zugrundeliegende Zertifikat zum Zeitpunkt des Signierens ein qualifiziertes Zertifikat war, das die Anforderungen des Anhangs I erfüllt, von einem qualifizierten Vertrauensdiensteanbieter ausgestellt wurde, zum Zeitpunkt des Signierens gültig war und die Signaturvalidierungsdaten den Daten entsprechen, die dem vertrauenden Beteiligten bereitgestellt werden. Das zur Validierung verwendete System muss sodann dem vertrauenden Beteiligten das korrekte Ergebnis des Validierungsprozesses bereitstellen und es ihm ermöglichen, etwaige Sicherheitsprobleme zu erkennen (Art. 32 Abs. 2 eIDAS-VO). Die Überprüfung der Anforderungen an qualifizierte Signaturen wird somit auf das Validierungssystem verlagert. Damit wird dem Problem entgegengewirkt, dass der „vertrauende Beteiligte" selbst nicht über die notwendigen Informationen verfügen kann, aus denen sich das Vorhandensein einer qualifizierten Signatur als Grundlage des Anscheinsbeweises ergibt.

1003 Vgl. zur Rechtslage nach dem SigG *Roßnagel*, in: Roßnagel, Recht der Telemediendienste, SigG § 2 Rn. 10, 34 f., der deshalb eine teleologische Reduktion vorschlägt.

1004 Siehe § 8 I. 3. e).

4. Umfang des Anscheins

Neben der beweisrechtlichen Einordnung des Tatbestands des § 371a Abs. 1 S. 2 ZPO als Anscheinsbeweis gibt es auch einen Interpretationsspielraum hinsichtlich der Rechtsfolgen der Vermutung, das heißt, dem *Umfang* des ersten Anscheins.

a) Möglichkeit der Echtheit einer „Erklärung"

§ 371a Abs. 1 S. 2 ZPO ordnet den Anschein der „Echtheit einer in elektronischer Form vorliegenden Erklärung" an. Dieser Wortlaut wird als missglückt angesehen, weil eine Erklärung nicht „echt" sein könne, dieses Merkmal könnten nur Gegenstände aufweisen.[1005] In der bisherigen Untersuchung wurde der Begriff der „Echtheit" als Synonym für die Authentizität und die Integrität des elektronischen Dokuments als solchen verwendet. Die Echtheit bezieht sich damit in der Tat auf einen Gegenstand im weiteren Sinn, hier das elektronische Dokument. Ein elektronisches Dokument ist aber regelmäßig nur dann beweisrechtlich von Relevanz, wenn es auch eine Erklärung enthält. Letztlich kommt es zwar in der Tat auf die Urheberschaft der elektronisch vorliegenden *Erklärung* an, welche allerdings in dem *Gegenstand* des elektronischen Dokuments enthalten ist. Der Wortlaut kann daher durchaus als sinnvoll betrachtet werden.

Zu beachten ist hierbei allerdings, dass auch elektronische Dokumente ohne menschliche Gedankenerklärung hinsichtlich ihrer Echtheit streitig sein können. Auch automatisierte Messdaten können verfälscht sein. Es sollte daher auch einen Anscheinsbeweis für qualifiziert signierte elektronische Dokumente ohne menschliche Gedankenerklärung nach § 371a Abs. 1 S. 2 ZPO geben können.[1006]

1005 *Borges*, S. 505; vgl. auch *Jungermann*, S. 121 (beide noch zur insoweit gleichlautenden Vorschrift des § 292a ZPO).

1006 Siehe § 4 II. 2. b).

b) Echtheit

Bedeutender ist die Frage, ob unter den Beweis des Anscheins nur die Echtheit im Sinne der Urheberschaft oder auch die Integrität im Sinne der Unverfälschtheit zu fassen ist.

aa) Authentizität und Integrität

Jedenfalls im Urkundenbeweisrecht wird der Begriff der Echtheit häufig als Synonym nur für die Authentizität verwendet: eine Urkunde sei dann echt, wenn sie von demjenigen herrührt, von dem sie nach Darstellung des Beweisführers herrühren soll.[1007] Aber auch im Sinne der §§ 439, 440 ZPO, der Parallelnormen im Urkundenbeweisrecht, werden unter die Echtheit sowohl Authentizität als auch Integrität gefasst.[1008] Der Begriff der Echtheit im Sinne des § 371a Abs. 1 S. 2 ZPO ist ebenfalls so auszulegen, dass neben der Urheberschaft auch die Unverfälschtheit erfasst wird. Es entspricht nicht dem Sinn und Zweck der Regelung, die Unverfälschtheit von der Beweiserleichterung auszunehmen, sachliche Gründe dafür liegen nicht vor. Endet die Signaturprüfung mit positivem Ergebnis, so spricht der erste Anschein sowohl für die Authentizität der Erklärung als auch für die Integrität der signierten Erklärung.[1009] Die Authentizität ergibt sich durch Überprüfung des Zertifikats, welches die Signatur der ausstellenden Person zuordnet; die Integrität durch Übereinstimmung des in der Signatur enthaltenen Hashwertes mit dem des signierten elektronischen Dokuments.[1010]

1007 Vgl. nur *Hartmann*, in: Baumbach/Lauterbach, Einf §§ 437–443 Rn. 1; *Rosenberg/Schwab/Gottwald*, § 119 Rn. 11; ähnlich *Huber*, in: Musielak/Voit, § 440 Rn. 1.

1008 Siehe § 7 II. 1. b) bb).

1009 Vgl. auch *Roßnagel*, in: Roßnagel, Recht der Telemediendienste, ZPO, § 371a Rn. 34; ebenso sind wohl die Kommentierungen von *Huber*, in: Musielak/Voit, § 371a Rn. 6 und *Trautwein*, in: Prütting/Gehrlein, § 371a Rn. 5 f. zu interpretieren.

1010 Siehe § 8 I. 3. b) cc).

bb) Verwendung eines Pseudonyms

Wie auch schon das SigG[1011] sieht auch die eIDAS-VO die Möglichkeit der Verwendung von Pseudonymen vor. Die Benutzung von Pseudonymen darf bei elektronischen Transaktionen nicht versagt werden (Art. 5 Abs. 2 eIDAS-VO). Die Verwendung von Pseudonymen dient im elektronischen Netz dem Selbstdatenschutz, indem verhindert werden kann, dass durch die Rückverfolgung jeder Teletransaktion ein Persönlichkeitsprofil erstellt wird.[1012] Die Verwendung eines Pseudonyms ist bei der Vergabe der Zertifikate eindeutig anzugeben (Anhang I c) eIDAS-VO). Diese Vorgabe dient dazu, Verwechslungen auszuschließen und dem Kommunikationspartner die Entscheidungsfreiheit zu sichern, mit dem nur unter seinem Pseudonym agierenden Gegenüber zu kommunizieren oder zu verhandeln.[1013] Das Pseudonym muss dem Signaturschlüsselinhaber eindeutig zugeordnet sein, um den Signaturschlüsselinhaber bei Vertrags- und Rechtsverletzungen zur Verantwortung ziehen zu können.[1014] Art. 3 Nr. 14 sowie Erwägungsgrund 33 eIDAS-VO bringen dies zum Ausdruck. Die Vermutung der Authentizität erstreckt sich damit auf das Pseudonym. Im Fall einer Vertragsverletzung kann die hinter dem Pseudonym stehende Person ermittelt werden, da die Person bei Ausgabe des Zertifikats identifiziert wird.

c) Willentliche Abgabe der Erklärung

Daneben soll vom Beweis des ersten Anscheins auch die Abgabe der Erklärung und die Willentlichkeit derselben umfasst sein.[1015] Zum einen soll sich dies aus der Formulierung des Gesetzeswortlauts in § 292a ZPO, zum anderen aus der dazugehörigen Gesetzesbegründung ergeben.[1016] In der Tat können sowohl der Gesetzeswortlaut des § 292a ZPO als auch des neuen § 371a Abs. 1 S. 2 ZPO so ausgelegt werden: Der Anscheinsbeweis

---

1011 Vgl. §§ 5 Abs. 3; 7 Abs. 1 Nr. 1 SigG sowie *Roßnagel*, in: Roßnagel, Recht der Telemediendienste, SigG, § 5 Rn. 26–28, § 7 Rn. 22 ff.

1012 *Roßnagel*, in: Roßnagel, Recht der Telemediendienste, SigG, § 5 Rn. 26.

1013 Vgl. *Roßnagel*, in: Roßnagel, Recht der Telemediendienste, SigG, § 7 Rn. 27.

1014 *Roßnagel*, in: Roßnagel, Recht der Telemediendienste, SigG, § 7 Rn. 26.

1015 *Jungermann*, S. 121, 124.

1016 *Jungermann*, S. 121.

kann nur „durch Tatsachen erschüttert werden, die ernstliche Zweifel daran begründen, dass die Erklärung von der verantwortenden Person *abgegeben* worden ist“ (§ 371a Abs. 1 S. 2 ZPO) bzw.: „[...] dass die Erklärung mit dem *Willen* des Signaturschlüssel-Inhabers *abgegeben* worden ist“ (§ 292a ZPO).[1017] Im Umkehrschluss kann daraus gefolgert werden, dass sich der Beweis des ersten Anscheins auf die (willentliche) Abgabe der Erklärung erstreckt. Dieses Ergebnis könnte auch die Gesetzesbegründung zu § 292a ZPO stützen. Der Beweisführer soll den „Beweis, dass die Erklärung von dem Signaturschlüssel-Inhaber *abgegeben* worden ist, schon durch eine Überprüfung der Signatur [...] erbringen können.“[1018] Die Begründung zur Vorgängervorschrift § 292a ZPO kann auch zur Auslegung des § 371a Abs. 1 S. 2 ZPO herangezogen werden, denn nach der amtlichen Begründung dieser Vorschrift soll der „aus der bisherigen Regelung des § 292a entnommene Rechtsgedanke“ weiterhin gelten.[1019]

Dieser Auslegung ist jedoch nicht zu folgen. Sie würde die Regelung des § 371a Abs. 1 S. 1 ZPO mit dem Verweis auf § 416 ZPO überflüssig machen, wenn die willentliche Abgabe auch vom Anscheinsbeweis nach § 371a Abs. 1 S. 2 ZPO umfasst wäre. Eine doppelte Berücksichtigung kann nicht gewollt sein. Die Formulierung des Gesetzeswortlauts des § 371a Abs. 1 S. 2 ZPO „[...], dass die Erklärung von der verantwortenden Person *abgegeben* worden ist“, ist als „[...], dass die Erklärung von der verantwortenden Person *stammt*“ zu lesen. Damit werden Abgrenzungs- und Auslegungsschwierigkeiten zur Abgabe im Sinne einer Entäußerung in den Rechtsverkehr vermieden. Es ergibt sich damit folgende Beweissituation: Die Echtheit des elektronischen Dokuments kann bei Vorliegen einer qualifizierten Signatur im Wege des Anscheinsbeweises festgestellt werden (§ 371a Abs. 1 S. 2 ZPO). Steht die Echtheit fest, so wird vermutet, dass die in dem elektronischen Dokument enthaltene Erklärung auch willentlich abgegeben wurde (§§ 371a Abs. 1 S. 1, 416 ZPO). Wäre die willentliche Abgabe vom Anscheinsbeweis nach § 371a Abs. 1 S. 2 ZPO

1017 Hervorhebung jeweils nur hier.

1018 Regierungsbegründung zum Entwurf eines Gesetzes zur Anpassung der Formvorschriften des Privatrechts und anderer Vorschriften an den modernen Rechtsgeschäftsverkehr, BT-Drucks. 14/4987, S. 24 (zu § 292a ZPO); Hervorhebung nur hier.

1019 Nur erweitert auf *alle* in elektronischer Form vorliegenden Erklärungen, vgl. Regierungsbegründung zum Entwurf eines Gesetzes über die Verwendung elektronischer Kommunikationsformen in der Justiz, BT-Drucks. 15/4067, S. 34.

umfasst, so hätte der Beweisgegner zur Widerlegung der willentlichen Abgabe lediglich den Anscheinsbeweis durch einen Gegenbeweis zu erschüttern. Bei Anwendung des § 371a Abs. 1 S. 1 ZPO hat er jedoch den vollen Beweis des Gegenteils zu erbringen. Die daraus resultierende Abschwächung des Beweiswerts kann aufgrund des gewünschten Gleichlaufs qualifiziert signierter elektronischer Dokumente mit unterzeichneten Urkunden nicht gewollt sein. § 371a Abs. 1 S. 2 ZPO umfasst daher nicht die willentliche Abgabe der Erklärung.[1020]

d) Erstellung der Signatur durch einen Dritten

Hinsichtlich der Authentizität umfasst der Anscheinsbeweis auch den Umstand, dass das elektronische Dokument mitsamt der qualifizierten Signatur von einem berechtigten Dritten mit der Signatur des Ausstellers erstellt wurde. Der Dritte ist sozusagen Vertreter des Signaturschlüsselinhabers, der die Vertretung aber nicht offenkundig macht. Es ist also kein Fall der „offenen" Stellvertretung, denn der Dritte verwendet nicht seine Signaturerstellungsdaten und damit nicht seine „Unterschrift". Dieses Modell wird unter den Begriff der „Fernsignatur" gefasst. Mit Art. 26 c) eIDAS-VO wurde die Möglichkeit der Fernsignierung ausdrücklich zugelassen.[1021] Mit der Regelung der eIDAS-VO ist es materiellrechtlich zulässig, die qualifizierte Signatur durch einen Dritten erstellen zu lassen. Beweisrechtlich, das heißt prozessual, muss das die Folge haben, dass der Anscheinsbeweis des § 371a Abs. 1 S. 2 ZPO ebenfalls den Umstand umfasst, dass der Dritte die Signatur *berechtigt* erstellt hat.[1022] Der Empfänger des signierten elektronischen Dokuments sieht diesem bei der Fernsignierung gerade nicht an, ob die Signatur von dem Aussteller oder einem Dritten stammt.

1020 Ebenso sieht es wohl *Roßnagel*, in: Recht der Telemediendienste, ZPO § 371a Rn. 34: „Dieser erste Anschein umfasst die Unverfälschtheit der Erklärung und die *Zuordnung* der Erklärung zum Signaturschlüssel-Inhaber"; Hervorhebung nur hier. Mehr als die Zuordnung, also eine willentliche Abgabe der Erklärung sieht wohl auch Roßnagel nicht von § 371a Abs. 1 S. 2 ZPO umfasst.

1021 Siehe zur Fernsignatur § 8 V. 2.

1022 Siehe § 8 V. 2. d).

e) Identität des Signaturerstellers mit dem Namensträger

Bei öffentlichen Urkunden stellt sich die Frage, ob die Beweiskraft des § 415 ZPO nicht nur den Umstand erfasst, dass die Erklärung von der bestimmten, in der Urkunde namentlich bezeichneten Person stammt, sondern sich darüber hinaus auf die Identität des Erklärenden mit dem Namensträger erstreckt.[1023] Bei Privaturkunden stellt sich diese Frage nicht, weil keine Identitätsprüfung vor einer öffentlichen Stelle stattfindet. Bei der Signierung privater elektronischer Dokumente mit einer qualifizierten Signatur könnte diese Frage jedoch wieder relevant werden, denn ein qualifiziertes Zertifikat für qualifizierte Signaturen wird erst nach einer Identitätsprüfung ausgestellt.

Bei öffentlichen Urkunden wird diese Frage unterschiedlich beantwortet. Nach einer Ansicht soll sich die Beweiskraft auf die Identität jedenfalls dann erstrecken, wenn eine Feststellung der Identität nach § 10 BeurkG durch einen Notar stattgefunden hat.[1024] Eine andere Ansicht lehnt dies ab, weil es sich bei der Identitätsfeststellung wie bei der Feststellung der Geschäftsfähigkeit (§§ 11, 28 BeurkG) um materiellrechtliche Aspekte handele, die nicht Gegenstand der formellen Beweiskraft sein könnten und die Identitätsfeststellungen das Ergebnis eigener Wahrnehmungen des Notars seien, welche im Wege des § 286 Abs. 1 ZPO zu würdigen seien.[1025]

Übertragen auf private, qualifiziert signierte elektronische Dokumente ist hierzu zu sagen, dass die Identitätsfeststellung zwar durch eine geeignete Stelle vorzunehmen ist, diese jedoch kein Notar und damit keine mit öffentlichem Glauben versehene Person sein muss. Ob damit dieselbe Aussagekraft wie bei einer Identitätsprüfung nach § 10 BeurkG getroffen werden kann, ist zweifelhaft. Andererseits ist die Identitätsfeststellung nicht ganz mit der Feststellung der Geschäftsfähigkeit oder Testierfähigkeit zu vergleichen, da hier eher auf objektive, äußere Merkmale abgestellt werden kann als bei den inneren Vorgängen der Geschäftsfähigkeit. Der Einwand, es sei ein materiellrechtlicher, frei zu würdigender Aspekt, könnte daher hier nicht ganz so streng zu sehen sein. Zudem handelte es

---

1023 *Schreiber*, in: MünchKommZPO, § 415 Rn. 27.

1024 LG Berlin, DNotZ 1963, 250; *Berger*, in: Stein/Jonas, § 415 Rn. 24.

1025 *Schreiber*, in: MünchKommZPO, § 415 Rn. 27; so sind wohl auch *Hartmann*, in: Baumbach/Lauterbach, § 415 Rn. 10 und BGHZ 38, 347 = NJW 1963, 1010, 1012 zu verstehen.

sich bei § 371a Abs. 1 S. 2 ZPO „nur" um einen Anscheinsbeweis und nicht um einen Vollbeweis. Ob dies aber wiederum einen gesetzlich festgelegten Anscheinsbeweis rechtfertigt, ist zweifelhaft. Insgesamt sollte die Identität daher weiterhin der freien Würdigung unterliegen und nicht vom Anscheinsbeweis des § 371a Abs. 1 S. 2 ZPO umfasst sein.

5. Fazit

Die Vorschrift des § 371a Abs. 1 S. 2 ZPO ist eine Beweisregel, die für qualifiziert signierte elektronische Dokumente eine Beweiserleichterung im Sinne eines Anscheinsbeweises für die Echtheit der darin enthaltenen Erklärung vorsieht. Gegenüber der Beweissituation bei Urkunden hat sie eine Verbesserung der Beweiskraft zur Folge. Erst bei Erschütterung des Beweises des ersten Anscheins muss die Echtheit der Signatur nachgewiesen werden. Im Urkundenbeweisrecht hingegen kann erst bei bewiesener Echtheit der Unterzeichnung auf die Echtheit der Erklärung geschlossen werden (§§ 439 Abs. 2, 440 Abs. 2 ZPO). Diese Regelungen des Urkundenbeweisrechts sind jedoch auf elektronische Dokumente ergänzend anzuwenden.[1026] Bestehen ernstliche Zweifel an der Echtheit der qualifizierten Signatur, muss die Echtheit im Wege des Vollbeweises bewiesen werden. Ist dies gelungen, kann nach entsprechender Anwendung der §§ 439 Abs. 2, 440 Abs. 2 ZPO auf die Echtheit der Erklärung geschlossen werden. Endet die Prüfung einer qualifizierten Signatur, deren Voraussetzungen alle ebenfalls bewiesen sind, mit positivem Ergebnis, so steht damit zugleich die Echtheit der signierten Erklärung fest. Dies ergibt sich aus der Überprüfung der Hashwerte[1027] der Signatur und des vorliegenden elektronischen Dokuments. Jede kleinste Veränderung der Bit-Struktur des elektronischen Dokuments führt auch zu einer Änderung des Hashwertes. Die Signaturprüfung (Validierung) erfolgt durch ein Computerprogramm, welches dem Überprüfenden am Ende ein positives oder negatives Ergebnis anzeigt. Das bedeutet, der sogenannte vertrauende Beteiligte (vgl. Art. 32 eIDAS-VO) muss nicht selbst überprüfen, ob die Voraussetzungen einer qualifizierten Signatur gegeben sind, es wird stattdessen die Prüfung

---

1026 A. A. *Preuß*, ZZP 125 (2012), 135, 145, die das aber aus dem Grund ablehnt, dass § 371a Abs. 1 S. 2 ZPO über den Regelungsinhalt der §§ 439, 440 ZPO hinausgeht.

1027 Siehe § 8 I. 3. b) cc).

auf das Programm ausgelagert. Damit wird dem Umstand Rechnung getragen, dass der Beteiligte selbst nicht über die notwendigen Systeminformationen verfügen kann.

Liegt ein qualifiziert signiertes elektronisches Dokument vor, bei dem die Signaturprüfung mit positivem Ergebnis endet, ist nach § 371a Abs. 1 S. 2 ZPO *prima facie* bewiesen, dass die in dem elektronischen Dokument enthaltene Erklärung unverfälscht ist und vom Signaturschlüsselinhaber stammt. Darüber hinaus wird dem ersten Anschein nach vermutet, dass die qualifizierte Signatur gegebenenfalls von einem berechtigten Dritten für den Signaturschlüsselinhaber erstellt wurde.

6. Einfluss des Präsentationsproblems auf die Anscheinsbeweisregelung

Der Regelung in § 371 Abs. 1 S. 2 ZPO wird vorgehalten, sie berücksichtige das sogenannte Präsentationsproblem nicht, welches in bestimmten Fällen gegen die Annahme eines Anscheinsbeweises spricht.[1028]

a) Das Präsentationsproblem

Das Präsentationsproblem ergibt sich daraus, dass elektronische Dokumente nicht aus Schriftzeichen bestehen, sondern aus den dahinterstehenden Bitfolgen.[1029] Damit werden letztlich auch nicht die Schriftzeichen signiert, sondern die Bitfolgen. Diese müssen von Programmen wieder ausgewertet werden, bevor sie als Schriftzeichen auf dem Bildschirm erscheinen können. Die Präsentation kann jedoch beim Signierenden (Absender) oder Verifizierenden (Empfänger) unterschiedlich oder fehlerhaft erfolgen. Daraus ergibt sich das Problem, zu wissen, wie die Präsentation erfolgen soll und wie sicherzustellen ist, dass sie korrekt erfolgt. Es können zwei Varianten unterschieden werden: die sogenannte Falschpräsentation und die sogenannten Präsentationsvarianten. Bei Präsentationsvarianten liegen zwei korrekte aber substantiell unterschiedliche Präsentationen derselben

---

1028 *Pordesch*, S. 251 f.; *Fischer-Dieskau*, MMR 2003, 701, 705; *Roßnagel/Johannes*, ZD 2013, 65, 71; *Jandt*, NJW 2015, 1205, 1210; *Armgardt/Spalka*, K&R 2007, 26, 28.

1029 *Pordesch*, S. 20; dort auch zum folgenden Text.

zu signierenden oder bereits signierten Datei vor.[1030] Substantiell abweichend bedeutet, dass die beiden Präsentationen von einem Menschen aufgrund der verschiedenen Darstellungen unterschiedlich interpretiert werden.[1031] Bei einer Falschpräsentation werden existierende Präsentationsregeln verletzt, wodurch der Signierende nicht das signiert, was er zu signieren glaubt und damit eine andere Erklärung erzeugt.[1032] Auch auf Seiten des Verifizierenden ist eine Falschpräsentation möglich: er nimmt nicht die Erklärung des Signierenden wahr, sondern eine andere.[1033] Es gibt mannigfaltige Beispiele und Möglichkeiten einer falschen bzw. mehrdeutigen Präsentation.[1034] Sie können unbeabsichtigt oder provoziert auftreten.[1035] Zur Veranschaulichung je ein Beispiel für eine Falschpräsentation und eine Präsentationsvariante:

aa) Präsentationsvariante

> M ist Vorgesetzter von A und möchte diesen loswerden. Er erzeugt mit dem Programm Corel-Draw ein Plakat, auf dem der Geschäftsführer B beleidigt wird. Die Datei benennt er „Test.txt" und sendet sie an A mit der Bitte um Signierung dieses Testtextes zur Prüfung des Signaturprogramms. A öffnet die Datei automatisch mit dem Editor, der eine bedeutungslose Folge von Zeichen anzeigt. A signiert die Datei mit dem Programm PGP, wobei die Signatur gesondert gespeichert wird und nicht Dateinamen und –endung umfasst. Beide Dateien sendet er an M zurück. M ändert den Namen der signierten Datei in „Karrik.cdr" und sendet sie mitsamt der Signatur anonym an B. B prüft die Signatur, welche A als Urheber ausweist und die Unverfälschtheit bestätigt. Sodann öffnet er die signierte Datei und sieht die Karrikatur, woraufhin er A kündigt.[1036]

Im vorliegenden Beispiel handelt es sich um eine provozierte, absichtliche Präsentationsvariante. Das Präsentationsproblem ergibt sich daraus, dass je nach verwendetem Programm eine andere Darstellung erfolgt, die beide nach dem Programm korrekt sind, aber substantiell voneinander abwei-

1030 *Pordesch*, S. 54 f., 61, 94.
1031 *Pordesch*, S. 54.
1032 *Pordesch*, S. 73.
1033 *Pordesch*, S. 73.
1034 Siehe dazu ausführlich *Pordesch*, Kapitel 3 – Risiken der Präsentation, S. 51–95.
1035 *Pordesch*, S. 61, 73 f.
1036 Entnommen aus *Pordesch*, S. 62.

chen. Das heißt, je nach Darstellung werden sie von den Beteiligten verschieden interpretiert.

bb) Falschpräsentation

Der Mandant M übergibt seinem Anwalt A eine Diskette mit der Bitte, ihm die bereits geleistete Zahlung des Anwaltsvorschusses zu quittieren, indem er die Datei „BEST.TXT" mit einer qualifizierten Signatur versehe. A rief über die Suchfunktion des Dateiauswahl-Menüs die genannte Datei auf und präsentierte sie, um den Inhalt zu kontrollieren. Hier erschien der gewünschte Quittungstext. Sodann öffnete er das Signierprogramm. Hier wurde im Auswahlmenü nur eine Datei „BEST.TXT" angezeigt, wobei der Dateiname ein nicht sichtbares Leerzeichen enthielt. Inhalt dieser Datei war nicht die Quittung, sondern eine Bestellung. Die Quittungsdatei „BEST.TXT" war im Auswahlmenü nicht sichtbar, da sie das Dateiattribut „verborgen" aufwies. Der Anwalt signierte die Bestellungsdatei ohne die Datei noch einmal aufzurufen und gab die Diskette an M zurück.[1037]

In diesem Beispielsfall ergibt sich die nicht erkannte Signierung einer falschen Datei daraus, dass der Signierende zuerst ohne das Signierprogramm die Datei geöffnet hat. Hier hat er die korrekte Datei präsentiert bekommen. Über die Suchfunktion konnte die mit dem Attribut „verborgen" versehene Datei gefunden werden. Die falsche Datei mit dem Leerzeichen hat er deshalb nicht aufgerufen, weil er über die Suchfunktion den Dateinamen ohne Leerzeichen eingegeben hatte. Im Signierprogramm war die falsche Datei sichtbar und A signierte diese „blind", nämlich ohne sich vorher den Inhalt noch einmal vom Signierprogramm präsentieren zu lassen.

1037 Entnommen aus *Pordesch*, S. 75. Dieses Szenario wurde in der „Simulationsstudie Rechtspflege" der Projektgruppe verfassungsverträgliche Technikgestaltung e.V. (provet) und der Gesellschaft für Mathematik und Datenverarbeitung mbH (GMD) durchgeführt. Der vorliegende Angriff wird als Angriff 2 bezeichnet und wurde von den Testpersonen nicht erkannt; vgl. dazu *provet/GMD*, Simulationsstudie, S. 126 f.

b) Gesetzliche Berücksichtigung des Präsentationsproblems

Dem Signaturgesetz und der Signaturrichtlinie wird vorgeworfen, das Präsentationsproblem kaum bis gar nicht zu berücksichtigen.[1038] So wird kritisiert, dass keine „eindeutige Interpretation" der zu signierenden Daten gesetzlich gefordert ist, vielmehr obläge die richtige Auswahl des Präsentationsprogramms dem Anwender.[1039] Zwar fordere das Signaturgesetz den Einsatz sicherer Signaturanwendungskomponenten[1040], um Falschpräsentationen ausschließen zu können, eine Evaluierung durch eine Prüfstelle der von den Vertrauensdiensteanbietern für qualifizierte Signaturen angebotenen Komponenten erfolge jedoch nicht, ausreichend sei eine Herstellererklärung.[1041] Diese könne den Einsatz richtiger Komponenten jedoch nicht garantieren.[1042]

c) Lösungsvorschläge in der Literatur

Pordesch schlägt zur Bewältigung des Präsentationsproblems neben Änderungen im Signaturgesetz eine Einschränkung des Anscheinsbeweises (§ 371a Abs. 1 S. 2 ZPO) vor. Der Anscheinsbeweis solle nur dann greifen, wenn die präsentierten Daten eindeutig dieser Präsentation zugeordnet werden können.[1043] Dazu schlägt er eine Änderung im BGB für die elektronische Form bzw. die Textform vor: sie sollten die Bedingung enthalten, dass die Erklärung „in eindeutiger Weise in Schriftform überführbar" sei. Daran anknüpfend sollte § 292a ZPO folgenden Zusatz erhalten: „Steht die Präsentation des Dokuments in Frage, so wird die zugeordnete eindeutige Schriftform als Erklärungsinhalt vermutet". Darüber hinaus sollte § 292a ZPO dahingehend eingeschränkt werden, dass der Anscheinsbeweis erst greife, „sofern ein signiertes Dokument auf einer sicheren oder geprüften Anwenderinfrastruktur signiert wurde".

1038 *Pordesch*, S. 100 f. zur SigRL; S. 103 ff., 118–121 zum SigG.

1039 *Pordesch*, S. 119.

1040 Das sind nach § 2 Nr. 11 SigG Software- und Hardwareprodukte, die dazu bestimmt sind, Daten dem Prozess der Erzeugung oder Prüfung qualifizierter elektronischer Signaturen zuzuführen oder qualifizierte Signaturen zu prüfen oder qualifizierte Zertifikate nachzuprüfen und die Ergebnisse anzuzeigen.

1041 *Pordesch*, S. 119.

1042 *Pordesch*, S. 119 f.

1043 *Pordesch*, S. 251 f.

Eine weitere Möglichkeit liegt in einer Regelung im materiellen Recht. Im Entwurf der eIDAS-VO war in Art. 34 Abs. 2 noch die Regelung vorgesehen, dass die Vermutungswirkung nur greife, „sofern das Dokument keine dynamischen Elemente enthält, die eine automatische Änderung bewirken können".[1044] Diese Regelung wurde zur Bewältigung des Präsentationsproblems befürwortet.[1045] Eine Veränderung der Bitstruktur eines elektronischen Dokuments durch eine beispielsweise automatische Datumsänderung und eine damit einhergehende Änderung des Hashwerts[1046], welche wiederum zu einer Ungültigkeit der Signatur aufgrund der nicht gewährleisteten Integrität führte, würde damit verhindert.[1047]

d) Würdigung

Da das Signaturgesetz sowie die Signaturrichtlinie durch die eIDAS-VO und das Vertrauensdienstegesetz abgelöst werden, sind zwar nicht mehr diese Regelungskomplexe zu prüfen, aber der Blick ist auf die eIDAS-VO und das Vertrauensdienstegesetz zu richten. Zu einer (ausreichenden) gesetzlichen Berücksichtigung des Präsentationsproblems in diesen Vorschriften gibt es bisher keine Stellungnahmen.

aa) Regelung im Prozessrecht

Eine Änderung der prozessualen Regelung des Anscheinsbeweises ist nicht angezeigt. Der Anscheinsbeweis beruht auf der Annahme, qualifiziert signierte elektronische Dokumente, deren Prüfung ein positives Ergebnis ergibt, seien echt und unverfälscht. Dies beruht wiederum auf der Annahme, dass die qualifizierte Signatur durch ihre gesetzlich normierten Anforderungen ausreichende Gewähr für die Echtheit und Unverfälschtheit bietet. Die Wahrscheinlichkeit für Eingriffe in die Präsentation ist als

---

1044 Vorschlag für eine Verordnung des Europäischen Parlaments und des Rates über die elektronische Identifizierung und Vertrauensdienste für elektronische Transaktionen im Binnenmarkt vom 4.6.2012, COM (2012) 238 final, 2012/0146 (COD), S. 41.

1045 Vgl. *Roßnagel/Johannes*, ZD 2013, 65, 71; *Jandt*, NJW 2015, 1205, 1210.

1046 Siehe § 8 I. 3. b) cc).

1047 Vgl. *Jandt*, NJW 2015, 1205, 1210.

unterschiedlich hoch zu beurteilen und variiert je nach Art des Eingriffs. Insgesamt sind sie aber als eher selten auftretend zu bewerten, wie die aufgeführten Beispiele zeigen. Dennoch auftretende Präsentationsprobleme können im Wege des Gegenbeweises ausreichend berücksichtigt werden.

Zudem wäre es verfehlt, im Prozessrecht eine Regelung zu verorten, welche weitere Anforderungen an die qualifizierte Signatur regelt. Der Regelungszusammenhang würde auseinandergerissen. Sie würde auch dem allgemeinen Charakter des § 371a Abs. 1 S. 2 ZPO zuwiderlaufen, da das Präsentationsproblem nur eine von vielen, den Anscheinsbeweis entkräftenden Möglichkeiten darstellt. Der Vollständigkeit halber wären als Konsequenz alle jene Probleme in § 371a ZPO aufzulisten, was wiederum aufgrund der Mannigfaltigkeit der Probleme die Gefahr einer nicht abschließenden Regelung beinhaltet. Eine Regelung zur Berücksichtigung des Präsentationsproblems wäre damit allenfalls im materiellen Recht zu treffen.

bb) Regelung im materiellen Recht

Zunächst ist zu untersuchen, ob nicht bereits eine solche Regelung existiert. Sie wäre in der eIDAS-VO zu suchen, welche das deutsche SigG abgelöst hat. Findet sich dort keine Regelung, wäre an eine nationale Normierung etwa im Vertrauensdienstegesetz zu denken, sofern der Anwendungsvorrang der eIDAS-VO dies zulässt.

Die Regelung des Art. 34 Abs. 2 eIDAS-VO-E, welche einen Ausschluss der Vermutung auf elektronische Dokumente mit dynamischen Elementen enthielt, wurde in der endgültigen Fassung nicht aufrechterhalten.[1048] Sie hätte aber auch nur einen Teilbereich des Präsentationsproblems abgedeckt. Das Erfordernis der richtigen Präsentation könnte aber aus verschiedenen Regelungen der eIDAS-VO herausgelesen werden.

Art. 19 eIDAS-VO, welcher die Sicherheitsanforderungen an Vertrauensdiensteanbieter regelt, fordert in seinem Absatz 1, dass „qualifizierte und nichtqualifizierte Vertrauensdiensteanbieter [...] geeignete technische und organisatorische Maßnahmen zur Beherrschung der Sicherheitsrisiken im Zusammenhang mit den von ihnen erbrachten Vertrauensdiensten [er-

1048 Siehe § 8 II. 1.

greifen]". Daneben normiert Art. 24 Abs. 2 e) eIDAS-VO, dass qualifizierte Vertrauensdiensteanbieter „vertrauenswürdige Systeme und Produkte, die vor Veränderungen geschützt sind und die technische Sicherheit und Zuverlässigkeit der von ihnen unterstützten Prozesse sicherstellen", verwenden. Unter diese bewusst weit gehaltenen Wortlaute kann auch die Berücksichtigung des Präsentationsproblems subsumiert werden. Schließlich ist in Anhang II Abs. 2 eIDAS-VO, der die Anforderungen an qualifizierte elektronische Signaturerstellungseinheiten, also die verwendete Soft- und Hardware, regelt, folgendes bestimmt: „qualifizierte elektronische Signaturerstellungseinheiten dürfen die zu unterzeichnenden Daten nicht verändern und nicht verhindern, dass dem Unterzeichner diese Daten vor dem Unterzeichnen angezeigt werden". Auch hier wird das Präsentationsproblem aufgegriffen. Es muss möglich sein, dem Unterzeichner vor Signierung die zu signierenden Daten anzuzeigen, sodass hier keine falsche Datei oder eine Datei mit verändertem Inhalt signiert wird.

Eine wie vorliegend eher offene Formulierung des Gesetzestextes kann die unterschiedlichen Probleme in diesem Fall besser berücksichtigten als eine detaillierte Regelung – gerade, wenn die Probleme nicht im Vorfeld allesamt bekannt sind. Das Präsentationsproblem stellt sich auch als mehr auf technischer denn auf rechtlicher Ebene zu lösende Frage dar. Zu beachten ist schließlich die Zielsetzung der eIDAS-VO, technikneutral zu sein. Durch eine Regelung betreffend die Präsentation des zu signierenden elektronischen Dokuments könnte diesem Ziel wieder entgegengewirkt werden. Wird beispielsweise in der eIDAS-VO eine Vorgabe getroffen, welches – sichere – Signierprogramm zu verwenden sei, geht damit gleichzeitig eine Beschränkung auf dieses Programm und damit auf eine spezielle Innovation einher. Zu beachten ist daher das Dilemma der eIDAS-VO, einerseits die Technikneutralität zu wahren, andererseits aber dennoch konkrete Normierungen hinsichtlich zwingender Anforderungen zu treffen. Es ist daher auf der Ebene der Prüfung der verschiedenen auf dem Markt befindlichen Signatursoft- und Hardware anzusetzen und nur solche Soft- und Hardware zur Erbringung eines qualifizierten Vertrauensdienstes zuzulassen, welche das Präsentationsproblem ausreichend berücksichtigt.

cc) Fazit

Zur Bewältigung des Präsentationsproblems ist keine Änderung des § 371a Abs. 1 S. 2 ZPO angezeigt. Die eIDAS-VO enthält ebenfalls ausreichende Vorgaben. Das Präsentationsproblem ist auf technischer Ebene zu lösen.

V. Beweisrechtliche Beurteilung der verschiedenen Modelle der Signaturerzeugung

1. Signierung mehrerer Dokumente

Technisch ist es möglich, mit einer sogenannten Unterschriftsmappe[1049] mehrere Dokumente mit nur einer Eingabe der Signatur-PIN einzeln zu signieren.[1050] Ebenso ist es möglich, eine beliebige Anzahl an Dokumenten zu einem „Datencontainer“ zusammenzufassen und diesen Container mit einer sogenannten Containersignatur zu versehen.[1051] Fraglich ist, ob in diesen Fällen die Rechtswirkungen einer qualifizierten Signatur eintreten können. Bei Erfüllung der Unterschriftsfunktionen wäre das der Fall.

a) Containersignaturen

Eine gesetzliche Regelung der Zulässigkeit und der beweisrechtlichen Behandlung von Containersignaturen gibt es nicht. Im Rahmen des § 130a ZPO werden Containersignaturen in Literatur und Rechtsprechung

---

1049 Andere Bezeichnungen sind „Mehrfachsignatur“, „Paketsignatur“ oder „Stapelsignatur“, *Viefhues*, in: Hoeren/Sieber/Holznagel, Teil 24 Rn. 48.

1050 Vgl. dazu die Veröffentlichungen der Bundesnetzagentur, www.bundesnetzagentur.de unter der Rubrik Bundesnetzagentur unter Aufgaben und Strukturen unter Elektronische Vertrauensdienste unter Qualifizierte Vertrauensdienste unter Qualifizierte elektronische Signatur unter Was kann die Signatur leisten?; aufgerufen am 01.03.2018.

1051 Vgl. dazu die Veröffentlichungen der Bundesnetzagentur, www.bundesnetzagentur.de unter der Rubrik Bundesnetzagentur unter Aufgaben und Strukturen unter Elektronische Vertrauensdienste unter Qualifizierte Vertrauensdienste unter Qualifizierte elektronische Signatur unter Was kann die Signatur leisten? Unter Massenverfahren, Sammelunterschriften, Archive; aufgerufen am 01.03.2018.

wohl überwiegend als zulässig angesehen. Die Konsequenz für § 371a Abs. 1 ZPO ist zu untersuchen.

aa) Erfüllung der Anforderungen des § 130a ZPO

Nach höchstrichterlicher Ansicht ist eine qualifizierte Containersignatur bei der Übermittlung von bestimmenden Schriftsätzen und deren Anlagen über das EGVP zulässig und genügt den Anforderungen des § 130a ZPO.[1052] Kritisiert wird diese Rechtsprechung aber aus dreierlei Gründen: Zum einen spreche der Wortlaut des § 130a Abs. 1 S. 2 ZPO dagegen.[1053] Bei einer Containersignatur werde gerade nicht das Dokument, sondern ein „elektronisches Transportvehikel" signiert. Zum anderen sei es praktisch nicht möglich, dem Richter und dem Verfahrensgegner die Überprüfung der Containersignatur zu ermöglichen, denn es sei den Justizfachverfahren nur möglich, den Richtern die einzelnen Schriftsätze zu präsentieren, welche in den Fällen der Containersignatur keine eigene Signatur aufweisen.[1054] Zum dritten liege es auf der Hand, dass die Containersignatur, ähnlich dem auf die konventionelle Post übertragenen Fall der Unterschrift auf dem Briefumschlag, keine sicheren Rückschlüsse auf die Urheberschaft der darin befindlichen Dokumente zulasse.[1055]

Die Einwände der technischen Hindernisse lassen sich überwinden, indem die Systeme eine Überprüfung der Containersignaturen durch die Richter erlauben müssen oder indem dies durch die Geschäftsstelle automatisch erfolgt. Dieses Problem stellt sich hingegen im privaten Geschäftsverkehr nicht. Gegen den dritten Einwand spricht, dass bei bestimmenden Schriftsätzen zwar eine eigenhändige Unterschrift grundsätzlich gefordert wird, aber im Einzelfall auch ausreichend ist, „wenn sich aus an-

---

1052 Erstmals hat so der BFH zu dem § 130a ZPO entsprechenden § 77a Abs. 1 S. 2 FGO a. F. entschieden; BFHE 215, 47, 52 f. = BB 2007, 144, 146. Dieser Ansicht ist der BGH zu § 130a ZPO gefolgt; BGHZ 197, 209 = NJW 2013, 2034 f. Vgl. auch BVerwGE 138, 102 = NJW 2011, 695, 696 zu § 55a VwGO. Zust. *Bacher*, NJW 2015, 2753, 2754; vgl. auch *Viefhues*, NJW 2005, 1009, 1010; *ders.* in: Hoeren/Sieber/Holznagel, Teil 24 Rn. 49; zust. auch *Kaufhold*, in: Bräutigam/Rücker, 3. Teil, Kap. B, Rn. 54.

1053 *Müller*, NJW 2013, 3758, 3759.

1054 *Müller*, NJW 2013, 3758, 3759; *ders.* NJW 2015, 822, 823. Der Autor ist Richter am Sozialgericht.

1055 *Müller*, NJW 2013, 3758, 3759.

deren, eine Beweisaufnahme nicht erfordernden Umständen eine der Unterschrift vergleichbare Gewähr dafür ergibt", dass der Anwalt oder die Partei die Verantwortung für den Inhalt des Schriftsatzes übernommen und diesen willentlich in den Rechtsverkehr gebracht hat, denn das „Erfordernis der Schriftlichkeit ist [...] kein Selbstzweck".[1056] Übertragen auf § 130a ZPO bedeutet dies, sofern die Unterschriftsfunktionen Abschluss, Warnung, Echtheit und Integrität auch mit einer Containersignatur gewährleistet sind, muss eine Containersignatur ausreichend sein. Die Unterschriftsfunktionen sind auch bei einer Containersignatur erfüllt. Der einzige Unterschied zur Einzelsignatur besteht darin, dass vor der Signierung ein Dateiordner erstellt wird, welcher alle relevanten elektronischen Dokumente enthält. Der Ordner wird einmal signiert. Mit der Containersignatur kann dabei festgestellt werden, ob der Inhalt der Datei verändert wurde oder ob die Signatur gültig ist (Integrität). Die Abschlussfunktion ist ebenfalls erfüllt, für den Signierenden ist mit Erstellen der Containersignatur die Abgrenzung zum Entwurf ebenso ersichtlich wie bei einer Einzelsignatur. Die Containersignatur ist damit eher vergleichbar einem Siegel auf der Rückseite eines Briefumschlags[1057] denn der „bloßen" Unterschrift auf einem Briefumschlag[1058]. Weiter wird auch das Schriftformerfordernis im Rahmen des § 126 BGB nicht ganz streng nach dem Wortlaut gefordert. Entscheidend ist, ob die Übernahme der Verantwortung für den Inhalt der Urkunde auch durch eine Unterschrift an anderer Stelle erfolgen kann.[1059] So kann ausnahmsweise auch eine „Oberschrift" oder „Nebenschrift" als formwahrende Unterschrift im Sinne des § 126 BGB als ausreichend angesehen werden,[1060] oder gar die Unterschrift auf dem Briefumschlag[1061].

1056 BGH NJW 2005, 2086, 2088 und Leitsatz 2.

1057 *Bacher*, NJW 2009, 1548.

1058 *Müller*, NJW 2013, 3758, 3759.

1059 *Köhler*, in: FS Schippel, S. 209, 220.

1060 *Köhler*, in: FS Schippel, S. 209, 220.

1061 So das BayObLG und die nun herrschende Meinung bei einem Testament, BayObLG FamRZ 1988, 1211,1212 = NJW-RR 1989, 9; *Weidlich*, in: Palandt, § 2247 Rn. 12 – jedenfalls wenn der Umschlag verschlossen ist und die Unterschrift nicht nur als Absendervermerk gelten soll; *Hagena*, in: MünchKommBGB, § 2247 Rn. 26; *Brox/Walker*, Erbrecht, Rn. 124.

bb) Konsequenz für die Beweiskraftregelung des § 371a Abs. 1 ZPO

Dieser bereits im Rahmen des Anwendungsbereichs des § 130a ZPO nicht begründeten Kritik gelingt es auch übertragen auf die Frage des Beweiswerts privater elektronischer Dokumente mit qualifizierter (Container-)Signatur nicht, überzeugend zu sein. Eine Containersignatur vermag den Anscheinsbeweis nach § 371a Abs. 1 S. 2 ZPO für die einzelnen, in dem Dateicontainer enthaltenen elektronischen Dokumente auszulösen. Die Unterschriftsfunktionen Abschluss, Warnung, Echtheit und insbesondere Integrität sind auch bei einer Containersignatur erfüllt. Eine gültige Signatur beweist damit *prima facie* die Unverfälschtheit und Authentizität.[1062] Voraussetzung dafür ist allerdings, dass der gesamte signierte Container zu Beweiszwecken gespeichert bleiben muss.[1063] Die qualifizierte Signatur enthält die Prüfsumme des gesamten Containers, weswegen eine Validierung der Signatur nur dann mit positivem Ergebnis enden kann, wenn der Hashwert des gesamten Containers mit dem in der Signatur enthaltenen abgeglichen wird.

Steht die Echtheit der in dem Dateicontainer enthaltenen elektronischen Dokumente aufgrund des Anscheinsbeweises nach § 371a Abs. 1 S. 2 ZPO fest, ist auch die willentliche Abgabe der darin enthaltenen Erklärungen bewiesen (§§ 371a Abs. 1 S. 1, 416 ZPO).

b) Unterschriftsmappen

Gleiches gilt für elektronische Unterschriftsmappen. Vorteil dieses Modells ist die Zeitersparnis. Der Unterschied zur Signierung eines einzelnen Dokuments liegt darin, dass die Signatur automatisch an alle in der Unterschriftsmappe befindlichen elektronischen Dokumente automatisiert mit einem Befehl angebracht wird. An der sich aus der qualifizierten Signatur ergebenden Integrität oder Authentizität der elektronischen Dokumente ändert sich nichts. Der Signierende wird den Signierbefehl erst ausführen, wenn er sich sicher ist, dass alle in der „Mappe" befindlichen elektronischen Dokumente signiert werden sollen. In dogmatischer Hinsicht kritisch sieht *Viefhues* dieses Modell. Die rechtsverbindliche Zeichnung von Dokumenten stelle eine höchst fragwürdige Konstruktion im Hinblick da-

1062 Ebenso *Viefhues*, in: Hoeren/Sieber/Holznagel, Teil 24 Rn. 49.
1063 *Viefhues*, in: Hoeren/Sieber/Holznagel, Teil 24 Rn. 49.

rauf dar, in der qualifizierten Signatur einen willensgesteuerten Unterschriftenersatz zu sehen.[1064]

Es ist jedoch nicht erkennbar, weshalb elektronischen Unterschriftsmappen die Beweiswirkung des § 371a Abs. 1 ZPO abgesprochen werden sollte, Containersignaturen jedoch nicht. Auch hier wird der Signaturersteller den Signierbefehl bezüglich der ausgewählten elektronischen Dokumente erst erteilen, wenn er sich sicher ist, dass die ausgewählten Dokumente signiert werden sollten. Die technische Möglichkeit einer Zeitersparnis, mit nur einem Signierbefehl mehrere Dokumente zu signieren, ändert nichts an der rechtlichen Beurteilung der qualifizierten Signatur.

2. Fern-, Fremd-, Mobil- und Cloudsignaturen

Eine qualifizierte Signatur kann auch durch einen vom Signaturschlüsselinhaber personenverschiedenen Dritten erstellt werden. Dritterzeugte Signaturen werden als Fernsignaturen bezeichnet.[1065] Dabei sind verschiedene Modelle zu unterscheiden: Bei der Erzeugung durch einen Dienstleister wird die Signatur in einer von einem Vertrauensdiensteanbieter geführten Umgebung im Namen des Unterzeichners erzeugt (Erwägungsgrund 52 eIDAS-VO). Das bedeutet, die Signaturerstellungseinheit befindet sich nicht mehr im Machtbereich des Signierenden, sondern sie wird durch einen Vertrauensdiensteanbieter aufbewahrt.[1066] Der Schlüssel muss sich nicht mehr in den Händen des Signaturerstellers befinden – beispielsweise durch die Smartcard oder ein anderes Speichermedium –, sondern kann auf einen Server gelegt werden.[1067] Mit der Option einer fernausgelösten Signatur wird eine Entwicklung der elektronischen Signatur von dem PC-Arbeitsplatz hin zu Cloud-Lösungen, das heißt endgeräteunabhängigen Mitteln ermöglicht.[1068] Angeboten wird bereits eine Handy-Signatur:[1069] hier wird das zu signierende elektronische Dokument im Si-

1064 *Viefhues*, in: Hoeren/Sieber/Holznagel, Teil 24 Rn. 48.
1065 Vgl. Erwägungsgrund 52 eIDAS-VO.
1066 *Dorndorf/Schneidereit*, CR 2017, 21, 22.
1067 *Schmeh*, DuD 2017, 29, 30.
1068 *Seegebarth*, DuD 2014, 675, 677.
1069 Ein solches Angebot bietet die secrypt GmbH an. Aktuell ist die secrypt GmbH nicht in der Vertrauensliste nach Art. 22 eIDAS-VO der Bundesnetzagentur (nationale Aufsichtsstelle für Vertrauensdienste nach Art. 17 eIDAS-VO) aufgeführt und damit kein qualifizierter Vertrauensdienst i. S. d. eIDAS-VO. Die Er-

gnaturportal angezeigt. Ist alles korrekt, bestätigt der Anwender das Dokument und erhält eine Signatur-PIN auf sein Handy. Anschließend erfolgt die Identitätsprüfung des Anwenders per Video anhand seines Ausweisdokuments, welche er mit einer TAN-SMS bestätigt. Daraufhin wird das persönliche Signaturzertifikat erstellt und das Dokument zur Unterzeichnung angezeigt. Der Anwender kann nun die Signatur-PIN eingeben und das Dokument wird mit seiner qualifizierten Signatur versehen. Dieses Verfahren ermöglicht es nicht nur, ohne eine eigene Signaturerstellungseinheit die Signatur zu erstellen, sondern auch, den langwierigen schriftlichen Antragsprozess des Signaturzertifikats zu ersparen.

Diese nach der eIDAS-VO nun als „Fernsignaturen" bezeichneten Signaturen wurden nach bisheriger Begriffsverwendung auch als „Fremdsignaturen" bezeichnet.[1070] Neben der Erstellung der Signatur durch einen Dienstleister (qualifizierter Vertrauensdiensteanbieter) besteht noch die Möglichkeit, die Signatur durch einen Nicht-Dienstleister, das heißt einen privaten Dritten erstellen zu lassen (Familienmitglied, Angestellter, Bekannter etc.). Hier erstellt ein Nicht-Dienstleister als Dritter die Signatur mit den Signaturerstellungsdaten und der Signaturerstellungseinheit des (vermeintlichen) Ausstellers und Signaturschlüsselinhabers.

Die Signierung durch einen Dritten kann unberechtigt, berechtigt aber weisungswidrig oder berechtigt und weisungsgemäß erfolgen. Bei der unberechtigten Fernsignierung signiert der Dritte ohne Wissen des Signaturschlüsselinhabers mit dessen Signaturschlüssel ein elektronisches Dokument. Er kann durch Diebstahl, Ausspähen der PIN etc. die Signaturerstellungsdaten und –einheiten erlangt haben. Sowohl bei der berechtigten, weisungsgemäßen, als auch der berechtigten, weisungswidrigen Fernsignierung hat der Signaturschlüsselinhaber dem Dritten die Signaturerstellungsdaten und –einheiten zum Zwecke der Signaturerzeugung übergeben. Weisungswidrig handelt der Dritte, wenn er das zu signierende elektronische Dokument nachträglich ohne Zustimmung des Absenders verändert oder es nicht den Vorgaben entsprechend erstellt.

---

füllung der Anforderungen an qualifizierte Signaturen durch dieses System kann daher nicht eindeutig geklärt werden. Es zeigt aber die Tendenz, neue Technologien zur Verbesserung des Angebots zu entwickeln und zu testen. Vgl. zu der im Folgenden beschriebenen Funktionsweise einer Handy-Signatur www.secrypt.de unter der Rubrik Lösungen unter Handy-Signatur; aufgerufen am 01.03.2018.

1070 *Roßnagel*, Recht der Vertrauensdienste, S. 23; siehe § 8 I. 3. c) cc).

Auch eine Fernsignatur kann weisungswidrig erstellt sein. Eine unberechtigte Fernsignierung wird hingegen kaum auftreten, da der Signaturschlüsselinhaber regelmäßig den Dienstleister beauftragen wird, in seinem Namen eine Signatur zu erzeugen.

Nicht unter die Kategorie der Fernsignierung fällt die „echte“ Stellvertretung. Hier tritt der Dritte offenkundig als Vertreter auf und signiert mit seinem eigenen Signaturschlüssel. Urheber des elektronischen Dokuments ist dabei der Vertreter, nicht der Vertretene. Im Fall der wirksamen Stellvertretung hat der Vertretene sich die (eigene) Willenserklärung des Vertreters zurechnen zu lassen (§ 164 Abs. 1 S. 1 BGB).

Als Oberbegriff fernausgelöster Signaturen kann man den der „Fernsignatur“ verwenden. Unterfälle sind die Cloud- oder Handy- bzw. Mobilsignatur.

a) Vorgaben der eIDAS-Verordnung

Nach der eIDAS-VO ist eine Fernsignierung ausdrücklich zulässig. Art. 26 c) eIDAS-VO fordert gegenüber § 2 Nr. 2 c) SigG nicht mehr die „alleinige Kontrolle“ des Signaturerstellers über die Mittel zur Signaturerzeugung, sondern nur, dass er die Signaturerstellungsdaten „mit einem hohen Maß an Vertrauen unter seiner alleinigen Kontrolle verwenden kann“.[1071] In Erwägungsgrund 51 eIDAS-VO wird ergänzend klargestellt, dass es dem Unterzeichner möglich sein soll, „qualifizierte elektronische Signaturerstellungseinheiten der Obhut eines Dritten anzuvertrauen“. Das steht allerdings unter der Prämisse, dass „angemessene Mechanismen und Verfahren bestehen, die sicherstellen, dass der Unterzeichner die alleinige Kontrolle über die Verwendung seiner eigenen elektronischen Signaturerstellungsdaten hat und bei der Verwendung der Einheit die Anforderungen an qualifizierte Signaturen erfüllt werden“[1072]. Ergänzend ist auf Erwägungsgrund 52 eIDAS-VO hinzuweisen, der eine Anerkennung fernausgelöster Signaturen in rechtlich gleicher Weise wie durch den Signaturschlüsselinhaber selbst ersteller Signaturen anstrebt und dazu die Verwendung spezieller Verfahren vorgibt, die sicherstellen, dass die vertrauens-

---

1071 Die Formulierung des Art. 26 c) eIDAS-VO legen *Jandt/Michalek/Dietrich*, DuD 2015, 687, 688 f. und *Jandt*, NJW 2015, 1205, 1210 ebenso als ausdrückliche Zulassung der Fernsignatur aus.

1072 Erwägungsgrund 51 eIDAS-VO.

würdige Umgebung zur Erstellung der Signatur unter der alleinigen Kontrolle des Unterzeichners (Dienstleisters) steht. An der rechtlichen Zulässigkeit weisungsgemäßer Fernsignaturen ist damit nicht zu rütteln.

Hinsichtlich der Signierung durch einen Nicht-Dienstleister enthält die eIDAS-VO keine Vorgaben. Vielmehr hatte sie vornehmlich die Regelung von durch einen Dienstleister als Drittem erstellten Signaturen im Sinn.[1073]

Da die eIDAS-VO keine Beweiskraftregel für qualifizierte Signaturen enthält, sondern eine Beweisregelung hinsichtlich qualifizierter Signaturen indirekt den Mitgliedsstaaten überlässt (Art. 25 Abs. 2 eIDAS-VO),[1074] könnte es hingegen möglich sein, fernsignierten elektronischen Dokumenten die Beweiskraft des § 371a Abs. 1 ZPO zu versagen.

b) Problemstellung

Im Vergleich mit der Eigensignierung und Signierung in Stellvertretung geht bei der Fernsignierung die Transparenz verloren.[1075] Der Dritte kann beliebig viele elektronische Signaturen erstellen, die auf den Empfänger alle den Eindruck der Echtheit erwecken, weil ihnen die Signierung durch einen Dritten nicht anzusehen ist. Bei der „offenen" Stellvertretung verwendet der Vertreter seine eigenen Signaturerstellungsdaten. Bei der Fernsignatur hingegen gibt der Signaturschlüsselinhaber die Signaturerstellungseinheit und die Wissensdaten zur Aktivierung der Signatur und damit die beiden einzigen faktischen „Sicherheitsanker" Sachherrschaft und Wissensdaten an einen Dritten weiter.[1076] Gerade an die Zwei-Faktor-Authentisierung wird jedoch die Sicherheit qualifizierter Signaturen geknüpft.[1077] Im weisungsgemäßen Fernsignierungsmodell wird der Verlust der beiden Sicherheitsanker zwar regelmäßig durch eine vertragliche Abrede ausgeglichen, indem der Dritte die vertragsgemäße Verwendung der Signaturerstellungseinheit und der Wissensdaten zusagt.[1078] Dies bedeutet allerdings dennoch eine Absenkung des Sicherheitsniveaus, denn die nor-

---

1073 Vgl. vor allem Erwägungsgrund 52 eIDAS-VO.
1074 Siehe § 8 II. 1.
1075 *Roßnagel*, MMR 2008, 22, 24 f.
1076 *Roßnagel*, MMR 2008, 22, 23 f.
1077 Siehe § 7 II. 2. a) cc) (4).
1078 *Roßnagel*, MMR 2008, 22, 24.

mative Sicherheit ist von Unwägbarkeiten wie der Wirksamkeit der Abreden oder Einhaltung jener geprägt.[1079]

c) Standpunkte zur beweisrechtlichen Behandlung

Die *unberechtigte* und *berechtigte, weisungswidrige* Fernsignierung kann als nach allgemeiner Meinung vom Anscheinsbeweis des § 371a Abs. 1 S. 2 ZPO erfasst angesehen werden.[1080] Dies ergibt sich daraus, dass Einwände des (vermeintlichen) Ausstellers gegen die Urheberschaft im Wege des Gegenbeweises berücksichtigt werden.[1081] Trägt der Signaturschlüsselinhaber vor, das Dokument stammte in Wahrheit von einem Dritten, welcher seine Signaturerstellungsdaten unberechtigt verwendet habe, kann das zur Erschütterung des ersten Anscheins führen – vorausgesetzt, die Einwände sind substantiiert.

Jedenfalls vor Inkrafttreten der eIDAS-VO wurde hinsichtlich der *weisungsgemäßen* Fernsignierung die Auffassung vertreten, die Anwendung des § 371a Abs. 1 S. 2 ZPO sei zu verneinen.[1082] Fremd erzeugten Signaturen wurde die Eigenschaft einer qualifizierten Signatur abgesprochen, weil es an der „alleinigen Kontrolle" über die Mittel zur Signaturerzeugung fehle. Man könne die Beweiskraftregel nicht zu einer Rechtsscheinregel umfunktionieren, um die Erklärung entgegen der feststehenden Tatsache, dass die Erklärung nicht von dem Signaturschlüsselinhaber, sondern von einem Dritten stamme, dennoch dem Signaturschlüsselinhaber zuzurechnen.[1083] Diese Ansicht sieht dabei durchaus die Zielsetzung, dem gutgläu-

---

1079 *Roßnagel*, MMR 2008, 22, 24 f.; vgl. zur Absenkung des Sicherheitsniveaus auch *Jandt*, NJW 2015, 1205, 1210.

1080 Wenngleich es nicht so bezeichnet wird.

1081 Vgl. die Regierungsbegründung zum Entwurf eines Gesetzes zur Anpassung der Formvorschriften des Privatrechts und anderer Vorschriften an den modernen Rechtsgeschäftsverkehr, BT-Drucks. 14/4987, S. 25 (zu § 292a ZPO); ebenso *Berger*, in: Stein/Jonas, § 371a Rn. 17; *Borges*, S. 508 f.; *Schemmann*, ZZP 118 (2005), 161, 173 f.; *Preuß*, ZZP 125 (2012), 135, 146 f.; *Zimmermann*, in: MünchKommZPO, § 371a Rn. 4; *Huber*, in: Musielak/Voit, § 371a Rn. 6, 10; *Ahrens*, in: Wieczorek/Schütze, § 371a Rn. 24 f., 37. Die Unterscheidung in die unberechtigte und berechtigte, aber weisungswidrige Fernsignierung wird dort allerdings so ausdrücklich wie hier nicht getroffen.

1082 *Roßnagel*, MMR 2008, 22, 28; *Preuß*, ZZP 125 (2012), 135, 147.

1083 *Roßnagel*, MMR 2008, 22, 26 f.; dieser Ansicht folgend *Preuß*, ZZP 125 (2012), 135, 147.

bigen Empfänger Rechtssicherheit zu bieten, opfert diese aber zu Gunsten des Interesses nach materieller Nachweissicherheit.[1084]

d) Würdigung

Zu trennen sind bei der Frage der Zulässigkeit von Fernsignaturen die technische und die beweisrechtliche Seite. Nach der eIDAS-VO sind durch einen qualifizierten Vertrauensdiensteanbieter erbrachte Signaturen ausdrücklich zulässig. In Bezug auf durch einen Nicht-Dienstleister erstellte Signaturen enthält sich die eIDAS-VO einer Regelung. „Technisch" möglich sind sie dennoch, denn es kann nicht überprüft oder ausgeschlossen werden, dass eine Weitergabe der Signaturerstellungsdaten und -einheiten nicht erfolgt ist. In beiden Konstellationen ist die Frage der beweisrechtlichen Auswirkung jedoch gleich zu beantworten, weil es jeweils um die Frage geht, ob sich die mit der Signaturerstellung verbundene Echtheitsvermutung und insbesondere Authentizitätsvermutung nach § 371a Abs. 1 S. 2 ZPO auf diese Fälle erstrecken kann. § 39a Abs. 1 S. 4 BeurkG stützt dieses Ergebnis: Dort ist ausdrücklich festgelegt, dass der Notar die Signatur selbst erzeugen und die Signaturerstellungsdaten selbst verwalten muss. Im Umkehrschluss bedeutet das, dass in anderen Fällen die Signaturerzeugung durch einen Dritten zulässig ist.

Die Möglichkeit der Fernsignierung stellt auf den ersten Blick eine Neuerung gegenüber der Rechtslage im Urkundenbeweisrecht dar. Dort ist eine „Fremdunterzeichnung" nicht möglich. Die Echtheit einer Urkunde wird erst vermutet, wenn die Echtheit der persönlichen Namensunterschrift feststeht oder das persönliche Handzeichen notariell beglaubigt ist (§ 440 Abs. 2 ZPO). Mit qualifizierten Signaturen ist es hingegen möglich, echte elektronische Dokumente zu erzeugen, die tatsächlich von einer anderen Person als der als Aussteller erkennbaren signiert wurden. Zur Beurteilung der beweisrechtlichen Zulässigkeit bietet sich ein Vergleich mit Blanketturkunden an. Bei einer Blanketturkunde übergibt der Aussteller dem Dritten eine blanko unterschriebene Urkunde, deren Inhalt der Dritte vervollständigen oder neu aufsetzen darf. Ein Vergleich bietet sich deshalb an, weil bei einer Fernsignierung dem Dritten ebenfalls die Möglichkeit offensteht, das Dokument vor Signierung zu verändern oder gar ein neues

---

1084 Vgl. *Roßnagel*, MMR 2008, 22, 28.

aufzusetzen. Inwieweit fernsignierte elektronische Dokumente dem bekannten System von Blanketturkunden vergleichbar sind, wird sich zeigen.

aa) Unberechtigte Fernsignierung

Die unberechtigte Fernsignierung wird regelmäßig nur im Fall der Erzeugung der Signatur durch einen Nicht-Dienstleister auftreten. Bei Fernsignaturen durch einen Vertrauensdiensteanbieter wird regelmäßig ein Auftragsverhältnis und damit eine Berechtigung bestehen. Ein qualifizierter Vertrauensdiensteanbieter wird auch regelmäßig kein Interesse an der unberechtigten Signierung eines Dokuments haben.

Der Fall der behaupteten unberechtigten Signierung durch einen Dritten kann als *der* Grund für die Normierung des Anscheinsbeweises bezeichnet werden.[1085] Die Gründe für eine unberechtigte Verwendung liegen in der Sphäre und Nachlässigkeit des Ausstellers und sind ihm daher grundsätzlich zuzurechnen. Der Empfänger soll gerade vor unberechtigten Einwänden des Ausstellers geschützt werden, er habe die Erklärung nicht abgegeben. (Berechtigte) Einwände des vermeintlichen Ausstellers werden im Wege des Gegenbeweises berücksichtigt und sind durch die Zwei-Faktor-Authentisierung bei Erstellung der qualifizierten Signatur in der Regel erfolgreich. Ein völlig Fremder wird zwar eventuell die PIN ausspähen können, der Diebstahl der Signaturkarte wird sich aber deutlich schwieriger gestalten. Ein Familienmitglied oder eine sonstige Person, die Zugang zur Signaturkarte hat, wird hingegen in der Regel nicht gleichzeitig die PIN ausspähen können, außer der Inhaber hat sie notiert, mitgeteilt oder ähnliches. Solche Nachlässigkeiten sollen aber zu seinen Lasten gehen. Das wird durch die Vorschrift des § 371a Abs. 1 S. 2 ZPO gewährleistet.

1085 Vgl. die Regierungsbegründung zum Entwurf eines Gesetzes zur Anpassung der Formvorschriften des Privatrechts und anderer Vorschriften an den modernen Rechtsgeschäftsverkehr, BT-Drucks. 14/4987, S. 25 (zu § 292a ZPO). Siehe auch § 8 IV. 3. c) aa).

bb) Weisungsgemäße Fernsignierung

Seit Inkrafttreten der eIDAS-VO kann weisungsgemäß fernerzeugten Signaturen nicht mehr der Einwand entgegengehalten werden, sie seien keine qualifizierten Signaturen. Art. 26 c) eIDAS-VO i. V. m. Erwägungsgrund 51 eIDAS-VO lässt die Fernsignierung ausdrücklich zu. Den Anscheinsbeweis des § 371a Abs. 1 S. 2 ZPO kann man damit nicht bereits an der Form bzw. an der Eigenschaft qualifizierter Signaturen scheitern lassen. Das Argument der nicht zulässigen Umfunktionierung der Beweiskraftregel zu einer Rechtsscheinregel entfällt damit ebenfalls. Eine weisungsgemäß ausgeführte Fernsignatur ist eine echte qualifizierte Signatur, die Erklärung wird dem Signaturschlüsselinhaber nicht erst mittels des § 371a Abs. 1 S. 2 ZPO zugerechnet. Die Zurechnung erfolgt bereits auf materiellrechtlicher Ebene (Art. 26 c) eIDAS-VO). Ein Systembruch durch eine im Prozessrecht verortete Rechtsscheinregel erfolgt deshalb nicht. Für den Unterfall der Signierung durch einen Nicht-Dienstleister ist es nicht ganz so eindeutig. Sie wird nicht ausdrücklich als zulässig normiert. Hier ergibt sich die Erstreckung des § 371a Abs. 1 S. 2 ZPO jedoch aus einer am Sinn und Zweck und den Rechtsfolgen orientierten Betrachtung: Führt der Dritte die Signaturerzeugung tatsächlich weisungsgemäß aus, entspricht das dem Willen des Signaturschlüsselinhabers. Der Empfänger des elektronischen Dokuments ist auch hier vor den unbegründeten Einwänden des Signaturschlüsselinhabers, der Dritte habe nicht weisungsgemäß gehandelt, zu schützen. Vergleicht man die Anscheinsbeweisregel des § 371a Abs. 1 S. 2 ZPO mit der – richterrechtlichen – Anscheinsbeweisregelung bei EC-Karten für die autorisierte Durchführung der Geldabhebung, ergibt sich ein vergleichbarer typischer Geschehensablauf. Bei der Geldabhebung am Bankautomat wird *prima facie* vermutet, dass der Abhebungsvorgang vom Kontoinhaber oder einem *autorisierten Dritten* vorgenommen wurde.[1086] Begründet wird dies mit der Zwei-Faktor-Authentisierung. Wenn der Abhebende die beiden Sicherungsmittel Besitz (EC-Karte) und Wissen (PIN) besitzt, kann von einer autorisierten Abhebung ausgegangen werden. Dieses Modell liegt auch qualifizierten Signaturen zugrunde. Die Prozessgegner *Empfänger* des elektronischen Dokuments beziehungsweise *Bank* sind schützenswert, da den Abhebungs- oder Si-

---

1086 Siehe § 7 II. 2. a) cc) (4).

gniervorgängen die Durchführung durch einen Dritten nicht anzusehen sind.

Eine weisungsgemäß ausgeführte Fernsignierung ist jedoch als beweisrechtlich wenig relevant anzusehen, da in der Regel der Aussteller die Echtheit des elektronischen Dokuments und der Signatur nicht bestreiten wird, weil sie gerade weisungsgemäß erfolgten.

cc) Weisungswidrige Fernsignierung

Die weisungswidrige Fernsignierung kann mit einem Blankettmissbrauch verglichen werden.[1087] Bei einer Blanketturkunde übergibt der Aussteller dem Dritten eine unterschriebene, aber im Übrigen noch ganz oder teilweise auszufüllende Urkunde. Dabei kann er dem Dritten Vorgaben machen, etwa zur Maximalhöhe einer Bürgschaft, eines Kaufpreises etc. Hält der Dritte sich nicht an die Vorgaben, liegt ein sogenannter Blankettmissbrauch vor. Beweisrechtlich wird dieser wie folgt behandelt: Der Aussteller wird regelmäßig die Echtheit der Urkunde – genauer des Urkundentextes[1088] – bestreiten, da er eine Erklärung mit diesem Inhalt nicht abgeben wollte. Über die Frage, ob tatsächlich eine abredewidrige Vervollständigung des Blanketts gegeben ist, ist Beweis zu erheben. Die Beweislast für die Echtheit der Urkunde und damit für das Nichtvorliegen eines Blankettmissbrauchs trägt der Empfänger als derjenige, der sich auf den Urkundeninhalt beruft (§ 440 Abs. 1 ZPO). Der beweisbelastete Empfänger kann den Beweis der Echtheit der Urkunde entweder direkt durch alle verfügbaren Beweismittel erbringen oder mithilfe der Vermutung des § 440 Abs. 2 ZPO, indem er die Echtheit der Unterschrift für sich sprechen lässt.[1089] Ist der über der Unterschrift stehende Text unstreitig weder von

---

1087 Vgl. auch *Borges*, S. 489 f., der die Weitergabe des Signaturschlüssels mit einem Faksimilestempel vergleicht. Anderer Ansicht ist *Jungermann*, S. 123 f., der Fälle des Blankettmissbrauchs im elektronischen Geschäftsverkehrs als nicht möglich ansieht, da es keine Signaturen „auf Vorrat" geben könne.

1088 Der Vortrag des abredewidrigen Ausfüllens eines Blanketts wird als Bestreiten der Echtheit des Urkundentextes behandelt, vgl. BGH NJW 1986, 3086; BGHZ104, 172 = NJW 1988, 2741.

1089 Nach ganz herrschender Meinung werden die Blankounterschrift und der Blankettmissbrauch unter die Vermutung des § 440 Abs. 2 ZPO gefasst, BGH WM 1965, 1062, 1063; BGHZ 104, 172 = NJW 1988, 2741; BGH NJW 2000, 1179, 1181; BGH NJW-RR 2006, 847, 849; BGH NJW-RR 2015, 819, 821; vgl. auch

dem Aussteller geschrieben noch diktiert worden, erstreckt sich die Vermutung des § 440 Abs. 2 ZPO darauf, dass der Urkundeninhalt dem Willen des Unterzeichners entspricht.[1090] Die Vermutung gilt auch bei Blankounterschriften und bei Blankettmissbräuchen durch vereinbarungswidrige Verwendung von Unterschriften, gegen die aber der Beweis des Gegenteils zulässig ist.[1091] Das heißt, es liegt nun wiederum am Aussteller, im Wege des Gegenteilsbeweises die weisungswidrige Ausfüllung des Blanketts zu beweisen. Gelingt ihm das, ist nach materiellem Recht über die Rechtsfolgen des Blankettmissbrauchs zu entscheiden.[1092] Gelingt ihm der Beweis des Blankettmissbrauchs nicht, ist er an die urkundliche Erklärung gebunden. Das heißt, die Erklärung eines Dritten wird – letztlich auf beweisrechtlicher Ebene – dem Aussteller zugerechnet.[1093] Die Zurechnung beruht darauf, dass der Aussteller durch die Weitergabe eines Blanketts einen Rechtsschein gesetzt hat.[1094]

Die weisungswidrige Fernsignierung läuft auf der tatsächlichen Ebene fast identisch ab. Der einzige Unterschied ist der, dass die Signatur nicht bereits vom Aussteller erzeugt ist, sondern von dem Dritten erst erstellt wird. Dies ist aber allein dem technischen Umstand geschuldet, dass eine Signatur nicht im Vorfeld erstellt werden kann, da der in ihr enthaltene Hashwert erst aus dem fertigen elektronischen Dokument gebildet werden kann. Der Aussteller gibt aber seine Signaturerstellungsdaten zum Zweck der Signaturerzeugung weiter, was einer vorab erteilten Blankounterschrift entspricht. Beweisrechtlich erfolgt die Behandlung bei Anwendung der gegebenen Rechtslage ebenfalls fast identisch. Der sich auf das elektronische Dokument berufende Empfänger trägt die Behauptungs- und Beweis-

---

Schreiber, in: MünchKommZPO, § 440 Rn. 4; *Huber*, in: Musielak/Voit, § 440 Rn. 5; *Rosenberg/Schwab/Gottwald*, § 119 Rn. 15.

1090 BGH NJW-RR 2015, 819, 821.

1091 BGH NJW-RR 2015, 819, 821.

1092 Vgl. zu den Rechtsfolgen etwa *Schubert*, in: MünchKommBGB, § 172 Rn. 2–5.

1093 Aber auch materiellrechtlich ändert sich letztlich am Ergebnis der Haftung des Vertretenen/Ausstellers nichts, wenn erwiesenermaßen ein Blankettmissbrauch gegeben, aber der Empfänger gutgläubig ist. Nach überwiegender Ansicht besteht zu Gunsten des gutgläubigen Empfängers ein Vertrauensschutz nach § 172 BGB analog, ein Anfechtungsrecht wird nicht gewährt; vgl. BGHZ 40, 65, 68 = NJW 1963, 1971; BGHZ 113, 48, 53 = NJW 1991, 487, 488; *Binder* AcP 207 (2007), 155, 195 f.; *Schilken*, in: Staudinger, § 172 Rn. 8; *Schubert*, in: MünchKommBGB, § 172 Rn. 4; a. A. *Keim*, NJW 1996, 2774, 2775 f.; *Pawlowski* JZ 1997, 309, 311 f.

1094 Vgl. BGH NJW 2000, 1179, 1181.

last für die Echtheit dessen. Hier hilft ihm der Anscheinsbeweis des § 371a Abs. 1 S. 2 ZPO. Ergibt die Signaturprüfung, dass die Signatur echt und dem Aussteller zuzuordnen ist, so ist *prima facie* auch die Echtheit, sprich Unverfälschtheit und Urheberschaft des Ausstellers bewiesen. Bestreitet der Aussteller weiterhin die Echtheit mit dem Vortrag der weisungswidrigen Fernsignierung, so hat er im Wege des Gegenbeweises den ersten Anschein zu erschüttern. Gelingt ihm das, ist materiellrechtlich über die Rechtsfolgen zu entscheiden. Gelingt ihm das nicht, ist er an die elektronische Erklärung gebunden. Das weisungswidrige Handeln des Dritten wird dem Aussteller damit ebenfalls zugerechnet. Auch hier ist die Zurechnung gerechtfertigt, denn der Aussteller hat den Signaturschlüssel aus der Hand gegeben, was der Weitergabe einer Blanketturkunde entspricht.

Die Regelung des § 371a Abs. 1 S. 2 ZPO kann in den Fällen der weisungswidrigen Fernsignierung als prozessuale Rechtsscheinregel angesehen werden,[1095] welche aber aus oben genannten Gründen gerechtfertigt ist.

Im Unterschied zum Urkundenbeweisrecht hat der Aussteller beim weisungswidrigen Handeln des Dritten nur einen Gegenbeweis, nicht aber den vollen Beweis des Gegenteils zu erbringen. Die geringere Vermutungsfolge einer qualifizierten Signatur ist gerechtfertigt. Der Empfänger des elektronischen Dokuments hat zum Beweis der Echtheit dessen bereits nicht den vollen Beweis zu erbringen, sondern es reicht die Durchführung einer Signaturprüfung mit positivem Ergebnis aus, um den Beweis des ersten Anscheins zu begründen. Im Gegensatz dazu hat er im Urkundenbeweisrecht die Echtheit der Unterschrift voll zu beweisen. Dieser Gegensatz im Ausgangspunkt der Beweiskraft rechtfertigt den Unterschied in der Rechtsfolge der Vermutungswirkung für die Echtheit des elektronischen Dokuments. Ist jedoch die Signaturerzeugung durch einen beauftragten Dritten unstreitig und steht nur die Weisungsgemäßheit in Frage, so sollte den Aussteller gleich dem Urkundenbeweisrecht die volle Beweislast treffen und nicht lediglich im Umfang eines Gegenbeweises. Obwohl sich der Vortrag der Weisungswidrigkeit als ein Bestreiten der Echtheit darstellt und damit nach Anwendung des § 371a Abs. 1 S. 2 ZPO nach den Voraussetzungen des Gegenbeweises zu erbringen wäre, ist hier die Forderung, einen Vollbeweis erbringen zu müssen, gerechtfertigt. Der Vortrag des Ausstellers richtet sich nicht gegen die Echtheit der Signatur, sondern ge-

---

1095 Siehe § 8 V. 2. c).

gen die Weisungsgemäßheit der in dem elektronischen Dokument enthaltenen Erklärung. Damit richtet sich das Bestreiten des Ausstellers im Grunde nicht gegen die Vermutung des § 371a Abs. 1 S. 2 ZPO, die in dem elektronischen Dokument enthaltene Erklärung stamme unverfälscht von ihm. Es ist offengelegt, dass die Erklärung von einem Dritten stammt, welcher aber die Grenzen seiner Weisung überschritten hat. Ergänzend wäre in den Fällen der weisungswidrigen Fernsignierung der Rechtsgedanke des § 440 Abs. 2 ZPO anzuwenden.

Das den Aussteller durch den Anscheinsbeweis treffende befürchtete höhere Beweisrisiko[1096] entspricht nicht der Rechtslage im Urkundenbeweisrecht. Statt die Vermutung im Wege des Gegenteilsbeweises zu widerlegen, trifft den Aussteller nur die Last, im Wege des Gegenbeweises die Vermutung zu erschüttern. Das Beweisrisiko ist folglich nicht unangemessen, sondern kann im Vergleich sogar zu gering ausfallen.

dd) Fazit

Sowohl die Fälle der unberechtigten, als auch der berechtigten weisungswidrigen oder weisungsgemäßen Fernsignierung werden vom Anscheinsbeweis des § 371a Abs. 1 S. 2 ZPO erfasst. Die unberechtigte Fernsignierung kann als der Hauptgrund für den Anscheinsbeweis bezeichnet werden. Er muss sich aber auch auf die anderen genannten Fälle erstrecken. Ein Vergleich mit der unberechtigten Fernsignierung stützt dieses Ergebnis. Es ist gerade Aufgabe der Beweisaufnahme, zu klären, ob der Vortrag des Signaturschlüsselinhabers, das signierte elektronische Dokument sei weisungsgemäß, weisungswidrig oder unberechtigt erstellt, korrekt ist. Bereits vorab den Anscheinsbeweis in bestimmten Konstellationen zu versagen, ohne festgestellt zu haben, ob eine Fernsignierung überhaupt gegeben ist, kann nicht richtig sein.

Auf die Regelung des § 371a Abs. 1 S. 1 ZPO hat die Fernsignierung keinen Einfluss. Steht die Echtheit des elektronischen Dokuments nach § 371a Abs. 1 S. 2 ZPO fest, ist bewiesen, dass die in dem elektronischen Dokument enthaltene Erklärung vom Aussteller abgegeben wurde (§§ 371a Abs. 1 S. 1, 416 ZPO).

1096 *Jandt*, NJW 2015, 1205, 1210.

Um den Signaturschlüsselinhaber vor mitunter unzähligen Missbräuchen eines Dritten zu schützen, welcher einmal in den Besitz und das Wissen der Signaturerstellungsdaten und –einheiten gelangt ist, sollte eine Schutzvorrichtung entwickelt werden. Man könnte daran denken, bei jeder Signaturerzeugung dem Signaturschlüsselinhaber eine Nachricht mit einem Hinweis zu senden, gegebenenfalls sogar mit dem signierten elektronischen Dokument im Anhang. Dies hätte zur Folge, dass ein zeitgleicher „Widerruf“[1097] möglich wäre, sofern es sich tatsächlich um eine missbräuchliche Verwendung handelte.

VI. Zusammenfassung

Aufgrund der mangelnden Sicherheit einfacher und fortgeschrittener Signaturverfahren, die im Unterschied zu qualifizierten elektronischen Signaturen entweder bereits gar kein Verschlüsselungsverfahren verwenden – so bei einfach signierten elektronischen Dokumenten – oder aufgrund der zu geringen Anforderungen die Authentizität und Integrität nicht ausreichend gewährleisten, wurden diese vom europäischen und deutschen Gesetzgeber als ungeeignet angesehen, die eigenhändige Unterschrift bzw. ein notariell beglaubigtes Handzeichen zu ersetzen. Die Unterzeichnung auf dem Papier kann im elektronischen Geschäftsverkehr nur durch eine qualifizierte Signatur ersetzt werden, wie § 371a Abs. 1 ZPO und Art. 25 Abs. 2 eIDAS-VO, aber auch § 126a BGB zeigen.

Die Anscheinsbeweisregelung des § 371a Abs. 1 S. 2 ZPO erlaubt es dem Beweisführer, den Beweis der Echtheit der in dem qualifiziert signierten elektronischen Dokument enthaltenen Erklärung mit einer positiven Signaturprüfung (Validierung) zu führen. Sie stellt für ihn eine Beweiserleichterung dar, indem ihm zum Beweis der Echtheit nicht der Nachweis aller Voraussetzungen einer qualifizierten Signatur obliegt, sondern die Validierung mit positivem Ergebnis den Beweis des ersten Anscheins übernimmt. Der Beweis des ersten Anscheins für die Echtheit umfasst Authentizität und Integrität des elektronischen Dokuments. Das heißt, es ist bewiesen, dass die in dem elektronischen Dokument enthaltene Erklärung nicht nachträglich verändert wurde und vom Aussteller

1097 Ähnlich der Regelung des § 130 Abs. 1 S. 2 BGB, mit dem Unterschied, dass der Widerruf hier nicht auf Willenserklärungen beschränkt wäre.

stammt bzw. mit dessen Willen dort steht. Die den ersten Anschein auslösende qualifizierte Signatur kann vom Signaturschlüsselinhaber, aber auch von einem Dritten erstellt sein. Der Beweis der unberechtigten bzw. weisungswidrigen Fernsignierung obliegt dem (vermeintlichen) Aussteller in der Form des Gegenbeweises.

Gegenüber der Rechtslage im Urkundenbeweisrecht ergibt sich eine Verbesserung der Beweislage für den Beweisführer. Sowohl bei Urkunden als auch bei elektronischen Dokumenten kann aus der Echtheit der Unterzeichnung (§ 440 Abs. 2 ZPO) bzw. der qualifizierten Signatur (§ 371a Abs. 1 S. 2 ZPO) auf die Echtheit der Urkunde bzw. des elektronischen Dokuments geschlossen werden. Während der Beweisführer bei Urkunden nach den §§ 439 Abs. 2, 440 Abs. 2 ZPO die Echtheit der Namensunterschrift jedoch voll zu beweisen hat, hilft ihm bei elektronischen Dokumenten der Anscheinsbeweis des § 371a Abs. 1 S. 2 ZPO.

Steht die Echtheit der Erklärung aufgrund des § 371a Abs. 1 S. 2 ZPO *prima facie* fest, ist nach den §§ 371a Abs. 1 S. 1, 416 ZPO auch die Abgabe der Erklärung im Sinne einer willentlichen Entäußerung in den Rechtsverkehr bewiesen. § 416 ZPO schließt insoweit die freie Beweiswürdigung aus. Nach § 371a Abs. 1 S. 1 ZPO ist die Vorschrift des § 416 ZPO bei qualifiziert signierten elektronischen Dokumenten entsprechend anzuwenden. Die Beweiskraftregelung des § 416 ZPO setzt die Echtheit der Urkunde – bzw. hier des elektronischen Dokuments – voraus.

§ 371a Abs. 1 S. 1 ZPO ist entsprechend auf fortgeschritten signierte elektronische Dokumente anwendbar. Bei fortgeschritten signierten elektronischen Dokumenten liegt die Schwierigkeit jedoch darin, dass die Anscheinsbeweisregelung des § 371a Abs. 1 S. 2 ZPO nicht anwendbar ist und die Echtheit des elektronischen Dokuments im Bestreitensfall durch den Beweisführer voll zu beweisen ist.

§ 9 Die Beweiskraft der De-Mail

I. Überblick

Zweck der De-Mail ist „einen sicheren, vertraulichen und nachweisbaren Geschäftsverkehr für jedermann im Internet“ sicherzustellen (§ 1 Abs. 1 De-MailG). Die De-Mail soll nach Intention des Gesetzgebers dabei die Nachteile der herkömmlichen E-Mail wie der Möglichkeit des Abfangens auf dem Versandweg, des Mitlesens „wie Postkarten“ und der Inhaltsveränderung verhindern.[1098] Die Vorteile der E-Mail, welche sich als „Massenkommunikationsmittel“ durchgesetzt habe und sich als „einfach, schnell, preiswert und ortsunabhängig“ präsentiere, sollen erhalten bleiben. Die De-Mail ist ein weiterer Versuch, geeignete Rahmenbedingungen für die einer auf Papier beruhenden Kommunikation vergleichbare Vertrauenswürdigkeit gewährleistende elektronische Kommunikation herzustellen und die neben die schon lange, sich aber nicht durchzusetzen vermögende Möglichkeit der Verschlüsselung tritt.[1099]

1. Verhältnis der De-Mail zu qualifizierten Diensten für die Zustellung elektronischer Einschreiben nach Art. 44 eIDAS-VO

Die De-Mail erfüllt die Anforderungen der eIDAS-VO an qualifizierte Dienste für die Zustellung elektronischer Einschreiben.[1100] Der De-Mail-Dienst nach dem De-MailG ist aber gleichzeitig ein rein innerstaatlicher Sachverhalt, welcher durch die eIDAS-VO nicht berührt werden soll (Erwägungsgrund 24 eIDAS-VO).[1101] Eine Anpassung des De-MailG an die eIDAS-VO ist aus diesem Grund nicht erforderlich.[1102] Sofern die De-Mail rein innerstaatlich eingesetzt wird, genügt es, wenn die Anforderungen des De-MailG erfüllt werden. Abweichungen zur eIDAS-VO sind möglich.[1103] Sofern die De-Mail aber – potenziell grenzüberschreitend – als Dienst für die Zustellung elektronischer Einschreiben eingesetzt wird, muss sie die Anforderungen der eIDAS-VO erfüllen.

1098 Regierungsbegründung zum Entwurf eines Gesetzes zur Regelung von De-Mail-Diensten und zur Änderung weiterer Vorschriften, BT-Drucks. 17/3630, S. 1.

1099 Regierungsbegründung zum Entwurf eines Gesetzes zur Regelung von De-Mail-Diensten und zur Änderung weiterer Vorschriften, BT-Drucks. 17/3630, S. 18.

1100 *BSI*, Erfüllung qualifizierter Dienste für die Zustellung elektronischer Einschreiben durch De-Mail-Dienste, S. 3 ff.

1101 Siehe zur Ausnahme des Anwendungsbereichs der eIDAS-VO bei innerstaatlichen Sachverhalten § 8 I. 2. a) bb) (2) (a).

1102 Vgl. auch *Roßnagel*, Recht der Vertrauensdienste, S. 166.

1103 Wenngleich dies nach aktuellem Stand nicht der Fall ist.

2. De-Mail-Dienste

Das De-MailG schreibt verpflichtende und optionale Angebote für einen Diensteanbieter vor. Verpflichtend muss ein De-Mail-Anbieter eine sichere Anmeldung, einen Postfach- und Versanddienst sowie die Nutzung eines Verzeichnisdienstes anbieten; fakultativ sind ein Identitätsbestätigungs- und ein Dokumentenablagedienst (§ 1 Abs. 2 S. 1 De-MailG).

Der Postfach- und Versanddienst ist in § 5 De-MailG geregelt. Er soll durch die Transport- in Kombination mit einer separaten Verschlüsselung des Inhalts die Vertraulichkeit, Integrität und Authentizität der Nachrichten gewährleisten (§ 5 Abs. 3 S. 1, S. 2 De-MailG). Ende-zu-Ende-Verschlüsselungen der Nutzer sind ebenfalls möglich (§ 5 Abs. 3 S. 3 De-MailG). Ergänzt wird der Postfach- und Versanddienst durch den Verzeichnisdienst (§ 7 De-MailG). Diesen anzubieten ist für den De-Mail-Diensteanbieter verpflichtend, der Nutzer kann jedoch wählen, ob er darin aufgenommen werden möchte oder nicht (§ 7 Abs. 1 S. 1 De-MailG). Der optionale Identitätsbestätigungsdienst nach § 6 De-MailG soll dem Nutzer ermöglichen, sich der nach § 3 De-MailG – im Rahmen der Eröffnung eines De-Mail-Kontos – hinterlegten Identitätsdaten zu bedienen, um seine Identität gegenüber einem Dritten, der ebenfalls Nutzer eines De-Mail-Kontos ist, bestätigen zu lassen (§ 6 Abs. 1 De-MailG). Mit dem Dokumentenablagedienst kann der De-Mail-Diensteanbieter dem Nutzer eine sichere Ablage von Dokumenten anbieten; dabei müssen Vertraulichkeit, Integrität und ständige Verfügbarkeit gewährleistet sein (§ 8 S. 1, S. 2 De-MailG).

3. Nutzungsvoraussetzungen

Für die Eröffnung eines De-Mail-Kontos ist nach § 3 Abs. 2 De-MailG eine Identitätsprüfung des Nutzers oder bei juristischen Personen, Personengesellschaften oder öffentlichen Stellen des gesetzlichen Vertreters oder der Organmitglieder erforderlich. Verpflichtend ist die Überprüfung anhand eines gültigen amtlichen Ausweises (§ 3 Abs. 3 S. 1 Nr. 1 De-MailG). Dem Diensteanbieter steht es dabei frei, die Online-Ausweisfunktion des Personalausweises, des elektronischen Aufenthaltstitels oder einer qualifizierten elektronischen Signatur zu verwenden, oder die Identität anhand des Personalausweises oder Reisepasses persönlich zu überprüfen.[1104] Bei juristischen Personen, Personengesellschaften und öffentlichen Stellen sind zugleich Auszüge aus dem Handelsregister oder vergleichbaren amtlichen Registern einzuholen (§ 3 Abs. 3 S. 1 Nr. 2 De-MailG).

Die Anmeldung zu einem De-Mail-Konto kann auf zwei Arten erfolgen. Zwingend ist die Möglichkeit der *sicheren* Anmeldung, welche auf Verlangen des Nutzers ausschließlich sein kann (§ 4 Abs. 1 S. 1, S. 4 De-MailG). Auf Verlangen des Nutzers muss die Nutzung zusätzlich auch ohne eine solche sichere Anmeldung möglich sein (§ 4 Abs. 1 S. 1 De-MailG). Bei der sicheren Anmeldung ist der Einsatz zweier geeigneter und voneinander unabhängiger Sicherungsmittel erforderlich, während die nicht sichere Anmeldung nur den Einsatz eines Sicherungsmittels erfordert, in der Regel Benutzername und Passwort (§ 4 Abs. 1 S. 2, S. 3 De-MailG). Bei der sicheren Anmeldung müssen mindestens zwei Verfahren zur Verfügung gestellt werden, wobei bei einer natürlichen Person als Nutzer ein Verfahren in dem elektronischen Identitätsnachweis nach § 18 Personalausweisgesetz bestehen muss (§ 4 Abs. 2 De-MailG).

4. Versandoptionen

§ 5 De-MailG sieht verschiedene Versandoptionen und Bestätigungen vor. Die Verwendung der Versandmöglichkeiten und Bestätigungen liegen dabei – mit Ausnahme der Abholbestätigung – im Ermessen des Senders.

Der Versender kann bei einer sicheren Anmeldung die Versandoption „persönlich" nach § 5 Abs. 4 De-MailG wählen.[1105] In diesem Fall kann der Empfänger die Nachricht nur lesen, wenn er sich selbst sicher nach § 4 De-MailG angemeldet hat. Dadurch soll sichergestellt werden, dass nur der beabsichtigte Empfänger Zugriff auf den Nachrichteninhalt erhält.[1106]

Die Versandoption „absenderbestätigt" nach § 5 Abs. 5 De-MailG soll dem Empfänger der Nachricht ein belastbares Beweismittel dafür liefern, dass die Nachricht nach einer sicheren Anmeldung des Senders erfolgt

---

1104 Siehe dazu *BSI*, De-Mail, S. 13 und ausführlich *Wrede/Kirsch*, ZD 2013, 433 ff.

1105 Der Begriff „persönlich" ist keiner des Gesetzes, hat sich aber als allgemeingültig für die Versandoption nach § 5 Abs. 4 De-MailG etabliert; vgl. *BSI*, De-Mail, S. 17.

1106 Regierungsbegründung zum Entwurf eines Gesetzes zur Regelung von De-Mail-Diensten und zur Änderung weiterer Vorschriften, BT-Drucks. 17/3630, S. 29.

ist.[1107] Ob eine Absenderbestätigung verschickt wird, liegt im Ermessen des Senders.[1108] Die Absenderbestätigung ist eine qualifizierte Signatur des De-Mail-Diensteanbieters mit den nach § 3 Abs. 2 De-MailG hinterlegten Identitätsdaten (§ 5 Abs. 5 S. 3, S. 4 De-MailG). Die Anforderungen an die qualifizierte Signatur müssen seit ihrem Inkrafttreten den Vorgaben der eIDAS-VO entsprechen.

Die Option einer Ende-zu-Ende-Verschlüsselung nach § 5 Abs. 3 S. 3 De-MailG wird auch als Versandoption „vertraulich" bezeichnet.[1109] Hier muss der Sender selbst tätig werden, da die Ende-zu-Ende-Verschlüsselung kein Bestandteil des De-Mail-Dienstes ist.[1110]

Auf Antrag des Senders kann der Versand der Nachricht vom De-Mail-Diensteanbieter mit einer Versandbestätigung, welche durch eine qualifizierte Signatur gesichert wird, bestätigt werden (§ 5 Abs. 7 De-MailG). Die Versandbestätigung muss dabei die De-Mail-Adresse des Absenders und des Empfängers, das Datum und die Uhrzeit des Versands der Nachricht vom De-Mail-Postfach des Senders, den Namen und Vornamen oder die Firma des die Bestätigung erzeugenden akkreditierten De-Mail-Diensteanbieters sowie die Prüfsumme der zu bestätigenden Nachricht enthalten (§ 5 Abs. 7 S. 2 Nr. 1–4 De-MailG). Der Hashwert[1111] wird regelmäßig aus dem Datensatz des Nachrichteninhalts, des Absenders, des Empfängers, des Betreffs sowie der Versandoption gebildet.[1112] Dem Sender soll damit die Möglichkeit gegeben werden, zu beweisen, dass er den Inhalt der

---

1107 Regierungsbegründung zum Entwurf eines Gesetzes zur Regelung von De-Mail-Diensten und zur Änderung weiterer Vorschriften, BT-Drucks. 17/3630, S. 29. Auch hier ist das Adjektiv „absenderbestätigt" kein Ausdruck des Gesetzes, sondern wird allgemein für die Versandoption nach § 5 Abs. 5 De-MailG verwendet; vgl. *BSI*, De-Mail, S. 17; *Karniyevich*, S. 114.

1108 Dies wird im Gegensatz zu den anderen Versandoptionen nicht ausdrücklich erwähnt, ergibt sich aber aus dem Wortlaut des § 5 Abs. 5 S. 3 De-MailG; vgl. auch BT-Drucks 17/3630, S. 29.

1109 Vgl. z. B. *Stach*, DuD 2008, 184, 186: *Karniyevich*, S. 114.

1110 Vgl. § 5 Abs. 3 S. 3 De-MailG: „Der Einsatz einer durchgängigen Verschlüsselung zwischen Sender und Empfänger (Ende-zu-Ende-Verschlüsselung) bleibt hiervon unberührt".

1111 Siehe § 8 I. 3. b) cc).

1112 Regierungsbegründung zum Entwurf eines Gesetzes zur Regelung von De-Mail-Diensten und zur Änderung weiterer Vorschriften, BT-Drucks. 17/3630, S. 30.

Nachricht auch tatsächlich versandt hat, und etwaige Versäumnisse des De-Mail-Diensteanbieters nachzuweisen.[1113]

Mit einer Eingangsbestätigung nach § 5 Abs. 8 De-MailG werden dem Sender und dem Empfänger der Eingang der Nachricht im Postfach des Empfängers bestätigt (§ 5 Abs. 8 S. 1, S. 5 De-MailG). Hierbei müssen der De-Mail-Diensteanbieter des Senders und der des Empfängers zusammenwirken (§ 5 Abs. 8 S. 2 De-MailG). Die Eingangsbestätigung enthält dabei dieselben Angaben wie eine Versandbestätigung, nur treten an Stelle des Datums und der Uhrzeit des Nachrichtenversands Datum und Uhrzeit des Nachrichteneingangs (vgl. § 5 Abs. 8 S. 3 Nr. 1–4 De-MailG). Die Eingangsbestätigung wird ebenfalls durch eine qualifizierte Signatur des De-Mail-Diensteanbieters gesichert (§ 5 Abs. 8 S. 4 De-MailG).

Nutzt der Sender die Optionen einer Versand- und einer Eingangsbestätigung, wird dies auch als De-Mail-Einschreiben bezeichnet.[1114]

Eine öffentliche Stelle, welche zur förmlichen Zustellung nach der Zivilprozessordnung oder den Verwaltungszustellungsgesetzen berechtigt ist, kann nach § 5 Abs. 9 De-MailG eine Abholbestätigung verlangen. Die Abholbestätigung wird dann erteilt, wenn sich der Empfänger nach Eingang der Nachricht bei seinem De-Mail-Konto sicher im Sinne des § 4 De-MailG angemeldet hat. Die Abholbestätigung muss dabei dieselben Angaben wie eine Eingangsbestätigung enthalten (§ 5 Abs. 9 Nr. 1, Nr. 2, Nr. 4, Nr. 5 De-MailG) sowie zusätzlich das Datum und die Uhrzeit der sicheren Anmeldung des Empfängers (§ 5 Abs. 9 Nr. 3 De-MailG). Auch die Abholbestätigung wird mit einer qualifizierten Signatur des De-Mail-Diensteanbieters gesichert.

Schließlich besteht nach § 5 Abs. 11 De-MailG die Möglichkeit einer automatischen Weiterleitung der Nachricht an eine vom Empfänger angegebene De-Mail-Adresse eines Dritten für den Fall der vorübergehenden Verhinderung des Empfängers. Dies soll der Möglichkeit entsprechen, einem Dritten im Falle des Postversands seinen Briefkastenschlüssel zu übergeben.[1115]

1113 Regierungsbegründung zum Entwurf eines Gesetzes zur Regelung von De-Mail-Diensten und zur Änderung weiterer Vorschriften, BT-Drucks. 17/3630, S. 30.

1114 *Karniyevich*, S. 121.

1115 Regierungsbegründung zum Entwurf eines Gesetzes zur Regelung von De-Mail-Diensten und zur Änderung weiterer Vorschriften, BT-Drucks. 17/3630, S. 31.

II. Beweiskraft eines über die De-Mail versandten elektronischen Dokuments

Eine Beweiserleichterung für die Echtheit einer absenderbestätigten De-Mail ist in § 371a Abs. 2 ZPO zu finden. Gesetzliche Beweiskraftregelungen speziell für den Zugang oder die Abgabe per De-Mail versandter elektronischer Dokumente gibt es nicht, obwohl mit den Versand- und Eingangsbestätigungen Sicherungsmittel bestehen. Daher ist zu klären, ob für die Abgabe und den Zugang einer De-Mail ebenfalls Beweiserleichterungen in Betracht kommen.

1. Beweis der Echtheit nach § 371a Abs. 2 ZPO

Die Regelung des § 371a Abs. 2 ZPO wurde durch das Gesetz zur Förderung des elektronischen Rechtsverkehrs vom 10.10.2013 neu in die ZPO eingefügt.[1116] Der Gesetzgeber sah es als erforderlich an, eine Beweiserleichterung für die Echtheit einer absenderbestätigten De-Mail-Nachricht nach dem Vorbild des Anscheinsbeweises eines qualifiziert signierten elektronischen Dokuments zu normieren, da eine vergleichbare Beweiswirkung bestehe.[1117]

a) Anscheinsbeweis der Authentizität

Nach dem Wortlaut greift die Beweiserleichterung nur ein, wenn eine natürliche Person eine Nachricht über ihr De-Mail-Konto versendet. Für juristische Personen und Personengesellschaften soll der Anscheinsbeweis nicht greifen, da hier keine beweissichere Zuordnung der jeweiligen Erklärungen zum einzelnen Mitarbeiter gewährleistet ist.[1118]

Die natürliche Person muss sich bei einem ihr allein zugeordneten Konto sicher im Sinne des § 4 Abs. 1 S. 2 De-MailG angemeldet haben. Die

---

1116 Gesetz zur Förderung des elektronischen Rechtsverkehrs mit den Gerichten vom 10.10.2013, BGBl. 2013 I, S. 3786, 3788.

1117 Vgl. die Regierungsbegründung zum Entwurf eines Gesetzes zur Förderung des elektronischen Rechtsverkehrs mit den Gerichten, BT-Drucks. 17/12634, S. 31.

1118 Regierungsbegründung zum Entwurf eines Gesetzes zur Förderung des elektronischen Rechtsverkehrs mit den Gerichten, BT-Drucks. 17/12634, S. 32.

sichere Anmeldung muss durch den Einsatz zweier voneinander unabhängiger Sicherungsmittel erfolgen, das heißt durch eine Zwei-Faktor-Authentisierung.[1119] Die drei Voraussetzungen – sichere Anmeldung einer natürlichen Person bei einem ihr allein zugeordneten De-Mail-Konto –rechtfertigen einen Anscheinsbeweis für die Authentizität.[1120] Andere Geschehensabläufe als der, dass die elektronische Nachricht tatsächlich von dem Kontoinhaber verschickt wurde, sind unwahrscheinlich. Durch die Zwei-Faktor-Authentisierung wird eine Manipulation durch Dritte weitgehend ausgeschlossen.[1121]

Dem gegen die Anscheinsbeweisregelung des § 371a Abs. 2 ZPO vorgebrachten Argument, es liege trotz einer sicheren Anmeldung gerade nicht die einen Anscheinsbeweis rechtfertigende erforderliche Zuverlässigkeit vor, weil der De-Mail-Diensteanbieter eine De-Mail immer im Falle einer sicheren Anmeldung signiere und für ihn nicht erkennbar sei, ob nicht doch ein Dritter unbefugt Zugang zum De-Mail-Konto des Nutzers erlangt habe,[1122] ist zu begegnen. Mit dieser Auffassung wird das Sicherheitskonzept einer sicheren Anmeldung verkannt. Sowohl der sicheren Anmeldung als auch (dem Vorbild) der qualifizierten Signatur liegt der Gedanke zugrunde, dass bei einer Zwei-Faktor-Authentisierung eine sehr hohe Wahrscheinlichkeit für die Inanspruchnahme des Dienstes durch den Berechtigten gegeben ist. Dadurch kann eine unbefugte Verwendung durch einen Dritten weitgehend ausgeschlossen werden. Dass der Dritte unbefugt sowohl in den Besitz des physischen Sicherungsmittels (Signaturkarte, Chipkarte, Personalausweis) als auch der Komponente Wissen (PIN) gelangt, ist äußerst unwahrscheinlich. Die befugte Verwendung des De-Mail-Kontos ist vom Anscheinsbeweis für die Authentizität ebenfalls umfasst, wie es auch bei qualifizierten Signaturen der Fall ist.[1123]

1119 Siehe zur Zwei-Faktor-Authentisierung § 7 II. 2. a) cc) (4).

1120 *Roßnagel*, NJW 2011, 1473, 1477; ebenso *Müller-Brockhausen*, Rn. 909.

1121 Siehe auch die Regierungsbegründung zum Entwurf eines Gesetzes zur Förderung des elektronischen Rechtsverkehrs mit den Gerichten, BT-Drucks. 17/12634, S. 31.

1122 *Karniyevich*, S. 362 f.

1123 Siehe § 8 IV. 4. d), V. 2. d).

b) Anscheinsbeweis der Integrität

Allein mit der sicheren Anmeldung einer natürlichen Person bei einem ihr allein zugeordneten De-Mail-Konto kann die Integrität nicht gewährleistet werden.[1124] Hierfür ist die Absenderbestätigung nach § 5 Abs. 5 De-MailG erforderlich.[1125] Die amtliche Begründung zu § 371a Abs. 2 ZPO schlüsselt dies zwar nicht so detailliert auf,[1126] das Regelungskonzept des § 371a Abs. 2 ZPO ist aber so zu verstehen, dass mit der sicheren Anmeldung die Authentizität gewährleisten werden soll und mit der Absenderbestätigung die Integrität. Mit einer sicheren Anmeldung kann eine nachträgliche Verfälschung nicht ausgeschlossen werden. Eine Manipulation kann erst durch eine qualifizierte Signatur erkennbar gemacht werden, da hier der Hashwert (das komprimierte Abbild der elektronischen Nachricht) signiert wird.[1127] Die Absenderbestätigung ist eine solche qualifizierte Signatur (§ 5 Abs. 5 S. 3 De-MailG).

Zu beachten ist allerdings, dass die qualifizierte Signatur bei der De-Mail nicht vom Kontoinhaber erzeugt wird, sondern vom De-Mail-Diensteanbieter. Damit sollte die Schwierigkeit gelöst werden, dass das Sicherungsmittel der qualifizierten Signatur weitgehend nicht angenommen und angewandt wird.[1128] Über die De-Mail als sicheres Transportmittel elektronischer Nachrichten wird die Sicherung anwenderfreundlicher gestaltet, da kein zusätzliches Signierverfahren erforderlich ist. Weil aber (bisher) nur eine qualifizierte Signatur mit dem Verschlüsselungsverfahren die Integrität hinreichend sichern kann, ist eine solche auch für die De-Mail er-

---

1124 *Roßnagel*, NJW 2011, 1473, 1477; ebenso *Müller-Brockhausen*, Rn. 909.

1125 A. A. *Borchers/Gottberg/Hoffmann*, S. 98; allerdings ohne Begründung, weshalb der Anscheinsbeweis nur die Identität und nicht die Integrität umfassen solle.

1126 In der Regierungsbegründung zum Entwurf eines Gesetzes zur Förderung des elektronischen Rechtsverkehrs mit den Gerichten, BT-Drucks. 17/12634, S. 31 heißt es: „Die De-Mail-Infrastruktur bietet nämlich bei sicherer Anmeldung [...] und absenderbestätigtem Versand [...] die erforderliche Zuverlässigkeit, um einen Anschein für die Urheberschaft und für die Unverfälschtheit einer De-Mail-Nachricht im Gesetz zu verankern".

1127 Siehe zum Ablauf einer Signaturerstellung § 8 I. 3. b) cc).

1128 Vgl. die Regierungsbegründung zum Entwurf eines Gesetzes zur Regelung von De-Mail-Diensten und zur Änderung weiterer Vorschriften, BT-Drucks. 17/3630, S. 1 sowie die Regierungsbegründung zum Entwurf eines Gesetzes zur Förderung des elektronischen Rechtsverkehrs mit den Gerichten, BT-Drucks. 17/12634, S. 1.

forderlich. Erzeugt wird sie durch den De-Mail-Diensteanbieter. Da dieser als außenstehender Dritter kein Interesse an einer Verfälschung hat, ist es für die Vermutung der Authentizität nach § 371a Abs. 2 ZPO unschädlich, wenn die qualifizierte Signatur gerade nicht von dem Kontoinhaber erstellt wird.

Nach § 5 Abs. 5 S. 3 De-MailG muss die Absenderbestätigung „die Nachricht" und, wenn Dateien beigefügt sind, auch diese umfassen. Nur wenn die gesamten Inhalte der De-Mail, also alle Metadaten signiert sind, kann der Anscheinsbeweis für die Integrität greifen.[1129] Das erfordert auch, dass zu Beweiszwecken die gesamte Nachricht, nicht nur einzelne Inhalte oder Anlagen, gespeichert werden muss.[1130] Die Integrität wird durch eine Überprüfung der Signatur gewährleistet. Die Signatur enthält dabei den Hashwert des gesamten signierten elektronischen Dokuments. Damit die Überprüfung der Signatur erfolgreich sein kann, muss auch bei der Überprüfung noch das gesamte signierte elektronische Dokument vorhanden sein. Eine Speicherung in „Einzelteilen" genügt daher nicht.

2. Beweis der Abgabe

a) Beweis nach § 371a Abs. 1 S. 1 ZPO

Die Regelung des § 371a Abs. 2 ZPO gilt jedenfalls für die Echtheit der elektronischen Nachricht. Fraglich ist, ob sich der Anscheinsbeweis auch auf die Tatsache der willentlichen Abgabe der elektronischen Nachricht erstreckt. Eine solche Auslegung könnte sich aus dem Wortlaut des § 371a Abs. 2 ZPO ergeben. Dort heißt es: „der Anschein der Echtheit […], [kann] nur durch Tatsachen erschüttert werden, die ernstliche Zweifel daran begründen, dass die Nachricht von dieser Person mit diesem Inhalt *versandt* wurde".[1131] „Versendung" könnte dabei mit „Abgabe" gleichgesetzt werden. Eine Auslegung des Wortlauts, des gesetzgeberischen Willens und der Systematik ergibt jedoch Gegenteiliges. Bereits der Wortlaut

---

1129 Regierungsbegründung zum Entwurf eines Gesetzes zur Förderung des elektronischen Rechtsverkehrs mit den Gerichten, BT-Drucks. 17/12634, S. 32.

1130 Regierungsbegründung zum Entwurf eines Gesetzes zur Förderung des elektronischen Rechtsverkehrs mit den Gerichten, BT-Drucks. 17/12634, S. 32.

1131 Hervorhebung nur hier.

sagt, dass der „Anschein der *Echtheit*“[1132] erschüttert werden muss, er spricht nicht vom Anschein der Echtheit und der Abgabe. Auch müssen Zweifel daran geweckt werden, dass die Nachricht „von dieser Person“ und „mit diesem Inhalt“ versandt wurde. Das sind Einwände gegen die Urheberschaft und Unverfälschtheit. Die Gesetzesbegründung spricht ebenfalls nur von einer „Beweiserleichterung für die Echtheit“.[1133] Der Grund für die Notwendigkeit einer solchen Beweiserleichterung liege gleich der Beweislage bei qualifizierten Signaturen darin, dass eine Lösung über die bestehenden Regelungen des Urkundenbeweisrechts (§§ 439, 440 ZPO), zum Beweis der Echtheit einen Vollbeweis führen zu müssen, nicht sachgerecht sei. Ein Vergleich mit dem Verhältnis der Sätze 1 und 2 des § 371a Abs. 1 ZPO stützt diese Auslegung ebenfalls. Dort ist § 371a Abs. 1 S. 2 ZPO als „Ersatz“ für die urkundlichen Vorschriften zum Beweis der Echtheit (§§ 439, 440 ZPO) vorgesehen, während § 371a Abs. 1 S. 1 ZPO die Anwendung der urkundlichen Vorschrift zum Beweis der Abgabe (§ 416 ZPO) anordnet.[1134] Bei einer Erstreckung des Anscheinsbeweises nach § 371a Abs. 2 ZPO auf die willentliche Abgabe der in der De-Mail enthaltenen Erklärung ergäbe sich die Überflüssigkeit der Regelung des § 371a Abs. 1 S. 1 ZPO sowie eine geringere Beweiskraft gegenüber einer Behandlung nach den §§ 371a Abs. 1 S. 1, 416 ZPO.[1135] Im Fall des § 371a Abs. 2 ZPO greift nur ein Anscheinsbeweis, im Fall der §§ 371a Abs. 1 S. 1, 416 ZPO hingegen eine Vermutung.

Für den Beweis der Abgabe der in der De-Mail enthaltenen elektronischen Erklärung ist daher auf die §§ 371a Abs. 1 S. 1, 416 ZPO zurückzugreifen: Zwar wird in § 371a Abs. 2 ZPO weder auf § 371a Abs. 1 S. 1 ZPO noch auf § 416 ZPO verwiesen, die Geltung des § 371a Abs. 1 S. 1 ZPO für absenderbestätigte – das heißt qualifiziert signierte – De-Mail-Nachrichten ergibt sich jedoch aus der Vorschrift des § 371a Abs. 1 S. 1 ZPO selbst.[1136] Der Wortlaut der Vorschrift ist dabei so offen und passiv formuliert, dass die Vorschrift auch für vom De-Mail-Diensteanbieter – und nicht vom Sender selbst – qualifiziert signierte De-Mail-Nachrich-

1132 Hervorhebung nur hier.

1133 Regierungsbegründung zum Entwurf eines Gesetzes zur Förderung des elektronischen Rechtsverkehrs mit den Gerichten, BT-Drucks. 17/12634, S. 31.

1134 Siehe § 8 III. 1.

1135 Siehe § 8 IV. 4. c) zur identischen Argumentation im Rahmen des Verhältnisses des § 371a Abs. 1 S. 2 ZPO zu § 371a Abs. 1 S. 1 ZPO.

1136 Ebenso *Karniyevich*, S. 243; *Bach*, in: BeckOK ZPO, § 371a Rn. 7.

ten gelten kann.[1137] Zwar wird im Urkundenbeweisrecht die Tatsache der willentlichen Abgabe nur bei einer unterschriebenen Privaturkunde vermutet (§ 416 ZPO). Die Unterschrift im Sinne des § 416 ZPO hat dabei aber nicht die Funktionen einer Unterschrift im Sinne des § 126 BGB zu erfüllen. Das Entscheidende ist die Unterzeichnung mit Wissen und Wollen des Ausstellers und nicht die Form der Unterzeichnung.[1138] Hintergrund des § 416 ZPO ist somit, dass die Unterschrift als so starkes Indiz dafür gesehen wird, dass sie die Tatsache der willentlichen Abgabe der unterschriebenen Erklärung vermuten lässt. Das Anfordern einer Absenderbestätigung durch den Sender kann ebenfalls als gleich starkes Indiz gewertet werden. Daher ist ein Anscheinsbeweis für die willentliche Abgabe der Erklärung auch bei einer Signierung durch den De-Mail-Diensteanbieter gerechtfertigt.

b) Versandbestätigung nach § 5 Abs. 7 De-MailG

§ 5 Abs. 7 De-MailG sieht die Möglichkeit vor, den Versand einer De-Mail vom De-Mail-Diensteanbieter bestätigen zu lassen. Die Bestätigung muss dabei die De-Mail-Adresse des Absenders und des Empfängers, das Datum und die Uhrzeit des Versands der Nachricht vom De-Mail-Postfach des Senders, den Namen und Vornamen oder Firma des akkreditierten, die Bestätigung erzeugenden Diensteanbieters sowie die Prüfsumme der zu bestätigenden Nachricht enthalten (§ 5 Abs. 7 S. 2 De-MailG). Die Versandbestätigung ist mit einer qualifizierten Signatur des Diensteanbieters zu versehen (§ 5 Abs. 7 S. 3 De-MailG). Mit der Versandbestätigung kann daher der Beweis geführt werden, dass diese Nachricht mit diesem Inhalt vom Sender an den Empfänger zur angegebenen Uhrzeit versandt wurde. Hinsichtlich der Uhrzeit wird jedoch nicht konkretisiert, auf welche Systemuhrzeit abgestellt wird. Wird auf die am PC des Senders abgestellt, sind Manipulationen denkbar.[1139] Eine Konkretisierung wäre hier wünschenswert. Die Versandbestätigung soll dabei vor allem dem Schutz des Senders dienen, beispielsweise um Versäumnisse des Diensteanbieters oder die Voraussetzungen einer Wiedereinsetzung in den vorigen Stand

1137 *Bach*, in: BeckOK ZPO, § 371a Rn. 7.
1138 Siehe § 8 III. 1.
1139 Siehe zum Zweck der Zeitstempel § 10 II. 1., 3. c).

beweisen zu können.[1140] Das heißt, sollten nach dem Versand durch den Sender auf dem Sendungsweg Versäumnisse durch den Diensteanbieter auftreten, etwa durch technische Probleme, so ist der Sender davor geschützt, mögliche Fristen versäumt zu haben. Die Versandbestätigung kann daher zwar auch als Beweismittel für die Tatsache der willentlichen Abgabe der Erklärung im Sinne der Entäußerung in den Rechtsverkehr im Sinne des § 416 ZPO herangezogen werden, in erster Linie soll sie aber vor Fristversäumnissen schützen. Die Versandbestätigung wird aber nur auf Antrag des Senders erstellt und auch nur diesem erteilt. Dem Empfänger hilft die Versandbestätigung daher nichts. Zum Schutz dessen ist daher weiterhin die Regelung des § 371a Abs. 1 S. 1 ZPO erforderlich.

3. Beweis des Zugangs

Für den Beweis des Zugangs gibt es bei der De-Mail die Besonderheit einer Eingangsbestätigung nach § 5 Abs. 8 De-MailG und für öffentliche Stellen sogar einer Abholbestätigung nach § 5 Abs. 9 De-MailG. Für den Zugang einer Willenserklärung im Sinne des § 130 Abs. 1 S. 1 BGB genügt jedoch, dass die Erklärung so in den Machtbereich des Empfängers gelangt ist, dass dieser die *Möglichkeit* zur Kenntnisnahme hat.[1141] Darüber hinaus sollen vorliegend nur *private* elektronische Dokumente hinsichtlich ihrer Beweiskraft untersucht werden, weshalb die Abholbestätigung nachfolgend außer Betracht bleibt.

Die Eingangsbestätigung muss die De-Mail-Adresse des Absenders und des Empfängers, das Datum und die Uhrzeit des Eingangs der Nachricht beim Empfänger, Namen und Vornamen bzw. Firma des De-Mail-Diensteanbieters sowie die Prüfsumme der zu bestätigenden Nachricht enthalten (§ 5 Abs. 8 S. 4 De-MailG) und mit einer qualifizierten Signatur des De-Mail-Diensteanbieters des Empfängers versehen werden (§ 5 Abs. 8 S. 5 De-MailG). Die Eingangsbestätigung wird dem auftraggebenden Sender und dem Empfänger erteilt (§ 5 Abs. 8 S. 1 und S. 6 De-MailG). Den Beweis des Zugangs können mithilfe der Eingangsbestätigung beide Parteien führen. Der Empfänger kann die De-Mail ohne eine sichere Anmel-

1140 Regierungsbegründung zum Entwurf eines Gesetzes zur Regelung von De-Mail-Diensten und zur Änderung weiterer Vorschriften, BT-Drucks. 17/3630, S. 30.

1141 Vgl. zur Definition des Zugangs BGH NJW 1980, 990; NJW 2004, 1320; *Einsele*, in: MünchKommBGB, § 130 Rn. 16; *Ellenberger*, in: Palandt, § 130 Rn. 5.

dung 90 Tage lang nicht löschen (§ 5 Abs. 10 De-MailG), sodass die Möglichkeit der tatsächlichen Kenntnisnahme sichergestellt ist.

Der Beweis des Zugangs mithilfe der Eingangsbestätigung unterliegt nach der aktuellen Gesetzeslage der freien richterlichen Beweiswürdigung (§ 286 ZPO). Eine Beweiserleichterung dahingehend, dass mit positiver Prüfung der qualifizierten Signatur gleichzeitig die Tatsache des Zugangs feststeht (§§ 371a Abs. 1 S. 1, 416 ZPO), ist nicht gegeben.[1142] Die §§ 371a Abs. 1 S. 1, 416 ZPO umfassen dabei nur die Tatsache der willentlichen Abgabe der Erklärung, nicht des Zugangs.[1143] Die Eingangsbestätigung ist ein Indiz, welches frei zu würdigen ist. Regelmäßig wird bei positivem Prüfergebnis der Signatur jedoch die Entscheidung des Gerichts dahingehen müssen, dass die Nachricht auch zugegangen ist. Nach aktueller Gesetzeslage ist kein Anscheinsbeweis vorgesehen. Ein solcher wäre jedoch entsprechend dem Vorbild der Beweiswirkung qualifizierter Signaturen vertretbar.

4. Durch die eIDAS-VO bedingter Erweiterungsbedarf

a) Qualifiziertes Siegel als Absender-, Versand- und Eingangsbestätigung

Nach § 5 Abs. 5 S. 3 De-MailG kann eine Absenderbestätigung bisher nur durch eine qualifizierte Signatur des De-Mail-Diensteanbieters erbracht werden. Mit Einführung des qualifizierten Siegels durch die eIDAS-VO ist jedoch auch daran zu denken, eine Absenderbestätigung durch ein qualifiziertes Siegel des De-Mail-Diensteanbieters zu erbringen. Der Unterschied zwischen einer qualifizierten Signatur und einem qualifizierten Siegel liegt darin, dass das Siegel eine juristische Person als Aussteller ausweist, während die Signatur einer natürlichen Person zugeordnet ist. Das Hauptproblem eines Siegels liegt dabei darin, dass sich die Berechtigung der die Siegelung durchführenden natürlichen Person nicht aus dem Siegel ergibt.[1144] Auf die hier vorliegende Frage wirkt sich dieses Problem aber nicht aus. Aus der Absenderbestätigung soll sich nicht die Urheberschaft und Berechtigung des Absenders ergeben, sondern die Integrität der elektronischen Nachricht nachgewiesen werden. Auf die wahre Berechtigung

1142 *Bisges*, MMR-Aktuell 2010, 307088.
1143 Siehe auch *Bisges*, MMR-Aktuell 2010, 307088.
1144 Siehe § 10 I. 2. a).

der das Siegel erstellenden Person seitens des De-Mail-Anbieters kommt es beim Anscheinsbeweis des § 371a Abs. 2 ZPO nicht an, dies ist nicht Gegenstand des Beweises nach dieser Vorschrift. Bewiesen werden soll vielmehr die Authentizität des Absenders. Die Absenderbestätigung kann somit auch durch ein qualifiziertes Siegel des De-Mail-Diensteanbieters erbracht werden. Die Erzeugung der Absenderbestätigung mittels eines qualifizierten Siegels ändert auch nichts an dem die Vermutung der Abgabe rechtfertigenden wahrscheinlichen Willens des Senders, die Erklärung in den Rechtsverkehr entäußern zu wollen, der hier an der Anforderung der Absenderbestätigung festgemacht wird (§ 371a Abs. 1 S. 1 ZPO entsprechend). Auch hier sollte an eine Möglichkeit der Sicherung der Absenderbestätigung durch ein qualifiziertes Siegel des De-Mail-Diensteanbieters gedacht werden.

Gleiches gilt für die Versand- und Eingangsbestätigungen. Sie sind Indizien für den Beweis der willentlichen Abgabe und des Zugangs, aber nicht der Authentizität des Absenders. Deshalb können sie auch mit einem qualifizierten Siegel des De-Mail-Diensteanbieters erbracht werden.

Der Wortlaut des § 5 Abs. 5, Abs. 7, Abs. 8 De-MailG sollte angepasst werden und dabei die Erbringung der Absenderbestätigung durch ein qualifiziertes Siegel des De-Mail-Diensteanbieters zulassen.

b) Erweiterung des Anscheinsbeweises auch für vom Konto einer juristischen Person versandten De-Mail

Die Beweiserleichterung des § 371a Abs. 2 ZPO steht dem Wortlaut nach nur natürlichen Personen zu. Ähnlich der Vermutung der Echtheit einer mit einem qualifizierten Siegel versehenen elektronischen Erklärung (Art. 35 Abs. 2 eIDAS-VO) wäre es denkbar, auch bei der De-Mail den Anwendungsbereich des Anscheinsbeweises auf für vom Konto einer juristischen Person versandte Nachrichten zu erweitern.

Als Grund für die Beschränkung des Anscheinsbeweises auf natürliche Personen als De-Mail-Nutzer wird vom Gesetzgeber angeführt, es sei eine beweissichere Zuordnung der jeweiligen Erklärungen zum einzelnen Mitarbeiter bei juristischen Personen und Personengesellschaften nicht gewährleistet.[1145] Das De-MailG sehe eine Identifizierung der einzelnen Mitarbeiter bei Kontoeröffnung nicht vor, sondern nur die der Organisation. Die Organisation sei über ein „Gateway" mit dem De-Mail-Provider verbunden und einzelne Mitarbeiter könnten über dieses Gateway die Versendung von De-Mails veranlassen. Die Art und Weise der Ausgestaltung der Verbindung zwischen den Arbeitsplatzrechnern der Mitarbeiter und der Gateways liege in der Verantwortung der jeweiligen Einrichtung. Anders als bei Behörden (für diese gilt § 371a Abs. 3 ZPO) sei hier die Annahme, durch geeignete organisatorische Maßnahmen eine beweissichere Zuordnung der Erklärungen zu den einzelnen Mitarbeitern zu gewährleisten, nicht gerechtfertigt.

Sieht man nicht die Urheberschaft des einzelnen Mitarbeiters, sondern die Authentizität der juristischen Person oder Personengesellschaft als Beweisgegenstand an, ist ein Anscheinsbeweis denkbar. Lässt man einen Anscheinsbeweis für die Authentizität des Siegelerstellers bei qualifizierten Siegeln zu, muss man konsequenterweise auch bei der De-Mail einen Anscheinsbeweis für die Authentizität der Nachricht einer juristischen Person zulassen. Dies gilt aber nur, wenn sich der einzelne Mitarbeiter in das De-Mail-Konto der Gesellschaft über eine Zwei-Faktor-Authentisierung – das heißt sicher im Sinne des § 4 Abs. 1 De-MailG – anmelden muss, bevor er eine Nachricht versendet. § 4 Abs. 1 De-MailG schließt nicht aus, dass auch bei einem Konto einer juristischen Person oder Personengesellschaft eine sichere Anmeldung erfolgen kann. Bei der Weitergabe der beiden unabhängigen Sicherungsmittel an den ausführenden Mitarbeiter sollte gewährleistet sein, dass dieser auch berechtigt war. Ähnlich der Handhabung bei qualifizierten Siegeln werden die Sicherungsmittel regelmäßig nur an berechtigte, vertrauenswürdige Mitarbeiter weitergegeben.

III. Zusammenfassung

Der Versand einer De-Mail nach einer sicheren Anmeldung begründet einen Anscheinsbeweis für die Echtheit der elektronischen Nachricht (§ 371a Abs. 2 ZPO). Die Authentizität wird durch die sichere Anmeldung gewährleistet, die Integrität durch die Absenderbestätigung des De-Mail-

---

1145 Regierungsbegründung zum Entwurf eines Gesetzes zur Förderung des elektronischen Rechtsverkehrs mit den Gerichten, BT-Drucks. 17/12634, S. 32.

Diensteanbieters. Mit der Absenderbestätigung kann über die Vorschrift des § 371a Abs. 1 S. 1 ZPO zugleich die willentliche Abgabe der Erklärung vermutet werden. Der Beweis der willentlichen Abgabe kann aber auch durch das Indiz der Versandbestätigung erbracht werden. Mit der Möglichkeit einer Eingangsbestätigung kann der Zugang der elektronischen Nachricht ebenfalls im Wege des Indizienbeweises nachgewiesen werden.

Als Sicherungsmittel für die Absender-, Versand- und Eingangsbestätigung ist im De-MailG bisher nur die qualifizierte Signatur vorgesehen. Eine Erweiterung auf qualifizierte Siegel ist gerechtfertigt und sollte im De-MailG berücksichtigt werden. Ebenso sollte der Wortlaut des § 371a Abs. 2 ZPO dahingehend erweitert werden, dass der Anscheinsbeweis der Echtheit nicht nur für elektronische Nachrichten einer natürlichen Person gegeben ist, sondern auch juristischen Personen zusteht, sofern mit der sicheren Anmeldung eine unberechtigte Nutzung ausgeschlossen werden kann.

Vergleicht man die absender- und versandbestätigte De-Mail („De-Mail-Einschreiben") mit dem klassischen Einschreiben mit Rückschein, ergibt sich ein Vorteil: Bei letzterem lässt sich allenfalls der Zugang beweisen,[1146] nicht aber der Inhalt. Beim De-Mail-Einschreiben kann durch einen Vergleich der sich aus den qualifizierten Signaturen bzw. Siegeln – als Absender- bzw. Versandbestätigungen – ergebenden Hashwerte auch nachgewiesen werden, dass der Empfänger Zugang zu einer Nachricht bestimmten Inhalts hatte.[1147]

§ 10 Die Beweiskraft qualifizierter Siegel, qualifizierter Zeitstempel und qualifizierter Dienste für die Zustellung elektronischer Einschreiben

I. Beweiskraft qualifizierter Siegel

1. Überblick

Das elektronische Siegel ermöglicht auch juristischen Personen das Signieren von elektronischen Dokumenten. Siegelersteller ist nach Art. 2

1146 Vgl. hierzu mit Beispielen und weiteren Nachweisen *Prütting*, in: MünchKommZPO, § 286 Rn. 71.

1147 *Bisges*, MMR-Aktuell 2010, 307088.

Nr. 24 eIDAS-VO eine juristische Person. Ein elektronisches Siegel ist damit nichts anderes als eine elektronische „Signatur" einer juristischen Person.[1148] Faktisch erzeugt das Siegel selbstverständlich eine natürliche Person.[1149]

Die Voraussetzungen eines gültigen qualifizierten Siegels entsprechen dabei denen einer qualifizierten Signatur. Die Art. 36, 38 eIDAS-VO sowie Anhang III eIDAS-VO, welche die Anforderungen an fortgeschrittene Siegel und an qualifizierte Zertifikate für elektronische Siegel regeln, entsprechen den Art. 26, 28 eIDAS-VO sowie Anhang I eIDAS-VO, welche dasselbe für elektronische Signaturen regeln. Art. 39 und 40 eIDAS-VO verweisen hinsichtlich der Anforderungen an qualifizierte elektronische Siegelerstellungseinheiten und an die Validierung und Bewahrung qualifizierter Siegel auf die Parallelvorschriften für qualifizierte Signaturen in Art. 29–34 eIDAS-VO.

2. Beweiswirkung qualifizierter Siegel – Art. 35 Abs. 2 eIDAS-VO

a) Problemstellung

Die Rechtswirkung eines elektronischen Siegels ist in vielerlei Hinsicht unklar. Teilweise wird im qualifizierten Siegel kein Äquivalent zur qualifizierten Signatur für juristische Personen gesehen. Vielmehr unterscheide sich das Siegel von der Signatur dadurch, dass lediglich Authentizität und Integrität belegt würden, nicht aber eine „Authentifizierung von Personen" erfolge.[1150] Es sei damit eine „technische", aber keine „inhaltliche" Signatur.[1151] Es solle mit ihr nicht die Rechtsfolge einer Unterschrift eintreten im Sinne von: „Ich will den Inhalt dieses Dokuments gegen mich gelten lassen", sondern lediglich im Sinne von: „Dieses Dokument stammt mit diesem Inhalt von mir".[1152] Rechtsfolge dieser Ansicht wäre, dass mit dem qualifizierten Siegel keine willentliche Entäußerung in den Rechtsverkehr in dem Sinne, dass die enthaltene Erklärung für und gegen den Siegeler-

1148 So auch *Roßnagel*, Recht der Vertrauensdienste, S. 25.

1149 Vgl. auch *Jandt*, NJW 2015, 1205, 1206.

1150 *Quirin-Kock*, DuD 2013, 20, 22; ebenso *Sosna*, CR 2014, 825, 831.

1151 *Quirin-Kock*, DuD 2013, 20, 22.

1152 *Sosna*, CR 2014, 825, 831; ähnlich formuliert es auch *Quirin-Kock*, DuD 2013, 20, 22.

steller wirkt, verbunden wäre. Leider sei diese Möglichkeit aber nur juristischen Personen eröffnet worden, obwohl auch bei natürlichen Personen ein Bedarf für eine „technische" Signatur bestehen könnte.[1153] Auch nach *Roßnagel* ist eine Anwendung des § 371a Abs. 1 S. 1 ZPO und damit eine Anwendung des § 416 ZPO auf qualifizierte Siegel abzulehnen, weil weder die Voraussetzungen noch die Beweiswirkung zu einem Siegel passten, das keine Individualisierung des Erklärenden zulasse.[1154]

Das qualifizierte Zertifikat muss nur den Namen der juristischen Person enthalten (Art. 38 Abs. 1 i. V. m. Anhang III c) eIDAS-VO). Aus dem Zertifikat ergibt sich deshalb in der Tat nicht die Berechtigung der das Siegel erzeugenden natürlichen Person.[1155] Demgegenüber normiert Art. 35 Abs. 2 eIDAS-VO aber eine Vermutung der Unversehrtheit der Daten und der Richtigkeit der Herkunftsangabe der mit dem qualifizierten Siegel verbundenen Daten. Die beweisrechtlichen Auswirkungen dieser Regelung auf eine unberechtigte Nutzung sind zu untersuchen.

Daneben ist zu klären, ob eine Vermutung im Sinne der eIDAS-VO dieselbe Rechtsfolge einer gesetzlichen Vermutung nach deutschem Recht nach sich zieht: die Entkräftung durch den Beweis des Gegenteils (§ 292 S. 1 ZPO).[1156] Sollte dies der Fall sein, so können sich Systembrüche im Vergleich mit dem Anscheinsbeweis bei qualifizierten Signaturen ergeben, welcher nur eine Erschütterung der Vermutung – im Wege des Gegenbeweises – erfordert (§ 371a Abs. 1 S. 2 ZPO).

b) Voraussetzung der Vermutung

Art. 35 Abs. 2 eIDAS-VO vermutet bei Vorliegen eines qualifizierten elektronischen Siegels die „Unversehrtheit der Daten" sowie die „Richtigkeit der Herkunftsangabe der Daten". Voraussetzung ist wie bei qualifizierten Signaturen eine Siegelprüfung mit positivem Ergebnis.[1157] Dies ist zwar nicht dem Wortlaut des Art. 35 Abs. 2 eIDAS-VO zu entnehmen, ergibt

---

1153 *Quirin-Kock*, DuD 2013, 20, 22.

1154 *Roßnagel*, Recht der Vertrauensdienste, S. 186.

1155 Ebenso *Jandt*, NJW 2015, 1205, 1206.

1156 Ohne nähere Prüfung bejahend: *Jandt*, NJW 2015, 1205, 1209; *Roßnagel*, NJW 2014, 3686, 3691; *Roßnagel/Johannes*, ZD 2013, 66 f.; a. A.: *Roßnagel*, MMR 2016, 647, 649; *ders*. Recht der Vertrauensdienste, S. 183 ff.

1157 Siehe zum Erfordernis einer Signaturprüfung § 8 IV. 3. c) cc).

sich jedoch aus dem Telos der Vorschrift. Der volle Nachweis aller Voraussetzungen eines qualifizierten Siegels kann auch hier nicht Voraussetzung sein, denn dann wäre eine Vermutung überflüssig.

c) Vermutungsinhalt

aa) Integrität und Authentizität

Mit der ersten Variante des Vermutungsinhalts – Unversehrtheit der Daten –wird die Tatsache der Integrität des elektronischen Dokuments umschrieben. Ist das qualifizierte Siegel nach der Siegelprüfung „echt", so wird mit der „Unversehrtheit der Daten" vermutet, dass die in dem elektronischen Dokument enthaltene Erklärung nicht nachträglich verändert wurde. Dieser Fall ist unproblematisch, anders als die zweite Variante der „Richtigkeit der Herkunftsangabe der Daten". Damit soll die Authentizität des elektronischen Dokuments umfasst sein.[1158] Hier eröffnet sich das Problem, dass als Siegelersteller und damit Urheber die *juristische* Person gilt. Eine juristische Person kann aber nicht selbst handeln, sie braucht eine natürliche Person als ausführendes Organ. Um die Rechtsfolge der Vermutung der Authentizität erfüllen zu können, muss von dem Vermutungsinhalt auch der Umstand erfasst sein, dass das qualifizierte Siegel und das elektronische Dokument eine vertretungsberechtigte natürliche Person erstellt hat. Ist dies nicht der Fall, wäre die Vorschrift wertlos. Dem Empfänger eines qualifiziert gesiegelten elektronischen Dokuments ist klar, dass die juristische Person nicht selbst handeln kann. Er muss bei Erhalt eines solchen Dokuments davon ausgehen, dass das Siegel von berechtigten natürlichen Personen erstellt wurde. Ihm ist nicht zumutbar, zum Beweis der Echtheit herauszufinden, wer das Siegel erstellt hat und ob er die entsprechende Berechtigung besaß. Dies sind Vorgänge in der Sphäre der juristischen Person, in die er keinen Einblick hat und auch nicht haben kann. Das qualifizierte Siegel muss nach Vorgaben der eIDAS-VO gerade nicht ersichtlich machen, welche vertretungsberechtig-

---

1158 Auch *Roßnagel* ist der Ansicht, dass Art. 35 Abs. 2 eIDAS-VO die Integrität und Authentizität vermutet – er möchte das Siegel in die Vorschrift des § 371a Abs. 1 S. 2 ZPO integrieren; *Roßnagel*, Recht der Vertrauensdienste, S. 185. Zur Reichweite des Inhalts der Authentizitätsvermutung trifft er jedoch keine Aussage.

te natürliche Person gehandelt hat. Ein Vergleich mit dem Vermutungsinhalt qualifizierter Signaturen stützt dieses Ergebnis. Qualifizierte Signaturen vermuten den Umstand, dass die Signatur von dem Signaturschlüsselinhaber oder einem berechtigten Dritten erstellt wurde. Bei der qualifizierten Signatur im Vergleich zum Siegel besteht der Unterschied, dass der Empfänger gar nicht wissen kann, ob ein Dritter gehandelt hat, wohingegen bei qualifizierten Siegeln ein „Dritter" gehandelt haben muss. Damit kann man sagen, dass sich der Vermutungsinhalt bei qualifizierten Siegeln *erst recht* auf die Berechtigung des Dritten, der dahinterstehenden natürlichen Person, erstrecken muss.

Insgesamt ergibt sich bei dieser Auslegung dieselbe Vermutungslage wie bei qualifizierten Signaturen. Regelmäßig trägt im Fall des Bestreitens der Echtheit des elektronischen Dokuments der Empfänger als derjenige, der sich auf das elektronische Dokument beruft, die Beweislast für die Echtheit. Der Vortrag – des gesetzlichen Vertreters – der juristischen Person, das qualifizierte Siegel sei unberechtigt erstellt worden, stellt sich als Bestreiten der Echtheit, genauer der Authentizität, des elektronischen Dokuments dar. Dem beweisbelasteten Empfänger wird der Vollbeweis – wozu ihm alle Beweismittel zur Verfügung stehen – in den seltensten Fällen gelingen. Er wird sich daher regelmäßig der Vermutung des Art. 35 Abs. 2 eIDAS-VO bedienen. Erscheint das qualifizierte Siegel nach der Siegelprüfung (Validierung) als echt, wird auch die Echtheit des elektronischen Dokuments und damit insbesondere die hier in Frage stehende Authentizität dergestalt vermutet, dass das elektronische Dokument unverändert von einer vertretungsberechtigten natürlichen Person erstellt wurde. Der Vertreter der juristischen Person kann nun die Echtheit widerlegen. Gelingt ihm die Widerlegung, wird nach materiellem Recht entschieden, ob die Erklärung der juristischen Person dennoch zuzurechnen ist oder nicht. Gelingt ihm die Widerlegung nicht, ist das elektronische Dokument als echt anzusehen und der juristischen Person die Erklärung zuzurechnen.[1159]

Eine andere Möglichkeit zur Lösung des Problems könnte sein, nach deutschem Recht über die Vorgaben der eIDAS-VO hinaus die Kenntlichmachung der siegelnden natürlichen Person zu fordern, indem diese zusätzlich ihre qualifizierte Signatur hinzuzufügen hat oder sich aus dem qualifizierten Zertifikat zusätzlich die Berechtigung des ausführenden Or-

---

1159 Siehe § 8 V. 2. d) cc) zur identischen Rechtslage bei qualifizierten Signaturen.

gans ergeben muss.[1160] Dann wäre jedenfalls über die Frage, *wer* ausführendes Organ war, entschieden. Ob die natürliche Person auch berechtigt war, wäre entsprechend dem Anscheinsbeweis qualifizierter Signaturen zu beurteilen. Diese Lösung scheitert allerdings an dem Umstand, dass die eIDAS-VO in ihren Anforderungen insofern abschließend ist und strengere Anforderungen der Harmonisierung zuwiderlaufen würden. Es ist kein nationaler Regelungsspielraum in Bezug auf die Anforderungen qualifizierter Zertifikate für elektronische Siegel vorgesehen (Art. 28 Abs. 2 eIDAS-VO).

bb) Willentliche Abgabe

Neben der Vermutung der Integrität und Authentizität stellt sich die Frage, ob ein echtes qualifiziertes Siegel auch eine Vermutung für die willentliche Abgabe der Erklärung auszulösen vermag. Teilweise wird dies unter den in diesem Zusammenhang missverständlichen Begriff der „Authentifizierung" gefasst.[1161] „Authentifizierung" kann definiert werden als ein Verfahren zur Sicherstellung einer Identität zum Zweck der Feststellung einer Zugangsberechtigung, beispielsweise durch eine Passwortabfrage.[1162] Hier geht es aber nicht um die Authentifizierung im Sinne dieser Definition (Überprüfung der behaupteten Urheberschaft) sondern um die Frage, ob das qualifizierte Siegel die Vermutung der willentlichen Abgabe der im elektronischen Dokument enthaltenen Erklärung auszulösen vermag.

(1) Vergleich mit dem Regelungskonzept qualifiziert signierter elektronischer Dokumente

Bei der qualifizierten Signatur tritt diese Rechtsfolge nicht bereits durch § 371a Abs. 1 S. 2 ZPO ein, der Anscheinsbeweis umfasst nur die Frage

---

1160 Anhang III c) eIDAS-VO fordert lediglich, dass „zumindest" der Name des Siegelerstellers und gegebenenfalls die Registriernummer gemäß der amtlichen Eintragung im qualifizierten Zertifikat enthalten sein müssen.

1161 *Quirin-Kock*, DuD 2013, 20, 22; ebenso *Sosna*, CR 2014, 825, 831. Siehe auch § 10 I. 2. a).

1162 *Schmidl*, S. 27; vgl. auch *Müller-Brockhausen*, Rn. 104.

der Authentizität und Integrität. Die willentliche Abgabe der Erklärung wird durch die §§ 371a Abs. 1 S. 1, 416 ZPO vermutet. Die Anwendung des § 416 ZPO auf qualifiziert signierte elektronische Dokumente ist geboten, weil eine qualifizierte Signatur dieselbe Rechtswirkung wie eine handschriftliche Unterschrift haben muss (Art. 25 Abs. 2 eIDAS-VO). Eine handschriftlich unterzeichnete, echte Urkunde hat die Rechtswirkung des § 416 ZPO. Eine mindestens fortgeschrittene Signatur erfüllt dabei die Funktionen einer Unterschrift (Abschluss-, Identitäts-, Echtheits- und Warnfunktion).[1163] Dadurch spricht das Vorliegen einer qualifizierten Signatur mit hoher Wahrscheinlichkeit für die willentliche Abgabe der im elektronischen Dokument enthaltenen Erklärung.[1164] Diese hohe Wahrscheinlichkeit kann als Hintergrund der in § 416 ZPO enthaltenen Regelung gesehen werden. Für qualifizierte Siegel fehlt eine entsprechende gesetzliche Anordnung, dass ihr dieselbe Rechtswirkung wie einer handschriftlichen Unterzeichnung zukommt. Gefordert ist damit eine Erstreckung des § 416 ZPO auf qualifiziert gesiegelte elektronische Dokumente nicht. Fraglich ist aber, ob eine solche gerechtfertigt wäre.

(2) Übertragung auf qualifiziert gesiegelte elektronische Dokumente

Sowohl der Anscheinsbeweis des § 371a Abs. 1 S. 2 ZPO als auch die Vermutung des Art. 35 Abs. 2 eIDAS-VO sind als Parallelvorschriften zu den §§ 439 Abs. 2, 440 Abs. 2 ZPO zu sehen, umfassen aber nicht die Vermutung des § 416 ZPO. Die entsprechende Anwendung des § 416 ZPO auf qualifiziert gesiegelte elektronische Dokumente wäre indes gerechtfertigt, wenn das qualifizierte Siegel eine gleich hohe Wahrscheinlichkeit wie eine Unterschrift oder eine mindestens fortgeschrittene Signatur für die willentliche Entäußerung in den Rechtsverkehr der im elektronischen Dokument enthaltenen Erklärung bieten würde.[1165]

Gegen eine solche Auffassung wird angeführt, dass weder die Voraussetzungen noch die Wirkung des § 416 ZPO zu einem qualifizierten Siegel passen würden, da es keine Individualisierung des Erklärenden zulasse.[1166] Dies kann als Einwand gegen die *Identitätsfunktion* der Unterschrift gese-

1163 Siehe § 8 I. 1.
1164 Siehe § 8 III. 1.
1165 Siehe § 8 III. 1.
1166 *Roßnagel*, Recht der Vertrauensdienste, S. 186.

hen werden. Es ist allerdings zu beachten, dass die Unterschrift im Sinne des § 416 ZPO nicht die Anforderungen einer Unterschrift im Sinne des § 126 BGB zu erfüllen hat. Im Rahmen des § 416 ZPO wird für die Unterschrift die Erkennbarkeit des Ausstellers gefordert.[1167] Nicht erforderlich ist hingegen, dass die Unterschrift eigenhändig erfolgt, so genügt beispielsweise die Unterzeichnung des Vertreters mit Namen des Vertretenen.[1168] Zumindest umstritten ist der Punkt, ob sie handschriftlich zu erfolgen hat.[1169] Das Entscheidende ist die Unterzeichnung mit Wissen und Wollen des Ausstellers[1170] und nicht die Form der Unterzeichnung. Der Schritt vom Entwurf zur willentlichen Inverkehrgabe wird auch mit Erzeugung des Siegels überschritten.[1171]

Die Merkmale einer Unterschrift, der räumliche Abschluss, die Zuordnung zu der juristischen Person, die Unverfälschtheit sowie die Warnung vor Übereilungen sind regelmäßig auch bei einem qualifizierten Siegel erfüllt. Auch die Identitätsfunktion kann insoweit als erfüllt angesehen werden, dass als Urheber die juristische Person gelten soll. Der wahre Aussteller, die natürliche Person, ist freilich nicht erkennbar, aber das ist er auch bei natürlichen Personen nicht, wenn die Unterzeichnung durch einen Vertreter mit Namen des Vertretenen erfolgt. Selbst wenn man einem qualifizierten Siegel aufgrund des mangelnden Identitätsnachweises des *wahren* Ausstellers (die siegelnde natürliche Person) die Funktionsäquivalenz einer Unterschrift im Sinne des § 126 BGB absprechen möchte, so ist damit nicht gesagt, dass es nicht die Funktion einer Unterzeichnung im Sinne des § 416 ZPO erfüllen kann.

1167 Vgl. z. B. *Schreiber*, in: MünchKommZPO, § 416 Rn. 4.

1168 *Schreiber*, in: MünchKommZPO, § 416 Rn. 5; *Huber*, in: Musielak/Voit, § 416 Rn. 2; *Berger*, in: Stein/Jonas, § 416 Rn. 5; *Preuß*, in: Prütting/Gehrlein, § 416 Rn. 11; *Hartmann*, in: Baumbach/Lauterbach, § 416 Rn. 5.

1169 Ablehnend *Huber*, in: Musielak/Voit, § 416 Rn. 2; *Schreiber*, in: MünchKommZPO, § 416 Rn. 5; *Berger*, in: Stein/Jonas, § 416 Rn. 6; *Ahrens*, in: Wieczorek/Schütze, § 416 Rn. 8; *Preuß*, in: Prütting/Gehrlein, § 416 Rn. 11; *Geimer*, in: Zöller, § 416 Rn. 2; s.a. BGH NJW-RR 1988, 881; a. A. *Hartmann*, in: Baumbach/Lauterbach, § 416 Rn. 5.

1170 *Berger*, in: Stein/Jonas, § 416 Rn. 6; ähnlich *Schreiber*, in: MünchKommZPO, § 416 Rn. 5: „um die Unterschrift des Ausstellers handelt es sich aber nicht mehr, wenn sie nicht unter dessen Herrschaft und Leitung vollzogen wird.".

1171 Vgl. die Argumentation bei fortgeschrittenen *Signaturen* unter § 7 II. 1. a) bb) (2) (b).

Der Wortlaut des § 371a Abs. 1 S. 1 ZPO sollte auf mit einem qualifizierten Siegel versehene elektronische Dokumente erweitert werden. Jedenfalls ist die Vorschrift entsprechend anzuwenden.

Ungeachtet dessen bleibt dem Empfänger natürlich die Möglichkeit, die willentliche Abgabe auf anderem Wege zu beweisen. Ein starkes Indiz dafür ist der „Besitz" des elektronischen Dokuments.

d) Umfang der Vermutung

Die eIDAS-VO regelt nicht den Umfang der Vermutungen qualifizierter Vertrauensdienste. Die Vermutungsregelungen können daher als unbestimmte, konkretisierungsbedürftige Rechtsbegriffe angesehen werden.[1172] Zu klären ist dabei, wer die Kompetenz zur Letztkonkretisierung trägt.[1173] Die Vermutung des Art. 35 Abs. 2 eIDAS-VO kann in zweierlei Hinsicht gelesen werden: einmal kann sie als gesetzliche Vermutung im Sinne des § 292 S. 1 ZPO verstanden werden, welche zur Widerlegung der Vermutung den Beweis des Gegenteils nach sich zieht. Andererseits kann sie als Anscheinsbeweis ähnlich der Regelung des § 371a Abs. 1 S. 2 ZPO gelesen werden, welcher zur Widerlegung „nur" einen Gegenbeweis erfordert.

aa) Standpunkte in der Literatur

Bei einer Auslegung des Begriffs der „Vermutung" in Art. 35 Abs. 2 eIDAS-VO wie im deutschen Recht als gesetzliche Vermutung im Sinne des § 292 S. 1 ZPO wird befürchtet, dass qualifizierte Siegel zu einem nicht gerechtfertigten höheren Beweiswert führen, als ihn qualifizierte Signaturen besitzen.[1174] Für die Widerlegung des Anscheinsbeweises in § 371a Abs. 1 S. 2 ZPO genügt die Erschütterung im Wege eines Gegenbeweises, eine gesetzliche Vermutung erfordert indes den Beweis des Gegenteils (§ 292 S. 1 ZPO). Der Unterschied zwischen den beiden Beweiserleichterungen liegt darin, dass beim Gegenbeweis nur die ernst-

---

1172 *Kramme*, GPR 2017, 60, 61.

1173 *Kramme*, GPR 2017, 60, 61.

1174 Vgl. auch Roßnagel, MMR 2016, 647, 649 f.; *ders.* NJW 2014, 3686, 3692; *ders.* Recht der Vertrauensdienste, S. 28, 183 f.; kritisch sieht diesen Unterschied auch *Jandt*, NJW 2015, 1205, 1206 f., 1209 f.

hafte Möglichkeit eines anderen Geschehensablaufs, beim Beweis des Gegenteils hingegen das tatsächliche Vorliegen eines solchen im konkreten Fall voll zu beweisen ist.[1175] Damit besteht bei juristischen Personen an die Widerlegung der Vermutung ein strengerer Maßstab und somit umgekehrt ein höherer Beweiswert. Dieser kann ohne sachlichen Grund erfolgen, denn die Sicherheitsanforderungen an qualifizierte Siegel sind jedenfalls nicht höher als an qualifizierte Signaturen, sondern fast identisch.[1176] Im Gegenteil kann das Missbrauchsrisiko durch die fehlende Bindung an eine natürliche Person als höher bewertet werden.[1177] Hinsichtlich der Sicherheit der Vertrauensdienste wäre dieses Ergebnis unsystematisch.[1178] Das Verständnis des Art. 25 Abs. 2 eIDAS-VO als gesetzliche Vermutung könnte zu einer strukturellen Benachteiligung des Siegelerstellers führen.[1179] Der volle Beweis, dass ihm ein anderer Text zur Siegelung vorgelegen habe, dass er diese Daten nicht gesiegelt habe oder dass das Siegel von einer anderen Person missbräuchlich erzeugt wurde, werde ihm kaum gelingen.[1180] Gerade weil eine Beweislastumkehr für den Signaturschlüsselinhaber eine zu strenge Rechtsfolge wäre, hat man sich bei qualifizierten Signaturen „nur“ für einen Anscheinsbeweis entschieden.[1181]

Daher ist zu fragen, ob der Begriff der „Vermutung“ im Sinne des Art. 35 Abs. 2 eIDAS-VO nicht im Sinne eines Anscheinsbeweises verstanden werden kann.

bb) Auslegung des Vermutungsumfangs des Art. 35 Abs. 2 eIDAS-VO

(1) Grundsätze der Auslegung von Unionsrecht

Das im mittelbaren Vollzug anwendbare Unionsrecht wird auf nationaler Ebene ausgelegt, allerdings unter dem Vorbehalt der Bestätigung durch den EuGH, der für das Unionsrecht die ausschließliche Kompetenz zur au-

---

1175 Siehe § 2 I. 3.
1176 Siehe § 10 I. 1.
1177 *Roßnagel*, NJW 2014, 3686, 3692; *ders.* Recht der Vertrauensdienste, S. 28; *ders.* MMR 2016, 647, 649 f.; ähnlich *Jandt*, NJW 2015, 1205, 1210.
1178 *Roßnagel*, MMR 2016, 647, 650.
1179 *Roßnagel*, MMR 2016, 647, 649.
1180 *Roßnagel*, MMR 2016, 647, 649.
1181 Siehe § 8 IV. 3. c).

thentischen Auslegung besitzt.[1182] Daneben sind die vom EuGH für die Auslegung des Unionsrechts entwickelten Grundsätze und Regeln zu beachten.[1183] Zur Auslegung befugt sind dabei sowohl die nationalen Rechtsanwendungs- als auch die Rechtsprechungsorgane.[1184] Grundsätzlich ist das Unionsrecht autonom auszulegen.[1185] Ausnahmsweise ist ein Rückgriff auf das nationale Recht zulässig, wenn das Unionsrecht selbst auf das nationale Recht verweist oder das Unionsrecht auch unter Heranziehung der allgemeinen Rechtsgrundsätze nicht in der Lage ist, den Inhalt der in Frage stehenden Unionsrechtsvorschrift zu bestimmen.[1186] Die Auslegungsmethoden des Unionsrechts entsprechen dabei den allgemein anerkannten Methoden (Wortlaut, Entstehungsgeschichte, Systematik, Sinn und Zweck).[1187]

Die eIDAS-VO wird nicht unmittelbar durch die Unionsorgane vollzogen, weshalb sie im mittelbaren Vollzug anwendbares Unionsrecht ist. Als im mittelbaren Vollzug anwendbares Unionsrecht darf die eIDAS-VO durch die nationalen Gerichte ausgelegt werden, allerdings unter dem Vorbehalt der Bestätigung durch den EuGH.[1188] Der ausfüllungsbedürftige Rechtsbegriff der Vermutung ist – entsprechend dem Grundsatz – unionsautonom auszulegen.[1189] Weder wird der Begriff der Vermutung in der eIDAS-VO näher definiert, noch wird auf das nationale Recht verwiesen.[1190] Die Grenzen einer unionsautonomen Auslegung finden sich aber in stark formalisierten Rechtsgebieten wie dem Prozessrecht.[1191] Vorliegend soll daher eine unionsautonome Auslegung versucht werden, die die gesteckten Grenzen durch das nationale Prozessrecht berücksichtigt.

1182 *Borchardt*, in: Schulze/Zuleeg/Kadelbach, § 15 Rn. 7.

1183 *Borchardt*, in: Schulze/Zuleeg/Kadelbach, § 15 Rn. 7.

1184 *Borchardt*, in: Schulze/Zuleeg/Kadelbach, § 15 Rn. 12, 16.

1185 *Borchardt*, in: Schulze/Zuleeg/Kadelbach, § 15 Rn. 32; ausführlich *Riesenhuber*, in: Riesenhuber, § 10 Rn. 4–6.

1186 *Borchardt*, in: Schulze/Zuleeg/Kadelbach, § 15 Rn. 32.

1187 *Streinz*, Europarecht, Rn. 625.

1188 Ähnlich *Kramme*, GPR 2017, 60, 61 f.

1189 Ebenso *Kramme*, GPR 2017, 60, 62.

1190 Vgl. zu den Grenzen einer unionsautonomen Auslegung des Sekundärrechts *Riesenhuber*, in: Riesenhuber, § 10 Rn. 4.

1191 Vgl. *Kramme*, GPR 2017, 60, 62; zu den Grenzen auch *Riesenhuber*, in: Riesenhuber, § 10 Rn. 7.

(2) Wortlaut

Bei der Wortlautauslegung ist zu berücksichtigen, dass jede Sprachfassung der Unionsrechtsvorschrift nicht für sich allein ausgelegt werden darf, sondern eine repräsentative Anzahl anderer Sprachfassungen einzubeziehen ist.[1192] Die verschiedenen sprachlichen Fassungen sind grundsätzlich gleich autoritativ, sodass nicht eine Vorrang vor der anderen beanspruchen kann.[1193] Ausgangspunkt der Wortlautauslegung ist der gewöhnliche Sprachgebrauch, wobei aber einem spezifischen Gesetzessprachgebrauch Vorrang zukommt –vorausgesetzt, ein solcher ist gegeben.[1194]

Die englische („presumption"), italienische („presunzione"), französische („présomption") und spanische („presunción") Fassung des Begriffs der Vermutung in Art. 35 Abs. 2 eIDAS-VO lässt sich zwar jeweils mit „Vermutung" übersetzen,[1195] aber auch teilweise mit „Annahme", „Mutmaßung" oder „Wahrscheinlichkeit".[1196] Daneben ist mit der Übersetzung als „Vermutung" nicht gesagt, dass damit auch eine widerlegliche Vermutung im Sinne einer gesetzlichen Vermutung wie im deutschen Recht (§ 292 S. 1 ZPO) gemeint ist. In den genannten Rechtordnungen wird für die Bedeutung einer „gesetzlichen Vermutung" oder „widerleglichen Vermutung" oder „Rechtsvermutung" jeweils ein zusätzliches Wort verwendet. In der italienischen Rechtssprache heißt beispielsweise die widerlegbare Vermutung „presunzione iuris tantum" oder „presunzione relativa" und „gesetzliche Vermutung" wird mit „presunzione legale" übersetzt.[1197] Auch in der Übersetzung des Anscheinsbeweises taucht etwa im Französischen das Wort „présomption" auf, allerdings mit dem Zusatz „du fait de l ´homme" oder „de prima facie".[1198] Insgesamt führt die Wortlautausle-

1192 *Borchardt*, in: Schulze/Zuleeg/Kadelbach, § 15 Rn. 35–37: Dies leitet der EuGH aus dem Grundsatz der einheitlichen Auslegung sowie dem Umstand, dass auf EU-Ebene der Wortlaut einer Regelung in jeder der Amtssprachen gleichermaßen verbindlich ist (Art. 55 EUV, Art. 342 AEUV).

1193 *Riesenhuber*, in: Riesenhuber, § 10 Rn. 14.

1194 *Riesenhuber*, in: Riesenhuber, § 10 Rn. 17.

1195 Vgl. etwa im italienischen *Conte/Boss*, Wörterbuch Rechts- und Wirtschaftssprache, Teil 1, S. 370; im Spanischen *Garay*, Rechtswörterbuch, S. 343.

1196 Vgl. etwa im Englischen *Bachem/Hamblock*, Wörterbuch Recht, S. 532.

1197 *Conte/Boss*, Wörterbuch Rechts- und Wirtschaftssprache, Teil 1, S. 370; *ders.*, Wörterbuch der Rechts- und Wirtschaftssprache, Teil 2, S. 582. Ähnlich verhält es sich im Spanischen: „presunción legal" wird übersetzt mit „Rechtsvermutung" bzw. „gesetzliche Vermutung" *Köbler*, Rechtsspanisch, S. 307.

1198 *Köbler*, Rechtsfranzösisch, S. 12, 335.

gung zu keinem eindeutigen Ergebnis. Die jeweilige Sprachfassung lässt also nicht den Schluss zu, dass die „Vermutung“ des Art. 35 Abs. 2 eIDAS-VO als gesetzliche Vermutung mit der Rechtsfolge einer Beweislastumkehr auszulegen ist.[1199]

(3) Entstehungsgeschichte, Systematik und Telos

Subjektive Vorstellungen des Normgebers sekundären Unionsrechts können nur insoweit in die Auslegung einfließen, als sie in der Unionsrechtsvorschrift selbst konkreten Niederschlag gefunden und dadurch rechtliche Relevanz erlangt haben.[1200] Dazu gehören beispielsweise auch die Begründungserwägungen, welche aber häufig nicht den Willen des Normgebers widergeben, sondern eher die Ziele und den systematischen Zusammenhang erläutern.[1201] Um die Auslegung der Vorschrift und der dazugehörenden Erwägungsgründe nicht unnötig auseinanderzureißen, werden die verbleibenden drei Auslegungsmethoden hier in einem Punkt zusammengefasst.

Die Verordnung selbst legt die Rechtsfolgen einer Vermutung im Sinne des Art. 35 Abs. 2 eIDAS-VO nicht fest. Die Gesetzgebungshistorie kann als nicht ergiebig betrachtet werden: Aus ihr kann der Schluss gezogen werden, dass der Verordnungsgeber sich nicht gleich auf die genaue Ausgestaltung der Rechtsfolgen der Vermutung festlegen wollte, sondern die Ausfüllung des Rechtsbegriffs der Rechtsfortbildung des EuGH überlassen wollte.[1202] Im Kommissionsentwurf war noch die Rede von einer „rechtlichen Vermutung“ für ein qualifiziertes Siegel, welche „den Ursprung und die Unversehrtheit der damit verbundenen elektronischen Dokumente *garantiert*“.[1203] Die Endfassung hingegen kann als Kompromiss

---

1199 Ebenso sieht es *Roßnagel*, MMR 2016, 647, 649 (Fußnote 34), der diesen Schluss aus der möglichen Übersetzung der englischen und französischen Fassung „presumption“ bzw. „pre´somption“ (sic) als „Vermutung“ und „Annahme“ zieht.

1200 *Borchardt*, in: Schulze/Zuleeg/Kadelbach, § 15 Rn. 42.

1201 *Borchardt*, in: Schulze/Zuleeg/Kadelbach, § 15 Rn. 44.

1202 *Kramme*, GPR 2017, 60, 63; dort auch zum folgenden Text.

1203 Vorschlag für eine Verordnung des Europäischen Parlaments und des Rates über die elektronische Identifizierung und Vertrauensdienste für elektronische Transaktionen im Binnenmarkt vom 4.6.2012, COM (2012) 238 final, 2012/0146 (COD), S. 9, 38 zu Art. 28 eIDAS-VO-E; Hervorhebung nur hier.

zwischen dem Entwurf und Änderungsvorschlägen angesehen werden, welche die Vermutung als Anscheinsbeweis ausgestaltet wissen wollen.[1204] In Erwägungsgrund 59 eIDAS-VO heißt es nurmehr, elektronische Siegel „sollten den Ursprung und die Unversehrtheit des Dokuments *belegen*".[1205]

Auch den Vorschriften der eIDAS-VO kann ein unionsgesetzgeberischer Wille dahingehend entnommen werden, dass keine explizite Festlegung des Umfangs der Vermutung getroffen werden sollte, sondern diese nach der Systematik des jeweiligen mitgliedsstaatlichen Beweisrechts zu bestimmen ist.[1206] In Erwägungsgrund 22 eIDAS-VO heißt es, dass „die Rechtswirkung [...] von Vertrauensdiensten jedoch durch nationales Recht festzulegen [ist], sofern in dieser Verordnung nichts anderes bestimmt ist".[1207] Auch Erwägungsgrund 18 eIDAS-VO stellt klar, dass bestimmte Haftungsregelungen des nationalen Rechts, „einschließlich der Bestimmungen über die Beweislast" nicht berührt werden sollen. Nach Erwägungsgrund 59 eIDAS-VO sollen elektronische Siegel „als Nachweis dafür dienen, dass ein elektronisches Dokument von einer juristischen Person ausgestellt wurde, und [...] den Ursprung und die Unversehrtheit des Dokuments belegen". Es werden dabei die Begriffe „Nachweis" und „belegen" anstelle von „Beweis" und „beweisen" verwendet, was für den Umstand spricht, dass die Vorschrift des Art. 35 Abs. 2 eIDAS-VO die genauen beweisrechtlichen Rechtsfolgen nicht festlegen, sondern die Integration in das jeweilige Beweisrecht den Mitgliedsstaaten überlassen wollte.[1208]

Weiter lässt sich nicht feststellen, dass der EuGH an eine Vermutung immer die Rechtsfolge des Beweises des Gegenteils durch die andere Partei knüpft.[1209] Das in diesem Zusammenhang häufig genannte Urteil des EuGH in der Rechtssache *Mirossevich* kann vielmehr auch gegenteilig ausgelegt werden.[1210] In Leitsatz 4 heißt es: „besteht eine ernsthafte Ver-

---

1204 *Kramme*, GPR 2017, 60, 63.

1205 Hervorhebung nur hier.

1206 Vgl. auch *Roßnagel*, MMR 2016, 647, 649 f.

1207 Vgl. dazu auch *Roßnagel*, MMR 2016, 647, 649.

1208 *Roßnagel*, MMR 2016, 647, 650.

1209 A. A. *Jandt*, NJW 2015, 1205, 1206 mit Hinweis in Fn. 3 auf EuGH, Urteil vom 12.12.1956, Rs. C–10/55, Slg. 1955, 365 = BeckRS 2004, 70578.

1210 EuGH, Urteil vom 12.12.1956, Rs. C–10/55, Slg. 1955, 365 = BeckRS 2004, 70578; vgl. dazu *Jandt*, NJW 2015, 1205, 1206 mit Hinweis auf dieses Urteil in Fn. 3; auch *Kramme*, GPR 2017, 60, 63 nimmt auf dieses Urteil Bezug.

mutung zugunsten der Wahrheit einer behaupteten Tatsache, so hat die andere Partei den Gegenbeweis zu erbringen". Bereits die Begriffsverwendung „Gegenbeweis" der deutschen Übersetzung spricht für eine Auslegung als Anscheinsbeweis, jedenfalls aber für eine offene Auslegung. Auch die dazugehörende Begründung kann diese Auslegung stützen. Dort heißt es, diese Tatsachen könnten „eine starke Vermutung" zugunsten der behaupteten Tatsache begründen.[1211] Dies kann auch als „eine starke Wahrscheinlichkeit" gelesen werden.

Die vorliegende Auslegung wird untermauert durch einen Vergleich mit den Rechtswirkungen, die die Verordnung an qualifizierte Signaturen knüpft. Dort soll außer der grundsätzlichen Zulässigkeit als Beweismittel und der Festlegung der Rechtswirkung einer handschriftlichen Unterschrift keine weitere Rechtswirkung getroffen, sondern diese den Mitgliedsstaaten überlassen werden (Erwägungsgrund 49 eIDAS-VO). Eine beweisrechtliche Regelung wird damit über die Anordnung der gleichen Rechtswirkung einer handschriftlichen Unterschrift nur mittelbar getroffen. Die genaue beweisrechtliche Ausgestaltung wird auch hier den Mitgliedsstaaten überlassen, um nicht in das bestehende Beweissystem einzugreifen.[1212] Im Umkehrschluss daraus kann auch für ein qualifiziertes Siegel keine eindeutige Rechtswirkung im Sinne einer gesetzlichen Vermutung für die Echtheit gewollt sein. Dadurch würde doch wieder in das jeweilige mitgliedsstaatliche Beweissystem eingegriffen, wie es gerade im deutschen Recht passieren würde. Der Siegelersteller wäre gegenüber dem Signaturschlüsselinhaber strukturell benachteiligt, da er im einen Fall die Echtheit mit dem Vollbeweis zu widerlegen hätte, im anderen Fall nur mit einem Gegenbeweis.[1213]

Schließlich ist auch nach der Kompetenz der EU auf diesem Gebiet zu fragen. In Strafverfahren fehlt der EU die Kompetenz, derart konkrete Festlegungen zu treffen: Art. 82 Abs. 2 AEUV erlaubt nur, Mindestanforderungen im Wege einer Richtlinie zu erlassen.[1214] Da die eIDAS-VO nicht zwischen verschiedenen Gerichts- und Beweisverfahren unterscheidet, kann dies ebenfalls gegen eine Auslegung der „Vermutung" im Sinne einer „gesetzlichen Vermutung" wie im deutschen Recht angeführt wer-

---

1211 EuGH, Urteil vom 12.12.1956, Rs. C–10/55, Slg. 1955, 365 = BeckRS 2004, 70578.

1212 Siehe § 8 II. 1.

1213 *Roßnagel*, MMR 2016, 647, 649; siehe § 10 I. 2. a).

1214 *Roßnagel/Johannes*, ZD 2013, 65, 71; *Sosna*, CR 2014, 825, 827.

den. Der Verordnungsgeber wird keine Regelung erlassen haben wollen, die jedenfalls für einen Gerichtszweig ungültig ist.

(4) Ergebnis

Der Inhalt der „Vermutung“ in Art. 35 Abs. 2 eIDAS-VO ist nach dem jeweiligen Beweisrechtssystem der Mitgliedsstaaten auszulegen. Für das deutsche Recht bedeutet das, dass ein qualifiziertes Siegel einen Anscheinsbeweis für die Echtheit des elektronischen Dokuments entfaltet. Dies aber nur, wenn eine Siegelprüfung mit positivem Ergebnis endet (entsprechend § 371a Abs. 1 S. 2 ZPO). Zwar setzt Art. 35 Abs. 2 eIDAS-VO das nicht ausdrücklich voraus, der Wortlaut ist aber ergänzend dahingehend auszulegen.

3. Fazit

Die Sicherungsanforderungen qualifizierter Siegel und Signaturen sind identisch. Der einzige Unterschied ist der, dass ein qualifiziertes Siegel eine juristische Person und eine qualifizierte Signatur eine natürliche Person als Siegelersteller bzw. als Unterzeichner ausweist.

Nach Art. 35 Abs. 2 eIDAS-VO werden nach erfolgreicher Validierung des qualifizierten Siegels Authentizität und Integrität des elektronischen Dokuments vermutet. Die Vermutung ist dabei als Anscheinsbeweis auszulegen. Der Beweis der willentlichen Abgabe der in dem elektronischen Dokument enthaltenen Erklärung erfolgt über eine entsprechende Anwendung des § 371a Abs. 1 S. 1 ZPO. Voraussetzung ist die Echtheit des elektronischen Dokuments, welche durch die Vermutung des Art. 35 Abs. 2 eIDAS-VO festgestellt werden kann. Der Wortlaut des § 371a Abs. 1 S. 1 ZPO sollte auf mit einem qualifizierten Siegel versehene elektronische Dokumente erweitert werden.

II. Beweiskraft qualifizierter Zeitstempel

1. Überblick

Elektronische Zeitstempel werden definiert als „Daten in elektronischer Form, die andere Daten in elektronischer Form mit einem bestimmten Zeitpunkt verknüpfen und dadurch den Nachweis erbringen, dass diese anderen Daten zu diesem Zeitpunkt vorhanden waren“ (Art. 3 Nr. 33 eIDAS-VO). Anders ausgedrückt sind Zeitstempel Bescheinigungen eines Vertrauensdiensteanbieters darüber, dass ihnen die „gestempelten“ Daten zu der angegebenen Zeit vorgelegen haben. Der qualifizierte Zeitstempel muss Datum und Uhrzeit so mit den zu stempelnden Daten verknüpfen, dass die Möglichkeit der unbemerkten Veränderung der Daten nach vernünftigem Ermessen ausgeschlossen ist und auf einer korrekten Zeitquelle beruhen, die mit der koordinierten Zeitquelle verbunden ist (Art. 42 Abs. 1 a), b) eIDAS-VO). Der qualifizierte Zeitstempel wird momentan durch eine mindestens fortgeschrittene Signatur oder ein fortgeschrittenes Siegel umgesetzt, wenngleich gleichwertige andere Methoden möglich sind.[1215] Der Zeitstempel ist also nichts anderes als eine zusätzliche Signatur oder ein zusätzliches Siegel des Vertrauensdiensteanbieters. Warum aber die eIDAS-VO für einen *qualifizierten* Zeitstempel eine lediglich fortgeschrittene Signatur bzw. ein fortgeschrittenes Siegel ausreichen lässt, ist fraglich.

2. Voraussetzungen

Der Unterschied zwischen einer fortgeschrittenen und einer qualifizierten Signatur liegt in den unterschiedlichen Voraussetzungen an die Signaturerstellungseinheiten und Zertifikate: Eine fortgeschrittene Signatur muss nicht von einer qualifizierten Signaturerstellungseinheit nach Anhang II eIDAS-VO erstellt sein und nicht auf einem qualifizierten Zertifikat nach Anhang I eIDAS-VO für elektronische Signaturen beruhen (Art. 3 Nr. 11, Nr. 12, Nr. 15, Nr. 23 eIDAS-VO). Das bedeutet, der qualifizierte Vertrauensdiensteanbieter muss bei Erstellung der den qualifizierten Zeitstempel enthaltenden fortgeschrittenen Signatur keine Soft- und Hard-

1215 Vgl. Erwägungsgrund 62 eIDAS-VO und Art. 42 Abs. 1 c) eIDAS-VO.

ware verwenden, die die Anforderungen an eine qualifizierte Signaturerstellungseinheit (Anhang II eIDAS-VO) erfüllt. Gerechtfertigt ist die „Absenkung“ auf fortgeschrittene Signaturen deshalb, weil bei qualifizierten Signaturen die Sicherheitsvermutung auf der Zwei-Faktor-Authentisierung beruht, welche durch das Chipkartensystem umgesetzt wird. Dieses System ist hingegen für Massenverfahren ungeeignet. Der Vertrauensdiensteanbieter hat die Sicherheit auf andere Weise zu gewährleisten, regelmäßig durch eine abgesicherte Betriebsstätte.[1216] Qualifizierte Vertrauensdiensteanbieter verfügen über höhere Sicherheitsanforderungen an ihr System, als es Privatpersonen vermögen. Deshalb sind nach gesetzlicher Vorgabe bei Erbringung von Vertrauensdiensten durch qualifizierte Vertrauensdiensteanbieter fortgeschrittene Signaturen ausreichend.

Das mit der fortgeschrittenen Signatur verbundene Zertifikat, welches den Vertrauensdiensteanbieter als den die fortgeschrittene Signatur Ausstellenden ausweist, muss nicht die Anforderungen eines qualifizierten Zertifikats (Anhang I eIDAS-VO) erfüllen. Der Vertrauensdiensteanbieter qualifizierter Zeitstempel muss aber ein *qualifizierter* Vertrauensdiensteanbieter sein (Art. 42 Abs. 1 c) eIDAS-VO). Daher hat er die Anforderungen an qualifizierte Vertrauensdiensteanbieter (Art. 19, 24 eIDAS-VO) zu erfüllen. Nach Art. 20 eIDAS-VO wird jeder qualifizierte Vertrauensdiensteanbieter, ob er nun qualifizierte Signaturen, Siegel oder Zeitstempel anbietet, hinsichtlich seiner organisatorisch-technischen Sicherheit von einer Konformitätsbewertungsstelle überprüft.[1217] Die Verwendung eines sicheren Servers in der abgesicherten Betriebsstätte des Vertrauensdiensteanbieters kann daher eine vergleichbare Sicherheit bieten wie eine qualifizierte Signaturerstellungseinheit eines Nutzers.[1218] Das mit der fortgeschrittenen Signatur[1219] verbundene Zertifikat, muss nicht die Anforderungen eines qualifizierten Zertifikats (Anhang I eIDAS-VO) erfüllen, weil es nicht eine vom Vertrauensdiensteanbieter verschiedene Person (den Unterzeichner im Sinne des Art. 3 Nr. 9 eIDAS-VO) als Aussteller ausweisen muss. Nur ein qualifiziertes Zertifikat, welches die Identität eines Nutzers belegen soll, hat die Anforderungen des Anhangs I eIDAS-VO zu erfüllen. Be-

---

1216 Vgl. auch *Roßnagel*, Recht der Vertrauensdienste, S. 187.

1217 Vgl. auch *Jandt*, NJW 2015, 1204, 1207; *Roßnagel*, Recht der Vertrauensdienste, S. 187 f.

1218 *Jandt*, NJW 2015, 1205, 1207; *Roßnagel*, Recht der Vertrauensdienste, S. 187.

1219 Gleiches gilt für ein elektronisches Siegel. Der Einfachheit halber wird im Folgenden aber nur von elektronischen Signaturen gesprochen.

reits ein qualifiziertes Zertifikat eines Signaturschlüsselinhabers muss nur eine fortgeschrittene Signatur des Vertrauensdiensteanbieters enthalten (Anhang I g) eIDAS-VO).[1220] Bei einem qualifizierten Zeitstempel entfällt sozusagen das zusätzliche Erfordernis, einen Nutzer durch ein qualifiziertes Zertifikat auszuweisen.

Entsprechendes gilt, wenn der Vertrauensdiensteanbieter den qualifizierten Zeitstempel durch ein fortgeschrittenes Siegel an das elektronische Dokument anbringt (Art. 3 Nr. 26, Nr. 27, Nr. 30, Nr. 32 eIDAS-VO). Der einzige Unterschied besteht darin, dass sich die Anforderungen an qualifizierte Zertifikate für qualifizierte Siegel aus Anhang III eIDAS-VO ergeben und nicht aus Anhang I eIDAS-VO.

3. Beweiswirkung qualifizierter Zeitstempel

a) Umfang der Vermutung des Art. 41 Abs. 2 eIDAS-VO

Nach Art. 41 Abs. 2 eIDAS-VO gilt die „Vermutung" der Richtigkeit des darin angegebenen Datums und der Zeit, sowie der Unversehrtheit der verbundenen Daten. Auch hier darf mit derselben Begründung wie bei qualifizierten Signaturen und Siegeln der Begriff der Vermutung nicht als „gesetzliche Vermutung" im Sinne des § 292 ZPO verstanden werden, sondern sie ist als „Anscheinsbeweis" auszulegen.[1221] Die ungeschriebene Voraussetzung der Durchführung einer Validierung mit positivem Ergebnis vermag einen Beweis des ersten Anscheins auszulösen, nicht aber eine gesetzliche Vermutung mit der Rechtsfolge der Beweislastumkehr.

b) Vermutung der Integrität und Authentizität

Die Vermutung der „Unversehrtheit der mit dem Datum und der Zeit verbundenen Daten" (Art. 41 Abs. 2 Alt. 2 eIDAS-VO) ist jedenfalls als Vermutung für die Unverfälschtheit der Daten auszulegen. Hierzu kann auf die Auslegung des Begriffs der „Unversehrtheit" bei qualifizierten Siegeln verwiesen werden.[1222] Der Anscheinsbeweis ist auch trotz einer nur fort-

---

1220 Vgl. auch *Roßnagel*, Recht der Vertrauensdienste, S. 187.
1221 Siehe § 8 IV. 3. c), § 10 I. 2. d).
1222 Siehe § 10 I. 2. c) aa).

geschrittenen Signatur, wodurch der qualifizierte Zeitstempel in der Praxis realisiert wird, gerechtfertigt. Eine fortgeschrittene Signatur eines qualifizierten Vertrauensdiensteanbieters bietet eine vergleichbare Sicherheit wie eine qualifizierte Signatur oder ein qualifiziertes Siegel, das von einer qualifizierten Signaturerstellungseinheit eines Nutzers erstellt wurde.[1223] Damit kann für alle die gleiche Beweiserleichterung gelten.[1224] Die Vermutung gilt für den Zeitpunkt, als das elektronische Dokument dem Vertrauensdiensteanbieter zur Zeitstempelung vorlag. Mögliche nachträgliche Veränderungen sind durch eine Überprüfung des qualifizierten Zeitstempels erkennbar.

Ob die Vermutung des Art. 41 Abs. 2 Alt. 2 eIDAS-VO neben der Integrität auch die Authentizität umfasst[1225] und damit als Vermutung der „Echtheit" des elektronischen Dokuments im Sinne des § 371a Abs. 1 S. 2 ZPO ausgelegt werden kann, bedarf näherer Untersuchung. Dabei ist zu unterscheiden zwischen dem Beweis der Urheberschaft des Vertrauensdiensteanbieters bezüglich des qualifizierten Zeitstempels und der Urheberschaft des Ausstellers bezüglich des elektronischen Dokuments.

Mit dem Zeitstempel ist *prima facie* der Umstand bewiesen, dass Urheber des Zeitstempels der Vertrauensdiensteanbieter ist. Der Zeitstempel als fortgeschrittene Signatur enthält das Zertifikat des Vertrauensdiensteanbieters, welches Rückschluss auf diesen als Urheber bietet.

Zur Klärung, wie es mit der Authentizität des Ausstellers steht, ist eine weitere Betrachtung der praktischen Umsetzung der Zeitstempelung erforderlich. In der Praxis wird die Zeitstempelung dadurch realisiert, dass in der Regel nicht das gesamte elektronische Dokument mit dem Zeitstempel versehen wird, sondern nur ein komprimiertes Abbild (Hashwert) dessen oder gleich nur die qualifizierte Signatur[1226] des Ausstellers.[1227] Die qualifizierte Signatur des Ausstellers enthält ebenfalls nur den Hashwert des

---

1223 Siehe § 10 II. 2.

1224 Vgl. auch *Roßnagel*, Recht der Vertrauensdienste, S. 187 f.; *Jandt*, NJW 2015, 1205, 1207.

1225 So *Roßnagel*, Recht der Vertrauensdienste, S. 187.

1226 Bzw. das qualifizierte Siegel, der Einfachheit halber wird im Folgenden nur von Signaturen gesprochen.

1227 Vgl. *Roßnagel*, in: Roßnagel, Recht der Telemediendienste, SigG § 9 Rn. 11 und die Regierungsbegründung zum Entwurf eines Gesetzes zur Regelung der Rahmenbedingungen für Informations- und Kommunikationsdienste (Informations- und Kommunikationsdienste-Gesetz – IuKDG), BT-Drucks 13/7385, S. 33 (zu § 9 SigG 1997). Zwar ist das SigG aufgehoben und kann grundsätzlich nicht zur

elektronischen Dokuments.[1228] Wird dem Vertrauensdiensteanbieter zur Zeitstempelung nur das elektronische Dokument ohne qualifizierte Signatur des Ausstellers übermittelt, enthält der Zeitstempel nur den Hashwert des elektronischen Dokuments. Der Anscheinsbeweis kann sich dann nicht auf die Authentizität des Ausstellers des elektronischen Dokuments beziehen. Der Vertrauensdiensteanbieter kann ohne qualifizierte Signatur des Ausstellers seinerseits nicht auf die Authentizität des Ausstellers vertrauen, seine fortgeschrittenes Signatur kann sich darauf nicht erstrecken. Ist das elektronische Dokument hingegen durch den Aussteller bereits signiert und wird dem Vertrauensdiensteanbieter dann zur Zeitstempelung überlassen, so kann der Vertrauensdiensteanbieter nicht nur auf die Integrität vertrauen, sondern auch auf die Authentizität (§ 371a Abs. 1 S. 2 ZPO, Art. 35 Abs. 2 eIDAS-VO). Zu beachten ist in diesem Zusammenhang, dass es aber wohl nicht die Intention des Art. 41 Abs. 2 eIDAS-VO ist, eine Vermutung für die Authentizität des elektronischen Dokuments zu erbringen. Das ergibt sich einerseits aus dem Wortlaut, welcher nur von der „Unversehrtheit der Daten" spricht. Andererseits kann die Authentizität des Ausstellers nicht mit dem qualifizierten Zeitstempel allein nachgewiesen werden. Der Aussteller des elektronischen Dokuments ergibt sich nicht aus dem Zeitstempel, sondern aus dem der qualifizierten Signatur beigefügten Zertifikat. Der Zeitstempel vermutet daher, dass die zur Stempelung übermittelte qualifizierte Signatur zu der bestimmten Zeit erstellt wurde. Er sichert Authentizität und Integrität des elektronischen Dokuments aber sozusagen doppelt, wenn die qualifizierte Signatur des Ausstellers mit dem qualifizierten Zeitstempel versehen wird. Der genaue Ablauf, wie das zu stempelnde elektronische Dokument vorzulegen ist, wird

---

Auslegung einer EU-Verordnung herangezogen werden. Da das deutsche SigG jedoch in weiten Teilen ähnliche Vorgaben wie die eIDAS-VO enthielt (vgl. §§ 9, 17 Abs. 3 Nr. 3 SigG), können zumindest die technischen Ausführungen herangezogen werden, sofern die eIDAS-VO wie hier keine gegenteiligen Anforderungen normiert; vgl. auch *Roßnagel*, Recht der Vertrauensdienste, S. 166. Die eIDAS-VO trifft keine Aussage zur konkreten technischen Umsetzung einer Zeitstempelung, sondern regelt nur die (Mindest-)Anforderungen.

1228 In vielen Fällen kann es auch erforderlich sein, nur den Hashwert (direkt oder mittels der qualifizierten Signatur des Ausstellers) zu stempeln. Handelt es sich um sensible Daten, so kann eine Geheimhaltung gewünscht sein. diese kann durch Übermittlung nur des komprimierten Abbilds an den Vertrauensdiensteanbieter erreicht werden.

in der eIDAS-VO allerdings nicht festgelegt. Hier besteht Konkretisierungsbedarf.

c) Vermutung der Richtigkeit des Datums und der Zeit

Die Vermutung der Richtigkeit des Datums und der Zeit ist als Vermutung für die *inhaltliche* Richtigkeit des Datums und der Zeit auszulegen.[1229] Es ist damit eine Vermutung für Tatsachen[1230] und nicht nur für die Eigenschaft des Beweismittels selbst (Unverfälschtheit und Authentizität), wie es die §§ 371a Abs. 1 S. 2, 439, 440 ZPO für private elektronische Dokumente und Urkunden bisher nur vorsehen. Das heißt, es wird vermutet, dass das angegebene Datum und die angegebene Zeit der tatsächlichen Zeit entsprechen. So können beispielsweise Täuschungen des Ausstellers durch Manipulationen an der Systemzeit eines PCs, welche grundsätzlich beliebig einstellbar ist, verhindert werden.

Nicht zu verwechseln ist dies aber mit einer materiellen Beweiskraft, welche ebenfalls häufig als „inhaltliche Richtigkeit" bezeichnet wird.[1231] Eine Vermutung für eine materielle Richtigkeit oder Wirksamkeit geht mit Art. 41 Abs. 2 eIDAS-VO nicht einher. Es bleibt bei der formellen Beweiskraft eines privaten elektronischen Dokuments, welche mit Art. 41 Abs. 2 eIDAS-VO auch hinsichtlich der Begleitumstände Zeit und Datum gilt. Im Urkundenbeweisrecht sind Tatsachenvermutungen bisher nur öffentlichen Urkunden vorbehalten (§§ 415, 417, 418 ZPO).[1232] Art. 41 Abs. 1 eIDAS-VO stellt somit eine Neuerung gegenüber dem bisherigen deutschen Beweisrechtssystem dar. Diese ist begrüßenswert,[1233] denn so wird dem Aussteller der Gang[1234] zu einer öffentlichen Behörde, welche den in dem elektronischen Dokument bzw. in der Urkunde enthaltenen Vorgang beurkunden kann (vgl. §§ 415 Abs. 1, 371a Abs. 3 ZPO), in man-

1229 *Roßnagel*, Recht der Vertrauensdienste, S. 188.

1230 *Roßnagel*, NJW 2014, 3686, 3691; *Jandt*, NJW 2015, 1205, 1209.

1231 Siehe § 2 III. 3.

1232 Vgl. auch *Roßnagel*, Recht der Vertrauensdienste, S. 188.

1233 Die Bezeichnung als „Bruch" mit der Systematik des deutschen Beweisrechts (vgl. *Roßnagel*, Recht der Vertrauensdienste, S. 188) kann daher irreführend sein.

1234 Bzw. im Falle eines elektronischen Dokuments zumindest die elektronische Übermittlung, welche aber dennoch die Einschaltung einer öffentlichen Behörde erfordert.

chen Fällen erspart werden können. Das kann die Beliebtheit der Verwendung elektronischer Dokumente anstelle von Urkunden steigern. Freilich ist das nur dort möglich, wo eine Beurkundung nicht zwingend vorgeschrieben ist.

Zu denken wäre sogar an eine „echte“ Vermutungswirkung im Sinne des § 292 ZPO entsprechend den nationalen Vorschriften der §§ 415, 371a Abs. 3 ZPO.[1235] Es geht vorliegend nicht um eine qualifizierte Signatur oder ein qualifiziertes Siegel eines Endnutzers, sondern um solche eines qualifizierten Vertrauensdiensteanbieters, der regelmäßig kein Interesse an einer Verfälschung hat. Es könnte damit eine vergleichbare Lage wie bei der Vermutung der §§ 415, 371a Abs. 3 ZPO vorliegen. Im Gegensatz zu Art. 41 eIDAS-VO fordern die §§ 415 Abs. 1, 371a Abs. 3 ZPO jedoch die Erstellung bzw. Aufnahme durch eine öffentliche Behörde oder eine mit öffentlichem Glauben versehene Person, wohingegen bei qualifizierten Zeitstempeln lediglich das übermittelte elektronische Dokument mit dem Zeitstempel versehen wird. Zudem ist der Vertrauensdiensteanbieter nicht mit öffentlichem Glauben versehen, weshalb das Vertrauen in ihn nicht genauso hoch sein kann wie in eine öffentliche Behörde oder eine mit öffentlichem Glauben versehene Person. Ihm kann erforderliches Hintergrundwissen zur Beurkundung fehlen. Daneben schließt die Verwendung einer fortgeschrittenen Signatur mögliche Manipulationen nicht mit so großer Sicherheit aus, dass eine Beweislastumkehr gerechtfertigt wäre. Es fehlen aktuell Studien und Erfahrungswerte, welche eine solche Rechtsfolge rechtfertigen könnten. Ein Anscheinsbeweis hingegen, der nicht zu einer Beweislastumkehr, sondern nur zur einer Erschütterung des ersten Anscheins im Wege des Gegenbeweises führt, erscheint angesichts der Erstellung der fortgeschrittenen Signatur in der abgesicherten Betriebsstätte des von den Parteien unabhängigen Vertrauensdiensteanbieters legitim.

1235 § 415 ZPO ist tatsächlich zwar keine gesetzliche Vermutung im Sinne des § 292 ZPO, weil das Beweismittel der Parteivernehmung (§§ 292 S. 2, 445 ZPO) zur Widerlegung der Beweisregel des § 415 Abs. 1 ZPO nach § 445 Abs. 2 ZPO ausgeschlossen ist. Im Übrigen jedoch hat § 415 ZPO das Erfordernis des Beweises des Gegenteils zur Folge wie es auch bei einer gesetzlichen Vermutung der Fall ist; vgl. dazu *Ahrens*, in: Wieczorek/Schütze, § 415 Rn. 36.

4. Fazit

Ein qualifizierter Zeitstempel wird in der Praxis regelmäßig durch eine Signatur oder ein Siegel umgesetzt. Er kann dabei auch nur als fortgeschrittene Signatur oder fortgeschrittenes Siegel vorliegen. Die auf den ersten Blick damit einhergehende Absenkung des Sicherheitsniveaus wird jedoch dadurch kompensiert, dass der qualifizierte Zeitstempel von einem qualifizierten Vertrauensdiensteanbieter zu erbringen ist.

Nach einer Validierung mit positivem Ergebnis begründet der Zeitstempel einen Beweis des ersten Anscheins für die Integrität der mit ihm verbundenen Daten, also des zu stempelnden elektronischen Dokuments des Ausstellers. Daneben wird die Authentizität des qualifizierten Vertrauensdiensteanbieters von der Vermutungswirkung umfasst. Schließlich wird die inhaltliche Richtigkeit des angegebenen Datums und der angegebenen Uhrzeit *prima facie* vermutet. Diese Vermutung ist ein Novum gegenüber der bisherigen Rechtslage im Urkunden- und Augenscheinsbeweisrecht, welche eine Tatsachenvermutung bisher nur für öffentliche elektronische Dokumente und Urkunden vorsah.

III. Beweiskraft qualifizierter Dienste für die Zustellung elektronischer Einschreiben

1. Überblick

Der Verordnungsgeber verfolgt den Zweck, durch Schaffung eines Rechtsrahmens die grenzüberschreitende Anerkennung zwischen den bestehenden nationalen Regelungen in Bezug auf Dienste für die Zustellung elektronischer Einschreiben zu erleichtern und den Vertrauensdiensteanbietern neue Marktchancen zu eröffnen.[1236] Nach Art. 3 Nr. 36 eIDAS-VO ist ein Dienst für die Zustellung elektronischer Einschreiben ein „Dienst, der die Übermittlung von Daten zwischen Dritten mit elektronischen Mitteln ermöglicht und einen Nachweis der Handhabung der übermittelten Daten erbringt, darunter den Nachweis der Absendung und des Empfangs der Daten, und der die übertragenen Daten vor Verlust, Diebstahl, Beschädigung oder unbefugter Veränderung schützt“. Sofern die Anforderungen des

---

1236 Vgl. Erwägungsgrund 66 eIDAS-VO.

Art. 44 eIDAS-VO erfüllt sind, handelt es sich um einen qualifizierten Zustellungsdienst.

Der Begriff der „Zustellung" ist so auszulegen, dass jede Art der Zustellung erfasst wird, das heißt im privaten, geschäftlichen und rechtlichen Verkehr. Eine Begrenzung auf eine bestimmte Art der Zustellung (vgl. §§ 166 ff. ZPO) ist der eIDAS-VO nicht zu entnehmen.

2. Voraussetzungen

Art. 44 Abs. 1 eIDAS-VO stellt sechs Voraussetzungen an einen qualifizierten Zustellungsdienst auf. Der Dienst kann nur von einem qualifizierten Vertrauensdiensteanbieter erbracht werden (Art. 44 Abs. 1 a) eIDAS-VO), der die Identifizierung des Absenders mit einem hohen Maß an Vertrauenswürdigkeit sicherstellt (Art. 44 Abs. 1 b) eIDAS-VO). Die Identifizierung des Empfängers muss vor Zustellung der Daten sichergestellt sein (Art. 44 Abs. 1 c) eIDAS-VO). Das Absenden und Empfangen der Daten muss jeweils durch eine fortgeschrittene Signatur oder ein fortgeschrittenes Siegel des qualifizierten Vertrauensdiensteanbieters auf eine Weise gesichert sein, die die Möglichkeit einer unbemerkten Veränderung der Daten ausschließt (Art. 44 Abs. 1 d) eIDAS-VO). Jede Veränderung der Daten muss dem Absender und dem Empfänger deutlich angezeigt werden (Art. 44 Abs. 1 e) eIDAS-VO). Datum und Zeit der Absendung und des Empfangs oder einer Änderung der Daten müssen durch einen qualifizierten Zeitstempel angezeigt werden (Art. 44 Abs. 1 f) eIDAS-VO).

a) Erbringung des Dienstes durch fortgeschrittene Signaturen eines qualifizierten Vertrauensdiensteanbieters, Art. 44 Abs. 1 a), d), f) eIDAS-VO

Eine vergleichbare Sicherheit, wie sie qualifizierte Signaturen aufweisen, wird bei qualifizierten Diensten für die Zustellung elektronischer Einschreiben, welche „nur" auf fortgeschrittenen Signaturverfahren sowohl hinsichtlich der Zeitangabe als auch des Umstands des Versands und Empfangs oder Anzeige einer Änderung beruhen (vgl. Art. 44 Abs. 1 d), f) eIDAS-VO), dadurch sichergestellt, dass die fortgeschrittenen Signaturen nur von qualifizierten Vertrauensdiensteanbietern erbracht werden können (Art. 44 Abs. 1 a) eIDAS-VO). Dem liegt die Erwägung zugrunde, dass die Erstellung fortgeschrittener Signaturen in einer abgesicherten Betriebsstätte eines unabhängigen Dritten eine vergleichbare Sicherheit bieten.[1237] Das Erfordernis der Absicherung durch eine qualifizierte Signatur würde zu einem nicht erfüllbaren praktischen Aufwand führen, weil der Vertrauensdiensteanbieter bei jedem Signiervorgang eine Chipkarte und ein Kartenlesegerät zu verwenden hätte.

b) Anzeige der Veränderungen, Art. 44 Abs. 1 e) eIDAS-VO

Die Voraussetzung des Art. 44 Abs. 1 e) eIDAS-VO erfordert von der Software eine deutliche Anzeige der Veränderungen der Daten. Die technische und optische Umsetzung ist dabei den Vertrauensdiensteanbietern überlassen. Das Merkmal dient der Warnung des jeweiligen Kommunikationspartners vor Verfälschungen. Bei qualifizierten Signaturen und Siegeln ist eine automatische Anzeige der Veränderung nicht vorgesehen. Dort hat der Empfänger des elektronischen Dokuments das Signaturprüfverfahren selbsttätig durchzuführen. Bei einem qualifizierten Dienst für die Zustellung elektronischer Einschreiben erfolgt die Signaturprüfung der fortgeschrittenen Signaturen des Vertrauensdiensteanbieters (Signatur für die Absendung, für den Empfang und als Zeitstempel) durch den Dienst automatisch. Das Wegfallen einer eigenen Signaturprüfung erfordert eine automatische deutliche Anzeige von nachträglichen Veränderungen durch die Software.

c) Identifizierung des Absenders, Art. 44 Abs. 1 b) eIDAS-VO

Die Identifizierung des Absenders muss „mit einem hohen Maß an Vertrauenswürdigkeit“ sichergestellt sein (Art. 44 Abs. 1 b) eIDAS-VO). Eine Aussage über Art und Weise der Identifizierung wird nicht getroffen, ebenso wenig wie über den Zeitpunkt der Identifizierung. Unklar ist deshalb, ob nur bei der erstmaligen Anmeldung zu einem qualifizierten Dienst für die Zustellung elektronischer Einschreiben oder auch bei jeder weiteren Inanspruchnahme des Dienstes eine Identifizierung erforderlich ist.

1237 Siehe § 10 II. 2.

aa) Art der Identifizierung

Mit Blick auf die Rechtswirkung qualifizierter Dienste für die Zustellung elektronischer Einschreiben, der Vermutung der Absendung durch den identifizierten Absender (Art. 43 Abs. 2 eIDAS-VO), ist eine Beachtung der Vorgaben des Art. 24 Abs. 1 eIDAS-VO im Rahmen der Identifizierung zu fordern.[1238] Dort ist geregelt, wie der qualifizierte Vertrauensdiensteanbieter vor Ausstellung eines qualifizierten Zertifikats die Identität des Antragstellers zu überprüfen hat. Direkt gilt Art. 24 Abs. 1 eIDAS-VO für die Ausstellung qualifizierter Zertifikate für einen Vertrauensdienst. Die Vorschrift ist für die Identifizierung des Absenders für die Inanspruchnahme eines qualifizierten Dienstes für die Zustellung elektronischer Einschreiben entsprechend anzuwenden, um das Merkmal des „hohen Maß[es] an Vertrauenswürdigkeit“ (Art. 44 Abs. 1 b) eIDAS-VO) sicherzustellen. Die Rechtswirkung eines qualifizierten Dienstes für die Zustellung elektronischer Einschreiben ist der eines qualifizierten Zertifikats ähnlich. Die Vermutung der Authentizität des § 371a Abs. 1 S. 2 ZPO wird durch das mit der qualifizierten Signatur verknüpfte qualifizierte Zertifikat erfüllt: Ein qualifiziertes Zertifikat enthält die Angaben zur Identifizierung des Signaturschlüsselinhabers und weist diesen als den wahren Urheber des elektronischen Dokuments aus.[1239] Ein qualifizierter Dienst für die Zustellung elektronischer Einschreiben hat ebenfalls zur Folge, dass die Absendung *durch den identifizierten* Absender vermutet wird. Es geht damit eine Vermutung der Authentizität einher.[1240] Diese Vermutung wird bei einem qualifizierten Dienst für die Zustellung elektronischer Einschreiben nur nicht durch das qualifizierte Zertifikat erbracht, sondern durch die Identifizierung des Absenders durch den Vertrauensdiensteanbieter. Es fehlt damit lediglich die Ausstellung eines qualifizierten Zertifikats, der in Art. 24 Abs. 1 eIDAS-VO beschriebene Identifizierungsvorgang darf hingegen nicht fehlen.

Die eIDAS-VO kennt verschiedene Sicherheitsstufen bezüglich der Identifizierungssysteme (Art. 8 eIDAS-VO). Hinsichtlich des Sicherheitsniveaus im Rahmen der Identifizierung nach Art. 44 Abs. 1 b) eIDAS-VO sollte aufgrund der Wendung „mit einem *hohen* Maß an Vertrauenswür-

1238 *Roßnagel*, Recht der Vertrauensdienste, S. 167; *Jandt*, NJW 2015, 1205, 1207.
1239 Siehe zum qualifizierten Zertifikat § 8 I. 3. c) bb), d) bb).
1240 Siehe § 10 III. 3. d).

digkeit“[1241] die Stufe „hoch“ gefordert werden (vgl. Art. 8 eIDAS-VO).[1242] Dies bezieht sich vor allem auf die Identifizierungsmöglichkeit des Art. 24 Abs. 1 b) eIDAS-VO, welche bei der Identifizierung *aus der Ferne* die beiden Sicherheitsniveaus „substanziell“ oder „hoch“ genügen lässt. Für die Identifizierung aus der Ferne nach Art. 44 Abs. 1 b) eIDAS-VO ist eine Identifizierung mit dem Niveau „hoch“ zu fordern. Art. 44 Abs. 1 b) eIDAS-VO sollte diesbezüglich konkretisiert werden.

bb) Zeitpunkt der Identifizierung

In Art. 44 Abs. 1 b) eIDAS-VO wird nicht geregelt, ob die Identifizierung bei jeder Inanspruchnahme des Dienstes erforderlich ist oder nur einmalig im Rahmen der Eröffnung eines Kontos bei einem qualifizierten Dienst für die Zustellung elektronischer Einschreiben.

Zur Lösung dieser Frage bietet sich ein Vergleich mit der De-Mail an. Die De-Mail beruht zwar auf dem nationalen De-MailG, erfüllt aber ebenfalls die Anforderungen an einen qualifizierten Dienst für die Zustellung elektronischer Einschreiben.[1243] Das De-MailG fordert für die *Eröffnung* eines De-Mail-Kontos eine Identifizierung (§ 3 Abs. 3 Nr. 1 De-MailG), welche die Anforderungen des Art. 24 eIDAS-VO erfüllt.[1244] Jede weitere Anmeldung zum Konto kann wahlweise durch eine sichere Anmeldung mittels zweier geeigneter, voneinander unabhängiger Sicherungsmittel erfolgen oder ohne eine sichere Anmeldung, welche nur ein Sicherungsmittel, regelmäßig Benutzername und Passwort, erfordert (§ 4 Abs. 1 De-MailG). Nach § 371a Abs. 2 ZPO wird ein Anscheinsbeweis für die Echtheit nur bei der Anmeldeoption „absenderbestätigt“ ausgelöst.[1245] Die Vermutung der Identität des Absenders soll damit nur greifen, wenn nicht nur bei der Erstanmeldung, sondern auch bei einer weiteren Anmeldung und Inanspruchnahme des Versanddienstes die Identität sichergestellt ist. Die Erstanmeldung erfordert damit eine Identifizierung nach Art. 24 Abs. 1 eIDAS-VO, für jede weitere Anmeldung zum Konto genügt eine

1241 Hervorhebung nur hier.

1242 *Roßnagel*, Recht der Vertrauensdienste, S. 167.

1243 Siehe § 9 I. 1.

1244 *BSI*, Erfüllung qualifizierter Dienste für die Zustellung elektronischer Einschreiben durch De-Mail-Dienste, S. 6.

1245 Siehe § 9 II. 1. a).

Authentifizierung mit zwei voneinander unabhängigen Sicherungsmitteln. Ebenso wird bei qualifizierten Signaturen verfahren. Dort ist ebenfalls nur für die Ausstellung des qualifizierten Zertifikats, welches die Angaben zum Aussteller enthält, eine Identifizierung nach Art. 24 Abs. 1 eIDAS-VO erforderlich. Dies entspricht der Erstanmeldung bei einem De-Mail-Konto. Bei jeder weiteren Erstellung einer Signatur ist hingegen nicht jedes Mal eine Identifizierung in diesem Sinne erforderlich. Die Authentizität wird jedoch durch die Zwei-Faktor-Authentisierung bei der Signaturerzeugung sichergestellt.

Zur Erfüllung des Art. 44 Abs. 1 b) eIDAS-VO ist damit jedenfalls für die *Erstanmeldung* bei einem qualifizierten Dienst für die Zustellung elektronischer Einschreiben eine Identifizierung nach Art. 24 Abs. 1 eIDAS-VO mit der Sicherheitsstufe „hoch" zu fordern.[1246] Für jede weitere Anmeldung sollte insbesondere aus Praktikabilitätsgründen entsprechend der Erstellung qualifizierter Signaturen eine Zwei-Faktor-Authentisierung ausreichend sein.

d) Identifizierung des Empfängers (Art. 44 Abs. 1 c) eIDAS-VO)

In Art. 44 Abs. 1 c) eIDAS-VO wird jedenfalls eine Aussage zum Zeitpunkt der Identifizierung getroffen: „vor der Zustellung der Daten". Weitere Anforderungen an die Art der Identifizierung werden hier im Gegensatz zu der Identifizierung des Absenders nicht gestellt. Dies verwundert, denn Art. 43 Abs. 2 eIDAS-VO stellt ebenfalls eine Vermutung für den Empfang des elektronischen Dokuments durch den identifizierten Empfänger auf.

aa) Art der Identifizierung

Mangels konkreter Regelung der Anforderungen an die Art der Identifizierung kann Art. 44 Abs. 1 c) eIDAS-VO verschieden ausgelegt werden: Man verzichtet gänzlich auf eine sichere Identifizierung im Sinne des Art. 24 Abs. 1 eIDAS-VO oder man fordert eine Identifizierung ent-

1246 Vgl. auch *BSI*, Erfüllung qualifizierter Dienste für die Zustellung elektronischer Einschreiben durch De-Mail-Dienste, S. 6.

sprechend Art. 24 Abs. 1 eIDAS-VO.[1247] Hierbei kann man die Sicherheitsstufe „substanziell" genügen lassen,[1248] oder gleich der Identifizierung des Absenders (Art. 44 Abs. 1 b) eIDAS-VO) die Sicherheitsstufe „hoch" fordern. Letztere Unterscheidung kann sich aus dem Umstand ergeben, dass Art. 24 Abs. 1 a) eIDAS-VO ausdrücklich eine Identifizierung mit einem „hohen Maß an Vertrauenswürdigkeit" fordert, in Art. 24 Abs. 1 b) eIDAS-VO auf eine solche Regelung hingegen verzichtet wird.

Für den Verzicht auf eine Identifizierung im Sinne des Art. 24 Abs. 1 eIDAS-VO mag sprechen, dass auch bei qualifizierten Diensten für die Zustellung elektronischer Einschreiben auf dem Postweg der Empfänger nicht zwingend hinsichtlich seiner wahren Identität überprüft wird. Es wird ohne nähere Prüfung an die vom Absender angegebene Adresse zugestellt, ob es sich bei der dort wohnenden Person tatsächlich um den gewünschten Adressaten handelt, wird in der Regel nicht geprüft. Hier mag zwar in einigen Fällen ein Anscheinsbeweis für den Zugang des Briefes bei dem angegebenen Empfänger gegeben sein,[1249] einen Anscheinsbeweis für die *Identität* des Empfängers gibt es jedoch nicht.

Für die andere Auslegungsmöglichkeit spricht zum einen die Rechtsfolge des Art. 44 Abs. 2 eIDAS-VO, eine Vermutung für den Zugang beim *identifizierten* Empfänger. Eine so hohe Wahrscheinlichkeit, welche eine gesetzlich geregelte Vermutung rechtfertigt, kann sich nicht bereits bei einer nicht den Anforderungen des Art. 24 Abs. 1 eIDAS-VO entsprechenden Identifizierung ergeben. Auch Art. 44 Abs. 1 a) eIDAS-VO, der die Erbringung des Dienstes nur durch einen qualifizierten Vertrauensdiensteanbieter zulässt, spricht für diese Auslegung. Das heißt, sobald ein qualifizierter Vertrauensdiensteanbieter tätig wird, hat er die Anforderungen der eIDAS-VO an ihn zu erfüllen und damit insbesondere bei der Identifizierung nach Art. 24 Abs. 1 eIDAS-VO vorzugehen. Die unterschiedliche Formulierung in Art. 24 Abs. 1 a) und b) eIDAS-VO kann so gedeutet werden, dass für die Identifizierung des Ausstellers zwingend die Sicherheitsstufe „hoch" zu erfüllen ist, für den Empfänger aber auch „substanziell" genügt und deswegen Art. 44 Abs. 1 a) eIDAS-VO ausdrücklich ein hohes Maß an Vertrauenswürdigkeit vorschreibt, wohingegen es bei der

---

1247 So wohl *Jandt*, NJW 2015, 1205, 1207, die die zulässigen Identifizierungsmethoden als abschließend in Art. 24 Abs. 1 eIDAS-VO geregelt sieht.

1248 *Roßnagel*, Recht der Vertrauensdienste, S. 167.

1249 Vgl. hierzu mit Beispielen und weiteren Nachweisen *Prütting*, in: MünchKommZPO, § 286 Rn. 71.

Identifizierung des Empfängers beim Regelfall verbleiben soll. Relevant wird dieser Unterschied aber ohnehin nur im Rahmen der Identifizierung aus der Ferne (Art. 24 Abs. 1 b) eIDAS-VO). Hier ist grundsätzlich sowohl das Sicherheitsniveau „hoch“ als auch „substanziell“ zulässig. Für den Empfänger kann damit nach dieser Auslegung das geringere Sicherheitsniveau verwendet werden. Dies ist dem Grund geschuldet, dass der Empfänger hier keine Erklärung abgibt, sondern sie nur empfängt. Sollte er wider Erwarten die falsche Person darstellen, so kann er dies nachweisen und es ergibt sich für ihn keine weitere Verpflichtung. Diese Auslegung wird dadurch gestützt, dass in Art. 44 Abs. 1 b) eIDAS-VO der Fokus auf den Zeitpunkt der Identifizierung („vor Zustellung der Daten“) gelegt wurde. Mangels anderweitiger Regelung sollte die Identifizierung nach den allgemeinen Grundsätzen (Art. 24 Abs. 1 eIDAS-VO) erfolgen.

bb) Zeitpunkt der Identifizierung

Die Identifizierung des Empfängers muss jedenfalls vor Zustellung des elektronischen Dokuments sichergestellt sein. Damit wird dem Umstand Rechnung getragen, dass der Empfänger nicht zwingend bereits selbst ein Konto bei einem qualifizierten Dienst für die Zustellung elektronischer Einschreiben besitzt. Der Empfänger wird vom Vertrauensdiensteanbieter aufgefordert werden, sich zum Zwecke des Empfangs des elektronischen Dokuments zu identifizieren. Ob damit eine Kontoeröffnung einhergeht oder nur eine einmalige Identifizierung – quasi mit einem „Gastkonto“ – vorliegt, wird nicht geregelt und bleibt dem Vertrauensdiensteanbieter überlassen.

3. Beweiswirkung

Art. 43 Abs. 2 eIDAS-VO enthält vier Vermutungen. Für über einen qualifizierten Dienst für die Zustellung elektronischer Einschreiben versandte elektronische Nachrichten gilt die Vermutung der Unversehrtheit der Daten (Alt. 1), der Absendung dieser Daten durch den identifizierten Absender (Alt. 2), des Empfangs dieser Daten durch den identifizierten Empfänger (Alt. 3), sowie der Korrektheit der vom qualifizierten Dienst geleisteten Datums- und Uhrzeitangabe (Alt. 4). Die Vermutungen der Absendung und des Empfangs durch den jeweils identifizierten Kommunikationspartner können noch einmal unterteilt werden in die Vermutungen der Absendung und des Empfangs und die Identifizierung des Absenders und des Empfängers. Art. 43 Abs. 2 eIDAS-VO kombiniert aus dem deutschen Beweissystem bereits bekannte Beweiswirkungen (Abgabe, Unversehrtheit, Authentizität des Absenders, Richtigkeit der Begleitumstände Datum und Zeit) mit dem deutschen Beweisrecht bisher fremden Vermutungen (Empfang, Authentizität des Empfängers). Die bisher bekannten Beweiswirkungen sind in der Zivilprozessordnung je nach Beweisgegenstand in ihrer Wirkung unterschiedlich stark. Die Echtheit eines elektronischen Dokuments kann maximal *prima facie* feststehen (vgl. § 371a Abs. 1 S. 2 ZPO). Der Umstand der willentlichen Abgabe kann mit feststehender Echtheit voll bewiesen sein (vgl. §§ 371a Abs. 1 S. 1, 416 ZPO), ebenso jedenfalls für öffentliche elektronische Dokumente die Begleitumstände des Datums und der Zeit (§§ 371a Abs. 3 S. 1, 415 ZPO). Art. 43 Abs. 2 eIDAS-VO differenziert weder zwischen öffentlichen und privaten elektronischen Dokumenten noch hinsichtlich des Grades der Vermutung. Im Folgenden soll daher die Reichweite der Vermutungen des Art. 43 Abs. 2 eIDAS-VO im Einklang mit den bisherigen nationalen Beweiskraftregelungen bestimmt werden.

a) Vermutung der Unversehrtheit der Daten, Art. 43 Abs. 2 Alt. 1 eIDAS-VO

Grundlage der Vermutung der Unversehrtheit der Daten sind die zur Erfüllung des qualifizierten Dienstes für die Zustellung elektronischer Einschreiben (Absendung und Empfang) erforderlichen fortgeschrittenen Signaturen des qualifizierten Vertrauensdiensteanbieters. Gleich der Vermutung qualifizierter Zeitstempel für die Unversehrtheit der Daten ist eine fortgeschrittene Signatur eines qualifizierten Vertrauensdiensteanbieters zur Erfüllung der Vermutungsbasis ausreichend.[1250] Die fortgeschrittenen Signaturen des Vertrauensdiensteanbieters ermöglichen durch den Vergleich der Hashwerte des vorliegenden und des signierten elektronischen Dokuments eine Überprüfung der gesendeten Daten hinsichtlich ihrer Integrität. Eine nachträgliche, unbemerkte und nicht nachweisbare Veränderung der Daten ist dadurch mit hoher Wahrscheinlichkeit ausgeschlossen.

1250 Vgl. die Argumentation bei qualifizierten Zeitstempeln unter § 10 II. 2.

Die Sicherheit der fortgeschrittenen Signaturen des qualifizierten Vertrauensdiensteanbieters rechtfertigt dabei zwar nicht den vollen Beweis der Integrität des elektronischen Dokuments, aber einen Beweis des ersten Anscheins.[1251] Der Begriff der „Vermutung“ ist daher vorliegend ebenfalls im Sinne eines Anscheinsbeweises auszulegen.

b) Korrektheit des angegebenen Datums und der angegebenen Zeit, Art. 43 Abs. 2 Alt. 4 eIDAS-VO

Auch bezüglich der Vermutung der Korrektheit des angegebenen Datums und der angegebenen Uhrzeit kann auf die Ausführungen zum qualifizierten Zeitstempel verwiesen werden.[1252] Der verwendete Begriff „Korrektheit“ ist mit dem der „Richtigkeit“ in Art. 41 Abs. 1 eIDAS-VO gleichzusetzen. Wenngleich keine einheitliche Begriffsverwendung gegeben ist, sind – weitere – Anhaltspunkte für eine unterschiedliche Auslegung der beiden Begriffe nicht ersichtlich. Auch hier ist die Vermutung ein Novum gegenüber dem bisherigen deutschen Beweissystem, da sie nicht nur das Beweismittel selbst betrifft, sondern eine inhaltliche Vermutung darstellt. Eine Vermutung hinsichtlich der Begleitumstände Datum und Uhrzeit ist bisher nur öffentlichen Urkunden und öffentlichen elektronischen Dokumenten vorbehalten (vgl. §§ 415 und 371a Abs. 3 S. 1 ZPO). Über Art. 43 Abs. 2 eIDAS-VO wird die Vermutung hinsichtlich der Begleitumstände auch privaten elektronischen Dokumenten zuteil. Aufgrund der hohen Wahrscheinlichkeit für den Geschehensablauf der korrekten Zeitangabe durch die Sicherheitsvorkehrungen einer fortgeschrittenen Signatur eines Vertrauensdiensteanbieters ist die Vermutung im Sinne eines Anscheinsbeweises auch gerechtfertigt.

c) Beweis des Absende- und Empfangsvorgangs, Art. 43 Abs. 2 Alt. 2, Alt. 3 eIDAS-VO – Vermutungsinhalte 1

Die Tatsachen der Absendung und des Empfangs des elektronischen Dokuments werden durch fortgeschrittene Signaturen bzw. Siegel des den

---

1251 A. A. noch *Roßnagel*, NJW 2014, 3686, 3692; diese Meinung hat er aufgegeben in Recht der Vertrauensdienste, S. 189 f.

1252 Siehe § 10 II. 3. c).

qualifizierten Dienst für die Zustellung elektronischer Einschreiben erbringenden Vertrauensdiensteanbieters vermutet (Art. 43 Abs. 2, 44 Abs. 1 d) eIDAS-VO).

aa) Absendung

Die „Absendung" ist vorliegend mit „Abgabe der Erklärung" im Sinne des § 416 ZPO gleichzusetzen. Allein für den Vorgang des Absendens ohne Erfassung der Willentlichkeit der Inverkehrgabe der Erklärung würde die Vermutung des Art. 43 Abs. 2 eIDAS-VO keinen Anwendungsbereich entfalten, da der aus der Vermutung begünstigte Empfänger daraus keinen Vorteil ziehen kann. Streitig wird nicht der reine Vorgang der Absendung, sondern die willentliche Inverkehrgabe der Erklärung sein. Mit dem Nachweis des elektronischen Dokuments im Postfach des Empfängers ist die Absendung regelmäßig indiziell bewiesen, eine andere Frage ist jedoch, ob sie auch willentlich erfolgt ist. Die Zivilprozessordnung enthält mit den §§ 415, 416, 371a Abs. 1 S. 1, 371a Abs. 3 S. 1 ZPO gesetzlich angeordnete Vermutungen für die Tatsache der willentlichen Abgabe der in der Urkunde oder dem elektronischen Dokument enthaltenen Erklärung. Hintergrund der Vermutung für den Umstand der willentlichen Abgabe der Erklärung ist die Unterzeichnung bzw. Signierung. Ist eine Urkunde oder ein elektronisches Dokument unterzeichnet bzw. signiert, so spricht dieser Umstand, insbesondere die Warnfunktion, dafür, dass die Erklärung auch willentlich in den Verkehr gebracht wurde.[1253] Im vorliegenden Fall gestaltet sich die Lage jedoch etwas anders. Die Versendung eines elektronischen Dokuments über einen Dienst für die Zustellung elektronischer Einschreiben erfordert nicht zwingend die Signierung als Äquivalent einer Unterschrift. Damit könnte der Vermutung für die Tatsache der willentlichen Abgabe der Erklärung die Grundlage entzogen sein. Allerdings hat der Versender das elektronische Dokument an den Vertrauensdiensteanbieter zum Zwecke der Zustellung zu übermitteln. Übermittelt der Absender das elektronische Dokument an den Vertrauensdiensteanbieter, so gibt er gleichermaßen jede weitere Einwirkungsmöglichkeit auf und drückt implizit aus, er habe das Dokument fertiggestellt. Die Übermittlung an den Vertrauensdiensteanbieter zum Zwecke der Versendung hat damit insofern

---

1253 Siehe § 8 III. 1.

dieselbe Abschluss- und Warnfunktion wie eine Signierung des elektronischen Dokuments.

Mit der Auslegung der „Absendung" als willentliche Abgabe der Erklärung wird ein Gleichlauf mit den Regelungen der §§ 416, 371a Abs. 1 S. 1 ZPO erreicht. Gleichzeitig entfaltet die Vermutung des Art. 43 Abs. 2 eIDAS-VO nur bei dieser Auslegung einen Anwendungsbereich.

bb) Empfang

Die Vermutung des Empfangs des elektronischen Dokuments ist ein Novum gegenüber dem bisherigen Beweissystem der Zivilprozessordnung. „Empfang" des elektronischen Dokuments ist mit dem der deutschen Rechtsordnung gebräuchlicheren Begriff des „Zugangs" gleichzusetzen. Eine gesetzlich angeordnete Vermutung – ob nun als gesetzliche Vermutung oder als Anscheinsbeweis ausgestaltet – für den Zugang eines elektronischen Dokuments oder einer Urkunde ist dem deutschen Beweisrecht bisher unbekannt. Bei auf postalischem Weg überstellten Schriftstücken sind allerdings teilweise richterrechtlich ausgestaltete Anscheinsbeweise anerkannt, für elektronisch übermittelte Erklärungen (Telefax, E-Mail) hingegen grundsätzlich nicht.[1254]

Fraglich ist, ob es einen ausreichend typischen Geschehensablauf für die Rechtfertigung einer gesetzlich geregelten Beweiserleichterung[1255] für den Zugang des elektronischen Dokuments durch die Übermittlung eines elektronischen Dokuments über einen Dienst für die Zustellung elektronischer Einschreiben gibt. Der typische Geschehensablauf kann auch hier – wie es das Vorbild der gesamten Beweiserleichterungen für elektronische Dokumente der Fall ist – vorab festgestellt werden und muss nicht erst durch Richterrecht entwickelt werden. Im Unterschied zur Tatsache der willentlichen Abgabe kann der Umstand des Zugangs nicht aus dem sehr starken Indiz der Unterzeichnung bzw. Signierung gezogen werden. Die Tatsache des Empfangs des elektronischen Dokuments durch den Empfänger soll jedoch bei einem qualifizierten Dienst für die Zustellung elektronischer Einschreiben mit einer fortgeschrittenen Signatur eines qualifizier-

---

1254 Siehe § 7 II. 2. a) cc) (4) sowie *Prütting*, in: MünchKommZPO, § 286 Rn. 71 mit Beispielen und weiteren Nachweisen.

1255 Ob als Anscheinsbeweis oder als gesetzliche Vermutung im Sinne des § 292 ZPO ausgestaltet, siehe § 10 III. 3. e).

ten Vertrauensdiensteanbieters belegt werden (Art. 44 Abs. 1 d) eIDAS-VO). Die fortgeschrittene Signatur eines qualifizierten Vertrauensdiensteanbieters stammt von einem unabhängigen Dritten und ist in dessen abgesicherter Betriebsstätte erzeugt. Damit ist sie grundsätzlich geeignet, den Empfang nachzuweisen.

Fragen können sich jedoch bei der technischen Umsetzung ergeben. Sind beide Parteien bei einem qualifizierten Dienst für die Zustellung elektronischer Einschreiben desselben Vertrauensdiensteanbieters angemeldet, kann dieser selbst die Empfangssignatur erstellen. Ist jedoch der Empfänger bei einem Dienst eines anderen Vertrauensdiensteanbieters registriert,[1256] kann der Vertrauensdiensteanbieter des Absenders nicht den Empfang signieren, da er davon keine Kenntnis haben kann. Hier ist eine Signatur des Vertrauensdiensteanbieters des Empfängers erforderlich, welche den Empfang belegt.[1257] Um dies zu ermöglichen, lautet Art. 44 Abs. 1 d) eIDAS-VO: „Das Absenden und Empfangen der Daten ist durch eine fortgeschrittene elektronische Signatur […] *eines* qualifizierten Vertrauensdiensteanbieters auf eine Weise gesichert […]“[1258]. Mit dieser offenen Formulierung können auch zwei verschiedene Vertrauensdiensteanbieter bei der Erbringung des Dienstes für die Zustellung elektronischer Einschreiben zusammenwirken.

Der Zugang wird bereits mit der fortgeschrittenen Signatur, welche den Eingang beim Postfach des Empfängers bestätigt, vermutet. Eine zusätzliche Abholbestätigung, wie sie beispielsweise § 5 Abs. 9 De-MailG fakultativ vorsieht, ist für den Beweis des Zugangs nicht erforderlich. Eine derartige Abholbestätigung belegt zusätzlich zur Tatsache des Empfangs die

---

1256 Anbieter der De-Mail, welche ebenfalls ein qualifizierter Dienst für die Zustellung elektronischer Einschreiben ist, sind beispielsweise die 1&1 De-Mail GmbH, die Mentana Claimsoft GmbH, die Telekom Deutschland GmbH an. Eine Liste aller Anbieter findet sich unter www.bsi.bund.de unter der Rubrik Themen unter Digitale Gesellschaft unter EGovernment unter DeMail; aufgerufen am 01.03.2018.

1257 So wurde es beispielsweise bei der De-Mail umgesetzt; vgl. § 5 Abs. 8 De-MailG: „Auf Antrag des Senders wird der Eingang einer Nachricht im De-Mail-Postfach des Empfängers bestätigt. Hierbei wirken der akkreditierte Diensteanbieter des Senders und der akkreditierte Diensteanbieter des Empfängers zusammen. Der akkreditierte Diensteanbieter des Empfängers erstellt eine Eingangsbestätigung. Die Eingangsbestätigung enthält folgende Angaben: […]. Der akkreditierte Diensteanbieter des Empfängers hat die Eingangsbestätigung mit einer qualifizierten elektronischen Signatur zu versehen. […]“.

1258 Hervorhebung nur hier.

Tatsache einer erfolgten Anmeldung des Empfängers nach Erhalt der Nachricht bei seinem Konto. Dieser Umstand ist ein starkes Indiz dafür, dass der Empfänger das elektronische Dokument auch tatsächlich zur Kenntnis genommen hat. Eine Willenserklärung ist aber bereits zugegangen, wenn sie so in den Machtbereich des Empfängers gelangt ist, dass eine Kenntnisnahme unter normalen Umständen möglich ist.[1259] Eine tatsächliche Kenntnisnahme ist nicht erforderlich. Somit ist auch keine Abholbestätigung nach dem Vorbild des De-MailG erforderlich, um den Empfang nach Art. 43 Abs. 2 eIDAS-VO zu vermuten.

Die neu eröffnete Möglichkeit der Vermutung des Zugangs ist zu begrüßen, denn in vielen Fällen, insbesondere bei Kündigungen, ist gerade der Zugang streitig. Die Verwendung eines qualifizierten Dienstes für die Zustellung elektronischer Einschreiben erleichtert dem Absender die Beweisführung.

d) Absendung und Empfang durch die identifizierten Kommunikationspartner, Art. 43 Abs. 2 Alt. 2, Alt. 3 eIDAS-VO – Vermutungsinhalte 2

Die Vermutung der Absendung des elektronischen Dokuments durch den identifizierten Absender (Art. 43 Abs. 2 Alt. 2 eIDAS-VO) könnte als Vermutung für die Authentizität des elektronischen Dokuments ausgelegt werden. Die bisher unbekannte Vermutung zum Empfang der Daten „durch den identifizierten Empfänger" bedarf näherer Beleuchtung.

aa) Beweis der Absendung durch den identifizierten Absender

Bisher wurde herausgearbeitet, dass die Verwendung eines qualifizierten Dienstes für die Zustellung elektronischer Einschreiben zur Folge hat, dass die Integrität des versandten elektronischen Dokuments und die vom Dienst übermittelte Zeitangabe *prima facie* und die Tatsachen der willentlichen Abgabe und des Zugangs voll bewiesen sind. Im Vergleich zur Rechtswirkung qualifizierter Signaturen fehlt noch die Vermutung der Authentizität. Diese könnte sich hinter der Formulierung des Art. 43

1259 BGHZ 67, 271, 275 = NJW 1977, 194; BGH NJW 1980, 990; NJW-RR 2011, 1184; *Medicus*, Rn. 270, 274; *Einsele*, in: MünchKommBGB, § 130 Rn. 16.

Abs. 2 eIDAS-VO, „[…] der Absendung dieser Daten *durch den identifizierten Absender* […]“[1260] verbergen.

Bevor der Absender den qualifizierten Dienst für die Zustellung elektronischer Einschreiben in Anspruch nehmen kann, hat er sich bei der Erstanmeldung sicher im Sinne des Art. 24 Abs. 1 eIDAS-VO zu identifizieren und jede weitere Anmeldung muss über eine Zwei-Faktor-Authentisierung sicherstellen, dass sich auch die identifizierte Person hinter der Anmeldung verbirgt.[1261] Durch diesen Sicherheitsmechanismus soll sichergestellt werden, dass die zu versendende elektronische Nachricht auch authentisch ist, das heißt, dass der als Urheber erscheinende Absender auch der wahre Urheber ist. Sofern die beschriebenen Sicherheitsanforderungen eingehalten werden, ist die Anmeldung bei dem qualifizierten Dienst für die Zustellung elektronischer Einschreiben der Erzeugung einer qualifizierten Signatur vergleichbar. Bei der qualifizierten Signatur hat der Signaturersteller ebenfalls die zwei Komponenten Besitz und Wissen einzusetzen. Die Verknüpfung der Signatur mit der dahinterstehenden Person ergibt sich aus dem mit der Signatur verbundenen qualifizierten Zertifikat. Bei der Inanspruchnahme eines qualifizierten Dienstes für die Zustellung elektronischer Einschreiben ergibt sich die Identität nicht aus einem Zertifikat, sondern sie ist bei dem qualifizierten Vertrauensdiensteanbieter hinterlegt. Im Ergebnis jedoch ist die Authentizität auf dieselbe Weise sichergestellt.

Diese Auslegung fügt sich auch in das bereits bestehende nationale Beweissystem ein. Zum Vergleich kann die Regelung des § 371a Abs. 2 ZPO herangezogen werden. Dort ist ebenfalls ein Anscheinsbeweis für die Echtheit einer über die De-Mail versandten elektronischen Nachricht geregelt, sofern die Nachricht von einer Person stammt, die sich sicher im Sinne des § 4 Abs. 1 S. 2 De-MailG bei ihrem De-Mail-Konto angemeldet hat, und die Nachricht mit einer Absenderbestätigung im Sinne des § 5 Abs. 5 De-MailG versehen ist. Die sichere Anmeldung im Sinne des De-MailG entspricht dabei den Voraussetzungen des Art. 44 Abs. 1 b) eIDAS-VO und die Absenderbestätigung ist nichts anderes als eine qualifizierte Signatur des De-Mail-Diensteanbieters. Wie bereits ausgeführt, entspricht eine fortgeschrittene Signatur eines qualifizierten Vertrauensdiensteanbieters, wie sie in Art. 44 Abs. 1 d) eIDAS-VO gefordert wird, hinsichtlich

1260 Hervorhebung nur hier.

1261 siehe zur De-Mail § 9 II. 1. a).

ihrer Sicherheit einer qualifizierten Signatur.[1262] Die beiden Voraussetzungen des § 371a Abs. 2 ZPO entsprechen damit den Vorgaben des Art. 44 Abs. 1 a), b), d) eIDAS-VO. Für die Versendung einer Nachricht über den De-Mail-Dienst nach Erfüllung der genannten Voraussetzungen sieht der deutsche Gesetzgeber den Anscheinsbeweis für die Echtheit für gerechtfertigt an, weil die De-Mail dieselben Anforderungen an die Zuverlässigkeit und Sachkunde stellt sowie dieselben technisch-organisatorischen Rahmenbedingungen gewährleistet wie eine qualifizierte Signatur.[1263]

Im Ergebnis ist mit Art. 43 Abs. 2 eIDAS-VO auch *prima facie* bewiesen, dass die Erklärung von der als Absender angegebenen Person stammt (Authentizität). Fraglich bleibt aber, ob sich die Beweiskraft auch auf die Identität des Absenders mit dem Namensträger erstrecken soll und kann. Vorliegend könnte sich das speziell aus der Formulierung des Art. 43 Abs. 2 eIDAS-VO „durch den *identifizierten* Absender"[1264] ergeben. Art. 43 Abs. 2 eIDAS-VO verwendet insoweit eine andere Formulierung für den Umstand der Authentizität, als sie es etwa in Art. 35 Abs. 2 eIDAS-VO bei qualifizierten Siegeln tut („Richtigkeit der Herkunftsangabe der Daten"). Allerdings ist insoweit zu berücksichtigen, dass bei qualifizierten Siegeln eine Identität der juristischen Person in diesem Sinne nicht gegeben ist. Im Übrigen gibt es in der eIDAS-VO keine weitere Vermutung der Authentizität, welche einen Vergleich der Wortlaute ermöglicht. Deshalb und mangels anderer Anhaltspunkte kann kein sicherer Schluss auf den Willen des Verordnungsgebers gezogen werden, wie die Vermutung des Art. 43 Abs. 2 eIDAS-VO insoweit auszulegen ist. Der Vermutungsinhalt hinsichtlich der Authentizität ist vielmehr identisch wie bei qualifizierten Signaturen auszulegen, da keine zusätzlichen Sicherungsinstrumente oder Identifizierungsmaßnahmen bestehen.[1265]

1262 Siehe § 10 II. 2.

1263 Vgl. die Regierungsbegründung zum Entwurf eines Gesetzes zur Förderung des elektronischen Rechtsverkehrs mit den Gerichten, BT-Drucks. 17/12634, S. 31 f.; kritisch sieht dies *Karniyevich*, S. 362 f.

1264 Hervorhebung nur hier.

1265 Siehe § 8 IV. 4. b) aa), e).

bb) Beweis des Empfangs durch den identifizierten Empfänger

Die Übermittlung eines elektronischen Dokuments über einen qualifizierten Dienst für die Zustellung elektronischer Einschreiben setzt voraus, dass auch der Empfänger bei einem solchen Dienst registriert ist. Damit ist eine Vermutung für den Empfang des elektronischen Dokuments durch diesen identifizierten Nutzer gleich der Vermutung des Versands durch den identifizierten Absender nur konsequent. Diese Neuerung gegenüber der bisherigen nationalen Rechtslage ist zu begrüßen, denn häufig ist gerade der Zugang streitig.

e) Umfang der Vermutung

Auch Art. 43 Abs. 2 eIDAS-VO enthält keine Hinweise zum Umfang der angeordneten Vermutung. Im vorliegenden Fall ergibt sich die Konstellation, dass fortgeschrittenen Signaturen eines qualifizierten Vertrauensdiensteanbieters bisher ein Anscheinsbeweis für die Wahrheit der durch sie zu belegenden Tatsachen zugesprochen wurde: ein Zeitstempel – der ebenfalls eine fortgeschrittene Signatur eines qualifizierten Vertrauensdiensteanbieters darstellt – vermutet *prima facie*, dass das elektronische Dokument zu der angegebenen Zeit und zu dem angegeben Datum erstellt wurde.[1266] Eine Vermutung im Sinne einer gesetzlichen Vermutung mit der Rechtsfolge der Beweislastumkehr wird dort als nicht vertretbar angesehen. Für die Vermutungen der Integrität und der Richtigkeit der Begleitumstände Zeit und Datum (Art. 43 Abs. 2 Alt. 1, Alt. 4 eIDAS-VO), welche durch fortgeschrittene Signaturen der Vertrauensdiensteanbieter gesichert werden (Art. 44 Abs. 1 d), f) eIDAS-VO), ergibt sich daher eine Ausgestaltung der Vermutung als Anscheinsbeweis. Gleiches gilt für die Tatsachen der Authentizität des Absenders und des Empfängers (Art. 43 Abs. 2 Alt. 2, Alt. 3 eIDAS-VO – Vermutungsinhalte 2). Die Voraussetzung der Anmeldung durch eine Zwei-Faktor-Authentisierung rechtfertigt gleich dem Vorbild qualifizierter Signaturen einen Anscheinsbeweis für die jeweilige Identität.

Die §§ 371a Abs. 1 S. 1, 416 ZPO sehen allerdings vor, dass bei feststehender Echtheit des elektronischen Dokuments, welche sich aus der quali-

1266 Siehe § 10 II. 3. a), c).

fizierten Signatur ergibt, die willentliche Abgabe der enthaltenen Erklärung vermutet wird. Diese Vermutung zieht eine Beweislastumkehr nach sich. Fraglich ist nun, wie die Vermutung des Art. 43 Abs. 2 eIDAS-VO hinsichtlich der Tatsachen der Absendung und des Empfangs auszulegen ist.

Hinsichtlich der Tatsache der Absendung sprechen gute Gründe für eine Auslegung der Vermutung als Vollbeweis. Die Vermutung der §§ 371a Abs. 1 S. 1, 416 ZPO rechtfertigt sich daraus, dass aus dem Feststehen der Echtheit des elektronischen Dokuments anhand der qualifizierten Signatur – gegebenenfalls durch den Anscheinsbeweis nach § 371a Abs. 1 S. 2 ZPO – auf die damit naheliegende willentliche Abgabe der Erklärung geschlossen werden kann. Es liegt damit die Überlegung zugrunde, dass man nicht ein elektronisches Dokument qualifiziert signieren wird, um es anschließend nicht in den Verkehr bringen zu wollen. Die gleiche Überlegung kann man für die Inanspruchnahme eines Dienstes für die Zustellung elektronischer Einschreiben anstellen. Hat der Absender nach der sicheren Anmeldung und Identifizierung im Sinne des Art. 44 Abs. 1 b) eIDAS-VO das zuzustellende elektronische Dokument an den Vertrauensdiensteanbieter übermittelt, so spricht dies sehr stark für eine willentliche Abgabe der Erklärung. Es geht damit bei der Vermutung der willentlichen Abgabe der Erklärung nicht um Eigenschaften des elektronischen Dokuments selbst (wie Integrität oder Authentizität), sondern um eine andere, darüberhinausgehende Tatsache. Zum Beweis dieser anderen Tatsache kann das übermittelte und mit einer fortgeschrittenen Signatur des qualifizierten Vertrauensdiensteanbieters versehene elektronische Dokument als Indiz herangezogen werden.

Gleiches gilt für die Tatsache des Empfangs des elektronischen Dokuments durch den Empfänger jedenfalls dann, wenn sowohl die Echtheit der den Absendevorgang als auch die den Empfang bestätigende fortgeschrittene Signatur – gegebenenfalls durch einen Anscheinsbeweis – feststeht.

Die Vermutungen der Absendung und des Empfangs (Art. 43 Abs. 2 Alt. 2, Alt. 3 eIDAS-VO – Vermutungsinhalte 1) können als widerlegliche Vermutungen mit der Rechtsfolge der Beweislastumkehr ausgelegt werden.

4. Fazit

Ein qualifizierter Dienst für die Zustellung elektronischer Einschreiben ist hinsichtlich seiner Rechtsfolgen einer qualifizierten Signatur vergleichbar, wenngleich eine solche aber gerade keine Voraussetzung ist. Die Identifizierung des Absenders und des Empfängers erfolgt über die sichere Anmeldung bei einem Konto eines einen solchen Dienst für die Zustellung elektronischer Einschreiben erbringenden qualifizierten Vertrauensdiensteanbieters. Die Echtheit (Authentizität und Integrität) wird dabei über fortgeschrittene Signaturen des Vertrauensdiensteanbieters gewährleistet, ebenso wie die Umstände der Absendung und des Empfangs. Durch den obligatorischen Zeitstempel ist eine Vermutung für die angegebene Uhrzeit und das angegebene Datum gegeben.

Ein Novum stellt die Vermutung des Empfangs durch den identifizierten Empfänger bei Inanspruchnahme eines qualifizierten Dienstes für die Zustellung elektronischer Einschreiben dar. Diese ist begrüßenswert, da sie über das häufig beklagte Problem des Zugangsnachweises hinweghilft und dabei erstmals auch dem Absender eine Beweiserleichterung zugutekommt.

Hinsichtlich der Voraussetzungen des Art. 44 Abs. 1 eIDAS-VO besteht noch Konkretisierungsbedarf. Insbesondere bei den Anforderungen an die Identifizierung der beiden Kommunikationspartner wäre eine detailliertere Regelung wünschenswert, um den in Art. 43 Abs. 2 eIDAS-VO angeordneten Rechtswirkungen gerecht zu werden. Hier bleibt jedoch zu beachten, dass die eIDAS-VO einerseits unionsweit gleiche Regelungen schaffen möchte, um das Vertrauen in elektronische Transaktionen im Binnenmarkt zu stärken. Andererseits möchte sie technologieneutral sein, um neuen Innovationen nicht den Weg zu versperren. Diesen Spagat gilt es zu bewältigen.

Ebenso wenig finden sich Regelungen, wie zu verfahren ist, wenn der Empfänger sich nicht bei seinem bestehenden, den qualifizierten Dienst für die Zustellung elektronischer Einschreiben unterstützenden Konto identifiziert und damit die elektronische Nachricht nicht abrufen kann. Dies wirft die Frage auf, ob eine zwingende Zustellung möglich sein muss, sofern der Empfänger ein Konto besitzt oder ob die Wahl des „falschen“ Zustellungsmittels – weil der Empfänger sich nicht darauf einlässt – ähnlich dem Postweg – zu Lasten des Absenders geht. Alternativen im elektronischen Gerichtsverkehr, wo eine Zustellung zwingend möglich sein muss, vorausgesetzt die Partei oder der Anwalt nimmt am elektronischen Rechtsverkehr teil, sind jedenfalls das Elektronische Gerichts- und Verwaltungspostfach (EGVP), das besondere elektronische Anwaltspostfach (beA) und das Notarpostfach.

§ 11 Langfristige Beweissicherung elektronischer Dokumente

Es kann erforderlich sein, qualifizierte elektronische Dokumente über einen längeren Zeitraum zu speichern, als die Gültigkeitsdauer der qualifizierten Signatur oder des qualifizierten Zeitstempels reicht.[1267] Die eIDAS-VO sieht dafür einen „qualifizierten Bewahrungsdienst“ (Art. 34 eIDAS-VO) vor. Daneben gibt es im nationalen Recht die Vorschrift des § 15 VDG.

I. Qualifizierte Bewahrungsdienste nach Art. 34 eIDAS-VO

Die eIDAS-VO sieht das Angebot eines „qualifizierten Bewahrungsdienstes“ durch einen qualifizierten Vertrauensdiensteanbieter vor (Art. 3 Nr. 16 c), Art. 34 eIDAS-VO). Der Vertrauensdiensteanbieter muss dabei „Verfahren und Technologien verwenden, die es ermöglichen, die Vertrauenswürdigkeit der qualifizierten elektronischen Signatur über den Zeitraum ihrer technologischen Geltung hinaus zu verlängern“. Die Kommission kann dabei im Wege von Durchführungsrechtsakten Kennnummern für Normen für den qualifizierten Bewahrungsdienst qualifizierter Signaturen festlegen (Art. 34 Abs. 2 eIDAS-VO). Die Einhaltung dieser Normen soll die Vermutung begründen, dass die in der Verordnung bestimmten Anforderungen erfüllt sind.[1268] Die Regelung des Art. 34 Abs. 2 eIDAS-VO wird insofern kritisch betrachtet, als die Ermächtigung über das von Art. 291 Abs. 2 AEUV Erlaubte hinausgehen könnte.[1269] Art. 291 Abs. 2 AEUV erlaubt es, die Kommission zum Erlass von Durchführungsrechtsakten zu ermächtigen, wenn es „einheitlicher Bedingungen

---

1267 Siehe dazu auch *Roßnagel*, Recht der Vertrauensdienste, S. 113 f.; ausführlich *Roßnagel/Pordesch*, in: Roßnagel, Recht der Telemediendienste, SigV § 17 Rn. 23 ff.

1268 Erwägungsgrund 71 eIDAS-VO; kritisch dazu *Roßnagel*, NJW 2014, 3686, 3687; *Roßnagel/Johannes*, ZD 2013, 65, 67 f.

1269 *Roßnagel/Johannes*, ZD 2013, 65, 67 f.

für die Durchführung der verbindlichen Rechtsakte der Union" bedarf. Die Vorschrift geht dabei davon aus, dass in den Durchführungsbestimmungen nur noch nachgeordnete Details festgelegt werden, die verbindlichen Vorgaben durch den Gesetzgebungsakt aber bereits festgelegt sind. Bei Art. 34 Abs. 2 eIDAS-VO könnte jedoch die Vervollständigung der verbindlichen Vorgaben der Kommission oder den Normungsorganisationen überlassen sein, was Art. 291 Abs. 2 eIDAS-VO widersprechen könnte.[1270] Es besteht in diesem Zusammenhang Konkretisierungsbedarf.

II. Langfristige Beweissicherung nach § 15 VDG

Art. 34 eIDAS-VO schließt eigene Sicherungsmaßnahmen des Aufbewahrenden nicht aus.[1271] Deshalb wurde ergänzend in § 15 VDG geregelt, dass bei Bedarf mit qualifizierten Signaturen, Siegeln oder Zeitstempeln gesicherte Daten durch geeignete Maßnahmen neu zu schützen sind. Die neue Sicherung muss dabei nach dem Stand der Technik erfolgen. Der Wortlaut ist dabei offen formuliert, sodass die Beweiserhaltung durch Bewahrungsdienste, aber auch durch Dritte oder den Kunden selbst durchgeführt werden kann.[1272]

Regelmäßig wird die Sicherung durch eine Neusignierung, Neusiegelung oder Neustempelung erfolgen.[1273] Sofern die neuen Signaturen, Siegel oder Zeitstempel dem aktuellen Stand der Technik entsprechen, wird die Vermutung der Echtheit (§ 371a Abs. 1 S. 2 ZPO; Art. 35 Abs. 2, 41 Abs. 2 eIDAS-VO) fortwirken.

III. Fazit

Aufgrund der Unsicherheiten hinsichtlich der Rechtmäßigkeit der Durchführungsbestimmung in Art. 34 Abs. 2 eIDAS-VO empfiehlt es sich für

---

1270 Siehe hierzu *Roßnagel*, Recht der Vertrauensdienste, S. 69; *ders.* NJW 2014, 3686, 3687; *Roßnagel/Johannes*, ZD 2013, 65, 67 f.

1271 Ebenso *Roßnagel*, NJW 2014, 3686, 3690; *ders.* Recht der Vertrauensdienste, S. 66; a. A. *Quirin-Kock*, DuD 2013, 20, 22.

1272 Ausdrücklich wird dies in der Regierungsbegründung zum Entwurf eines Gesetzes zur Durchführung der eIDAS-VO, BT-Drucks. 18/12494, S. 43 klargestellt.

1273 Vgl. dazu auch die Regierungsbegründung zum Entwurf eines Gesetzes zur Durchführung der eIDAS-VO, BT-Drucks. 18/12494, S. 43.

den Rechtsanwender, eine langfristige Beweissicherung über eine Neusignierung durchzuführen, um den Beweiswert zu erhalten.

§ 12 Die Beweiskraft transformierter elektronischer Dokumente

I. Transformationsmöglichkeiten

Die Übertragung eines Dokuments in ein anderes Format kann auf dreierlei Weisen erfolgen. Man kann ein elektronisches Dokument von einem elektronischen in ein anderes elektronisches Format übertragen („E-to-E"). Eine Transformation liegt ebenfalls vor, wenn ein Papierdokument mittels der Digitalisierung in ein elektronisches Dokument umgewandelt wird („P-to-E"). Schließlich ist mit dem Ausdruck eines elektronischen Dokuments auf Papier auch der umgekehrte Fall möglich („E-to-P").[1274] Das Ursprungsdokument kann dabei als „Ausgangsdokument" und das transformierte Dokument als „Zieldokument" bezeichnet werden.[1275] Nachfolgend sollen die beiden Transformationsarten E-to-E und P-to-E näher beleuchtet werden. Bei der Übertragungsmöglichkeit E-to-P steht am Ende ein Papierdokument, dessen Beweiskraft nicht Gegenstand der Untersuchung ist.

II. Risiken der Transformation

Eine Transformation ist verschiedenen Risiken ausgesetzt, die sich je nach der Transformationsart unterscheiden können.[1276]

Bei der P-to-E-Transformation stellt sich etwa das Problem, dass die Sicherheitsmerkmale des Papierdokuments verloren gehen.[1277] Das Vertrauen in Papierdokumente resultiert im Wesentlichen aus der Erkennbarkeit nachträglicher Veränderungen auf dem Original durch Austauschen oder Wegradieren der Buchstaben.[1278] Ist der Text oder zumindest die Unter-

1274 *Roßnagel/Fischer-Dieskau/Wilke*, CR 2005, 903; siehe auch *Wilke*, S. 30.
1275 Siehe *Wilke*, S. 311, er schlägt sogar eine Legaldefinition dieser beiden Begriffe vor.
1276 Siehe dazu ausführlich *Wilke*, S. 47–73.
1277 *Roßnagel/Wilke*, NJW 2006, 2145.
1278 Siehe § 2 III. 2.

schrift handschriftlich, kann ein Schriftsachverständiger regelmäßig durch Rückgriff auf Vergleichs(unter)schriften des angeblichen Ausstellers feststellen, ob die (Unter)Schrift echt ist.[1279] Diese Sicherheitsmerkmale gehen bei einem Scan-Produkt verloren. Es ist nur noch ein zweidimensionales Abbild vorhanden, das der Analyse durch einen Schriftsachverständigen nicht mehr zugänglich ist.[1280] Ebenso wenig kann selbst bei guten Scan-Produkten erkennbar sein, ob die Unterschrift oder Textteile auf diesem Dokument erfolgt sind oder aufgeklebt wurden. Es gibt zwei Arten eines Scan-Produkts.[1281] Der Normalfall wird die Erzeugung eines elektronischen Abbilds sein, das als sogenannte „Non Coded Information" nicht wie eine Textdatei, sondern wie ein digitales Bild bearbeitet werden kann. Daneben ist es möglich, ein Papierdokument in ein Textdokument umzuwandeln, indem die einzelnen Buchstaben erkannt und in eine sogenannte „Coded Information" umgewandelt und zu einem digitalen Textdokument, das bearbeitet werden kann, zusammengesetzt werden. In beiden Varianten – in der zweiten jedoch einfacher – ist eine nachträgliche, nicht mehr erkennbare Veränderung des elektronischen Dokuments möglich, bevor eine Integritätssicherung mit beispielsweise einer qualifizierten Signatur erfolgt.[1282]

Bei der E-to-E-Transformation tauchen ebenfalls verschiedene Risiken auf. So ist eine etwaige qualifizierte Signatur des Ausgangsdokuments nicht am transformierten Zieldokument überprüfbar,[1283] da die Bitfolgen und Hashwerte der beiden Dokumente unterschiedlich ausfallen. Daneben besteht die Gefahr des Datenverlusts oder der falschen Darstellung der Daten. Je nach eingesetzter Soft- und Hardware können die Präsentationen der Daten[1284] unterschiedlich ausfallen oder aufgrund technischer Mängel der eingesetzten Komponenten Daten verloren gehen.[1285] Beispielsweise können bei einer Umwandlung eines Text- und Grafikdokuments in ein reines Textdokument die Grafiken verloren gehen bzw. nicht angezeigt werden.[1286]

1279 Siehe auch *Wilke*, S. 48, der als Beispiel den Druckverlauf der Unterschrift anführt.

1280 *Wilke*, S. 48.

1281 Siehe dazu *Roßnagel/Wilke*, NJW 2006, 2145.

1282 *Roßnagel/Wilke*, NJW 2006, 2145.

1283 *Roßnagel/Fischer-Dieskau/Wilke*, CR 2005, 903, 904.

1284 Siehe zum Präsentationsproblem § 8 IV. 6.

1285 *Roßnagel/Fischer-Dieskau/Wilke*, CR 2005, 903, 904.

1286 *Wilke*, S. 73.

Aufgrund der dargestellten Risiken stellt sich die Frage, ob eine Transformation sich nachteilig auf die Beweisführung auswirkt und ob sie angesichts von Aktenführungs-, Dokumentations- und Aufbewahrungspflichten überhaupt rechtlich zulässig ist.[1287]

III. Rechtliche Regelungen

Eine Transformation von elektronischen und papiergebundenen Dokumenten ist im Grunde immer zulässig. Nur dort, wo sich Einsichts-, Kontroll- und Rückgaberechte aus einem spezifischen Rechtsverhältnis zu einer Instanz ergeben, wird die Frage der rechtlichen Zulässigkeit relevant.[1288] Zu unterscheiden ist jedenfalls bei der P-to-E-Transformation, ob die Originale im Anschluss vernichtet werden (ersetzendes Scannen) oder weiterhin aufbewahrt werden.[1289]

Nach derzeitiger Rechtslage gibt es mit Ausnahme der amtlichen und öffentlichen Beglaubigung[1290] keine fachgebietsübergreifenden Regelungen zu den Anforderungen an die Transformation, sondern diese finden sich in speziellen Normen des jeweiligen Fachrechts.[1291] Die §§ 239 Abs. 4, 257 Abs. 3 HGB erlauben die Aufbewahrung und Führung der Handelsbücher und sonst erforderlichen Unterlagen statt in Papierform auch auf einem Bild- oder anderem Datenträger. Gleiches gilt nach § 147 Abs. 2, Abs. 5 AO auch für die meisten Besteuerungsunterlagen. Ähnliche Regelungen enthalten die §§ 110a Abs. 2 S. 1, 110b Abs. 1 S. 3 Nr. 1 SGB IV. § 6 EGovG[1292] bestimmt, dass künftig die Akten der Verwaltungsbehörden elektronisch geführt werden sollen, der Ablauf und die Voraussetzungen sind in den §§ 5, 7, 8 EGovG geregelt. Für die Justiz regelt § 298a ZPO die optionale elektronische Aktenführung. Die Bestimmung des Zeitpunkts der Einführung sowie die Regelung der technisch-organisatorischen Rahmenbedingungen sind den Landesregierungen überlas-

1287 *Roßnagel/Wilke*, NJW 2006, 2145.
1288 *Roßnagel/Wilke*, NJW 2006, 2145.
1289 *Roßnagel/Wilke*, NJW 2006, 2145, 2146.
1290 Geregelt in den §§ 33 VwVfG und 39, 39a BeurkG.
1291 Siehe dazu ausführlich *Wilke*, S. 83 ff.
1292 Gesetz zur Förderung der elektronischen Verwaltung (E-Government-Gesetz – EGovG) sowie zur Änderung weiterer Vorschriften, BGBl. 2013 I, S. 2749; vgl. dazu *Roßnagel*, NJW 2013, 2710.

sen (§ 298a Abs. 1 S. 2 ZPO). Bislang ist die elektronische Akte noch nicht flächendeckend umgesetzt.

IV. Beweiskraft transformierter privater elektronischer Dokumente

1. P-to-E-transformierte elektronische Dokumente

P-to-E-transformierte elektronische Dokumente werden auch als derivative elektronische Dokumente bezeichnet.[1293] Man muss zum einen zwischen privaten und öffentlichen gescannten Dokumenten unterscheiden, da nur § 371b ZPO eine Regelung für öffentliche gescannte Dokumente enthält. Zum anderen ist zwischen solchen, in denen das Original noch existiert oder vernichtet wurde, zu differenzieren, da sich die Beweiskraft hierbei unterscheiden kann.

Im Fall des ersetzenden Scannens werden nach dem Scanvorgang die Originale vernichtet, dabei gehen die Merkmale, die die Authentizität und Integrität feststellen, auf dem Scan-Produkt verloren und sind ohne Original auch nicht mehr zu rekonstruieren.[1294] Solange das originale Papierdokument noch existiert, kann für den Beweis der Echtheit immer noch auf das Originaldokument in Papierform zurückgegriffen werden. Schwierigkeiten ergeben sich damit vor allem, wenn das papierne Original vernichtet wurde.

Für den Beweisantritt mit einem derivativen elektronischen Dokument bleibt es bei der Grundnorm des § 371 Abs. 1 S. 2 ZPO. Grundsätzlich unterliegt das private derivative elektronische Dokument vollumfänglich der freien Beweiswürdigung.[1295] Für öffentliche gescannte elektronische Dokumente sieht § 371b ZPO bei Erfüllung der genannten Voraussetzungen vor, dass die Vorschriften über die Beweiskraft öffentlicher Urkunden Anwendung finden (insbesondere § 415 ZPO). Fraglich ist, ob eine entsprechende Beweiskraftregelung auch für private derivative elektronische Dokumente zur Anwendung gelangen kann, insbesondere die Beweiserleichterung des § 371a Abs. 1 ZPO. In Betracht kommt aber auch eine entsprechende Anwendung des § 371b ZPO aufgrund einer planwidrigen Regelungslücke.

1293 Diesen Begriff verwendet etwa *Berger*, in: Stein/Jonas, § 371a Rn. 7.

1294 Siehe § 12 II. und *Roßnagel/Nebel*, NJW 2014, 886, 887 f.

1295 Vgl. auch *Wilke/Jandt/Löwe/Roßnagel*, CR 2008, 607, 608.

a) Analoge Anwendung des § 371b ZPO

Eine entsprechende Anwendung des § 371b ZPO scheidet mangels planwidriger Regelungslücke aus, bei der Neuschaffung des § 371b ZPO[1296] hätte der Gesetzgeber entsprechendes auch für private gescannte elektronische Dokumente regeln können, was er aber unterließ. Nach Ansicht des Gesetzgebers soll der Beweis mit dem Scan-Produkt nur bei öffentlichen Urkunden ohne Beweisverlust möglich sein. Nur öffentliche Urkunden könnten sowohl in Urschrift als auch in beglaubigter Abschrift vorgelegt werden (§ 435 ZPO), während die Privaturkunde nur im Original vorgelegt werden könne (§ 420 ZPO).[1297]

In der Tat wird selbst eine beglaubigte Abschrift einer Privaturkunde nur im Rahmen der freien Würdigung berücksichtigt, die besonderen Regeln der §§ 439 und 416 ZPO finden keine Anwendung.[1298] Selbst der Beglaubigungsvermerk vermag nicht die Unverfälschtheit der Kopie zu beweisen. Sollen die besonderen Beweisregeln Anwendung finden, ist die Privaturkunde im Original vorzulegen. Dies wird im Wesentlichen an § 420 ZPO festgemacht, wenngleich der Wortlaut dies nicht ganz ausdrücklich regelt: „Der Beweis wird durch die Vorlegung der Urkunde angetreten". Sieht man eine Kopie ebenfalls als Urkunde an,[1299] würde § 420 ZPO auch eine andere Auslegung zulassen. Bei Privaturkunden ist der Beweis aber mit dem Original zu führen (§ 420 ZPO), weil regelmäßig nur bei diesen die Echtheit bewiesen werden kann (§§ 439, 440 ZPO) und damit nur diesen die besondere Beweiskraft des § 416 ZPO zukommen kann.[1300] Eine entsprechende Anwendung des § 371b ZPO auf private derivative elektronische Dokumente hätte im Wesentlichen eine Anwendbarkeit der besonderen Beweiskraftregelung des § 416 ZPO zur Folge.[1301]

1296 § 371b ZPO wurde neu eingefügt durch das Gesetz zur Förderung des elektronischen Rechtsverkehrs vom 10.10.2013, BGBl. 2013 I, 3786.

1297 Regierungsbegründung zum Entwurf eines Gesetzes zur Förderung des elektronischen Rechtsverkehrs mit den Gerichten, BT-Drucks. 17/12634, S. 34 (zu § 371b ZPO).

1298 BGH NJW 1980, 1047, 1048.

1299 Siehe zum Meinungsstand der Urkundeneigenschaft von Kopien § 2 III. 4.

1300 BGH NJW 1980, 1047, 1048; *Huber*, in: Musielak/Voit, § 420 Rn. 1; *Hartmann*, in: Baumbach/Lauterbach, § 420 Rn. 4.

1301 Eine entsprechende Anwendbarkeit des § 415 ZPO wäre mangels Öffentlichkeit des elektronischen Dokuments nicht vertretbar, allenfalls kann § 416 ZPO zur Anwendung gelangen.

Die Anwendbarkeit des § 416 ZPO wäre jedoch systemwidrig, weshalb auch § 371b ZPO nicht zur Anwendung gelangen kann.

b) Anwendung des § 371a Abs. 1 ZPO

aa) Meinungsstand

Ist das Zieldokument mit einer qualifizierten Signatur versehen, ergeben sich zwei Möglichkeiten eines Anwendungsbereiches des § 371a Abs. 1 S. 2 ZPO: Die Beweiserleichterung könnte entweder auf das qualifiziert signierte Zieldokument selbst dergestalt anwendbar sein, dass Echtheit und Übereinstimmung mit dem Ausgangsdokument vermutet werden. Die andere Möglichkeit wäre, dass die Vorschrift nur die künftige Integrität des Zieldokuments sichert und jedenfalls – falls vorhanden – einen mit der qualifizierten Signatur versehenen Übereinstimmungsvermerk der scannenden Stelle.[1302] Die entsprechende Anwendbarkeit auf das signierte Zieldokument wird nach allgemeiner Meinung verneint mit der Begründung, § 371a Abs. 1 ZPO gelte nur für originäre elektronische Dokumente und das Scan-Produkt enthalte keine Erklärung im Sinne des § 371a Abs. 1 ZPO.[1303] Der Verweis des § 371a Abs. 1 S. 1 ZPO auf § 416 ZPO sei aber nur sinnvoll, wenn das elektronische Dokument eine Erklärung enthalte; ferner setze auch § 371a Abs. 1 S. 2 ZPO eine Erklärung voraus.[1304] Scan-Produkte seien lediglich ein technisches Abbild ohne Erklärungsinhalt.[1305]

Auf einen Übereinstimmungsvermerk sei § 371a Abs. 1 ZPO jedoch anwendbar, da die qualifizierte Signatur gerade diese Erklärung schütze.[1306]

1302 Vgl. *Roßnagel/Wilke*, NJW 2006, 2145, 2148.

1303 *Huber*, in: Musielak/Voit, § 371a Rn. 5; *Berger*, in: Stein/Jonas, § 371a Rn. 7, § 371b Rn. 13 f.; *Roßnagel/Wilke*, NJW 2006, 2145, 2148; *Roßnagel/Nebel*, NJW 2014, 886, 887.

1304 *Berger*, in: Stein/Jonas, § 371a Rn. 7.

1305 *Roßnagel/Nebel*, NJW 2014, 886, 887.

1306 *Roßnagel/Wilke*, NJW 2006, 2145, 2148.

bb) Würdigung

Die die Anwendbarkeit des § 371a Abs. 1 ZPO auf das signierte Zieldokument ablehnende Ansicht ist jedenfalls dann inkonsequent, wenn man wie *Berger* Vervielfältigungen von Urkunden auch als Urkunden ansieht und sie nicht am Merkmal der fehlenden Verkörperung einer Gedankenerklärung ausscheidet.[1307] Folgt man dieser Auffassung, darf man auch Scan-Produkten von Papierdokumenten nicht die Eigenschaft als elektronisches Dokument im Sinne des § 371a ZPO versagen. Eine Erklärung ist auch in Vervielfältigungen enthalten. Überzeugend ist hingegen die Begründung des Gesetzgebers zu § 371b ZPO, dass gleich dem Urkundenbeweisrecht nur öffentliche gescannte elektronische Dokumente den Originalen gleichzustellen sind.[1308] Derivative elektronische Dokumente sind nicht das Original und ihnen kann man gerade häufig nicht ansehen, ob sie das Papierdokument originalgetreu wiedergeben. Aus diesem Grund ist bei Privaturkunden der Beweis mit dem Original zu führen (§ 420 ZPO), weil regelmäßig nur bei diesen die Echtheit bewiesen werden (§§ 439, 440 ZPO) und damit nur diesen die besondere Beweiskraft des § 416 ZPO zukommen kann. Gleiches gilt für ein P-to-E-transformiertes Dokument. Auch hier sind nachträgliche Manipulationen schwer nachweisbar. Deshalb soll der Beweis mit privaten elektronischen Dokumenten auch nur mit dem Originaldokument geführt werden, um in den Genuss der Beweiserleichterung des § 371a Abs. 1 ZPO zu kommen. Nicht originäre elektronische Dokumente sind daher mangels besonderer Beweiskraftregelungen als Beweismittel frei zu würdigen (§§ 371 Abs. 1 S. 2, 286 Abs. 1 ZPO).

Daneben kann die Echtheit des Ausgangsdokuments und tatsächliche Übereinstimmung mit dem Zieldokument mit dieser nachträglichen Signatur auch nicht bewiesen werden. Die qualifizierte Signatur sichert nur die künftige Integrität des Zieldokuments; die Übereinstimmung mit dem Ausgangsdokument ergibt sich daraus nicht.[1309]

1307 Siehe § 2 III. 4.

1308 Siehe § 12 IV. 1. a).

1309 *Roßnagel/Wilke*, NJW 2006, 2145, 2148.

cc) Ergebnis

Der Anscheinsbeweis des § 371a Abs. 1 S. 2 ZPO erstreckt sich nur auf eine qualifizierte Signatur, die die Übereinstimmung mit dem Originaldokument bestätigt, nicht aber auf die Echtheit und Übereinstimmung des Zieldokuments mit dem Ausgangsdokument als solchem. Der signierte Übereinstimmungsvermerk enthält eine Erklärung. Durch die qualifizierte Signatur wird die Echtheit dieser Erklärung bestätigt, nicht aber die tatsächliche Übereinstimmung. Urheber des Vermerks ist die bestätigende Person und damit nicht zwangsläufig der Urheber des Ausgangsdokuments. Die qualifizierte Signatur ist in diesem Fall daher nur ein Sicherungsmittel für die künftige Integrität des Dokuments.[1310] Das ersetzende Scannen von Privaturkunden ist somit mit einer erheblichen Beweiswerteinbuße verbunden.[1311] Existiert das Original-Papier hingegen weiter, kann vergleichend zum Beweis der Echtheit auf dieses zurückgegriffen werden. Der Nutzen der Transformation hält sich dann jedoch in Grenzen.

2. E-to-E-transformierte elektronische Dokumente

a) Umwandlung von Dokumenten im Sinne einer Transformation

Im Rahmen der „E-to-E"-Transformation ist zu unterscheiden zwischen einer formatgleichen und einer formatändernden Konvertierung.[1312] Ein weiterer Unterscheidungspunkt ist die Frage, wann überhaupt eine Transformation dergestalt gegeben ist, dass ein Original und eine Kopie existieren.

Erstellt man ein Textdokument mit einem Textverarbeitungsprogramm, konvertiert es im Anschluss beispielsweise in ein PDF-Dokument und signiert erst das Textdokument, stellt erst das signierte PDF-Dokument das Original dar. Erst durch die Signatur wird deutlich gemacht, dass das Dokument keinen bloßen Entwurf mehr darstellt. Die Signatur erfüllt dabei dieselben Funktionen wie eine Unterschrift. Eine solche Konvertierung ist nachfolgend aber nicht gemeint. Vielmehr sollen diejenigen Transformationen betrachtet werden, bei denen am Ende ein Original und eine Ver-

1310 *Roßnagel/Wilke*, NJW 2006, 2145, 2148.
1311 Siehe auch *Berger*, in: Stein/Jonas, § 371b Rn. 14.
1312 Siehe auch *Wilke*, S. 175.

vielfältigung bestehen. Auch eine das Format beibehaltende „Vervielfältigung“, wie sie beispielsweise durch das Versenden des Dokuments oder Abspeichern auf verschiedenen Datenträgern entsteht, stellt am Ende keine Transformation im Sinne einer Vervielfältigung des Originals dar. Es kann als „vervielfältigtes Original“ bezeichnet werden,[1313] weil es sich in keiner Weise von dem Original unterscheidet.[1314] Anderenfalls wäre keine Übermittlung des elektronischen Dokuments möglich: beim Absender verbleibt das Original und der Empfänger erhält ein vervielfältigtes Original.[1315] Auch die formatgleichen Vervielfältigungen werden daher nachfolgend nicht betrachtet. Im Rahmen der Beurteilung der Transformation sind nur solche elektronischen Dokumente relevant, bei denen erkennbar ein Original und eine Vervielfältigung bestehen. Das ist beispielsweise bei der Konvertierung eines qualifiziert signierten elektronischen Dokuments in ein anderes Format der Fall. Durch die Signatur wird deutlich, dass das Ausgangsdokument das Original ist.

b) Beweisantritt mit konvertiertem elektronischen Dokument möglich?

Für die Beweisführung und Beweiskraft der das Format wechselnden „E-to-E“-konvertierten Dokumente ist fraglich, ob der Beweis überhaupt mit dem konvertierten Dokument angetreten werden darf oder nur mit dem Ursprungsdokument (§ 371 Abs. 1 S. 2 ZPO).[1316] *Wilke* verneint das mit dem Argument, entsprechend dem Beweisantritt bei Privaturkunden (§ 420 ZPO) sei auch bei elektronischen Dokumenten der Antritt des Beweises nur mit dem Original möglich.[1317]

Ein weiteres Problem ist die Änderung der Bitfolge des elektronischen Dokuments bei der Konvertierung. Die elektronische Signatur des Ausgangsdokuments ist nach der Umwandlung nicht mehr prüfbar.[1318]

1313 *Roßnagel*, CR 1994, 498, 503; *ders.* DÖV 2001, 221, 230.

1314 *Wilke*, S. 175.

1315 *Wilke*, S. 175 f.; siehe auch *Berger*, NJW 2005, 1016, 1018.

1316 *Wilke*, S. 175 f.

1317 *Wilke*, S. 176 f.

1318 *Wilke*, S. 71.

c) Würdigung

Der den Beweisantritt mit dem transformierten elektronischen Dokument versagenden Ansicht ist entgegenzuhalten, dass diese Frage erst auf der Ebene des Beweiswerts bzw. der Beweiskraft relevant wird. Als Beweismittel kann ein elektronisches Dokument auch als „Vervielfältigung" immer eingeführt werden. Hierin ist § 371 Abs. 1 S. 2 ZPO von § 420 ZPO zu unterscheiden. Eine Vervielfältigung einer Privaturkunde kann immer noch als Augenscheinsobjekt in den Prozess eingeführt werden, wenn auch nicht als Urkunde. Bei einem elektronischen Dokument gibt es jedoch kein „Auffang"-Beweismittel mehr, wenn der Augenschein verwehrt wird. Nach § 371 Abs. 1 S. 2 ZPO kann sowohl mit dem Original als auch mit einer Vervielfältigung der Beweis angetreten werden.

Die Beweiskraftregelung des § 371a Abs. 1 ZPO ist aus derselben Begründung wie bei P-to-E-transformierten elektronischen Dokumenten auch bei E-to-E-transformierten, erneut qualifiziert signierten elektronischen Dokumenten nicht auf die Übereinstimmung und Urheberschaft des Zieldokuments mit dem Ausgangsdokument anwendbar. § 371a Abs. 1 S. 2 ZPO gilt nicht hinsichtlich der Echtheit des Ausgangsdokuments, sondern die qualifizierte Signatur des transformierten Dokuments beweist nur *prima facie*, dass das Zieldokument nicht nachträglich verändert wurde und von dem Signaturinhaber stammt. Die Signatur des Zieldokuments ermöglicht keine Überprüfung der Übereinstimmung mit dem Ausgangsdokument, da sich die Bitfolgen und damit die Hashwerte unterscheiden. Ebenso wenig sind die §§ 371a Abs. 1 S. 1, 416 ZPO zum Beweis der willentlichen Abgabe der im Ausgangsdokument enthaltenen Erklärung anwendbar. Aus der Signatur des Zieldokuments ergibt sich nicht, dass eine den Abgabetatbestand begründende Signatur des Ausgangsdokuments vorhanden oder korrekt ist. „E-to-E"-transformierte elektronische Dokumente unterliegen damit grundsätzlich der freien Beweiswürdigung nach § 286 ZPO.[1319]

1319 Ebenso *Wilke/Jandt/Löwe/Roßnagel*, CR 2008, 607, 609.

3. Beweiswertsteigerungen im Rahmen der freien Beweiswürdigung

Die fehlende Anwendbarkeit des § 371a Abs. 1 ZPO bedeutet im Einzelfall aber nicht, dass transformierte elektronische Dokumente als Beweismittel quasi untauglich sind. Auch die Kopie einer Privaturkunde ist nicht per se untauglich, sie unterliegt nur nicht der formellen Beweiskraft, sondern der freien tatrichterlichen Würdigung.[1320]

a) P-to-E-Transformation

Der Verlust der Beweiskraft eines Papierdokuments durch das Scannen kann durch verschiedene Indizien ausgeglichen werden. Zum einen besteht die bereits erwähnte Möglichkeit, dem Dokument einen qualifiziert signierten Übereinstimmungsvermerk beizufügen. Stammt dieser Vermerk von einer dritten, unabhängigen Person, ist das Indiz für Integrität und Authentizität als noch stärker einzustufen.[1321] Weitere Beweiswertsteigerungen können im Einzelfall sein:[1322] die Feststellung des Zeitpunkts der Erstellung des Scan-Produkts zum Zweck der Klärung, ob dort bereits ein Manipulationsinteresse gegeben war, gegebenenfalls nachgewiesen durch einen Zeitstempel oder das Protokoll eines Dokumentenmanagementsystems; das Vorliegen eines Farb-Scans, da dort gegebenenfalls die Sicherheitsmerkmale eines Papierdokuments besser nachvollziehbar sind; schließlich die Verwendung eines standardisierten Scan-Prozesses und einer Verfahrensdokumentation. Vorgaben an die technische, organisatorische und personelle Umsetzung der Scan-Prozesse enthält die Technische Richtlinie 03138 „Rechtssicheres ersetzendes Scannen" (TR-RESISCAN) des Bundesamtes für Sicherheit in der Informationstechnik (BSI).[1323] Die Beachtung der Vorgaben der TR-RESISCAN kann dabei als besonders starkes Indiz für die Echtheit des gescannten Dokuments betrachtet wer-

1320 BGH NJW 1980, 1047, 1048.

1321 Siehe dazu ausführlich *Wilke*, S. 191–193 sowie *Roßnagel/Nebel*, NJW 2014, 886, 888, 890.

1322 Diese wurden im Rahmen einer Simulationsstudie herausgearbeitet; vgl. dazu ausführlich *Roßnagel/Nebel*, NJW 2014, 886, 887 ff.

1323 Die TR-RESISCAN ist abrufbar unter www.bsi.bund.de unter der Rubrik Publikationen unter Technische Richtlinien; aufgerufen am 01.03.2018; vgl. dazu auch *Hüsch*, CR 2014, 206.

den.[1324] Daneben spricht auch die Beachtung der durch das Bundesfinanzministerium aufgestellten Verwaltungsanweisung betreffend die „Grundsätze zur ordnungsgemäßen Führung und Aufbewahrung von Büchern, Aufzeichnungen und Unterlagen in elektronischer Form sowie zum Datenzugriff (GoBD)“[1325] für die Echtheit des Scan-Produkts.[1326]

b) E-to-E-Transformation

Auch E-to-E-transformierte elektronische Dokumente können mit einem qualifiziert signierten Übertragungsvermerk versehen werden, welcher ein Indiz für die Echtheit des Ausgangsdokuments darstellen kann.[1327] Daneben kann auch hier ein Zeitstempel relevant werden, um zu klären, wann das Dokument transformiert wurde und ob zu diesem Zeitpunkt bereits ein Manipulationsinteresse gegeben war. Es gibt bereits technische „Testverfahren“, in welchen Konzepte zu einer rechtssicheren Transformation getestet werden. So entwickelte das Forschungsprojekt „TransiDoc“ ein Konzept zur rechtssicheren Transformation von Dokumenten, welches in einer Simulationsstudie durchgeführt wurde.[1328] Wesentliches Merkmal des Programms ist, dass die Transformation in einem automatisierten Verfahren erfolgt, sodass ein menschliches Eingreifen in den Umwandlungsprozess ausgeschlossen wird.[1329] Daneben befindet sich das Transformationssystem in einer durch Zugangskontrollen geschützten sicheren Umgebung. Das Ausgangsdokument wird vor der eigentlichen Konvertierung geprüft und das Prüfergebnis in einem Transformationsvermerk festgehalten, der Bestandteil des Zieldokuments ist. Schließlich wird das Zieldokument mit einer qualifizierten Signatur versehen. Diese Sicherungsinstrumente wurden in der Simulationsstudie als starke Indizien für ein fehlendes Manipulationsinteresse, eine fehlende tatsächliche Manipulationsmöglichkeit sowie für die Zuverlässigkeit der transformierenden Stelle bewertet.[1330] Auch im Rahmen der freien Beweiswürdigung können transfor-

---

1324 *Roßnagel/Nebel*, NJW 2014, 886, 890.

1325 GZ IV A 4 – S 0316/13/10003 DOK 2014/0353090, abrufbar unter www.bundesfinanzministerium.de.

1326 *Borchers/Gottberg/Hoffmann*, S. 114 f.

1327 Vgl. *Wilke/Jandt/Löwe/Roßnagel*, CR 2008, 607, 611.

1328 Vgl. ausführlich *Wilke/Jandt/Löwe/Roßnagel*, CR 2008, 607.

1329 *Wilke/Jandt/Löwe/Roßnagel*, CR 2008, 607, 609; dort auch zum folgenden Text.

1330 *Wilke/Jandt/Löwe/Roßnagel*, CR 2008, 607, 610 f.

mierte elektronische Dokumente im Einzelfall einen hohen Beweiswert haben, wenn sie durch geeignete Verfahren umgewandelt wurden.

4. Notwendigkeit einer eigenen Beweiswertregelung

Wilke sieht eine gesetzliche Beweiswertregelung für E-to-E-transformierte elektronische Dokumente in zwei Konstellationen für erforderlich an. So sei ein Anscheinsbeweis für die Übereinstimmung des Zieldokuments mit dem Ausgangsdokument dann gerechtfertigt, wenn ein qualifiziert signiertes Zieldokument mit einem qualifiziert signierten Transformationsvermerk versehen sei, der die Durchführung der Transformation mit einem von einer staatlich anerkannten Stelle geprüften technischen System bestätige.[1331] Daneben könne ein Transformationsvermerk im eben beschriebenen Sinn einen Anschein für die Echtheit eines qualifiziert signierten elektronischen Ausgangsdokuments begründen, wenn er Angaben enthält, welche auf einem zertifizierten Prüfsystem beruhen und die Echtheit des Ausgangsdokuments bestätigen.[1332] Für die P-to-E-Transformation sei keine Regelung erforderlich. Insbesondere ein Anschein für die Echtheit eines papiergebundenen Ausgangsdokuments sei jedenfalls in automatisierten Digitalisierungsprozessen nicht gerechtfertigt, da dort keine Schriftprüfung durch einen Schriftsachverständigen erwartet werden könne.[1333]

Dieser Auffassung kann die restriktive Handhabung gesetzlicher Beweisregeln entgegengehalten werden. Auch erscheint fraglich, ob das Vertrauen in private Transformationsstellen dem Vertrauen in die Transformation durchführende öffentliche Behörden gleichgesetzt werden kann. Der Gesetzgeber hat sich jedenfalls bei der P-to-E-Transformation ausdrücklich dafür entschieden, Beweiserleichterungen nur öffentlich gescannten elektronischen Dokumenten zuzugestehen (§ 371b ZPO).

Sofern aber zwischen der Prüfung der qualifizierten Signatur des Ausgangsdokuments und der eigentlichen Transformation keine menschliche Einflussmöglichkeit besteht,[1334] spricht nichts gegen einen Anscheinsbeweis eines qualifiziert signierten Übereinstimmungsvermerks für die Übereinstimmung von Ausgangs- und Zieldokument. Ein solcher Trans-

---

1331 *Wilke*, S. 310 f., 311 f. (mit konkretem Regelungsvorschlag).

1332 *Wilke*, S. 308–310, 312 (mit konkretem Regelungsvorschlag).

1333 *Wilke*, S. 306 f.

1334 *Wilke*, S. 310.

formationsvorgang rechtfertigt einen typischen Geschehensablauf, welcher Grundlage eines Anscheinsbeweises sowohl für die Echtheit des Übereinstimmungsvermerks als auch für die Echtheit des Ausgangsdokuments ist. *Wilke* fordert daneben die Durchführung der Transformation mittels eines von einer staatlich anerkannten Stelle geprüften technischen Systems.[1335] Erfüllt ein Transformationssystem die Vorgabe, dass keine menschliche Einflussnahme während der Transformation besteht, wäre auch nichts gegen eine Durchführung der Transformation durch einen „Nicht-Dritten" – das heißt den Urheber des Ausgangsdokuments selbst – einzuwenden. Mögliche dennoch vorgenommene Manipulationen wären im Wege des Gegenbeweises zu beachten.[1336] Der Anscheinsbeweis widerspräche auch nicht der gesetzgeberischen Intention im Rahmen des § 371b ZPO, weil es sich bei der hier vorgeschlagenen Regelung nur um einen Anscheinsbeweis handele und nicht um eine Vermutung, wie sie in § 371b S. 2 i. V. m. § 437Abs. 1 ZPO vorgesehen ist.

V. Zusammenfassung

Die Transformation von Dokumenten ist verschiedenen Risiken ausgesetzt, die sich auf den Beweiswert auswirken können. Bei der P-to-E-Transformation stellt sich etwa das Problem, dass die Sicherheitsmerkmale des Papierdokuments verloren gehen. Bei der E-to-E-Transformation stellt sich insbesondere das Problem, dass die Bitfolgen und damit die Hashwerte unterschiedlich ausfallen, weshalb eine qualifizierte Signatur des Ausgangsdokuments nicht am transformierten Zieldokument überprüfbar ist.

P-to-E-transformierte elektronische Dokumente unterliegen grundsätzlich der freien Beweiswürdigung. Eine analoge Anwendung des § 371b ZPO scheidet mangels planwidriger Regelungslücke aus. In Einzelfällen kann § 371a Abs. 1 ZPO anwendbar sein – wenn das Zieldokument einen qualifiziert signierten Übereinstimmungsvermerk enthält. Durch die qualifizierte Signatur wird die Echtheit dieser Übereinstimmungserklärung bestätigt, nicht aber die tatsächliche Übereinstimmung von Ausgangs- und Zieldokument. Die qualifizierte Signatur ist in diesem

---

1335 *Wilke*, S. 311.
1336 Siehe auch *Wilke*, S. 312.

Fall daher nur ein Sicherungsmittel für die künftige Integrität des Dokuments. Wird das Papierdokument nach der Transformation vernichtet, ergibt das daher eine erhebliche Beweiswerteinbuße. Bleibt es bestehen, kann zum Beweis der Echtheit ergänzend auf das Papierdokument zurückgegriffen werden.

Im Rahmen der Beurteilung der E-to-E-transformierten elektronischen Dokumente sind nur solche elektronischen Dokumente relevant, bei denen erkennbar ein Original und eine Vervielfältigung bestehen. Das ist beispielsweise bei der Konvertierung eines qualifiziert signierten elektronischen Dokuments in ein anderes Format der Fall – durch die Signatur wird deutlich, dass das Ausgangsdokument das Original ist. Der Beweisantritt ist auch mit dem transformierten elektronischen Dokument, das eine Vervielfältigung darstellt, möglich. Anderenfalls wäre es ein unzulässiges Beweismittel, da es kein Auffang-Beweismittel mehr gibt; es kann nur ein Augenscheinsobjekt sein. Die Wertigkeit des Beweismittels ist aber im Rahmen der Beweiswürdigung zu berücksichtigen und nicht auf Ebene der Zulässigkeit eines Beweismittels. Die Beweiskraftregelung des § 371a Abs. 1 ZPO ist aus derselben Begründung wie bei P-to-E-transformierten elektronischen Dokumenten auch bei E-to-E-transformierten, erneut qualifiziert signierten elektronischen Dokumenten nicht auf die Übereinstimmung und Urheberschaft des Zieldokuments mit dem Ausgangsdokument anwendbar. Auch die §§ 371a Abs. 1 S. 1, 416 ZPO sind nicht zum Beweis der willentlichen Abgabe der im Ausgangsdokument enthaltenen Erklärung anwendbar. Es ergibt sich aus der Signatur des Zieldokuments nicht, dass eine den Abgabetatbestand begründende Signatur des Ausgangsdokuments existiert und auch korrekt ist.

Im Einzelfall sind Beweiswertsteigerungen möglich; insbesondere, wenn bei der E-to-E-Transformation ein vertrauenswürdiger Dritter eingeschaltet wird und die Transformation weitgehend automatisiert erfolgt. Bei der P-to-E-Transformation sorgen die Beachtung von Richtlinien im weiteren Sinn für eine Steigerung des Beweiswerts – es sind die TR-RESISCAN und die GoBD zu nennen.

Teil 4 Schluss

§ 13 Fazit

Das Augenscheinsbeweisrecht hat im Zuge der Berücksichtigung elektronischer Dokumente im Zivilprozess eine Reformierung erfahren. Die Zivilprozessordnung hat dabei mit denselben „Problemen“ zu kämpfen wie das Bürgerliche Gesetzbuch: Bei der jeweiligen Entstehung der Gesetzbücher waren eine digitale Welt und eine elektronische Kommunikation noch in weiter Ferne und nicht vorstellbar. Dennoch ist bemerkenswert, wie die Zivilprozessordnung dieses Problem mit wenigen Vorschriften in den Griff bekommen hat. Eine weitere Herausforderung ist die Berücksichtigung und Eingliederung europäischer Vorgaben in das bestehende nationale Beweissystem. Entsprechend der dargestellten Auslegung des Unionsrechts kann auch dies als geglückt bezeichnet werden. Insgesamt kann das System der Beweisführung mit elektronischen Dokumenten als weitgehend in sich schlüssig und begrüßenswert betrachtet werden, wenngleich Nachbesserungsvorschläge natürlich nicht ausbleiben. Insbesondere ist das Argument der Kritiker, weder die Verwendung eines Signaturverfahrens, noch die Nutzung der De-Mail hätten die „kritische Masse“ erreicht, weswegen sie eine „Totgeburt“ seien,[1337] nicht von der Hand zu weisen. Der gesetzliche und technische Boden für die Verwendung von Signaturverfahren und sicheren Übermittlungswegen ist jedoch bereitet. In Unternehmen hat die Signatur bereits Eingang gefunden. Was fehlt, sind Anreize für den einzelnen Bürger zu schaffen, seine elektronische Kommunikation sicher zu gestalten. Das Problem wird sich in der Zukunft aber eventuell von selbst erledigen, wenn durch Rechtsprechung eine Sensibilisierung für diesen Bereich erfolgt. Daneben gibt es Verbreitungsstrategien zur Integration qualifizierter Signaturverfahren über den digitalen Personalausweis, die Job-Card, die Gesundheitskarte und die Möglichkeit, auch Bankkarten als Signaturerstellungseinheiten einzusetzen.[1338] Deutschland und Europa sind

1337 *Hoeren*, CR 2002, 293, 296 zur elektronischen Signatur; ähnlich wird jedoch auch die De-Mail in Frage gestellt, vgl. *Ritter*, VuR 2014, 334, 341.

1338 Vgl. weiterführend *H. Roßnagel*, S. 153 ff.

damit auf einem guten Weg, die elektronische Kommunikation sicher zu gestalten.

§ 14 Zusammenfassung

§ 1 Einleitung

1. Elektronische Dokumente bieten grundsätzlich keine Gewähr für die Urheberschaft und Unverfälschtheit. Anders liegt es bei Urkunden: Die Anordnung des Textes, äußere Beschaffenheit des Trägermaterials und die Unterschrift sind starke Indizien für Authentizität und Integrität. Um keinen Beweisverlust in der zunehmend elektronisch geführten Welt im Vergleich elektronischer Dokumente zu Urkunden zu erleiden, gibt es verschiedene Sicherungsinstrumente. Die Beweiskraft ungesicherter und besonders gesicherter elektronischer Dokumente ist zu untersuchen. Zum Beweiswert elektronischer Dokumente gehört aber nicht nur deren Beweiskraft, sondern auch die Frage, wie der Beweisgegner und Dritte zur Mitwirkung und Offenlegung verpflichtet werden können.

§ 2 Die Beweisaufnahme

2. Für elektronische Dokumente kommt das Beweismittel des Augenscheins in Betracht, aber wegen ihrer Nähe zu Schriftstücken auch das der Urkunden. Augenschein ist jede Sinneswahrnehmung über beweisbedürftige Tatsachen durch den Richter persönlich. Beim Urkundenbeweis wird eine Urkunde, eine schriftlich verkörperte Gedankenerklärung, Beweisgegenstand. Das Urkundenbeweisrecht ist „formalisiert", weil die §§ 415–418 ZPO besondere Beweiskraftregelungen enthalten.

§ 3 Historie der beweisrechtlichen Einordnung elektronischer Dokumente

3. Vor Normierung des heutigen § 371 Abs. 1 S. 2 ZPO durch die Reformen im Jahr 2001 war streitig, ob elektronische Dokumente in das Augenscheins- oder das Urkundenbeweisrecht einzuordnen waren. Im Wesentlichen wurde darum gestritten, ob elektronische Dokumente die Urkundenmerkmale der Schriftlichkeit und Verkörperung erfüllen könnten. Auf die Beweiskraftregelungen der §§ 415 ff. ZPO wollte man nicht verzichten, auf der anderen Seite wurde der geringe Verfäl-

schungsschutz angeführt – Änderungen am elektronischen Dokument hinterlassen anders als bei Papierurkunden keine Spuren.

§ 4 Der Begriff des elektronischen Dokuments

4. Der Begriff des elektronischen Dokuments variiert je nach anzuwendenden Normen. Allgemein kann ein elektronisches Dokument definiert werden als jede potentiell dauerhaft gespeicherte Datei, die nur elektronisch lesbar ist. Es muss sich um keine Textdatei handeln – auch Bilder, Videos oder Tonaufnahmen genügen. Eine Erklärung als Inhalt ist nicht zwingend erforderlich. Im Anwendungsbereich der §§ 371 Abs. 2, 371a Abs. 1 S. 1 ZPO wird eine Gedankenerklärung jedoch zur Voraussetzung. § 371a Abs. 1 S. 2 ZPO setzt zwar dem Wortlaut nach eine Erklärung voraus, es könnte hier jedoch an eine Öffnung der Einschränkung gedacht werden, denn die Echtheit eines elektronischen Dokuments kann auch bei elektronischen Dokumenten ohne Erklärung streitig sein.
5. Elektronische Dokumente können sowohl originär als auch derivativ elektronisch vorliegen. Ein derivatives elektronisches Dokument ist ein von der Papierform in die elektronische Form transformiertes Dokument.

§ 5 Der Regelungsinhalt des § 371 Abs. 1 S. 2 ZPO

6. Mit der Regelung des § 371 Abs. 1 S. 2 ZPO hat sich der Gesetzgeber entschieden, elektronische Dokumente als Augenscheinsobjekte zu qualifizieren. Das überzeugt insbesondere, weil elektronische Dokumente anders als Urkunden nicht jederzeit und unmittelbar verfügbar sind.
7. Daneben wird mit der Vorschrift die Vorgabe des europäischen Verordnungsgebers erfüllt, elektronische Dokumente grundsätzlich als Beweismittel zuzulassen (Art. 46 eIDAS-VO).
8. § 371 Abs. 1 S. 2 ZPO ist zugleich eine Beweisantrittsregelung: Der Beweis ist durch Vorlage oder Übermittlung der Datei anzutreten. Fehlt es den Gerichten an einer entsprechenden technischen Ausstattung zur Einnahme des Augenscheins, sind die Voraussetzungen, anders als im Rahmen des § 130a ZPO, notfalls zu schaffen. Beweisobjekt ist bezüglich des Inhalts das elektronische Dokument und nicht der Datenträger, welcher unter die Norm des § 371 Abs. 1 S. 1 ZPO fällt. Das elektronische Dokument ist auch bei einer Übermittlung immer noch das „Ori-

ginal". Erst bei einer Vervielfältigung im Sinne einer Transformation kann sich die Frage der Originalität und Vervielfältigung und daran anknüpfende Beweiskraft stellen.

§ 6 Mitwirkungspflichten nach den §§ 371 Abs. 2, Abs. 3, 144 ZPO

9. Ist das elektronische Dokument im Besitz des Beweisgegners oder eines Dritten, richtet sich die parteibetriebene Beweisaufnahme nach § 371 Abs. 2 ZPO, die amtswegige nach § 144 ZPO. Grenzen der Mitwirkungspflichten finden sich in den §§ 144 Abs. 2, 371 Abs. 3 ZPO.
10. Die in § 371 Abs. 2 S. 1 ZPO eröffneten Möglichkeiten, die besitzende Person über einen Antrag auf Anordnung der Vorlegung nach § 144 ZPO oder über einen Antrag zur Setzung einer Frist zur Herbeischaffung zur Mitwirkung zu verpflichten, finden auf die Fälle des Besitzes des Beweisgegners keine Anwendung.
    Das mit § 371 Abs. 2 S. 1 Alt. 1 ZPO angesprochene Editionsverfahren, bei dem das Gericht den Prozess für eine bestimmte Zeit aussetzt, bis der Beweisführer einen eigenständigen Prozess zur Vorlageverpflichtung geführt hat, ist vorliegend aus Gründen der Prozessökonomie nicht praktikabel. Daneben bedarf der Beweisgegner nicht des Schutzes, den ein prozessfremder Dritter benötigt und zu dessen Zweck das Editionsverfahren eingeführt wurde. Ein Dritter ist grundsätzlich nicht zur Mitwirkung an einem fremden Prozess verpflichtet – außer, es besteht ein materiellrechtlicher Anspruch des Beweisführers. Der Beweisgegner ist ausreichend über die §§ 422, 423 ZPO geschützt, welche auch im Augenscheinsbeweisrecht jedenfalls für elektronische Dokumente mit Erklärungsinhalt über § 371 Abs. 2 S. 2 ZPO anwendbar sind. Schließlich ist die Rechtsfolge, welche an eine Weigerung des Beweisgegners zur Vorlage des in seinem Besitz befindlichen elektronischen Dokuments geknüpft wird, weitaus passender. Die Weigerung wird im Rahmen der freien Beweiswürdigung regelmäßig zu seinen Lasten gehen (§ 371 Abs. 3 ZPO). § 371 Abs. 3 ZPO ist insofern *lex specialis* gegenüber § 427 ZPO, auf welchen § 371 Abs. 2 S. 2 ZPO grundsätzlich ebenfalls verweist.
    Die Möglichkeit der Vorlageverpflichtung nach § 371 Abs. 2 S. 1 Alt. 2 ZPO über einen Antrag, eine Anordnung nach § 144 ZPO zu erlassen, würde eine Umgehung der Voraussetzungen der §§ 422, 423 ZPO über § 371 Abs. 2 S. 2 ZPO bedeuten. Eine gerichtlich angeordnete Vorlegungsverpflichtung bzw. Duldung der Einnahme des Au-

genscheins ist grundsätzlich an keine besonderen Voraussetzungen geknüpft.

11. Der Beweisgegner kann daher zur Mitwirkung nur nach § 371 Abs. 2 S. 2 ZPO i. V. m. §§ 422–426 ZPO verpflichtet werden, wenn er im Besitz eines elektronischen Dokuments, das eine Erklärung enthält, ist. Wegen der Nähe zu Urkunden ist eine Vorlage nur unter den Voraussetzungen der §§ 422, 423 ZPO möglich. Für sonstige elektronische Dokumente – solche ohne Erklärung – entfallen die §§ 422, 423 ZPO, weil es hier nicht des mit diesen Vorschriften bezweckten Schutzes vor einer unzulässigen Ausforschung bedarf.
12. Das Verfahren richtet sich nach den §§ 424–426 ZPO. Die über § 371 Abs. 2 S. 2 ZPO ebenfalls dem Wortlaut nach für anwendbar erklärten §§ 428–432 ZPO finden auf die Fälle des Besitzes des Beweisgegners keine Anwendung.
13. Die Vorschrift des § 371 Abs. 2 S. 1 ZPO gilt für die Fälle des Besitzes eines Dritten und ist der Parallelnorm des § 428 ZPO nachgebildet. Über § 371 Abs. 2 S. 2 i. V. m. §§ 428–432 ZPO ist das Editionsverfahren entsprechend dem Urkundenbeweisrecht durchzuführen. Der Verweis in § 371 Abs. 2 S. 2 ZPO auf die §§ 422–426 ZPO gilt in diesem Zusammenhang nicht.
14. Im Rahmen der von Amts wegen erfolgenden Beweisaufnahme kann der Beweisgegner über § 144 ZPO zur Mitwirkung verpflichtet werden. Hierfür genügt, dass eine Partei auf das elektronische Dokument Bezug genommen hat. Eine unzulässige Ausforschung wird hier nicht über die Voraussetzung der Bezugnahme des Beweisgegners selbst (vgl. § 423 ZPO) begrenzt, sondern über das Erfordernis eines substantiierten Sachvortrags der bezugnehmenden Partei. § 144 Abs. 1 S. 2 ZPO erlaubt nun ausdrücklich, auch einen Dritten zur Vorlage des Augenscheinsobjekts von Amts wegen verpflichten zu können; Grenzen finden sich in § 144 Abs. 2 ZPO.
15. Gegenüber der Rechtslage vor den Reformen im Jahr 2001 liegt der Hauptunterschied darin, dass auch im Augenscheinsbeweisrecht der Beweisgegner nur unter den Voraussetzungen der §§ 422, 423 ZPO zur Mitwirkung verpflichtet werden kann.

§ 7 Der Beweiswert einfacher elektronischer Dokumente

16. Als einfache elektronische Dokumente werden solche bezeichnet, die keine Sicherungsmerkmale (Signaturen; Siegel etc.) aufweisen. Einfa-

che elektronische Dokumente unterliegen mangels besonderer Beweiskraftregelungen der freien richterlichen Beweiswürdigung (§§ 371 Abs. 1 S. 2, 286 Abs. 1 ZPO). Dem Beweisführer wird im Falle des Bestreitens der Echtheit des einfachen elektronischen Dokuments durch den Beweisgegner der Beweis jedoch kaum gelingen. Nachträgliche Veränderungen sind dem elektronischen Dokument nicht anzusehen und nicht nachzuvollziehen; elektronische Dokumente haben keine Geschichte. Um der beweisbelasteten Partei die Beweisführung zu erleichtern, werden verschiedene Beweiserleichterungen diskutiert.

17. Einerseits wird eine entsprechende Anwendung der §§ 416, 439 f. ZPO diskutiert. Mit einer entsprechenden Anwendung des § 416 ZPO kann dem Beweisführer der Nachweis der willentlichen Abgabe der in dem elektronischen Dokument enthaltenen Erklärung abgenommen werden, da diese bei feststehender Echtheit des elektronischen Dokuments vermutet würde. Die Vermutung der willentlichen Abgabe der Erklärung wird im Urkundenbeweisrecht an die Unterzeichnung geknüpft, da diese ein starkes Indiz für die Überschreitung des bloßen Entwurfsstadiums darstellt. Eine entsprechend hohe Wahrscheinlichkeit kann bei einfachen elektronischen Dokumenten hingegen nicht angenommen werden, weshalb eine entsprechende Anwendung des § 416 ZPO ausscheidet. Das bloße Tippen des Namens ist kein ausreichendes Indiz für das Überschreiten des Entwurfsstadiums.
18. Verwendet der Aussteller eines elektronischen Dokuments hingegen eine mindestens fortgeschrittene Signatur, weiß er, dass nachträgliche Veränderungen sichtbar sind. Er wird eine Signatur immer erst dann anbringen, wenn er das Dokument nicht mehr verändern möchte. Hintergrund ist damit das Wissen des Verwenders um die Wirkung einer mindestens fortgeschrittenen Signatur. Der besonders hohe Verfälschungsschutz qualifizierter Signaturverfahren ist für die Tatsache der willentlichen Abgabe nicht relevant. Die Verwendung einer mindestens fortgeschrittenen elektronischen Signatur bietet bereits eine so hohe Wahrscheinlichkeit dafür, dass die in dem elektronischen Dokument enthaltene Erklärung auch willentlich in den Rechtsverkehr entäußert wurde, dass die Anwendung einer entsprechenden Beweisregel (§ 416 ZPO) gerechtfertigt ist.
19. Eine entsprechende Anwendbarkeit der Echtheitsregeln der §§ 439 Abs. 1, Abs. 3, 440 Abs. 1 ZPO ist gerechtfertigt. Das gleiche Ergebnis kann jedoch auch über § 138 Abs. 2, Abs. 3 ZPO erreicht werden.

Eine entsprechende Anwendbarkeit der §§ 439 Abs. 2, 440 Abs. 2 ZPO, wonach bei echter Unterzeichnung auf die Echtheit der Urkunde geschlossen wird, ist hingegen nicht angezeigt. Einfache und jedenfalls nicht qualifiziert signierte elektronische Dokumente sind nicht ausreichend gegen Verfälschungen geschützt, sodass die Echtheit der Signatur, welche sich aus der Signaturprüfung (Validierung) ergibt, kein ausreichendes Indiz für die Echtheit des elektronischen Dokuments darstellt.

20. Einen allgemeinen Anscheinsbeweis dahingehend, dass bei der Versendung einer E-Mail von der Echtheit derselben ausgegangen werden kann, gibt es nicht. Es fehlt an einem typischen Geschehensablauf, bei dem mit an Sicherheit grenzender Wahrscheinlichkeit von der Unverfälschtheit und Authentizität der E-Mail als elektronischem Dokument ausgegangen werden kann. Es fehlt regelmäßig an einer Zwei-Faktor-Authentisierung. Diese baut darauf, dass bei einer Authentisierung mit den unabhängigen Komponenten Wissen und Besitz auf die Echtheit geschlossen werden kann. Das Prinzip liegt EC-Karten, dem Online-Banking und qualifizierten Signaturen zugrunde. Durch den Einsatz zweier unabhängiger Sicherungsmittel – Wissen (PIN/Passwort) und Besitz (EC-Karte, Signaturkarte, TAN-Liste) – kann mit hoher Wahrscheinlichkeit gewährleistet werden, dass der Vorgang unverfälscht und vom Berechtigten vorgenommen wurde. Bei der E-Mail fehlt es regelmäßig an mindestens einem Sicherungsmittel. Weder ist ein Passwort zwingend erforderlich, noch gibt es ein an den Besitz anknüpfendes Sicherungsmittel. Ebenso wenig bietet die E-Mail einen Anscheinsbeweis für den Zugang. Eingangs- oder Lesebestätigungen bieten ohne qualifizierte Signatur keinen ausreichenden Schutz vor Manipulationen.
21. Um die Beweisschwierigkeiten einfacher elektronischer Dokumente zu überwinden, bleiben dem Absender die Möglichkeiten, sichere Übermittlungswege zu nutzen oder das Dokument mit einer qualifizierten Signatur oder einem sonstigen qualifizierten Vertrauensdienst zu versehen. Sichere Übermittlungswege sind nach § 130a Abs. 4 ZPO unter anderem die De-Mail, das EGVP und das beA. Diese Transportmittel werden als geeignet für die Kommunikation mit den Gerichten angesehen. Entsprechend muss auch die De-Mail als privat nutzbares Kommunikationsmittel im Geschäftsverkehr als geeignet und sicher angesehen werden.

§ 8 Die Beweiskraft privater, qualifiziert signierter elektronischer Dokumente nach § 371a Abs. 1 ZPO

22. Qualifizierte Vertrauensdienste sind seit dem 23.7.2014 in der eIDAS-Verordnung geregelt. Vertrauensdienste nach der eIDAS-VO sind unter anderem Signaturen, Siegel, Zeitstempel und Dienste für die Zustellung elektronischer Einschreiben. Qualifizierte Signaturen sind elektronische Signaturen, welche eindeutig dem Unterzeichner zugeordnet sind, die Identifizierung des Unterzeichners ermöglichen, unter Verwendung elektronischer Signaturerstellungsdaten erstellt werden, welche der Unterzeichner mit einem hohen Maß an Vertrauen unter seiner alleinigen Kontrolle verwenden kann und so mit den auf diese Weise unterzeichneten Daten verbunden sind, dass eine nachträgliche Veränderung der Daten erkannt werden kann. Sie müssen von einer qualifizierten Signaturerstellungseinheit erstellt worden sein und auf einem qualifizierten Zertifikat beruhen. Durch die Vorabkontrolle nach Art. 21 eIDAS-VO und die daraufhin erfolgende Erteilung eines EU-Vertrauenssiegels (Art. 23 eIDAS-VO) können sie mit akkreditierten Signaturen nach § 15 SigG gleichgestellt werden.
23. § 371a Abs. 1 ZPO enthält eine Beweiskraftregelung für qualifiziert signierte elektronische Dokumente. § 371a Abs. 1 S. 1 ZPO ordnet die entsprechende Anwendung der Beweiskraftregelungen privater Urkunden an. Das umfasst einen Verweis auf § 416 ZPO. Die Erstellung einer qualifizierten Signatur rechtfertigt gleich der Unterzeichnung von Urkunden die Vermutung der willentlichen Abgabe der in dem elektronischen Dokument enthaltenen Erklärung. Der Schritt vom Entwurf zur willentlichen Inverkehrgabe wird mit Erzeugung der Signatur überschritten. Auf fortgeschritten signierte elektronische Dokumente ist § 371a Abs. 1 S. 1 ZPO entsprechend anzuwenden.
    Die Beweiskraftregelung des § 419 ZPO ist mangels vergleichbarer Interessenslage bei elektronischen Dokumenten nicht von § 371a Abs. 1 S. 1 ZPO erfasst. Für den Beweis der Echtheit enthält § 371a Abs. 1 S. 2 ZPO eine Sonderregel, die den §§ 439, 440 ZPO vorgeht; ergänzend sind sie jedoch anwendbar.
24. Mit der Anscheinsbeweisregelung des § 371a Abs. 1 S. 2 ZPO wird dem Empfänger eines qualifiziert signierten elektronischen Dokuments die Beweisführung erleichtert. Der Empfänger soll vor unbegründeten Einwänden des Absenders hinsichtlich Integrität und Authentizität des elektronischen Dokuments geschützt werden. Die Echt-

heit eines qualifiziert signierten elektronischen Dokuments wird somit prima facie vermutet. Voraussetzung ist, dass eine Validierung der qualifizierten Signatur mit positivem Ergebnis endet. § 371a Abs. 1 S. 2 ZPO kann als erstmalige gesetzliche Normierung eines Anscheinsbeweises gesehen werden. Der Anscheinsbeweis wird nicht an einen auf richterlichem Erfahrungswissen begründeten typischen Geschehensablauf geknüpft, sondern tritt kraft eines gesetzlich vorgegebenen Sicherheitsstandards ein. Gegenüber der Beweissituation bei Urkunden hat die Regelung eine Verbesserung der Beweiskraft zu Gunsten der beweisbelasteten Partei zur Folge. Erst bei Erschütterung des Beweises des ersten Anscheins muss die Echtheit der Signatur nachgewiesen werden. Im Urkundenbeweisrecht hingegen kann erst bei bewiesener Echtheit der Unterzeichnung auf die Echtheit der Erklärung geschlossen werden (§§ 439 Abs. 2, 440 Abs. 2 ZPO). Auf der anderen Seite wird die Echtheit nur dem ersten Anschein nach vermutet. Das hat zur Folge, dass der Beweisgegner den ersten Anschein im Wege des Gegenbeweises „nur" zu erschüttern und nicht den (Voll-) Beweis des Gegenteils zu erbringen hat.

25. Das sogenannte „Präsentationsproblem" wird in der eIDAS-VO durch die Normierung der Anforderungen an qualifizierte Vertrauensdiensteanbieter ausreichend berücksichtigt. Es resultiert daraus, dass eine Darstellung des zu signierenden elektronischen Dokuments je nach verwendetem Programm variieren und damit unterschiedlich oder fehlerhaft erfolgen kann. Der Forderung nach einer Regelung im Prozessrecht ist nicht zu folgen. Zum einen würde der Regelungszusammenhang auseinandergerissen: Die Anforderungen an qualifizierte Vertrauensdienste sind im materiellen Recht verortet, das muss auch für die Präsentation der Daten vor der Signierung gelten. Zum anderen würde es dem allgemeinen Charakter des § 371a Abs. 1 S. 2 ZPO zuwiderlaufen, da das Präsentationsproblem nur eine von vielen, den Anscheinsbeweis entkräftenden Möglichkeiten darstellt.
26. Mit sogenannten „Containersignaturen" und „Unterschriftsmappen" ist es möglich, mehrere Dokumente in einem Schritt zu signieren. Bei Containersignaturen wird die Signatur an einen „Datencontainer" angebracht, welcher mehrere Dokumente enthält. Bei Unterschriftsmappen wird mit einem Befehl und der einmaligen Eingabe einer PIN an jedes elektronische Dokument eine eigene Signatur angebracht. Der Anscheinsbeweis des § 371a Abs. 1 S. 2 ZPO erstreckt sich auf die einzelnen signierten elektronischen Dokumente bzw. den gesamten

Datencontainer. Bei der Containersignatur ist jedoch zu beachten, dass der gesamte signierte Container zu Beweiszwecken gespeichert bleiben muss, da die Signatur die Prüfsumme des gesamten Containers enthält.

27. Die eIDAS-VO lässt auch die Signaturerzeugung durch einen Dritten im Namen des Unterzeichners zu. Dritterzeugte Signaturen werden als „Fernsignaturen“ bezeichnet. Im Vergleich mit der Eigensignierung und Signierung in Stellvertretung geht bei der Fernsignierung die Transparenz verloren. Der Dritte kann beliebig viele elektronische Signaturen erstellen, die auf den Empfänger alle den Eindruck der Echtheit erwecken. Signaturen ist nicht anzusehen, von wem sie erstellt wurden. „Fernsignaturen“ können unterschieden werden nach der Art der Erzeugung. Einerseits können sie durch einen Dienstleister als Dritten erzeugt werden. Unterfälle sind die Cloud- und Handy- bzw. Mobilsignatur. Andererseits kann die Signatur durch einen Nicht-Dienstleister (Bekannter; Familienmitglied; Mitarbeiter) erzeugt sein.
28. Bei der Frage der beweisrechtlichen Beurteilung kann zwischen einer unberechtigten, einer berechtigten und weisungsgemäßen sowie einer berechtigten, aber weisungswidrigen Fernsignierung unterschieden werden. Alle drei Varianten werden vom Anscheinsbeweis des § 371a Abs. 1 S. 2 ZPO erfasst. Der Empfänger soll gerade vor unberechtigten Einwänden des Ausstellers geschützt werden, er habe die Erklärung nicht abgegeben. (Berechtigte) Einwände des vermeintlichen Ausstellers werden im Wege des Gegenbeweises berücksichtigt. Art. 26 c) eIDAS-VO lässt die Übertragung der Signaturerzeugung auf einen Dienstleister ausdrücklich zu. Aber auch bei der Erzeugung durch einen Nicht-Dienstleister, welche von Art. 26 c) eIDAS-VO nicht explizit erfasst ist, ergibt sich aus der dem Anscheinsbeweis zugrundeliegenden Zwei-Faktor-Authentisierung, dass der Dritte zur Erstellung der Signatur autorisiert war und weisungsgemäß gehandelt hat. Deshalb wird nach § 371a Abs. 1 S. 2 ZPO vermutet, dass die Erklärung vom Aussteller oder von einem berechtigten Dritten, der für den Aussteller handelt, stammt. Die weisungswidrige Fernsignierung kann mit einem Blankettmissbrauch verglichen werden. Im Urkundenbeweisrecht wird auch eine blanko ausgefüllte Urkunde dem Aussteller zugerechnet. Es wird über § 440 Abs. 2 ZPO bei Echtheit der Unterzeichnung die Echtheit des darüberstehenden Textes vermutet. Die Zurechnung beruht darauf, dass der Aussteller durch die Weitergabe eines Blanketts einen Rechtsschein gesetzt hat. Diese Überlegungen

sind auf elektronische Dokumente übertragbar. Es wird prima facie vermutet, dass der Dritte die Signatur weisungsgemäß erzeugt hat. Das weisungswidrige Handeln hat der Signaturschlüsselinhaber im Wege des Gegenbeweises vorzutragen.

§ 9 Die Beweiskraft der De-Mail

29. Die De-Mail ist neben dem Modell der Signierung ein weiterer Versuch, die Beweiskraft elektronischer Dokumente zu erhöhen. Dabei soll das System der E-Mail, welche sich als Massenkommunikationsmittel durchgesetzt hat, genutzt werden.
30. Bei der De-Mail ist für die Erstanmeldung eine einmalige Identifizierung erforderlich. Im Anschluss soll die Authentizität durch eine sogenannte sichere Anmeldung, die auf einer Zwei-Faktor-Authentisierung beruht, für jede weitere Inanspruchnahme des Dienstes gewährleistet werden. Optional können Absende-, Versand- und Eingangsbestätigungen „gebucht" werden. Praktisch werden die Bestätigungen durch qualifizierte Signaturen des De-Mail-Diensteanbieters umgesetzt.
31. Nach § 371a Abs. 2 ZPO wird bei einer sicheren Anmeldung und einer Absenderbestätigung die Echtheit der in der De-Mail enthaltenen Nachricht prima facie vermutet. Die Vermutung der Authentizität resultiert aus der auf einer Zwei-Faktor-Authentisierung beruhenden sicheren Anmeldung. Die Absenderbestätigung – eine qualifizierte Signatur des De-Mail-Diensteanbieters – rechtfertigt die Vermutung der Integrität. Die Tatsache der willentlichen Abgabe wird nach den §§ 371a Abs. 1 S. 1, 416 ZPO vermutet. Die Absenderbestätigung stammt zwar nicht vom Absender, rechtfertigt aber dennoch die Vermutung der Abgabe. Das Entscheidende ist die Unterzeichnung bzw. Signierung mit Wissen und Wollen des Ausstellers und nicht die Form der Unterzeichnung bzw. Signierung.
32. Mit einer Versandbestätigung, welche nur dem Sender und nur auf dessen Antrag hin erteilt wird, wird diesem der Beweis des Versands zu einer bestimmten Zeit (Uhrzeit und Datum) erleichtert. Die Versandbestätigung ist eine qualifizierte Signatur des De-Mail-Diensteanbieters und vermag eine Vermutung des ersten Anscheins auszulösen, wenn auf die Systemzeit des De-Mail-Diensteanbieters abgestellt wird. Der Gesetzeswortlaut ist diesbezüglich nicht eindeutig, Konkretisierungen wären wünschenswert.

33. Eine Eingangsbestätigung – ebenfalls eine qualifizierte Signatur des De-Mail-Diensteanbieters – kann als Indiz für den Beweis des Zugangs gewertet werden. Nach aktueller Gesetzeslage ist kein gesetzlich normierter Anscheinsbeweis vorgesehen. Ein solcher wäre jedoch entsprechend dem Vorbild der Beweiswirkung qualifizierter Signaturen vertretbar.
34. Mit der durch die eIDAS-VO neugeschaffenen Möglichkeit der Signierung elektronischer Dokumente durch qualifizierte Siegel sollten Absender-, Versand- und Eingangsbestätigungen auch durch qualifizierte Siegel des De-Mail-Diensteanbieters erbracht werden können. Auf die Urheberschaft des De-Mail-Diensteanbieters, welche bei qualifizierten Siegeln durch die sich nicht aus dem Siegel ergebende Berechtigung der ausführenden natürlichen Person problematisch werden könnte, kommt es hier nicht an. Die Authentizität der in der De-Mail enthaltenen Nachricht ergibt sich aus der sicheren Anmeldung des De-Mail-Nutzers.
35. Daneben sollte in § 371a Abs. 2 ZPO die Vermutung der Echtheit auch auf vom Konto einer juristischen Person versandte Nachrichten erstreckt werden. Eine Beschränkung auf natürliche Personen ist nicht überzeugend. Lässt man einen Anscheinsbeweis für die Authentizität des Siegelerstellers bei qualifizierten Siegeln zu, muss man konsequenterweise auch bei der De-Mail einen Anscheinsbeweis für die Authentizität der Nachricht einer juristischen Person zulassen – vorausgesetzt, der einzelne Mitarbeiter hat sich sicher über eine Zwei-Faktor-Authentisierung am Konto der juristischen Person angemeldet.

§ 10 Die Beweiskraft qualifizierter Siegel, qualifizierter Zeitstempel und qualifizierter Dienste für die Zustellung elektronischer Einschreiben

36. Ein qualifiziertes Siegel ist eine qualifizierte „Signatur“ einer juristischen Person; Siegelersteller bzw. Unterzeichner ist nicht eine natürliche, sondern eine juristische Person. Die Voraussetzungen eines qualifizierten Siegels entsprechen im Wesentlichen denen einer qualifizierten Signatur. Der maßgebliche Unterschied liegt darin, dass das qualifizierte Zertifikat nur den Namen der juristischen Person enthalten muss. Aus dem Zertifikat ergibt sich jedoch nicht die Berechtigung der das Siegel erzeugenden natürlichen Person.
37. Art. 35 Abs. 2 eIDAS-VO vermutet bei Vorliegen eines qualifizierten elektronischen Siegels die „Unversehrtheit der Daten“ sowie die

„Richtigkeit der Herkunftsangabe der Daten". Voraussetzung muss wie bei qualifizierten Signaturen eine Siegelprüfung mit positivem Ergebnis sein, auch wenn dies dem Wortlaut nicht zu entnehmen ist. Die Wendung „Unversehrtheit der Daten" umschreibt die Integrität; „Richtigkeit der Herkunftsangabe der Daten" die Authentizität. Von der Vermutung der Authentizität muss auch der Umstand erfasst sein, dass das Siegel eine berechtigte natürliche Person für die juristische Person erstellt hat, anderenfalls wäre die Vorschrift wertlos. Dem Empfänger ist klar, dass die juristische Person nicht selbst handeln kann. Ihm ist nicht zumutbar, zum Beweis der Echtheit herauszufinden, wer das Siegel erstellt hat und ob diese Person die entsprechende Berechtigung besaß. Das sind Vorgänge in der Sphäre der juristischen Person, in die er keinen Einblick hat und auch nicht haben kann. Ein Vergleich mit dem Vermutungsinhalt qualifizierter Signaturen stützt dieses Ergebnis. Qualifizierte Signaturen vermuten den Umstand, dass die Signatur von dem Signaturschlüsselinhaber oder einem berechtigten Dritten erstellt wurde.

38. Die Vermutung der willentlichen Abgabe der in dem elektronischen Dokument enthaltenen Erklärung nach den §§ 371a Abs. 1 S. 1, 416 ZPO ist bei qualifizierten Siegeln entsprechend anwendbar. Der Schritt vom Entwurf zur willentlichen Inverkehrgabe wird auch mit dem Befehl zur Erstellung eines Siegels überschritten. Die Merkmale einer Unterschrift – räumlicher Abschluss, Zuordnung zur juristischen Person, Unverfälschtheit und Warnung vor Übereilungen – sind regelmäßig auch bei einem qualifizierten Siegel erfüllt. Die Identitätsfunktion kann insoweit ebenfalls als erfüllt angesehen werden, dass als Urheber die juristische Person gelten soll.
39. Der Umfang der Vermutung ist nicht im Sinne einer gesetzlichen Vermutung nach § 292 Abs. 1 ZPO auszulegen, sondern als Anscheinsbeweisregelung. Weder aus dem Wortlaut der Vorschrift, dem Regelungszusammenhang der eIDAS-VO, noch der Entstehungsgeschichte sowie der Systematik und dem Telos lässt sich eine Auslegung der Vermutung im Sinne einer Beweislastumkehr entnehmen. Der Umfang der Vermutung ist vielmehr so nach dem jeweiligen Beweisrecht des Mitgliedsstaats auszulegen, dass es sich in das bestehende Beweissystem einfügt. Qualifizierte Signaturen rechtfertigen nach der ZPO einen Anscheinsbeweis für die Echtheit der in dem elektronischen Dokument enthaltenen Erklärung. Entsprechend diesem Vorbild können qualifizierte Siegel ebenfalls „nur" einen Anscheinsbeweis auslösen.

Grundlage des Anscheinsbeweises ist eine Siegelprüfung mit positivem Ergebnis, welche einen Anscheinsbeweis, nicht aber einen Vollbeweis auszulösen vermag.

40. Qualifizierte Zeitstempel sind Bescheinigungen eines Vertrauensdiensteanbieters darüber, dass ihnen die „gestempelten" Daten zu der angegebenen Zeit vorgelegen haben. In der Praxis wird der qualifizierte Zeitstempel durch eine mindestens fortgeschrittene Signatur oder ein fortgeschrittenes Siegel umgesetzt, wenngleich gleichwertige andere Methoden nach der eIDAS-VO möglich sind. Der Zeitstempel ist also nichts anderes als eine zusätzliche Signatur oder ein zusätzliches Siegel des Vertrauensdiensteanbieters. Allerdings sollen vorliegend fortgeschrittene Signaturen bzw. Siegel ausreichend sein. Der Unterschied zwischen einer fortgeschrittenen und einer qualifizierten Signatur liegt darin, dass eine fortgeschrittene Signatur nicht von einer qualifizierten Signaturerstellungseinheit nach Anhang II eIDAS-VO erstellt sein und nicht auf einem qualifizierten Zertifikat nach Anhang I eIDAS-VO für elektronische Signaturen beruhen muss. Lediglich fortgeschrittene Signaturen bzw. Siegel sind bei qualifizierten Zeitstempeln genügend, weil der Vertrauensdiensteanbieter die Sicherheit qualifizierter Signaturen und Siegel, welche auf der Zwei-Faktor-Authentisierung beruht und durch das Chipkartensystem umgesetzt wird, durch eine abgesicherte Betriebsstätte sicherstellt. Daneben ist er ein unabhängiger Dritter, der regelmäßig kein Manipulationsinteresse besitzt. Das mit der fortgeschrittenen Signatur bzw. dem Siegel verbundene Zertifikat muss die Anforderungen eines qualifizierten Zertifikats (Anhang I eIDAS-VO) deshalb nicht erfüllen, weil es nicht eine vom Vertrauensdiensteanbieter verschiedene Person (den Unterzeichner im Sinne des Art. 3 Nr. 9 eIDAS-VO) als Aussteller ausweisen muss. Bereits ein qualifiziertes Zertifikat eines Nutzers muss nur eine fortgeschrittene Signatur des Vertrauensdiensteanbieters enthalten (Anhang I g) eIDAS-VO). Bei einem qualifizierten Zeitstempel entfällt sozusagen das zusätzliche Erfordernis, einen Nutzer durch ein qualifiziertes Zertifikat auszuweisen.

41. Art. 41 Abs. 2 eIDAS-VO knüpft an qualifizierte Zeitstempel mehrere Vermutungen. Erstens wird die Integrität der mit dem Zeitstempel verbundenen Daten vermutet. Die Vermutung ist trotz einer nur fortgeschrittenen Signatur, welche den Zeitstempel umsetzt, aufgrund der vergleichbaren Sicherheit durch Erstellung durch einen unabhängigen, qualifizierten Vertrauensdiensteanbieter in einer abgesicherten Be-

triebsstätte gerechtfertigt. Daneben wird die Authentizität des den Zeitstempel erstellenden Vertrauensdiensteanbieters vermutet. Das ergibt sich zwar nicht unmittelbar aus dem Wortlaut des Art. 41 Abs. 2 eIDAS-VO, jedoch aus dem Sinn und Zweck des dem Zeitstempel beigefügten Zertifikat. Die Authentizität des Ausstellers ist jedoch nur dann mit dem Zeitstempel zusätzlich – zur Signatur des Ausstellers – ein zweites Mal gesichert, wenn dem Vertrauensdiensteanbieter ein bereits signiertes oder gesiegeltes elektronisches Dokument zur Zeitstempelung vorgelegt wurde. Wird ein unsigniertes Dokument vorgelegt, kann sich der Zeitstempel mangels qualifiziertem Zertifikat des Ausstellers nicht auf dessen Urheberschaft beziehen. Des Weiteren wird die Richtigkeit des in dem Zeitstempel angegebenen Datums und der Zeit vermutet. Diese Vermutung ist der eigentliche Zweck qualifizierter Zeitstempel. Es können Täuschungen des Ausstellers durch Manipulationen an der Systemzeit eines PCs, welche grundsätzlich beliebig einstellbar ist, verhindert werden. Diese Vermutung ist ein Novum gegenüber den bisherigen Beweiskraftregelungen für private Urkunden und elektronische Dokumente: Es ist eine Vermutung für Tatsachen und nicht nur für die Eigenschaft des Beweismittels selbst (Unverfälschtheit und Authentizität), wie es die §§ 371a Abs. 1 S. 2, 439, 440 ZPO für private elektronische Dokumente und Urkunden bisher nur vorsehen.

42. Die Vermutung ist auch hier als „Anscheinsbeweis“ auszulegen. Die ungeschriebene Voraussetzung der Durchführung einer Validierung des Zeitstempels mit positivem Ergebnis vermag einen Beweis des ersten Anscheins zu begründen, nicht aber eine gesetzliche Vermutung mit der Rechtsfolge der Beweislastumkehr.
43. Ein qualifizierter Dienst für die Zustellung elektronischer Einschreiben ist ein Dienst, mit dem elektronische Dokumente elektronisch übermittelt werden und an welchen verschiedene Vermutungen geknüpft werden. Der Begriff der „Zustellung“ ist so auszulegen, dass jede Art der Zustellung erfasst wird, das heißt im privaten, geschäftlichen und rechtlichen Verkehr.
44. Ein qualifizierter Dienst für die Zustellung elektronischer Einschreiben kombiniert mehrere Vertrauensdienste. Neben einer Sicherung des Absende- und Empfangsvorgangs durch jeweils eine fortgeschrittene Signatur oder ein fortgeschrittenes Siegel des qualifizierten Vertrauensdiensteanbieters werden Datum und Uhrzeit der beiden Vorgänge durch einen qualifizierten Zeitstempel angegeben.

45. Die beiden weiteren Voraussetzungen – Identifizierung des Absenders „mit einem hohen Maß an Vertrauenswürdigkeit" und Identifizierung des Empfängers „vor Zustellung der Daten" – sind noch konkretisierungsbedürftig. In zeitlicher Hinsicht kann festgehalten werden, dass die Identifizierung des Absenders jedenfalls bei der Kontoeröffnung bzw. Registrierung erfolgen muss und die des Empfängers vor Zustellung des elektronischen Dokuments. Damit wird dem Empfänger die Möglichkeit eröffnet, auch erst zum Zwecke des Empfangs eines elektronischen Dokuments über einen qualifizierten Dienst für die Zustellung elektronischer Einschreiben ein Konto bei einem entsprechenden Dienst zu eröffnen oder als „Gast" das elektronische Dokument zu empfangen. Für jede weitere Inanspruchnahme des Dienstes sollte eine Anmeldung über eine Zwei-Faktor-Authentisierung genügen. Dieses Prinzip liegt auch qualifizierten Signaturen und der De-Mail zugrunde. Um das „hohe Maß an Vertrauen" zu erfüllen, ist für eine Identifizierung des Absenders aus der Ferne nur das Sicherheitsniveau „hoch" ausreichend (vgl. Art. 24 Abs. 1 b) eIDAS-VO). Bei der Identifizierung des Empfängers ist hingegen bei der Identifizierung aus der Ferne auch das Sicherheitsniveau „substanziell" ausreichend, da der Wortlaut des Art. 44 Abs. 1 b) eIDAS-VO kein „hohes Maß an Vertrauen" für die Identifizierung fordert.
46. Art. 43 Abs. 2 eIDAS-VO enthält vier Vermutungen. Die Vermutungen der Integrität und der Zeitangaben ergeben sich aus den fortgeschrittenen Signaturen bzw. Siegeln und qualifizierten Zeitstempeln des Vertrauensdiensteanbieters. Die Ausführungen dazu gelten hier entsprechend.
Daneben werden der Absende- und Empfangsvorgang vermutet. „Absendung" ist vorliegend mit „Abgabe der Erklärung" im Sinne des § 416 ZPO gleichzusetzen, damit die Vermutung einen Anwendungsbereich entfalten kann. „Empfang" ist mit dem der deutschen Rechtsordnung gebräuchlicheren Begriff des „Zugangs" gleichzusetzen. Die Vermutung des Zugangs des elektronischen Dokuments stellt ein Novum gegenüber dem bisherigen Beweissystem der Zivilprozessordnung dar. Im Unterschied zur Tatsache der Absendung kann der Umstand des Zugangs nicht aus dem sehr starken Indiz der Unterzeichnung bzw. Signierung gezogen werden. Die Tatsache des Empfangs des elektronischen Dokuments durch den Empfänger wird jedoch bei einem qualifizierten Dienst für die Zustellung elektronischer Einschreiben mit einer fortgeschrittenen Signatur eines qualifizierten Ver-

trauensdiensteanbieters belegt. Schließlich wird die Authentizität des elektronischen Dokuments vermutet. Grundlage ist die Identifizierung des Absenders vor Inanspruchnahme des Dienstes und eine Anmeldung nur durch eine Zwei-Faktor-Authentisierung. Schließlich wird auch eine Vermutung für den Zugang bei dem identifizierten Empfänger getroffen. Diese ist gleich der Vermutung des Versands durch den identifizierten Absender nur konsequent. Die Neuerung gegenüber der bisherigen nationalen Rechtslage ist zu begrüßen, denn häufig ist gerade der Zugang streitig.

47. Der Umfang der Vermutung ist entsprechend den Vorbildern der qualifizierten Signaturen, Siegel und Zeitstempel jeweils grundsätzlich als Anscheinsbeweis auszulegen. Die Vermutungen der Absendung und des Empfangs können hingegen sogar als widerlegliche Vermutungen mit der Rechtsfolge der Beweislastumkehr ausgelegt werden. Es geht bei der Vermutung der Abgabe und des Empfangs der Erklärung nicht um Eigenschaften des elektronischen Dokuments selbst (wie Integrität oder Authentizität), sondern um eine andere, darüberhinausgehende Tatsache. Zum Beweis dieser anderen Tatsache kann das übermittelte und mit einer fortgeschrittenen Signatur des qualifizierten Vertrauensdiensteanbieters versehene elektronische Dokument als Indiz herangezogen werden. Diese Konstellation ist vergleichbar mit der Vermutung der §§ 371a Abs. 1 S. 1, 416 ZPO. Auch hier kann eine fortgeschrittene oder qualifizierte Signatur die Abgabe widerleglich vermuten.

§ 11 Langfristige Beweissicherung elektronischer Dokumente

48. Die eIDAS-VO sieht das Angebot eines „qualifizierten Bewahrungsdienstes“ durch einen qualifizierten Vertrauensdiensteanbieter vor. Das Regelungskonzept für qualifizierte Bewahrungsdienste ist noch ausfüllungsbedürftig und wird insofern kritisch betrachtet, als die Ermächtigung über das von Art. 291 Abs. 2 AEUV Erlaubte hinausgehen könnte. Aktuell bietet es sich daher an, über das – nationale – Vertrauensdienstegesetz (VDG) vorzugehen. Regelmäßig wird die Sicherung durch eine Neusignierung, Neusiegelung oder Neustempelung erfolgen. Sofern die neuen Signaturen, Siegel oder Zeitstempel dem aktuellen Stand der Technik entsprechen, wird die Vermutung der Echtheit fortwirken.

§ 12 Die Beweiskraft transformierter privater elektronischer Dokumente

49. Im Rahmen der Transformation von Dokumenten sind drei Arten zu unterscheiden: Die Transformation von einem elektronischen in ein anderes elektronisches Format (E-to-E), vom Papier in ein elektronisches Format (P-to-E) und umgekehrt (E-to-P). Letzteres bleibt vorliegend außer Betracht, da am Ende kein elektronisches Dokument besteht. Das Ursprungsdokument wird als Ausgangs-, das transformierte Dokument als Zieldokument bezeichnet. Eine Transformation ist im Grunde immer zulässig – insbesondere dürfen die Handelsbücher, Akten der Verwaltungs- und Justizbehörden elektronisch geführt werden und zu diesem Zweck vom Papier in die elektronische Form übertragen werden.
50. Das Hauptproblem einer Transformation liegt darin, dass die jeweiligen Sicherheitsmerkmale des Ausgangsdokuments regelmäßig verloren gehen. Bei der P-to-E-Transformation stellt sich das Problem, dass nur noch ein zweidimensionales Abbild vorhanden ist, weshalb nachträgliche Veränderungen des Papierdokuments in der elektronischen Form regelmäßig nicht erkennbar sind. Bei der E-to-E-Transformation ist eine etwaige qualifizierte Signatur des Ausgangsdokuments nicht am transformierten Zieldokument überprüfbar, da die Bitfolgen und Hashwerte der beiden Dokumente unterschiedlich ausfallen. Daneben besteht die Gefahr des Datenverlusts oder der falschen Darstellung der Daten. Grundsätzlich unterliegen transformierte elektronische Dokumente der freien richterlichen Beweiswürdigung (§§ 371 Abs. 1 S. 2, 286 Abs. 1 ZPO). In bestimmten Konstellationen kommen Beweiserleichterungen in Betracht.
51. Bei der P-to-E-Transformation ist bei der Beweiskraft zu unterscheiden, ob das Original-Dokument weiter besteht oder nicht. Existiert das Original-Dokument weiter, kann vergleichend zum Beweis der Echtheit auf dieses zurückgegriffen werden. Eine entsprechende Anwendung des § 371b ZPO und damit eine Beweisführung mit dem Zieldokument ohne Beweisverlust scheidet mangels planwidriger Regelungslücke aus, bei der Neuschaffung des § 371b ZPO hätte der Gesetzgeber Entsprechendes auch für private gescannte elektronische Dokumente regeln können, unterließ es aber. Im Fall der ersetzenden Transformation kann die Beweiskraftregelung des § 371a Abs. 1 S. 2 ZPO anwendbar sein. Allerdings greift die Beweiserleichterung nur hinsichtlich der Echtheit eines qualifiziert signierten Übereinstim-

mungsvermerks – welcher eine Erklärung mit der Bestätigung, dass Ausgangs- und Zieldokument übereinstimmen, enthält. Die Echtheit des Ausgangsdokuments und tatsächliche Übereinstimmung mit dem Zieldokument kann mit dieser nachträglichen Signatur jedoch nicht bewiesen werden.

52. Von einer beweisrechtlich relevanten Transformation im E-to-E-Bereich kann nur gesprochen werden, wenn am Ende erkennbar ein Original und eine Vervielfältigung stehen. Das ist nicht der Fall bei einer formatgleichen Transformation, weil das Zieldokument sich in keiner Weise vom Original unterscheidet. Deshalb werden diese transformierten elektronischen Dokumente auch als „vervielfältigte Originale“ bezeichnet. Ebenso wenig sind die Fälle erfasst, in denen eine Signatur erst am transformierten Dokument (z. B. einem PDF) angebracht wird und nicht am Ausgangsdokument (z. B. ein in einem Textverarbeitungsprogramm erstelltes Dokument). Durch die Signatur wird zum Ausdruck gebracht, dass erst das Zieldokument das Original darstellen soll.

53. Der Beweis muss anders als bei der P-to-E-Transformation auch mit der Vervielfältigung geführt werden können. Bei elektronischen Dokumenten gibt es im Gegensatz zu Privaturkunden kein „Auffang“-Beweismittel mehr, wenn der Augenschein verwehrt wird. Nach § 371 Abs. 1 S. 2 ZPO kann sowohl mit dem Original als auch einer Vervielfältigung der Beweis angetreten werden. Die Beweiskraftregelung des § 371a Abs. 1 ZPO ist bei E-to-E-transformierten, erneut qualifiziert signierten elektronischen Dokumenten nicht auf die Übereinstimmung und Urheberschaft des Zieldokuments mit dem Ausgangsdokument anwendbar. § 371a Abs. 1 S. 2 ZPO gilt nicht hinsichtlich der Echtheit des Ausgangsdokuments, sondern die qualifizierte Signatur des transformierten Dokuments beweist nur prima facie, dass das Zieldokument nicht nachträglich verändert wurde und von dem Signaturinhaber stammt. Die Signatur des Zieldokuments ermöglicht keine Überprüfung der Übereinstimmung mit dem Ausgangsdokument, da sich die Bitfolgen und damit die Hashwerte unterscheiden. Die §§ 371a Abs. 1 S. 1, 416 ZPO sind zum Beweis der willentlichen Abgabe der im Ausgangsdokument enthaltenen Erklärung ebenso wenig anwendbar. Aus der Signatur des Zieldokuments ergibt sich nicht, dass eine den Abgabetatbestand begründende Signatur des Ausgangsdokuments vorliegt und auch richtig ist.

54. Im Einzelfall sind Beweiswertsteigerungen im Rahmen der freien Beweiswürdigung möglich. Stammt beispielsweise der Übereinstimmungsvermerk von einer dritten, unabhängigen Stelle, kann das ein starkes Indiz für die Echtheit und Übereinstimmung sein. Für die P-to-E-Transformation durch Scannen gibt es die Technische Richtlinie 03138 „Rechtssicheres ersetzendes Scannen“ (TR-RESISCAN) des Bundesamtes für Sicherheit in der Informationstechnik (BSI). Die Beachtung der Vorgaben der TR-RESISCAN kann ebenfalls als Indiz für die Echtheit des gescannten Dokuments betrachtet werden. Auch bei der E-to-E-Transformation gibt es Konzepte zur rechtssicheren Transformation, wie beispielsweise das Projekt „TransiDoc“, welches im Wesentlichen auf einen automatisierten Transformationsablauf setzt. Sofern zwischen der Prüfung der qualifizierten Signatur des Ausgangsdokuments und der eigentlichen Transformation keine menschliche Einflussmöglichkeit besteht, spricht nichts gegen einen Anscheinsbeweis eines qualifiziert signierten Übereinstimmungsvermerks für die Übereinstimmung von Ausgangs- und Zieldokument.

§ 13 Fazit

Das System der beweisrechtlichen Behandlung elektronischer Dokumente kann als weitgehend stimmig bezeichnet werden. Dem nationalen Gesetzgeber ist es gelungen, mit relativ wenigen Vorschriften ein schlüssiges Konzept zu bilden. Auch die Vorgaben des europäischen Gesetzgebers lassen sich in das bestehende nationale Beweissystem integrieren.

Literaturverzeichnis

Abel, Stefan: Urkundenbeweis durch digitale Dokumente, in: MMR 1998, S. 644–650.

Ahrens, Hans-Jürgen: Der Beweis im Zivilprozess, Köln 2015 (zit.: *Ahrens*, Kap. Rn.).

– Elektronische Dokumente und technische Aufzeichnungen als Beweismittel. Zum Urkunden- und Augenscheinsbeweis der ZPO, in: Festschrift für Reinhold Geimer zum 65. Geburtstag, hrsg. von Rolf A. Schütze, München 2002, S. 1–14 (zit.: *Ahrens*, in: FS Geimer, S.).

Arens, Peter: Zur Aufklärungspflicht der nicht beweisbelasteten Partei im Zivilprozess, ZZP 96 (1983), S. 1–24.

Armgardt, Matthias/Spalka, Adrian: Der Anscheinsbeweis gemäß § 371a Abs. 1 S. 2 ZPO vor dem Hintergrund der bestehenden Sicherheitslücken bei digitalen Signaturen, in: K&R 2007, S. 26–32.

Bachem, Walter/Hamblock, Dieter: Wörterbuch Recht. Deutsch Englisch. Englisch Deutsch, 3. Aufl., Berlin 2008 (zit.: *Bachem/Hamblock*, Wörterbuch Recht, S.).

Bacher, Klaus: Der elektronische Rechtsverkehr im Zivilprozess, in: NJW 2015, S. 2753–2759.

– Elektronisch eingereichte Schriftsätze im Zivilprozess, in: NJW 2009, S. 1548–1551.

Baltzer, Johannes: Elektronische Datenverarbeitung in der kaufmännischen Buchführung und Prozeßrecht, in: Gedächtnisschrift für Rudolf Bruns, hrsg. von Johannes Baltzer/Gottfried Baumgärtel/Egbert Peters/Helmut Pieper, München 1980, S. 73–91 (zit.: *Baltzer*, in: GS Bruns, S.).

Balzer, Christian: Beweisaufnahme und Beweiswürdigung im Zivilprozess. Eine systematische Darstellung und Anleitung für die gerichtliche und anwaltliche Praxis, 3. Aufl., Berlin 2011 (zit.: *Balzer*, Rn.).

Baumbach, Adolf/Lauterbach, Wolfgang/Albers, Jan/Hartmann, Peter: Zivilprozeßordnung mit Gerichtsverfassungsgesetz und anderen Nebengesetzen, 58. Aufl., München 2000 (zit.: *Bearbeiter*, in: Baumbach/Lauterbach, 58. Aufl. 2000, § Rn.).

– Zivilprozeßordnung mit Gerichtsverfassungsgesetz und anderen Nebengesetzen, 60. Aufl., München 2002 (zit.: *Bearbeiter*, in: Baumbach/Lauterbach, 60. Aufl. 2002, § Rn.).

– Zivilprozessordnung, 75. Aufl., München 2017 (zit.: *Bearbeiter*, in: Baumbach/Lauterbach, § Rn.).

Baumgärtel, Gottfried/Laumen, Hans-Willi/Prütting, Hanns: Handbuch der Beweislast. Grundlagen, 3. Aufl., Köln 2016 (zit.: *Bearbeiter*, in: Baumgärtel/Laumen/Prütting, Kap. Rn.).

Becker, Arnd: Elektronische Dokumente als Beweismittel im Zivilprozess, Frankfurt a.M. 2004, zugl. Diss. Univ. Bochum 2003 (zit.: *A. Becker*, S.).

Becker, Moritz: Die Pflicht zur Urkundenvorlage nach § 142 Abs. 1 ZPO und das Weigerungsrecht der Parteien, in: MDR 2008, S. 1309–1315.

Berger, Christian: Beweisführung mit elektronischen Dokumenten, in: NJW 2005, S. 1016–1020.

Bergfelder, Martin: Der Beweis im elektronischen Rechtsverkehr, Hamburg 2006, zugl. Diss. Univ. Freiburg i.B. 2006 (zit.: *Bergfelder*, S.).

Bergmann, Alfred: Beweisprobleme bei rechtsgeschäftlichem Handeln im Internet, in: Gedächtnisschrift für Dieter Meurer, hrsg. von Eva Graul und Gerhard Wolf, Berlin 2002, S. 643–653 (zit.: *Bergmann*, in: GS Meurer, S.).

Bergmann, Margarethe/Streitz, Siegfried: Beweisführung durch EDV-geschützte Dokumentation, in: CR 1994, S. 77–83.

Beutelspacher, Albrecht: Kryptologie. Eine Einführung in die Wissenschaft vom Verschlüsseln, Verbergen und Verheimlichen, 10. Aufl., Wiesbaden 2015 (zit.: *Beutelspacher*, S.).

Beutelspacher, Albrecht/Schwenk, Jörg/Wolfenstetter, Klaus-Dieter: Moderne Verfahren der Kryptographie. Von RSA zu Zero-Knowledge, 8. Aufl., Wiesbaden 2015 (zit.: *Beutelspacher/Schwenk/Wolfenstetter*, S.).

Binder, Jens-Hinrich: Gesetzliche Form, Formnichtigkeit und Blankett im bürgerlichen Recht, in: AcP 207 (2007), S. 155–197.

– Pflichten zur Offenlegung elektronisch gespeicherter Informationen im deutschen Zivilprozess am Beispiel der Unternehmensdokumentation, in: ZZP 122 (2009), S. 187–225.

Bisges, Marcel: Die Rechtsverbindlichkeit der De-Mail und der klassischen E-Mail im Vergleich, in: MMR-Aktuell 2010, 307088.

Bizer, Johann/Hammer, Volker: Elektronisch signierte Dokumente als Beweismittel, in: DuD 1993, S. 619–628.

Borchers, Kim/Gottberg, Friedrich/Hoffmann, Christian: Elektronische Dokumente als Beweismittel, Kiel 2016 (zit.: *Borchers/Gottberg/Hoffmann*, S.).

Borges, Georg: Rechtsfragen der Haftung im Zusammenhang mit dem elektronischen Identitätsnachweis, Baden-Baden 2011 (zit.: *Borges*, Rechtsfragen der Haftung, S.).

– Verträge im elektronischen Geschäftsverkehr. Vertragsabschluß, Beweis, Form, Lokalisierung, anwendbares Recht, 2. Aufl., München 2007, zugl. Habil. Schr. Univ. Köln 2002 (zit.: *Borges*, S.).

Borges, Georg/Schwenk, Jörg/Stuckenberg, Carl-Friedrich/Wegener, Christoph: Identitätsdiebstahl und Identitätsmissbrauch im Internet. Rechtliche und technische Aspekte, Heidelberg 2011 (zit.: *Borges/Schwenk/Stuckenberg/Wegener*, S.).

Bräutigam, Peter/Rücker, Daniel: E-Commerce. Rechtshandbuch, München 2017 (zit.: *Bearbeiter*, in: Bräutigam/Rücker, Teil, Kap., Rn.).

Britz, Jörg W.: Beschränkung der freien Beweiswürdigung durch gesetzliche Beweisregeln, in: ZZP 110 (1997), S. 61–90.

– Urkundenbeweisrecht und Elektroniktechnologie. Eine Studie zur Tauglichkeit gesetzlicher Beweisregeln für elektronische Dokumente und ihre Reproduktionen im Zivilprozeß, München 1996, zugl. Diss. Univ. Saarbrücken 1995/96 (zit.: *Britz*, S.).

Bröhl, Georg M./Tettenborn, Alexander: Das neue Recht der elektronischen Signaturen. Kommentierende Darstellung von Signaturgesetz und Signaturverordnung. Einführung, Kommentar, Materialien, Texte, Köln 2001 (zit.: *Bröhl/Tettenborn*, S.).

Brox, Hans/Walker, Wolf-Dietrich: Erbrecht, 27. Aufl., München 2016 (zit.: *Brox/Walker*, Erbrecht, Rn.).

Brunst, Phillip W.: Anonymität im Internet – rechtliche und tatsächliche Rahmenbedingungen. Zum Spannungsfeld zwischen einem Recht auf Anonymität bei der elektronischen Kommunikation und den Möglichkeiten zur Identifizierung und Strafverfolgung, Berlin 2009 (zit.: *Brunst*, S.).

Bundesamt für Sicherheit in der Informationstechnik (Hrsg.): De-Mail. Sicherer elektronischer Nachrichtenverkehr – einfach, nachweisbar und vertraulich, Stand Februar 2016, abrufbar im Internet unter: www.bsi.bund.de unter der Rubrik Themen unter Digitale Gesellschaft unter De-Mail, aufgerufen am 01.03.2018 (zit.: *BSI*, De-Mail, S.).

– Die Lage der IT-Sicherheit in Deutschland 2016, Stand Oktober 2016, abrufbar im Internet unter: www.bsi.bund.de in der Rubrik Publikationen unter Lageberichte, aufgerufen am 01.03.2018 (zit.: *BSI*, Lage der IT-Sicherheit in Deutschland 2016, S.).

– Die Lage der IT-Sicherheit in Deutschland 2017, Stand August 2017, abrufbar im Internet unter: www.bsi.bund.de in der Rubrik Publikationen unter Lageberichte, aufgerufen am 01.03.2018 (zit.: *BSI*, Lage der IT-Sicherheit in Deutschland 2017, S.).

– Erfüllung der Anforderungen an qualifizierte Dienste für die Zustellung elektronischer Einschreiben nach eIDAS-Verordnung durch De-Mail-Dienste, abrufbar im Internet unter www.bsi.bund.de unter der Rubrik Themen unter Digitale Gesellschaft unter eIDAS-Verordnung unter Zustellung elektronischer Einschreiben, aufgerufen am 01.03.2018 (zit.: *BSI*, Erfüllung qualifizierter Dienste für die Zustellung elektronischer Einschreiben durch De-Mail-Dienste, S.).

– Leitfaden zur Entwicklung sicherer Webanwendungen. Empfehlungen und Anforderungen an die Auftragnehmer, Stand 3.9.2013, abrufbar im Internet unter: www.bsi.bund.de unter der Rubrik Publikationen unter Studien, aufgerufen am 01.03.2018 (zit.: *BSI*, Leitfaden sichere Webanwendungen, S.).

Bundesjustizministerium (Hrsg.): Bericht der Kommission für das Zivilprozeßrecht, Bonn 1977 (zit.: Bericht der Kommission für das Zivilprozeßrecht, S.).

Bundeskriminalamt (Hrsg.): Cybercrime. Bundeslagebild 2015, Stand 2015, abrufbar im Internet unter: www.bka.de unter der Rubrik Statistiken und Lagebilder unter Lagebilder und Jahresberichte unter Bundeslagebilder Cybercrime, aufgerufen am 01.03.2018 (zit.: *BKA*, Cybercrime Bundeslagebild 2015, S.).

– Cybercrime. Bundeslagebild 2016, Stand 2016, abrufbar im Internet unter: www.bka.de unter der Rubrik Statistiken und Lagebilder unter Lagebilder und Jahresberichte unter Bundeslagebilder Cybercrime, aufgerufen am 01.03.2018 (zit.: *BKA*, Cybercrime Bundeslagebild 2016, S.).

Callies, Christian/Ruffert, Matthias: EUV/AEUV. Das Verfassungsrecht der Europäischen Union mit Europäischer Grundrechtecharta. Kommentar, 5. Aufl., München 2016 (zit.: *Bearbeiter*, in: Callies/Ruffert, EUV/AEUV, Art. Rn.).

Conte, Giuseppe/Boss, Hans: Dizionario giuridico ed economico. Wörterbuch der Rechts- und Wirtschaftssprache, Teil 1, 5. Aufl., München 2001; Teil 2, 6. Aufl., München 2003 (zit.: *Conte/Boss*, Wörterbuch Rechts- und Wirtschaftssprache, Teil, S.).

Czeguhn, Ignacio: Beweiswert und Beweiskraft digitaler Dokumente im Zivilprozess, in: JuS 2004, S. 124–126.

Dieckmann, Jochen: Die Verfahrenssimulation zum Referentenentwurf des Zivilprozessreformgesetzes, in: JZ 2000, S. 760–764.

Diffie, Whitfield/Hellmann, Martin E.: New directions in cryptography, in: IEEE Transactions on Information Theory, Vol. IT-22, No. 6 (1976), S. 644–654.

Dilcher, Hermann: Die prozessuale Verwendungsbefugnis, ein Beitrag zur Lehre von „rechtswidrigen" Beweismitteln, in: AcP 158 (1959), S. 469–502.

Dorndorf, Maximilian/Schneidereit, Peter: E-Signing von Verträgen mittels qualifizierter elektronischer Signatur nach eIDAS. Rechtliche Fallstricke unter besonderer Berücksichtigung des Finanzsektors, in: CR 2017, S. 21–26.

Ebbing, Frank: Schriftform und E-Mail, in: CR 1996, S. 271–278.

Englisch, Susanne: Elektronisch gestützte Beweisführung im Zivilprozeß. Eine Untersuchung über legislative und privatautonome Gestaltungsmöglichkeiten zur Optimierung des Beweiswertes digitaler Daten unter besonderer Berücksichtigung der EDI (Electronic Data Interchange) -Technologie, Bielefeld 1999, zugl. Diss. Univ. Regensburg 1998 (zit.: *Englisch*, S.).

Ernst, Stefan: Beweisprobleme bei E-Mail und anderen Online-Willenserklärungen, in: MDR 2003, S. 1091–1094.

Fischer, Thomas: Strafgesetzbuch mit Nebengesetzen, 64. Aufl., München 2017 (zit.: *Fischer*, StGB, § Rn.).

Fischer-Dieskau, Stephanie: Das elektronisch signierte Dokument als Mittel zur Beweissicherung. Anforderungen an seine langfristige Aufbewahrung, Baden-Baden 2006, zugl. Diss. Univ. Kassel 2005/2006 (zit.: *Fischer-Dieskau*, S.).

– Der Referentenentwurf zum Justizkommunikationsgesetz aus Sicht des Signaturrechts, in: MMR 2003, S. 701–705.

Fischer-Dieskau, Stephanie/Gitter, Rotraud/Paul, Sandra/Steidle, Roland: Elektronisch signierte Dokumente als Beweismittel im Zivilprozess, in: MMR 2002, S. 709–713.

Garay y Chamizo, Catalina: Rechtswörterbuch. Diccionario jurídico, 3. Aufl., Köln 2008 (zit.: *Garay*, Rechtwörterbuch, S.).

Geis, Ivo: Die digitale Signatur, in: NJW 1997, S. 3000–3004.

– Zivilprozeßrechtliche Aspekte des elektronischen Datenmanagements, in: CR 1993, S. 653–658.

Gottwald, Peter: Anmerkung zu BGH, Urteil vom 20.6.1977 – II ZR 30/77 –, in: ZZP 92 (1979), S. 364–369.

Grabitz, Eberhard/Hilf, Meinhard/Nettesheim, Martin: Das Recht der Europäischen Union. Band I EUV/AEUV, München: Loseblatt, Stand: 62. Lieferung 2017 (zit.: *Bearbeiter*, in: Grabitz/Hilf/Nettesheim, Art. Rn.).

Gravesen, Gavan G./Dumortier, Jos/van Eecke, Patrick: Die europäische Signaturrichtlinie – Regulative Funktion und Bedeutung der Rechtswirkung, in: MMR 1999, S. 577–585.

Grigorjew, Olga: Beweiseignung fortgeschrittener elektronischer Signaturen, Kassel 2015, zugl. Diss. Univ. Kassel 2015 (zit.: *Grigorjew*, S.).

Gruber, Urs Peter/Kießling, Erik: Die Vorlagepflichten der §§ 142 ff. ZPO nach der Reform 2002 – Elemente der „discovery" im neuen deutschen Gerichtsverfahren? –, in: ZZP 116 (2003), S. 305–333.

Hahn, Carl/Stegemann, Eduard: Die gesammten Materialien zu den Reichs-Justizgesetzen, Band 2, Materialien zur Civilprozeßordnung, Abteilung 1: 2. Aufl., Berlin 1881, Neudruck 1983 (zit.: *Hahn/Stegemann*, Materialien, Band 2/1, S.).

Hainmüller, Dietmar: Der Anscheinsbeweis und die Fahrlässigkeitstat im heutigen Schadensersatzprozeß, Tübingen 1966 (zit.: *Hainmüller*, S.).

Härting, Niko: Internetrecht, 6. Aufl., Köln 2017 (zit.: *Härting*, Rn.).

Herresthal, Carsten: Anmerkung zu BGH, Urteil vom 26.1.2016 – XI ZR 91/14, in: JZ 2017, S. 28–35.

– Haftung bei Account-Überlassung und Account-Missbrauch im Bürgerlichen Recht, K&R 2008, S. 705–711.

Herwig, Volker: Zugang und Zustellung in elektronischen Medien, in: MMR 2001, S. 145–149.

Heun, Sven-Erik: Elektronisch erstellte oder übermittelte Dokumente und Schriftform, in: CR 1995, S. 2–7.

Hoeren, Thomas: Anmerkung zu BGH, Urteil vom 7.8.200 – 2 O 450/0 –, in: CR 2002, S. 295–296.

Hoeren, Thomas/Sieber, Ulrich/Holznagel, Bernd: Handbuch Multimedia-Recht. Rechtsfragen des elektronischen Geschäftsverkehrs, München: Loseblatt, Stand: 45. Lieferung 2017 (zit.: *Bearbeiter*, in: Hoeren/Sieber/Holznagel, Teil Rn.).

Hohenegg, Christoph/Tauschek, Stefan: Rechtliche Problematik digitaler Signaturverfahren. Videokonferenzsysteme im unternehmerischen Bereich, in: BB 1997, S. 1541–1548.

Hüsch, Moritz: Rechtssicheres ersetzendes Scannen. Zur Zulässigkeit von Scanning und Beweiskraft gescannter Dokumente nach Einführung der TR-RESISCAN, in: CR 2014, S. 206–211.

Jäckel, Holger: Das Beweisrecht der ZPO. Ein Praxishandbuch für Richter und Rechtsanwälte, 2. Aufl., Stuttgart 2014 (zit.: *Jäckel*, Rn.).

Jandt, Silke: Beweissicherheit im elektronischen Rechtsverkehr. Folgen der europäischen Harmonisierung, in: NJW 2015, S. 1205–1211.

– Vertrauen im Mobile Commerce – Vorschläge für die rechtsverträgliche Gestaltung von Location Based Services, Baden-Baden 2008, zugl. Diss. Univ. Kassel 2008 (zit.: *Jandt*, S.).

Jandt, Silke/Michalek, Tatami/Dietrich, Kai: Wie hoch ist der (Beweis-) Wert digitaler Dokumente?, in: DuD 2015, S. 687–691.

Jandt, Silke/Nebel, Maxi: Die elektronische Zukunft der Anwaltstätigkeit. Rechtsprobleme beim Outsourcing von Scan-Dienstleistungen, in: NJW 2015, S. 1570–1575.

Jankowski, Klaus: Der Ortstermin im Zivilprozeßrecht und der Eingriff in die Unverletzlichkeit der Wohnung, in: NJW 1997, S. 3347–3350.

Jöstlein, Hans: Technische Aufzeichnungen als Beweismittel im Zivilprozeß, in: DRiZ 1973, S. 409–413.

Jungermann, Sebastian: Der Beweiswert elektronischer Signaturen, Frankfurt a.M. 2002, zugl. Diss. Univ. Marburg 2002 (zit.: *Jungermann*, S.).

Kaminski, Bert/Henßler, Thomas/Kolaschnik, Helge F./Papathoma-Baetge, Anastasia: Rechtshandbuch E-Business, Neuwied/Kriftel 2002 (zit.: *Bearbeiter*, in: Kaminski/Henßler/Kolaschnik/Papathoma-Baetge, Kap. Rn.).

Kapoor, Arun: Die neuen Vorlagepflichten für Urkunden und Augenscheinsgegenstände in der Zivilprozeßordnung, Baden-Baden 2009, zugl. Diss. Univ. München 2008 (zit.: *Kapoor*, S.).

Karniyevich, Natallia: Rechtssicherheit der Kommunikation durch E-Mail und De-Mail, Baden-Baden 2016, zugl. Diss. Univ. Bochum 2015 (zit.: *Karniyevich*, S.).

Katzenmeier, Christian: Aufklärungs-/Mitwirkungspflicht der nicht beweisbelasteten Partei im Zivilprozeß, in: JZ 2002, S. 533–540.

Keim, Christopher: Das Ende der Blankobürgschaft?, in: NJW 1996, S. 2774–2776.

Kienapfel, Diethelm: „Absichtsurkunden“ und „Zufallsurkunden“, in: GA 1970, S. 193–214.

Kilian, Wolfgang: Möglichkeiten und zivilrechtliche Probleme eines rechtswirksamen elektronischen Datenaustauschs (EDI), in: DuD 1993, S. 606–610.

Kilian, Wolfgang/Heussen, Benno: Computerrechts-Handbuch. Informationstechnologie in der Rechts- und Wirtschaftspraxis, München 2013 (zit.: *Bearbeiter*, in: Kilian/Heussen, Teil, S.).

Kindhäuser, Urs/Neumann, Ulfrid/Paeffgen, Hans-Ullrich: Strafgesetzbuch, 5. Aufl., Baden-Baden 2017 (zit.: *Bearbeiter*, in: Nk-StGB, § Rn.).

Klees, Andreas: Muss ein bisschen Spaß wirklich sein?. Rechtsfragen des sog. Spaßbietens bei Internetauktionen, in: MMR 2007, S. 275–278.

Klein, Susanne: Die Beweiskraft elektronischer Verträge. Zur Entwicklung der zivilprozessrechtlichen Vorschriften über die Beweiskraft elektronischer Dokumente, in: JurPC Web-Dokument 198/2007, Abs. 1–71, abrufbar im Internet unter: www.jurpc.de unter der Rubrik Aufsätze, aufgerufen am 01.03.2018.

Köbler, Gerhard: Rechtsfranzösisch. Deutsch–Französisch, Französisch–Deutsch. Rechtswörterbuch für Jedermann, 5. Aufl., München 2013 (zit.: *Köbler*, Rechtsfranzösisch, S.).

– Rechtsspanisch. Deutsch–Spanisch, Spanisch–Deutsch. Rechtswörterbuch für Jedermann, 3. Aufl., München 2012 (zit.: *Köbler*, Rechtsspanisch, S.).

Koch, Raphael: Mitwirkungsverantwortung im Zivilprozess. Ein Beitrag zum Verhältnis von Parteiherrschaft und Richtermacht, zur Wechselwirkung von materiellem Recht und Prozessrecht sowie zur Risikoverteilung und Effizienz im Zivilprozess, Tübingen 2013, zugl. Habil. Schr. Univ. Münster 2012 (zit.: *Koch*, S.).

Köhler, Helmut: Die Problematik automatisierter Rechtsvorgänge, insbesondere von Willenserklärungen, AcP 182 (1982), 126-171.

–Die Unterschrift als Rechtsproblem, in: Festschrift für Helmut Schippel zum 65. Geburtstag, hrsg. von der Bundesnotarkammer, München 1996, S. 209–220 (zit.: *Köhler*, in: FS Schippel, S.).

Kohlhaas, Max: Die Tonbandaufnahme als Beweismittel im Strafprozeß, in: NJW 1957, S. 81–85.

Komnios, Komninos: Die elektronische Signatur im deutschen und griechischen Recht, Frankfurt a.M. 2007, zugl. Diss. Univ. Saarbrücken 2006 (zit.: *Komnios*, S.).

Konrad, Sabine: Der Schutz der Vertrauenssphäre zwischen Rechtsanwalt und Mandant im Zivilprozess, in: NJW 2004, S. 710–713.

Kraayvanger, Jan/Hilgard, Mark C.: Urkundenvorlegung im Zivilprozess. Annäherung an das amerikanische „discovery"-Verfahren?, in: NJ 2003, S. 572–575.

Kramme, Malte: Auswirkungen der Verordnung über elektronische Identifizierung (eIDAS-VO) auf das Beweisrecht am Beispiel des deutschen Zivilverfahrens, in: GPR 2017, S. 60–65.

Krapfl, Claudia/Mann, Marius E.: Die Grenze der Urkundenvorlage durch eine Partei: Eine Bestandsaufnahme zu § 142 ZPO, in: Ars aequi et boni in mundo – Festschrift für Rolf A. Schütze zum 80. Geburtstag, hrsg. von Reinhold Geimer, Athanassios Kaissis, Roderich C. Thümmel, München 2015, S. 279–293 (zit.: *Krapfl/Mann*, in: FS Schütze, S.).

Kümpel, Siegfried/Wittig, Arne: Bank- und Kapitalmarktrecht, 4. Aufl., Köln 2011 (zit.: *Bearbeiter*, in: Kümpel/Wittig, Rn.).

Lackner, Karl/Kühl, Kristian: Strafgesetzbuch. Kommentar, 28. Aufl., München 2014 (zit.: *Bearbeiter*, in: Lackner/Kühl, StGB, § Rn.).

Lampe, Ernst-Joachim: Fälschung technischer Aufzeichnungen, in: NJW 1970, S. 1097–1104.

Larenz, Karl: Methodenlehre der Rechtswissenschaft, 6. Aufl., Berlin 1991, (zit.: *Larenz*, S.).

Leipold, Dieter: Die gerichtliche Anordnung der Urkundenvorlage im reformierten deutschen Zivilprozess, in: Festschrift für Walter Gerhard zum 70. Geburtstag, hrsg. von Eberhard Schilken/Gerhard Kreft/Gerhard Wagner/Diederich Eckardt, Köln 2004, S. 563–585 (zit.: *Leipold*, in: FS Gerhardt, S.).

Lüke, Wolfgang: Zivilprozessrecht. Erkenntnisverfahren, Zwangsvollstreckung, Europäisches Zivilverfahrensrecht, 10. Aufl., München 2011 (zit.: *Lüke*, Rn.).

Mankowski, Peter: Für einen Anscheinsbeweis hinsichtlich der Identität des Erklärenden bei E-Mails. Zugleich Anmerkung zu OLG Köln v. 6.9.2002 – 19 U 16/02, in: CR 2003, S. 44–50.

– Sofortkaufoption bei Ebay, in: MMR 2004, S. 181–183.

– Wie problematisch ist die Identität des Erklärenden bei E-Mails wirklich?, in: NJW 2002, S. 2822–2828.

– Zum Nachweis des Zugangs bei elektronischen Erklärungen, in: NJW 2004, S. 1901–1907.

Medicus, Dieter/Petersen, Jens: Allgemeiner Teil des BGB, 11. Aufl., Heidelberg 2016 (zit.: *Medicus*, Rn.).

Mühlenbrock, Tobias/Dienstbach, Paul: Anmerkung zu AG Wiesloch, Urteil vom 20.6.2008 – 4 C 57/08, in: MMR 2008, S. 626–631.

Müller-Brockhausen, Michael: Haftung für den Missbrauch von Zugangsdaten im Internet, Baden-Baden 2014, zugl. Diss. Univ. Marburg 2014 (zit.: *Müller-Brockhausen*, Rn.).

Müller, Henning: Die Container-Signatur zur Wahrung der Schriftform, in: NJW 2013, S. 3758–3759.

– Die Übermittlung und Überprüfung der elektronischen Signatur des gegnerischen Schriftsatzes, in: NJW 2015, S. 822–825.

Münchener Kommentar zum Bürgerlichen Gesetzbuch, hrsg. von Franz-Jürgen Säcker/Roland Rixecker, München: Band 1, 7. Aufl. 2015; Band 5/II, 7. Aufl. 2017 (zit.: *Bearbeiter*, in: MünchKommBGB, § Rn.).

Münchener Kommentar zum Strafgesetzbuch, hrsg. von Wolfgang Joecks/Klaus Miebach, München: Band 5, 2. Aufl. 2014 (zit.: *Bearbeiter*, in: MünchKommStGB, § Rn.).

Münchener Kommentar zur Zivilprozessordnung, hrsg. von Wolfgang Krüger/Thomas Rauscher, München: Band 1, 5. Aufl. 2016; Band 2, 5. Aufl. 2016 (zit.: *Bearbeiter*, in: MünchKommZPO, § Rn.).

Musielak, Hans-Joachim/Voit, Wolfgang: Grundkurs ZPO. Eine Darstellung zur Vermittlung von Grundlagenwissen im Zivilprozessrecht (Erkenntnisverfahren und Zwangsvollstreckung) mit Fällen und Fragen zur Lern- und Verständniskontrolle sowie mit Übungsklausuren, 13. Aufl., München 2016 (zit.: *Musielak/Voit*, Rn.).

– Zivilprozessordnung mit Gerichtsverfassungsgesetz. Kommentar, 14. Aufl., München 2017 (zit.: *Bearbeiter*, in: Musielak/Voit, § Rn.).

Nikisch, Arthur: Zivilprozessrecht. Ein Lehrbuch, Tübingen: 2. Auflage 1952 (zit.: *Nikisch*, Zivilprozessrecht, 2. Aufl. 1952, S.).

Oertel, Klaus: Elektronische Form und notarielle Aufgaben im elektronischen Rechtsverkehr, in: MMR 2001, S. 419–423.

Palandt, Otto: Bürgerliches Gesetzbuch, 77. Aufl., München 2018 (zit.: *Bearbeiter*, in: Palandt, § Rn.).

Pawlowski, Hans-Martin: Anmerkung zu BGH, Urteil vom 29.2.1996 – IX ZR 153/95, in: JZ 1997, S. 309–312.

Pleyer, Klemens: Schallaufnahmen als Beweismittel im Zivilprozeß, in: ZZP 69 (1956), S. 321–339.

Pordesch, Ulrich: Die elektronische Form und das Präsentationsproblem, Baden-Baden 2003, zugl. Diss. Univ. Ilmenau 2002 (zit.: *Pordesch*, S.).

Preuß, Nicola: Der elektronische Zivilprozeß – Nutzen oder Schaden, in: ZZP 129 (2016), S. 421–456.

– Verfahrensrechtliche Grundlagen für den „Elektronischen Schriftverkehr" im Zivilprozess, in: ZZP 125 (2012), S. 135–170.

provet/GMD (Hrsg.): Die Simulationsstudie Rechtspflege. Eine neue Methode zur Technikgestaltung für Telekooperation, Berlin 1994 (zit.: provet/GMD, Simulationsstudie, S.).

Prütting, Hanns: Discovery im deutschen Zivilprozess?, in: AnwBl. 2008, S. 153–159.

– Gegenwartsprobleme der Beweislast, München 1983, zugl. Habil.-Schr. Univ. Erlangen-Nürnberg 1981 (zit.: *Prütting*, S.).

– Informationsbeschaffung durch neue Urkundenvorlagepflichten, in: Magister artis boni et aequi – Studia in honorem Németh János, hrsg. von Daisy Kiss/István Varga, Budapest 2003, S. 701–712 (zit.: *Prütting*, in: Studia in honorem Németh János, S.).

Prütting, Hanns/Gehrlein, Markus: Zivilprozessordnung. Kommentar, Köln: 9. Aufl. 2017 (zit.: *Bearbeiter*, in: Prütting/Gehrlein, § Rn.).

Quirin-Kock, Gisela: Entwurf EU-Verordnung über elektronische Identifizierung und Vertrauensdienste, in: DuD 2013, S. 20–24.

Raßmann, Steffen: Elektronische Unterschrift im Zahlungsverkehr, in: CR 1998, S. 36–41.

Redeker, Helmut: Geschäftsabwicklung mit externen Rechnern im Bildschirmtextdienst, in: NJW 1984, S. 2390–2394.

– IT-Recht, 6. Aufl., München 2017 (zit.: *Redeker*, Kap. Rn.).

Riesenhuber, Karl: Europäische Methodenlehre. Handbuch für Ausbildung und Praxis, 3. Aufl., Berlin/München/Boston 2015 (zit.: *Bearbeiter*, in: Riesenhuber, § Rn.).

Ritter, Falko: De-Mail: Ein Meilenstein in der elektronischen Kommunikation, in: VuR 2014, S. 334–342.

Rivest, R. L./Shamir, A./Adleman, L.: A method for obtaining digital signatures and public key cryptosystems, in: Communications of the ACM, Vol. 21 Number 2 (1978), S. 120–126.

Roggemann, Herwig: Das Tonband im Verfahrensrecht, Göttingen 1962, zugl. Diss. Univ. Göttingen 1962 (zit.: *Roggemann*, S.).

Rosenberg, Leo: Die Beweislast auf der Grundlage des Bürgerlichen Gesetzbuchs und der Zivilprozessordnung, 5. Aufl., München 1965 (zit.: *Rosenberg*, S.).

Rosenberg, Leo/Schwab, Karl Heinz: Zivilprozeßrecht, 10. Aufl., München 1969 (zit.: *Rosenberg/Schwab*, 10. Aufl. 1969, § Anm.).

Roßnagel, Alexander: Auf dem Weg zu neuen Signaturregelungen. Die Novellierungsentwürfe für SigG, BGB und ZPO, in: MMR 2000, S. 451–461.

– Digitale Signaturen im europäischen elektronischen Rechtsverkehr, in: K&R 2000, S. 313–323.

– Die elektronische Signatur im Verwaltungsrecht – Modernisierung des VwVfG und des VwZG –, in: DÖV 2001, S. 221–233.

– Das neue Recht elektronischer Signaturen. Neufassung des Signaturgesetzes und Änderung des BGB und der ZPO, in: NJW 2001, S. 1817–1826.

– Die fortgeschrittene elektronische Signatur, in: MMR 2003, S. 164–170.

– Fremderzeugung von qualifizierten Signaturen? Ein neues Geschäftsmodell und seine Rechtsfolgen, in: MMR 2008, S. 22–28.

– Beck´scher Kommentar zum Recht der Telemediendienste. Telemediengesetz. Jugendmedienschutz-Staatsvertrag (Auszug). Signaturgesetz. Signaturverordnung. Vorschriften zum elektronischen Rechts- und Geschäftsverkehr, München 2013 (zit.: *Bearbeiter*, in: Roßnagel, Recht der Telemediendienste, Gesetz § Rn.).

– Neue Regeln für sichere elektronische Transaktionen. Die EU-Verordnung über elektronische Identifizierung und Vertrauensdienste, in: NJW 2014, S. 3686–3692.

– Der Anwendungsvorrang der eIDAS-Verordnung. Welche Regelungen des deutschen Rechts sind weiterhin für elektronische Signaturen anwendbar?, in: MMR 2015, S. 359–364.

– Das Recht der Vertrauensdienste. Die eIDAS-Verordnung in der deutschen Rechtsordnung, Baden-Baden 2016 (zit.: *Roßnagel*, Recht der Vertrauensdienste, S.).

Roßnagel, Alexander/Fischer-Dieskau, Stephanie: Elektronische Dokumente als Beweismittel. Neufassung der Beweisregelungen durch das Justizkommunikationsgesetz, in: NJW 2006, S. 806–808.

Roßnagel, Alexander/Johannes, Paul C.: Entwurf einer EU-Verordnung über elektronische Identifizierung und Vertrauensdienste. Neue Regeln für elektronische Sicherheitsdienste, in: ZD 2013, S. 65–72.

Roßnagel, Alexander/Nebel, Maxi: Beweisführung mittels ersetzend gescannter Dokumente, in: NJW 2014, S. 886–891.

Roßnagel, Alexander/Pfitzmann, Andreas: Der Beweiswert von E-Mail, in: NJW 2003, S. 1209–1214.

Roßnagel, Alexander/Wilke, Daniel: Die rechtliche Bedeutung gescannter Dokumente, in: NJW 2006, S. 2145–2150.

Roßnagel, Heiko: Mobile qualifizierte elektronische Signaturen. Analyse der Hemmnisfaktoren und Gestaltungsvorschläge zur Einführung, Wiesbaden 2009, zugl. Diss. Univ. Frankfurt a. M. 2008 (zit.: *H. Roßnagel*, S.).

Rüßmann, Helmut: Das Beweisrecht elektronischer Dokumente, in: JurPC 1995, S. 2312–3222.

– Moderne Elektroniktechnologie und Informationsbeschaffung im Zivilprozess, in: Die Informationsbeschaffung für den Zivilprozess – Die verfahrensmäßige Behandlung von Nachlässen, Ausländisches Recht und Internationales Zivilprozessrecht, hrsg. von Peter F. Schlosser, Bielefeld 1995, S. 138–205 (zit.: *Rüßmann*, in: Informationsbeschaffung für den Zivilprozess, S.).

Saenger, Ingo: Zivilprozessordnung. Familienverfahren, Gerichtsverfassung, Europäisches Verfahrensrecht (Handkommentar), 7. Aufl., Baden-Baden 2017 (zit.: *Bearbeiter*, in: Hk-ZPO, § Rn.).

Schellhammer, Kurt: Zivilprozess. Gesetz – Praxis – Fälle, 14. Aufl., Heidelberg 2012 (zit.: *Schellhammer*, Rn.).

Schemmann, Till: Die Beweiswirkung elektronischer Signaturen und die Kodifizierung des Anscheinsbeweises in § 371a Abs. 1 Satz 2 ZPO, in: ZZP 118 (2005), S. 161–183.

Schilken, Eberhard: Zivilprozessrecht, 7. Aufl., München 2014 (zit.: *Schilken*, Rn.).

Schlosser, Peter: Die lange deutsche Reise in die prozessuale Moderne – Zugleich eine Besprechung des Urteils des BGH vom 11.6.1990 – II ZR 159/89, in: JZ 1991, S. 599–608.

Schmeh, Klaus: Neue Signatur-Gesetzgebung: Sind aller guten Dinge drei? eIDAS-Verordnung der EU regelt digitale Signaturen neu, in: DuD 2017, S. 29–33.

Schmidl, Michael: IT-Recht von A–Z. Accessprovider bis Zwischenspeicherung, 2. Aufl., München 2014 (zit.: *Schmidl*, S.).

Schmidt, Markus/Pruß, Michael/Kast, Christian: Technische und juristische Aspekte zur Authentizität elektronischer Kommunikation, in: CR 2008, S. 267–-272.

Schneider, Egon: Beweis und Beweiswürdigung unter besonderer Berücksichtigung des Zivilprozesses, 5. Aufl., München 1994 (zit.: *Schneider*, Rn.).

Schönke, Adolf/Schröder, Horst: Strafgesetzbuch. Kommentar, 29. Aufl., München 2014 (zit.: *Bearbeiter*, in: Schönke/Schröder, StGB § Rn.).

Schreiber, Klaus: Die Urkunde im Zivilprozess, Berlin 1982, zugl. Habil. Schr. Univ. Bochum 1981 (zit.: *Schreiber*, S.).

Schulze, Reiner/Zuleeg, Manfred/Kadelbach, Stefan: Europarecht. Handbuch für die deutsche Rechtspraxis, 3. Aufl. Baden-Baden 2015 (zit.: *Bearbeiter*, in: Schulze/Zuleeg/Kadelbach, § Rn.).

Schwecke, Jessika: Die SMS. Vertragsschluss. Beweiskraft, Hamburg 2007, zugl. Diss. Univ. Hamburg 2007 (zit.: *Schwecke*, S.).

Seegebarth, Christian: Perspektiven aus der eIDAS-Verordnung. Die Sicht eines qualifizierten Trust Service Providers, in: DuD 2014, S. 675–678.

Siegert, Karl: Die außergerichtlichen Tonbandaufnahmen und ihre Verwertung im Zivilprozeß, in: NJW 1957, S. 689–691.

Sosna, Sabine: EU-weite elektronische Identifizierung und Nutzung von Vertrauensdiensten – eIDAS-Verordnung. Ein Überblick über die wichtigsten Inhalte und deren Konsequenzen für Unternehmen, in: CR 2014, S. 825–832.

Sosnitza, Olaf/Gey, Michael: Zum Beweiswert von E-Mails, in: K&R 2004, S. 465–469.

Spindler, Gerald: Bankrecht und E-Commerce – Sicherheit im Rechtsverkehr, in: Entgeltklauseln in der Kreditwirtschaft und E-Commerce von Kreditinstituten. Bankrechtstag 2001, hrsg. von Walther Hadding/Klaus J. Hopt/Herbert Schimansky, Berlin 2002, S. 171–266.

Sponeck, Henning von: Beweiswert von Computerausdrucken, in: CR 1991, S. 269–273.

Stach, Heike: Mit Bürgerportalen für einfach sichere, vertrauliche und verbindliche elektronische Kommunikation, in: DuD 2008, S. 184–188.

Stadler, Astrid: Der Zivilprozeß und neue Formen der Informationstechnik, in: ZZP 111 (2002), S. 413–444.

– E-Mail trotz vertraglicher Vereinbarung von Schriftform, in: JA 2016, S. 464–466.

Staudinger, Julius von: Kommentar zum Bürgerlichen Gesetzbuch, Berlin: Buch 1 Allgemeiner Teil, §§ 164–240, Neubearbeitung 2014 (zit.: *Bearbeiter*, in: Staudinger, § Rn.).

Steeger, Winfried: Die zivilprozessuale Mitwirkungspflicht der Parteien beim Urkunden- und Augenscheinsbeweis, Hamburg 1981, zugl. Diss. Univ. Berlin 1980 (zit.: *Steeger*, S.).

Stein, Friedrich/Jonas, Martin: Kommentar zur Zivilprozessordnung, Tübingen: Band 2, 21. Aufl. 1994 (zit.: *Bearbeiter*, in: Stein/Jonas, 21. Aufl. 1994 § Rn.); Band 4, Teilband 2, 21. Aufl. 1999 (zit.: *Bearbeiter*, in: Stein/Jonas, 21. Aufl. 1999 § Rn.).

– Kommentar zur Zivilprozessordnung, Tübingen: Band 2, 23. Aufl. 2016; Band 4, 22. Aufl. 2008; Band 5, 23. Aufl. 2015 (zit.: *Bearbeiter*, in: Stein/Jonas, § Rn.).

Streinz, Rudolf: Europarecht, Heidelberg: 10. Aufl. 2016 (zit.: *Streinz*, Europarecht, Rn.).

Stürner, Rolf: Die Aufklärungspflicht der Parteien des Zivilprozesses, Tübingen 1976, zugl. Habil. Schr. Tübingen 1975/76 (zit.: *Stürner*, S.).

Thomas, Heinz/Putzo, Hans: Zivilprozessordnung, 38. Aufl., München 2017 (zit.: *Bearbeiter*, in: Thomas/Putzo, § Rn.).

Vehslage, Thorsten: Beweiswert elektronischer Dokumente, in: K&R 2002, S. 531–533.

Vogelgesang, Stephanie/Hessel, Stefan/Möllers, Frederik: Hardware-Keylogger: Die Tastatur in der Hand des Feindes, in: DuD 2016, S. 729–734.

Vorwerk, Volkert/Wolf, Christian: Beck´scher Online-Kommentar ZPO, München: 27. Edition 2017 (zit.: *Bearbeiter*, in: BeckOK ZPO, § Rn.).

Wagner, Gerhard: Urkundenedition durch Prozeßparteien – Auskunftspflicht und Weigerungsrechte, in: JZ 2007, S. 706–719.

Wagner, Peer Philip: Das elektronische Dokument im Zivilprozess, in: JuS 2016, S. 29–33.

Waterstraat, Daniel: Informationspflichten der nicht risikobelasteten Partei im Zivilprozess – Ist die Auffassung des BGH vom Primat des materiellen Rechts als Grundlage für die Erteilung von Auskünften im Prozess heute noch haltbar? (Zugleich eine Anmerkung zu BGH, Urteil vom 17.2.2004 – X ZR 108/02 –), in: ZZP 118 (2005), S. 459–484.

Wieczorek, Bernhard: Zivilprozessordnung und Gerichtsverfassungsgesetz. Handausgabe, 2. Aufl., Berlin 1966 (zit.: *Wieczorek*, 2. Aufl. 1966, § Anm.).

Wieczorek, Bernhard/Schütze, Rolf A.: Zivilprozessordnung und Nebengesetze. Großkommentar, Berlin: Band 3, 4. Aufl. 2013; Band 4, 4. Aufl. 2013; Band 6, 4. Aufl. 2014 (zit.: *Bearbeiter*, in: Wieczorek/Schütze, § Rn.).

Wilke, Daniel: Die rechtssichere Transformation von Dokumenten. Rechtliche Anforderungen an die Technikgestaltung und rechtlicher Anpassungsbedarf, Baden-Baden 2011, zugl. Diss. Univ. Kassel 2010 (zit.: *Wilke*, S.).

Wilke, Daniel/Jandt, Silke/Löwe, Jutta/Roßnagel, Alexander: Eine Beweisführung von Format – Die Transformation signierter Dokumente auf dem Prüfstand, in: CR 2008, S. 607–612.

Willems, Constantin: Beweis und Beweislastverteilung bei Zugang einer E-Mail. Fallkonstellationen unter besonderer Betrachtung elektronischer Bewerbungen, in: MMR 2013, S. 551–556.

Winter, Ralf: Anmerkungen zum Urteil des AG Erfurt vom 14.9.2001 – 28 C 2354/01, in: JurPC Web-Dokument 109/2002, Abs. 1–20, abrufbar im Internet unter: www.jurpc.de unter der Rubrik Aufsätze, aufgerufen am 01.03.2018.

Wittmaack, Lars/Esslinger, Bernhard/Schmidt, Ludger/Strenge, Benjamin/Wacker, Arno: Vertrauensvolle E-Mail-Kommunikation. Technische Grundlagen der E-Mail (-Verschlüsselung), in: DuD 2016, S. 271–277.

Wrede, Ann-Karina/Kirsch, Marcus: Identifizierungsmöglichkeiten bei De-Mail-Nutzung. Darstellung tatsächlicher und rechtlich zulässiger Möglichkeiten, in: ZD 2013, S. 433–436.

Zekoll, Joachim/Bolt, Jan: Die Pflicht zur Vorlage von Urkunden im Zivilprozess – Amerikanische Verhältnisse in Deutschland?, in: NJW 2002, S. 3129–3134.

Zöller, Richard: Zivilprozessordnung mit FamFG (§§ 1–185, 200–270, 433–484) und Gerichtsverfassungsgesetz, den Einführungsgesetzen, mit Internationalem Zivilprozessrecht, EU-Verordnungen, Kostenanmerkungen. Kommentar, 31. Aufl., Köln 2016 (zit.: *Bearbeiter*, in: Zöller, § Rn.).

Zoller, Edgar: Die Mikro-, Foto- und Telekopie im Zivilprozeß, in: NJW 1993, S. 429–435.